Rhetorik

PETER EBELING

RHETORIK

ENGLISCH VERLAG

CIP-Titelaufnahme der Deutschen Bibliothek

Ebeling, Peter:
Rhetorik / Peter Ebeling. –
Wiesbaden: Englisch 1985, 10. überarb. Aufl. 1991
ISBN 3-8140-090-7

Inhaltsverzeichnis

Vorwort 11

Kurzgefaßter Abriß der historischen Entwicklung der Rhetorik 12
Griechenland 13
Römisches Reich 14
Mittelalter 14
Humanismus und Barock 15
18. und 19. Jahrhundert 16
20. Jahrhundert 16

Wozu praktische Rhetorik, warum Kommunikationstraining? 17
Am Anfang war das Wort 17
Warum soll man die Kunst der praktischen Rhetorik und Kommunikation beherrschen? 18
Warum ist Kommunikation so wichtig? 19
Wodurch entstehen Mißverständnisse? 19
Welche Vorteile bringen bessere Rhetorik und Kommunikation? 19
Kommunikation 20
Kurze Zusammenfassung 21
Der Mensch leidet heute an „geistiger Verstopfung" 22
Kommunikationsübungen 24

Redearten und Redeanlässe 25
Persönliche Redebedarfsanalyse 26
Wer muß reden, vortragen, präsentieren 27
Weitere Personen, die im privaten und im beruflichen Bereich reden müssen 29
Zusammenfassung 30

Redefurcht, Streß, Spannungen . . . 32
Was sagen die Profis dazu? 33
ABC der Hauptgründe für Lampenfieber 34
Wie Sie das Lampenfieber besser in den Griff bekommen 35
Gute, langfristige Vorarbeiten helfen, das Lampenfieber zu reduzieren 36
Allgemeines zum Thema „Lampenfieber" 36
Rednerprobleme und -schwierigkeiten 37
Durch Selbstmotivation und Übung läßt sich die Angst vor dem Sprechen überwinden 47
Lampenfieber und Erwartungsangst vor dem Vortrag 47
Rednerschwierigkeiten in der Praxis – Zusammenfassung 48

Richtige psychologische Einstellung und Einstimmung 49

Glauben Sie an Ihren Erfolg 50
Eine gründliche Vorbereitung lohnt sich 50
Sprechen Sie zuhörerorientiert 51
Kleine Psychotips für die Praxis 51
Richtige Einstimmung und Selbstmotivation 52
„Wenn Sie wollen, daß die Leute über Sie reden, müssen Sie anecken . . .“ 52
Was Psychologen raten 53

Die Hauptfehler der rhetorischen Praxis 55
Zehn Hauptfehler aus der Rednerpraxis 55
Hauptfehler einiger Redner Ihrer eigenen Beobachtung und Erfahrung nach 55
Prüfen Sie sich selbst 56
Einige Rednerfehler beim Vortragen und Präsentieren 57
Psychologische Einstellung 57
Zuhörervorinformation 57
Ideenentwicklung 57
Redeaufbau, Strukturierung und Hilfsmittel 57
Organisation und Einstellung vor dem Auftritt 59
Persönliche Übermittlungsfehler beim Reden 59
Der Zuhörer als Mittelpunkt 60
Allgemeine Fehler aus der Praxis 60

Zielsetzungen und Zuhöreranalyse 61
Psychologische Gesichtspunkte, die eine Betrachtung wert sind 62
Was soll die Thematik beinhalten? 62
Wie müssen Sie vorgehen, um Ihr Ziel zu erreichen? 63
Fragenkatalog, die Zuhörer betreffend 63
Mögliche Zuhörererwartungen 64
Die zuhörerbezogene allgemeine Organisation 65

Techniken und Methoden der Ideenentwicklung und -verarbeitung 67
Wichtige Voraussetzungen 67
Technik der Ideensammlung 68
Arbeitstechniken und -methoden 68
Allgemeine Tips 68
Blitzideen oder: Wie man Einfälle produziert 69
Wahl der richtigen Kommunikationsmittel 70

Nützliche Quellen und Fundgruben 72
Anekdoten kommen gut an 73
Quellen und Fundgruben 73
Nützliche und empfehlenswerte Bücher 74
Nutzen Sie die Vorteile des Diktiergerätes 75
Folientransparente für Reden, Vorträge und Präsentationen 76
ABC der Ideenquellen und -fundgruben 77

Auswahl und Einsatz der Hilfsmittel 78
Manuskript 78
Vorteile von B 79
Stichpunktkarten 79
Stichpunktkarte (Konzeptentwicklung und Redeformel) 81
Stichpunktkarte (Prioritätsmethode) 82
Stichpunktkarte (Plus-Minus-Methode) 82
Die Rede-Vortrag-Kombimethode 83
Manuskript und Zeitkontrollplan 86
Technische Hilfsmittel 86
Überzeugung durch Visualisierungstechniken 87
Ideen für Skizzen, Diagramme und Grafiken 91

Die wichtigsten Redeformeln der Redepraxis 97
Ausarbeitung eines Referates 97
Die AIDA-Formel 98
Antrittsrede bei einer Firma 98
Betriebsfest – Rede des Chefs 98
Damenrede 98
Dankrede 98
Eröffnungsformel 99
Einweihungen 99
Festrede 99
5-Punkte-Formel 99
Gelegenheitsrede 99
G-H-M-Formel 100
Handzettelformel 100
HELGA-Formel 100
Hochzeitsrede 100
Informationsrede 100
Juristenformel 100
Kampf- oder Verteidigungsrede (die römische Rede) 100
Rahmenrede 101
Rednervorstellung 101
Zehn Schlüsselbegriffe für die Konzeptentwicklung 101
Schlußformel 101
Standpunktformel 101
Tischrede (Gast) 102
Trauerrede 102
Vorstellung eines neuen Mitarbeiters 102
Vortragsgestaltung in der Antike 102
Das Plädoyer 102
Die Predigt 103
Aufgaben 103
Die verschiedenen Redeformen und ihre Wirkungsweise 103

Aufbau von Rede, Vortrag und Präsentation 105
Hauptprobleme bei der Ausarbeitung von Reden, Vorträgen und Präsentationen 105
Für die Ausarbeitung brauchen Sie vor allem Ruhe 106
Der Schluß Ihres Vortrages muß sitzen 106
Einige wichtige Punkte zum Schluß eines Vortrages 107
Redeaufbau- und Rededurchführungsratschläge 107
Wie man Pannen und Schwierigkeiten beim Reden meistert 116
Einige Kunstgriffe für Redner 117

Steckenbleiben, Verlegenheitspause 117
Was tun bei Zwischenrufen und -fragen? 117
Wenn Sie den roten Faden verloren haben 117

Einstellung und Organisation vor dem Auftritt 119
Die Einstimmungsphase 119
Die Organisation 120
Gedächtnisstütze für Veranstaltungsreservierungen 120
ABC der Seminarorganisation 120
Lehrtechniken durchdenken 121
Vor Ihrem Auftritt am Ort der Durchführung 122

Richtig atmen muß gelernt sein 123
Atmungsvorgänge richtig verstehen 124
Eine bedeutsame Erkenntnis 124
Zu flaches Atmen 124
Atemtechnik zu Beginn und während des Vortrages 124
Übungen 125
Bauchatmen 126
Lungenkapazitätsübung 126
Vermehrte Sauerstoffzufuhr trainieren 126
Knowles-System oder Schulterblätterübung 126
Lesetest 126
Gruppentraining 127
Streichholztest 127
Gruppentraining – Kerzentest 127

Training der Übermittlungsinstrumente 128
Die wichtigsten Fehler beim Sprechen 130
Mundgymnastik 136
Atemtechnik 136
Basistraining: Buchstaben aussprechen 136
Schnellsprechübungen und Zungenbrecher 137
Sprechtechnische Übungen – Vokale 140
Sprechtechnische Übungen 140
Vortragstechnik 141
Sprechübung 142
Deutsche Sprechbildung 142
Vorlesetechnik 143
Vorleseübung: Massenmedien 143
„Mach mal Pause", ein wichtiger Satz für jeden Redner 144
Pausentechniktraining 144
Ein lustiger Zungenbrecher 144
Sprechen und betonen Sie mit Gefühl 146
Gezielte und gekonnte Mimik, Gestik und Körperaussage beim Sprechen 147
Grundregeln der Mimik 147
Grundregeln der Gestik 147
Grundregeln der Körperhaltung 148
Training der Beschreibungsgestik 150
ABC der Trainingstips 151

Gedächtnistraining für die Redepraxis 153
Warum soll man sich Namen merken? 153
Wann und wo kann man in Verlegenheit kommen? 154
Ein gutes Namen- und Gruppengedächtnis macht sich auch im Privatleben bezahlt 154
Einige Gründe, warum man Namen nicht behalten kann 154
Was muß man tun, um sich Namen besser merken zu können? 154
Was Sie künftig beachten sollten 155
Einige Tips, wie man Namen behält 155
Einige Assoziationsbeispiele 156
Wie behalte ich Namen einer Personengruppe 157
Auch Ihr Name ist eine Kontaktbrücke 159
Übungen 160
Die Mnemotechnik 160

Übungen für das Selbst- und Gruppentraining 163
Kunst der Vergleiche 163
Die richtige Beschreibung 164
Blickkontakt zur Gruppe 164
„Kutschersitz" zur Entspannung 164
Das Vorstellungsinterview 165
Brainstormingkonferenz 165
Konzentrationstraining I 165
Konzentrationstraining II 165
Konzentration und Schnelligkeit trainieren 166
Redebeurteilung 166
Wie man einen Redner vorstellt 166
Gruppensprecherrolle 167
Die Schaustückrede 167
Stichpunktkonzept für eine Dreiminutenrede 167
Standpunkttraining 168
Definitionsübung 168
Die Dreiminutenrede 168
Streitgespräch 169
Die richtige Betonung beim Lesen 169
„Äh"-Kontrollübung 169
Stimmkraftübung 170
Korkenübung 170
Phrasen und Lieblingswörter 170
Mit einem Flip-Chart arbeiten 170
Unterrichtstechnik 170
Pingpong-Verkaufsgespräche 171
Synonymtraining 171
Mimik und Gestik 171
Definitionsübung 172
Zusammenfassung eines Gesprächsinhalts oder eines Referats 172
Reden mit Mimik und Gestik 172
Sätze vervollständigen 172

Durchführung von Rede, Vortrag und Präsentation 174
Grundsätzliche Gedanken zu Ihrem Auftritt 175
Eine wichtige Technik ist die Pausentechnik 175
Finden Sie den richtigen Ton 176
Denken Sie auch an Ihre menschliche Ausstrahlung 176

Gewinnen Sie Vertrauen, Glaubwürdigkeit und Sympathie 178
Analyse der Rednerfehler 178
Achten Sie auf einen guten Redeeinstieg 179
Der Ton macht die Musik 181
Die Fakten und Daten kommen in den Hauptteil 181
Unterschätzen Sie den Wert der Psychologie nicht 183
Niemals die Kleinigkeiten vergessen 183

Einblendungen, Gags und humoristische Einlagen 185
NASA-Weltraumübung 187
Verloren auf hoher See 188
Der A-Test 189
Wie man beim Formulieren unschlagbar wird 190
Nette Geschichten zum Vorlesen oder Erzählen 190
Lustige, schlagfertige Formulierungen 195
Einige lustige Definitionen und Einblendungen 195
Zusammenfassung 196

Kritische Kontrolle und Selbstanalyse nach dem Auftritt 198
Die Schnellbeurteilung 198
Die Intensivbeurteilung 200
Beurteilen Sie Ihre Stimme 202
Checkliste einiger Hauptfehler 203
Checkliste für die Selbstanalyse 204

Verkaufsrhetorik in der Wirtschaft 206
Warum Verkaufsrhetoriktraining? 206
Was ist ein Kunde? 207
Philosophie der Einwände und Analyse der Haupteinwände 208
Einwände der Kunden 208
Allgemeine Hinweise für die Behandlung von Einwänden 209
Bedeutung der Gesprächsführung 210
Einige rhetorische Abfang- und Zustimmungsformulierungen 212
Kleines ABC für die rhetorische Gesprächsführung 213
Ja-Formulierungen 214
Brief an „Seine Exzellenz", den Verkäufer 215
175 Ideen für besseres Verhandeln und Verkaufen 215
Checkliste einiger Hauptfehler der Verkäufer 220
Einige Verkaufsformeln 221

Rhetorik am Telefon 222
Einige Tips für eine freundliche Behandlung der Anrufer 222
Der Einsatz des Telefons nimmt an Bedeutung zu 223
Fähigkeitsanalyse-ABC für Telefonmitarbeiter 223
Rhetorische Formulierungen für die Reklamationsbehandlung 227
Analyse der Hauptfehler der Telefonistinnen und Telefonisten 229
Rhetorisch-psychologische Hinweise 230
Checkliste für eine gute Einwandbehandlung am Telefon 233

Konferenz- und Diskussionstechniken 235
Routinebesprechungen effizienter gestalten 235
Hauptfehler bei der Durchführung von Konferenzen 236
Die Vororganisation 237
Ratschläge für die Konferenzleitung 238
Wie sollten Sie sich als Konferenzteilnehmer verhalten? 239
Kleine ABC-Checkliste zur Durchführung einer Konferenz 242

Tips und Hinweise für Rhetoriktrainer 244
Wichtige Voraussetzungen für Dozenten und Rhetoriktrainer 245
Tips und Hinweise für die Durchführung 246
Was Rhetoriktrainer besonders beachten sollten 247
Einiges zur Vorbereitung und Organisation 247
Checkliste zur Optimierung der Eingangsphase von Seminaren und Tagungen 247
Wichtige Phasen im Rhetoriktraining 248
Wichtige Themen, die Rhetoriktrainer beherrschen sollten 248
Arbeitsbogen für Rhetoriktraining 249
Welche Themen können in einem Verkaufsrhetorikseminar behandelt werden? 251
Tips und Hinweise für das Videotraining 251
Einsatz verschiedener Trainingsmethoden und -hilfen 254
Stegreiftraining 255
Einige Redetrainingsprogramme 256
ABC-Auflistung verschiedener Redetrainingsthemen für Anfänger 258
ABC-Auflistung verschiedener Redetrainingsthemen für Fortgeschrittene 260
ABC-Auflistung verschiedener Themen für die Aus- und Weiterbildung 263

Die Kunst, besser zuzuhören, verbessert die Kommunikation 265
Wer sich gut mit dem anderen versteht, hört weniger zu 265
Zuhören, eine Waffe gegen den Streit 266
Zuhören allein genügt nicht 266
Richtig zuhören heißt richtig verstehen 267
Der Sprecher sollte seinem Zuhörer das Zuhören erleichtern 268
Gute Zuhörer sind Katalysatoren im Denkprozeß 269
Zuhören im geschäftlichen Bereich 270

Zuhören beim Vortrag und bei Konferenzen 271
Pausen erleichtern das Zuhören 272

Reden aus der Alltagspraxis 273
Eine Büttenrede 273
Eine Geburtstagsrede 273
Die Abschiedsrede eines Schülers bei der Entlassungsfeier 274
Eine Verkaufsrede 275
Eine Schaustückrede 275
Eine Rede, die unterrichtet 276
Handwerks- und Kunstschmiedearbeiten an öffentlichen Gebäuden 276
Eine Stegreifrede 276
Eine Standpunktrede 277
Teilnehmervorstellung (A) 277
Teilnehmervorstellung (B) 278
Eine beschreibende Rede 278
Mein erster Schultag 279
So halte ich mich fit! 279
Kindererziehung 280
Eine Botschaft an Garcia 280
Kleiner Zitatenschatz 282
Stichwort: Gedanken zum Thema „Reden" 286

Schlußwort 288

Checklisten 289
Persönlichkeits-Intensivanalyse 289
Redevorbereitungs-Checkliste 291
Checkliste einiger Hauptfehler 292

Literaturhinweise 294
Stichwortverzeichnis 295

Vorwort

„Das Wertvolle im Leben ist die Entfaltung der Persönlichkeit und ihrer schöpferischen Kräfte.“
(Albert Einstein)

„Sprich, damit ich dich sehe!“
(Sokrates)

Dieses Buch will Menschen helfen,

- die unter Ängsten, Lampenfieber und Erwartungsangst leiden, indem es die Gewinnung von neuen Einsichten und Erkenntnissen ermöglicht;
- die introvertiert, schüchtern oder gehemmt sind, indem wir neue Wege, Mittel und Methoden aufzeigen, um die vorhandene „Hemmschwelle“ mittels Rhetoriktraining zu durchbrechen;
- die zunehmende mangelnde Kommunikation durch einen besseren Kontakt in der Familie und im Beruf zu verbessern;
- die täglich in der Redepraxis stehen, ihnen ein Buch in die Hand zu geben mit dem Motto: Aus der Praxis – für die Praxis.

Dieses geschieht in leicht verständlicher Form, mit Stichpunktsätzen, Checklisten, Skizzen, Diagrammen und Selbstkontrollisten; Durch Übungen Hilfen und Anregungen zu geben für das Seminargruppentraining oder für das persönliche Selbsttraining zu Hause.

Dieses Buch wurde unter dem Leitgedanken: „Reden lernen – leicht gemacht“ geschrieben.

Wir haben besonders an den vielbeschäftigten Leser gedacht und die verschiedenen Fachgebiete deshalb in abgeschlossene Kapitel aufgeteilt.

Zum Schluß möchte ich mich bei den vielen Seminarteilnehmern bedanken, die durch ihre Seminarbeteiligung und durch ihre Mitwirkung dieses Buch zum Teil ermöglicht haben. Ganz besonders dankbar bin ich meiner Frau, meiner treuen Helferin und Mitarbeiterin, für ihre unermüdliche Hilfe an diesem Buch. Ebenso herzlicher Dank gilt Frau Massing für ihre fleißige Mitarbeit.

Wir wünschen Ihnen persönlich durch dieses Buch viel Erfolg in der praktischen Rhetorik und der besseren Kommunikation im Alltag!

Gau-Algesheim
im April 1981

Peter Ebeling
Rhetoriktrainer

Kurzgefaßter Abriß der historischen Entwicklung der Rhetorik

Griechenland – Römisches Reich – Mittelalter – Humanismus und Barock – 18. und 19. Jahrhundert – 20. Jahrhundert

In der Antike wurde die Rhetorik definiert als die „Kunst, gut zu reden“ (ars bene dicendi), die sich zusammensetzte aus Talent, natürlicher Begabung (ingenium) und technischer Fertigkeit (ars, techne). Die notwendigen Fertigkeiten und Fähigkeiten auf dem Gebiet der Redetechnik lassen sich laut antiker Auffassung schulen durch die Nachahmung der anerkannten Rhetoren (imitatio), durch die Anwendung allgemein verbindlicher Regeln (doctrina) und durch ständige Übung (exercitium).

Zur Redekunst gehört also das Beherrschen des Sachverhalts (res) und dessen angemessene Darstellung durch die Sprache (verba). Einerseits ist die Redekunst somit Dialektik, das heißt Kunst der Problemerkenntnis (intellectio), der Argumentation (inventio) und der Gedankenführung (dispositio), andererseits ist sie Stilistik (elocutio), die sich um die geschliffene Ausformung der Sprache bemüht. Und letzten Endes gehört dazu auch die Beobachtung, wie das Publikum auf die Rede, auf die Sprache des Redners anspricht.

Die antike Rhetorik unterscheidet drei Redegattungen:

1. Die Gerichtsrede, in der über die Beurteilung vergangener Vorgänge gestritten wird.
2. Die Beratungs- oder Ermahnungsrede, in der es um eine Darstellung gegenwärtiger Vorgänge geht und darum, wie sie in Zukunft besser gestaltet werden können.
3. Die Lob- und Tadelrede.

Eine vielfältige Mischung dieser Redearten ist möglich, die Zahl der Redeformen ist Legion: Manifest, Aufruf, Petition, Plädoyer, Streitgespräch, Streitschrift, offener Brief, Kommuniqué, Laudatio, Nekrolog, Pamphlet, Predigt ... Alle diese Arten der Rede sind bereits in der Antike vorhanden und werden vielfältig gepflegt.

Schon sehr früh gibt es ein allgemeinverbindliches Schema, wie man eine Rede gestalten soll (wobei kunstvolle Ausnahmen, wie die petitio principii und die Formel „in medias res“ immer nur die Regel bestätigen): einfachstes Gliederungsschema ist immer die Einteilung in Einleitung, Hauptteil, Schluß. Der Anfang soll als Köder für das Publikum dienen und als kurze Übersicht dessen, was zu erwarten ist. Sehr wichtig ist hier die Anrede. Der Hauptteil bringt ausführliche Darstellung der Probleme, historische Reminiszenzen, Folgerungen daraus für die Gegenwart und Zukunft, Widerlegungen gegnerischer Argumentation. Der Schluß faßt zusammen und gibt einen Appell an die Zuhörer weiter.

Notwendig für den Redner ist es nach alter Auffassung, daß er sich seinem Problem gegenüber angemessen ausdrücken kann, daß er klar ist und verständlich in seiner Argumentation. Allerdings soll die Rede auch kunstvoll sein, so daß sie sich von der alltäglichen Sprache unterscheidet. Die Rede muß unkonventionell in dem Sinn sein, daß man schon von den bloßen Äußerlichkeiten her auf den Redner und auf das, was er sagen will, aufmerksam wird.
Diesem Zweck dient ein im Lauf der Zeit entwickeltes System von rhetorischen Figuren. Hier lassen sich in groben Zügen sechs Gruppen unterscheiden: Ausdrucksfiguren, Wortfiguren, Wortsinnfiguren, Stellungsfiguren, Satzgliedfiguren, Satzsinnfiguren.

1. Ausdrucksfiguren:
Übertragung: **Glut** steht für Leidenschaft
Bildlicher Ausdruck: **Wüstenschiff** steht für Kamel
Umbenennung: **Judas** steht für einen Verräter
Umschreibung: **das Land, wo die Zitronen blühen** steht für Italien
Vergleich: **„Du bist wie eine Rose“**

2. Wortfiguren:
Wortpaare: **mit Mann und Maus, mit Kind und Kegel**
Ablaute: **mit Singen und Sagen**
Endreim: **mit Sang und Klang, mit Sack und Pack**

3. Wortsinnfiguren:
Unter diese Gruppe fallen die schmückenden Beiwörter, die Appositionen, die widersprüchlichen Gegensätze und die Übertreibungen.

4. Stellungsfiguren:
Reihungen ohne Bindewort, Häufung der Bindewörter, Aufzählungen mit Wertsteigerungen (Silber, Gold und Edelstein).

5. Satzgliedfiguren:
Parallelismen: **Hier wachsen noch Bäume, hier träumt man noch Träume**
Chiasmus (Kreuzstellung), Ellipse (Auslassungen), Einhalten, Verstummen in der Rede

6. Satzsinnfiguren:
Rhetorische Fragen **(Wer will das bezweifeln?)**, Ausrufe, Anreden, Aufforderungen, Beschwörungen.

Wie hat ein Rhetor, der eine Rede ausarbeiten will, nun vorzugehen? Die Hauptvorgänge sind folgende: 1. Vorschriften über die Stoffsammlung und das Finden von Beweisgründen (inventio); 2. Anordnen und Gliedern des gesammelten Materials (dispositio); 3. sprachliche Formulierung und stilistische Ausgestaltung (elocutio), 4. Aneignung der Rede durch Auswendiglernen (memoria); 5. Kunst der gestenreichen Deklamation (pronuntiatio) beim Vortrag selbst. Die beste Deklamation ist die freie Rede, die „sprechdenkend“ erzeugt wird.

Griechenland

Das entscheidende Moment für die Entstehung der Rhetorik in der Antike war das Vorhandensein von Interessengegensätzen. Zu den ersten prominenten Rhetoren im alten Griechenland zählt Gorgias von Leontini, der aus Sizilien 427 v. Chr. nach Athen kam. Er unterrichtete zahlreiche Schüler und hielt Musterreden, von denen zwei erhalten sind.
In Athen hatte sich schon vorher eine Art Rhetorikschule ausgebildet, die in Perikles (nach 500–429) einen wortgewandten Vertreter besaß, der den Anstoß zur Pflege der Redekunst durch die Sophisten gab.
Der erste schulmäßige attische Redner, der auch und vor allem als Lehrer der Rhetorik auftrat, war Antiphon, der älteste der zehn attischen Redner (480–411), der die Beweistechnik entwickelte und zahlreiche Modellreden verfaßte. Weitere Redner dieser Schule waren u. a. Thrasymachos von Chalkedon, Theodoros von Byzanz, Alkidamos. Die Sophisten (Weisheitslehrer), wie sie bald genannt werden, sind davon überzeugt, daß alles lehr- und lernbar ist (Protagoras, 485–416: „Der Mensch ist das Maß aller Dinge“), daß man Werte wie Wahrheit und Gerechtigkeit mit den geeigneten Argumenten jedem Menschen und jeder gesellschaftlichen Einrichtung vermitteln kann, indem man sie dazu überredet.
Die Gegenbewegung ging von Sokrates (469–399) aus. Der Redner hat hier die Aufgabe, in philosophischem Sinn zu überzeugen. Platon (427–347) hat den Kampf der Philosophie gegen die Rhetorik, wie die Sophisten sie

verstanden, im **Phaidros** dargestellt. Dem trat Isokrates (436–338) entgegen, der die natürlichen Anlagen des Rhetors mit Talent, Ausbildung und praktischer Erfahrung angibt, sie also mehr im Diesseits ansiedelt. Aristoteles' (384–322) drei Bücher über die Redekunst sind bis heute ein Standardwerk geblieben. Die beiden ersten Bücher handeln von der Argumentation, das dritte von der sprachlichen Formulierung. Die ebenfalls aus der zweiten Hälfte des vierten Jahrhunderts stammende **Rhetorik an Alexander,** die viele Berührungspunkte mit der Aristotelischen Rhetorik aufweist, wird Anaximines von Lampsakos zugeschrieben.

Der größte praktische Rhetor der Antike, Demosthenes (384–322), der sich durch Zungen- und Atemgymnastik trotz seiner stimmlichen Gebrechen zum Redner ausbildete, hatte auf die Theorie der Redekunst keinen großen Einfluß.

In der Zeit der Nachblüte griechischer Kultur entwickelte sich dann die asianische Beredsamkeit, als deren Gründer oder Hauptvertreter Hegesias von Magnesia in der zweiten Hälfte des dritten Jahrhunderts vor Christus gilt. Die asianische Redeweise ist überstilisiert, der Satzbau zerhackt, man folgt in übertriebener Weise dem Sprachrhythmus: alles weitet sich zum Schwulst aus. Die attizistische Schule war die Gegenbewegung, hier ahmte man wieder die alten Muster (besonders Lysias und Demosthenes) nach. Ein bedeutender Vertreter dieser Schule war Dionysios von Halikarnaß (Lebensdaten unbekannt, er lehrte um 30 v. Chr. in Rom), seine bedeutendste Schrift trägt den Titel: **Über die Wortfügung**.

Römisches Reich

Für das expansive Volk der Römer war die Beredsamkeit vor allem praktischer Natur; als größter Redner gilt Marcus Tullius Cicero (106–43 v. Chr.). Auf theoretischem Gebiet war seine große Leistung, daß er es verstand, die griechische Terminologie der Rhetorik ins Lateinische umzuformen. Seine Schrift **De oratore (Über den Redner)** aus dem Jahr 55 ist ein Dialog in drei Büchern. Der erste Teil befaßt sich mit der Ausbildung des Redners, der zweite mit dem Wesen der Rhetorik, der dritte mit dem Sprachstil und dem Vortrag. Im **Brutus** gibt Cicero einen Überblick über die Geschichte der römischen Rhetorik bis zu seiner Zeit. Hier zeigt sich die enge Verflechtung von Polemik und Kunst der öffentlichen Rede.

In der späteren Kaiserzeit wird die Rhetorik zu einer Art „brotloser" Kunst, sie artet immer mehr zu bloßer öffentlicher Deklamation aus. Diese Entwicklung berücksichtigt auch das letzte große Lehrbuch der Rhetorik, das aus der Antike erhalten ist: Quintilians **Institutio oratoria.** Quintilian lebte ca. 35–95 n. Chr. Eine spätere, in ihrer Echtheit allerdings umstrittene Schrift **De rhetorica** des Augustinus mag Zeugnis geben für die rhetorische Tradition im frühen Christentum.

Rhetorikunterricht – das sei hier noch einmal festgehalten – gibt es bereits seit der Zeit der Sophisten. Viele der frühen Rhetoren verfaßten Musterreden für den Schulbetrieb. Den Unterricht begannen die Elementarlehrer, es folgt eine Art Mittelschullehrer, auf dessen Unterricht der Rhetoriklehrer aufbaute (die Schüler waren dann ungefähr 15 Jahre alt). Zunächst gab es rhetorische Vorübungen (Progymnasmata), dann die eigentlichen Übungen (Gymnasmata). In Rom galt als beste Rhetorenschulung das persönliche Vorbild des Redners; die Redner waren hier zumeist griechische Einwanderer; außerdem war es in Rom lange Zeit Mode, die Söhne nach Griechenland in die Schule zu schicken, damit sie dort die Redekunst erlernten.

Mittelalter

Seit Martianus Capella, seit etwa 420, bestimmen die Freien Künste das Unterrichtswesen, sie halten sich das gesamte Mittelalter hindurch. Das Mittelalter stellt sich als eine Zeit der Auseinandersetzung zwischen antikem Denken und christlicher Lehre dar in dem immerwährenden Streben, die beiden Faktoren zu einem Bildungsideal zu vereinen.

Die ersten drei, die grundlegenden der Freien Künste (das Trivium genannt), sind Grammatik, Rhetorik und Dialektik. Auf ihnen baut das Quadrivium auf: Arithmetik, Musik, Geometrie, Astronomie. Im Mittelalter lehrt die Rhetorik aber nicht mehr nur, wie man Texte macht und sie vorträgt, sondern auch, wie man sie interpretiert. So in Augustinus' Schrift: **De doctrina christiana.**

Rhetorik bedeutet im Mittelalter ganz selbstverständlich auch die Kunst der guten Predigt, der gekonnten Briefe, der durchschlagenden Plä-

doyers vor Gericht. Und wie bereits angedeutet, tritt ein ganz wesentlicher Bereich hinzu, die „schriftliche Rhetorik“, die literarische Rhetorik, die Texte im Sinn der alten Schule rhetorisch zu komponieren weiß, ohne daß sie je vorgetragen werden sollen.
In diesem Sinn verwendete die Gregorianische Zeit rhetorische Kategorien in der Rede- und besonders in der Schreibkunst, obwohl man allgemein der Ansicht war, die unverblümte Redeweise sei für missionarische Zwecke am besten geeignet. Das ändert sich mit Alkuin, dem Berater Karls des Großen. Er zieht einen strengen Trennungsstrich zwischen der Bibel und der antiken, überkommenen Rhetorik, dazu trennt er die Theologie streng von den Freien Künsten. Nach Erlaß Karls des Großen wird die Rhetorik wieder als eigenes Fach an den Schulen gelehrt, und zwar ganz im Sinn der alten Schulrhetorik. Alkuin ist der Auffassung, daß durch die Vernunft und die Gabe der Rede die Menschen zivilisiert werden. Allerdings wird das weltoffene Bildungsideal nicht lange aufrechterhalten: in der Kaiserzeit treten alle Künste hinter die Theologie zurück, bis schließlich im 13. Jahrhundert dem Klerus das Studium der Freien Künste völlig verboten wird. Mehr denn je ist jetzt allein die Kenntnis der Heiligen Schrift Ziel allen Wissens.

Humanismus und Barock

In der Zeit des Humanismus tauchen auch die alten rhetorischen Ideale wieder auf. Rhetorik gehört jetzt wieder zum Elementarunterricht an den Schulen. Besonderer Wert wird auf die zahlreichen und richtigen Verwendungen der rhetorischen Formeln gelegt. Das war um so leichter, als alle gelehrten Reden in Latein abgefaßt werden mußten. Hier sind besonders die Jesuiten als Vorkämpfer anzusehen, die die Ars disputandi in besonderer Weise in ihren Schulen pflegten.
Zur Zeit des Barock kommen immer stärker die Anlaßreden in Mode, Reden zu Taufe, Hochzeit, Tod, zur Gratulation, kurz: bei jedem Familienfest darf auch eine Rede nicht fehlen. Dafür werden Lehrbücher verfaßt, wie zum Beispiel die **Schemata Rhetorica, Teutsch** von Kaspar Goldwurm (1535): die Rhetorik dringt damit in die deutsche Sprache vor. Wie auch bereits in der Antike wird zur Zeit des Humanismus und des Barock hoher Anspruch an den Redner gestellt. Er ist ein idealer Vir bonus, in wörtlicher Übersetzung: ein guter Mensch, dem die Zuhörer nicht nur ihr Ohr leihen, sondern dessen Anweisungen für das Zusammenleben sie auch befolgen. Deshalb darf der Redner nichts aufbauschen, nichts überzeichnen, nichts verwirren, er darf sich nicht selbst zur Schau stellen, er muß gemessen und zugleich angemessen sprechen; er darf sich nicht über Themen verbreiten, von denen er nichts versteht.
Dies alles faßt Baldesar Castiglione (1478–1529) in seinem **Buch vom Hofmann (Il Cortegiano)** zusammen, wenn er schreibt: „Der Hofmann soll, wenn es ihm gelegen kommt, beredsam und in Gesprächen über den Staat klug und vorsichtig sein und so viel Urteil besitzen, daß er sich den Sitten der Nationen, bei denen er sich befindet, anzupassen weiß; in kleineren Dingen sei er gefällig und spreche über alles verständig; vor allem aber strebe er immer nach dem Guten und sei nicht neidisch und verleumderisch; und nie lasse er sich dazu herbei, Gnade und Gunst auf lasterhaftem Wege und durch unanständige Mittel zu suchen.“
Die Reformatoren stehen unterschiedlich zur hergebrachten Rhetorik. Melanchthon schätzt sie sehr hoch ein, er meint, daß sie einen positiven Einfluß auf die Gesellschaft ausüben kann. Luther ist anderer Meinung. Seine Rhetorik, seine Redekunst ist an der Volkssprache geschult; er hält nichts von der geschliffenen Wendung. Daß er sich aber dabei der überlieferten Rhetorik nicht entziehen kann, zeigt folgendes Zitat: „Ein Prediger soll ein Dialektikus und Rhetor sein, das ist, er muß können lehren und vermahnen. Wenn er nu von einem Dinge oder Artikel reden will, soll er's erstlich unterscheiden, was es eigentlich heißet; zum anderen definieren, beschreiben und anzeigen, was es ist; zum dritten soll er die Sprüche aus der Schrift dazu führen und damit beweisen und stärken; zum vierten mit Exempeln ausstreichen und erklären; zum fünften mit Gleichnissen schmücken; zuletzt die Faulen ermahnen und munter machen, die Ungehorsamen, falsche Lehre und ihre Stifter mit Ernst strafen, also doch, daß man sehe, daß es aus keinem Widerwillen, Haß oder Neid geschehe, sondern allein Gottes Ehre und der Leute Nutz und Heil suche.“
Die katholische Predigt der Zeit sieht ganz anders aus: hier wendet man sich an ein gelehrtes und höfisches Publikum. Das wichtigste Lehr-

buch für die Umsetzung der klassischen Rhetorik in das Wissenschaftssystem der Zeit ist Meyfarts **Teutsche Rhetorica** (1634). Im Gefolge diese Buches entwickelt sich aber auch der Manierismus, das Überborden rhetorischer Stilmittel, wie es sich im Barock vielfach ausprägt: jeder Satz, jede Wendung ist unter dem Aspekt der kunstvollen Verwendung rhetorischer Stilmittel komponiert.

18. und 19. Jahrhundert

Der Bereich der Beredsamkeit (wie die Rhetorik im 18. und 19. Jahrhundert meist genannt wird) ist für die späteren Zeiten noch recht wenig erforscht. Die aus der Antike überlieferte Trias dessen, was die Rede soll (docere, movere, delectare), wird auch zur Zeit der Aufklärung fast unverändert übernommen (überzeugen, überreden, Empfindungen wecken).
Wieland formuliert dies so: „Wir verstehen unter der Red-kunst eine auf die Kenntnis der Regeln gegründete Fertigkeit, wohl zu reden, d. i. durch seine Reden die Zuhörer zu überzeugen, sich ihren Affecten zu bemeistern und sie zu dem Zweck zu lenken, den man sich gesetzt hat."
Aber es gab nicht nur Befürworter der Rhetorik, wie dies am Beispiel Kants deutlich wird. Er meint, daß man die Beredsamkeit „zur Beschönigung oder Verdeckung des Lasters oder Irrtums" verwenden kann, er spricht von der „künstlichen Überlistung" der Zuhörer. Auch Goethe war ein entschiedener Gegner der Rhetorik, wobei er sich auf Kant berief. Herder bestätigte zwar die Redekunst im Bereich der Predigt, hob sie allerdings gegenüber der antiken Tradition ab, die er hier als überholt ansah.
Mit dieser Problematik setzt sich auch Adam Müller in seinen **Reden über die Beredsamkeit** auseinander. Im Sinn der Romantik möchte er nicht mehr die antiken „Hausmittelchen der Überredung" angewandt sehen, der Redner sollte demgegenüber sein persönliches Gefühl den Zuhörern mitteilen.
Schiller sieht in der Rhetorik keine zweckgerichtete Künstlichkeit wie seine Zeitgenossen, sondern eine Schule zu größerer Natürlichkeit, wie dies in der Antike Aristoteles und Quintilian deutlich gemacht hatten. Der Redner muß seiner Situation angemessen reden können. Im Ideal des Cortegiano (des höfischen Weltmanns) findet Schiller den Begriff der rhetorischen Schönheit vorweggenommen.
Die theoretischen Überlegungen änderten aber nichts daran, daß weiterhin politische Reden gehalten wurden, zum Beispiel bei der Frankfurter Nationalversammlung 1848 in der Paulskirche. Dabei kam es in den meisten Fällen nicht mehr darauf an, sich mit der herkömmlichen Praxis der Redekunst zu beschäftigen: allein die Aussage zählte. Ähnliches galt auch für die großen Redner der Französischen Revolution von 1789. Nietzsche greift in seinen sprachphilosophischen Schriften auch die Rhetorik auf. Er bedauert es sehr, daß zu seiner Zeit in Deutschland niemand mehr reden lernt, das heißt, für ihn fehlen „künstlerische Wertschätzung, Behandlung und Ausbildung der mündlichen Rede". Das Sprachgefühl ist notwendigerweise für Nietzsche zu intensivieren, denn das ist ein Gradmesser für die Zivilisation. Das Wort Redner soll nach Nietzsches Meinung wieder einen guten Klang bekommen, mit diesem Wort soll nicht länger der Vielredner gemeint sein, wie dies damals landläufig war.

20. Jahrhundert

Im 20. Jahrhundert fallen zunächst einmal die Negativbeispiele der Rhetorik ins Auge – die Rhetorik der Massenbewegung, die Rhetorik der Diktatoren. Mit der antiken Tradition des Rhetors als „vir bonus" haben sie nicht mehr das geringste gemein. Diese Art diktatorischer Redner appellieren an den Massentrieb, sie steigern die Zuhörer, aber auch sich selbst in eine Art Psychose.
Ein weiteres Feld der Rhetorik, das heute mehr und mehr in den Vordergrund rückt, ist die Werbung, die rhetorisch sicheres Auftreten erfordert. Diesem Ziel dient das hier vorgelegte Lehrbuch bzw. Lernbuch.

Wozu praktische Rhetorik, warum Kommunikationstraining?

„Am Anfang war das Wort." – Warum soll man die Kunst der praktischen Rhetorik und Kommunikation beherrschen? – Warum ist Kommunikation so wichtig? – Wodurch entstehen Mißverständnisse? – Welche Vorteile bringen bessere Rhetorik und Kommunikation? – Kommunikation – Kurze Zusammenfassung – Der Mensch leidet heute an „geistiger Verstopfung" – Kommunikationsübungen

„Was mühen wir uns um andere Künste doch, wir Sterblichen, und lernen sie, wie jeder es verlangt;
und die Beredsamkeit, die einzige Beherrscherin der Menschen, bis zur Vollendung zu erlernen,
streben wir mit so geringem Fleiß;
und doch ist sie's, durch die der Menschen Wille wird gelenkt." (Euripides)

„Nichts Schöneres haben die unsterblichen Götter den Menschen gegeben, als die Majestät der Rede." (Quintilian)

„Die Redekunst ist die allerumfassendste Kunst." (Augustinus)

„Wer wohl reden kann, der ist der Mann. Denn Reden ist Weisheit, und Weisheit ist Reden." (Martin Luther)

„Sprich, damit ich dich sehe!" (Antiker Spruch)

„Bilde dich zum Meister des Sprechens, denn dadurch wirst du obsiegen." (Papyrus aus einem altägyptischen Grab)

„Am Anfang war das Wort."

Haben wir verlernt, miteinander zu sprechen? Ich glaube schon! Durch die Entwicklung der neuen Kommunikationssysteme und Medien verkümmert das Gespräch mit- und untereinander. Unsere Zeit ist gekennzeichnet von Hetze. Die Menschen eilen von einer Aufgabe zur anderen, von Termin zu Termin, so daß einer der uns geläufigsten Sätze: „Ich habe keine Zeit!" ist.

Es ist tatsächlich möglich, daß zum Beispiel Menschen in einem Zugabteil auf der Fahrt von München nach Frankfurt lediglich vier Worte miteinander wechseln, nämlich: „Guten Tag" beim Ein- und „Auf Wiedersehen" beim Aussteigen, mitunter noch nicht einmal das. Während der gesamten Reisedauer sitzen sie sich stumm, oft hinter Zeitungen und Büchern versteckt, gegenüber. Eine Unterhaltung wird höchstens dann zustande kommen, wenn ein Ausländer zusteigt oder Kinder durch ihre Natürlichkeit und Spontaneität die Anwesenden zu einem Gespräch ermuntern.

Warum sprechen die Menschen immer weniger miteinander? Haben sie Angst, Hemmungen, wollen sie allein sein mit ihren Gedanken und Problemen, oder aber haben sie nur verlernt, sich einfach dem anderen mitzuteilen?

Warum gibt es so viele Schranken und Schwierigkeiten, sich gegenseitig näherzukommen? Immer wieder beobachtet und erkennt man, daß im Grunde eine latente Sehnsucht, der Wunsch nach Kontaktaufnahme, vorhanden ist. Aber zu viele belassen es bei diesem vagen Wunsch. Befürchtungen, Unsicherheit, mangelnde Bereitschaft, einem anderen zuzuhören – denn auch das gehört ja zu einem Gespräch miteinander – und die fehlende Fähigkeit, sich natürlich, verständlich und menschlich auszudrücken, verhindern die Realisierung dieser Absicht.

Wie viele Familien verbringen Stunde um Stunde vor dem Fernsehgerät, anstatt die Zeit zu einem Gespräch zu nutzen. Eine Frage, eine Äußerung wird oft nur mit anlehnender Handbewegung abgewiesen, weil man sich bei dieser Tätigkeit nicht stören lassen will.

In den Büros und Fabriken leidet die Kommunikation ebenfalls, hier bedingt durch Trennwände, Wechselschichten, Automation, Maschinerien und vieles mehr. Reden zwei Arbeitnehmer miteinander und ein Vorgesetzter kommt hinzu, zucken die beiden erschreckt zusammen, als seien sie bei einer Untat überrascht worden. Muß der Mensch sich immer unfreier, gehemmter und unsicherer bewegen und verhalten? Wie wichtig ist der Besitz innerer Sicherheit! Wer möchte nicht frei auftreten können und überall „parkettsicher" sein? Wer möchte nicht in der Lage sein, sagen zu können, was er wirklich sagen will? Zugegeben, das ist nicht immer leicht.

Parkinson formulierte dies so: „In allen zwischenmenschlichen Beziehungen ist unsere Ohnmacht, uns exakt verständlich zu machen, die häufigste Ursache für ein Versagen." Diese Tatsache hat hundertfache Gründe und Ursachen, und die Unfähigkeit, bestmöglich seine Wünsche, Vorstellungen und Bedürfnisse kundzutun, wird von Mensch zu Mensch im Schwierigkeitsgrad unterschiedlich sein.

Bewährte rhetorische, psychologische Techniken, Tips und Hinweise sowie Trainingsmethoden für das Selbst- oder Gruppentraining werden in diesem Buch angeboten. Hemmungen, Redeängste und -schranken sollen durchbrochen werden. Wie treffend sagt es Ralph Waldo Emerson (1802–1883): „Tue das, was du fürchtest, und die Furcht stirbt einen sicheren Tod." Dieser Satz ruft zur aktiven Mitarbeit auf!

In einer guten Anzeige einer Versicherung las ich neulich eine Erkenntnis, die auch ich in meiner Arbeit immer unterstrichen habe: »„Das Wertvollste im Leben ist die Entfaltung der Persönlichkeit und ihrer schöpferischen Kräfte." Dieses formuliert der Physiker Albert Einstein (1879–1955) gleichsam als Quintessenz seines bewegten Lebens und Denkens.«

An diesem Beispiel läßt sich ermessen, daß der persönliche Entfaltungsspielraum zu den wesentlichsten und wichtigsten Voraussetzungen für den Menschen gehört. Die folgenden Tips und Hinweise sollen dem Leser dazu verhelfen, freier und selbstsicherer zu werden. Ferner sollen sie dazu dienen, die latenten Kräfte, die in jedem Menschen vorhanden sind, zu entfalten und seine schöpferischen Fähigkeiten zu verbessern.

Warum soll man die Kunst der praktischen Rhetorik und Kommunikation beherrschen?

Die Sprache, verbal und nonverbal, wird immer die zentrale Ausdruckskraft der Verständigung zwischen Menschen sein. Die Nachfrage nach Führungskräften, die es verstehen, Menschen positiv zu beeinflussen, diese auch zu lenken und zu leiten, wird ständig wachsen. Ebenso werden fortlaufend immer mehr Ausbilder und Trainer gesucht, um Menschen heranzubilden, die die vielen neuen Arbeitstechniken und wachsenden Informationsverarbeitungen besser beherrschen.

Auch die Nachfrage nach Menschen, die sich gut ausdrücken können, wird immer dringender, zur Aufrechterhaltung der Kommunikationsketten in der Wirtschaft, der Industrie und in den sozialen Bereichen unserer Gesellschaft. Doch immer weniger Menschen sind heute bereit, der neuzeitlichen Problemstellung gegenüberzutreten und Lösungen dafür zu suchen und zu finden.

Wir brauchen Trainingsseminare, die Menschen neuen Ansporn, Motivation, Identifikation und die Fähigkeit geben, besser in Kommunikation treten zu können. Die Überwindung der persönlichen Schranken und mangelnde sprachliche Fähigkeiten können mittels Rhetoriktraining angegangen werden. Die Beherrschung der Rede- und Kommunikationsfähigkeit steigert das Selbstbewußtsein in ganz erheblichem Maß und schafft viele Erfolgserlebnisse.

Viele erfolgreiche Frauen und Männer haben den Erfolg nur ihrer Beherrschung der Redekunst zu verdanken. Das war schon immer so und wird auch künftig so bleiben. Viele lukrative und interessante Positionen in Verwaltung und Wirtschaft warten auf die geeigneten Besetzungen.

Das Beherrschen der Redekunst ist eines der wichtigsten Instrumente der Menschenbeeinflussung. Die Macht der Überzeugung ist die Voraussetzung für aktive Mitarbeit. Durch die Unfähigkeit, sich klar und präzise auszudrükken, werden Millionen-DM-Verluste verzeichnet, zum Beispiel durch Mißverständnisse und Kommunikationsfehler. Wie viele Flugzeugkatastrophen sind allein auf Kommunikationsfehler zurückzuführen!

Alle neuen Ideen, Entwicklungen, Veränderungen müssen letzten Endes durch die Sprache überzeugend vermittelt werden. Die Erfahrung aus meinen Seminaren zeigt mir immer wieder, daß erfolgreiches Reden die Begeisterungsfähigkeit steigert und den Teilnehmern neuen Auftrieb und neue Anregungen gibt. Die freie Rede steigert das Denkvermögen und die Konzentrationsfähigkeit.

Warum ist Kommunikation so wichtig?

„Gesagt bedeutet noch lange nicht gehört.
Gehört bedeutet nicht verstanden.
Verstanden bedeutet nicht einverstanden.
Einverstanden bedeutet nicht behalten.
Behalten bedeutet nicht angewandt.
Angewandt bedeutet nicht Verhaltensänderung.“ (Konrad Lorenz)

Diese wenigen Sätze zeigen die Tragweite und Schwierigkeit der Übermittlung von Informationen und ihren optimalen kontinuierlichen Einsatz. Zwischen der Idee und ihrer Realisierung liegt ein sehr weiter Weg, der mit vielen Übermittlungsschwierigkeiten gepflastert ist.

Wodurch entstehen Mißverständnisse?

Persönliche Hemmungen und Unzulänglichkeiten
Fehlende Fähigkeit, das zu sagen, was man sagen möchte
Fehlendes Einfühlungsvermögen
Falscher Gesprächszeitpunkt
Zu schwierige und zu komplizierte Formulierungen
Unzureichende rhetorische Kenntnisse
Ein zu geringes psychologisches Geschick

Diese und viele weitere Faktoren sind die Gründe, warum die tägliche Kommunikation oft keine besseren Ergebnisse hervorbringt.

Welche Vorteile bringen bessere Rhetorik und Kommunikation?

Hier nur einige aus der Vielzahl von Vorteilen, aufgegliedert in die Bereiche:
persönliche Fähigkeiten, persönliche Erfolge, soziale Möglichkeiten, berufliche Möglichkeiten, mehr Erfolgschancen, allgemeine Vorteile, allgemeine Vorteile für Firmen.

Persönliche Fähigkeiten:

Abbau von Hemmungen und Lampenfieber
Mehr Selbstsicherheit
Mehr Selbstbewußtsein
Bessere Stimmtechnik
Klarere, präzisere Aussage
Mehr Überzeugungskraft
Bessere Selbstorganisation
Ausbau und Entwicklung der pädagogischen und psychologischen Fähigkeiten
Fähigkeit, aus dem Stegreif zu sprechen
Besserer Einsatz der Redemethoden und Sprechinstrumente
Fähigkeit, andere besser zu motivieren
Bessere Durchsetzungskraft der Ideen
Mehr Spontaneität und Schlagfertigkeit
Erweiterung des Wortschatzes
Leichterer Umgang mit den Sprechwerkzeugen
Bessere Koordinierung von Mimik und Gestik bei Rede und Gespräch
Bessere Wahrnehmung der nonverbalen Ausdrucksformen
Bessere Fähigkeit, zuzuhören
Bessere Überwindung von Redeangst
Erkenntnis der Grenzen und Möglichkeiten der Einsatzmittel
Schnelleres und besseres Erarbeiten von Manuskripten, Konzepten usw. für Reden und Präsentationen

Persönliche Erfolge:

Sie genießen mehr Erfolgserlebnisse

Bessere Kommunikation
Erhöhte Chancen und Gelegenheiten
Mehr Erfolge auf dem privaten Sektor allgemein
Mehr Anerkennung und Achtung
Verringerung des „blinden“ Flecks (Joharifenster)
Überwindung von Angst, vor Gruppen zu sprechen
Besseres psychologisches Einfühlungsvermögen
Mehr Einflußmöglichkeiten
Mehr Einsicht und Verständnis für andere
Erkennen der Notwendigkeit, besser zuzuhören
Positive Einstellung zu sich und seiner Umwelt

Soziale Möglichkeiten:
Mehr „Parkettsicherheit“
Ausbau der Kontakte und Beziehungen
Verminderung der persönlichen Schranken
Leichterer Einstieg in Gruppen, Verbände usw.

Berufliche Möglichkeiten:
Mehr Durchsetzungskraft bei Diskussionen und Konferenzen
Leichteres Verhandeln und Verkaufen
Bessere innerbetriebliche Kommunikation
Bessere Beherrschung der Vortragskunst für verschiedene Situationen und Gelegenheiten
Neue Ideen besser „an den Mann bringen“
Verbesserung des schriftlichen Ausdrucks
Bessere Fähigkeit, sich kurz zu fassen
Mehr Kontakte führen zu besseren Ergebnissen
Besserer Blick für neue Quellen und Fundgruben
Schneller und besser überzeugen durch gekonnte Präsentationstechnik
Einsatz und Beherrschung neuer technischer Hilfsmittel
Besserer Einsatz visueller Hilfsmittel

Mehr Erfolgschancen:
Bessere allgemeine Berufschancen
Bessere Auseinandersetzung im Bereich der Zielsetzungen
Verminderung von Kommunikationsfehlern inner- und außerbetrieblich
Beherrschung der fairen und unfairen Dialektik
Grundstein für jeden Erfolg

Allgemeine Vorteile:
Bessere Möglichkeiten der Selbstkontrolle
Mehr Offenheit zu sich selbst und anderen gegenüber
Neue Interessengebiete tun sich auf
Besseres Sich-mitteilen-Können
Aktivierung und Ausbau der latenten Fähigkeiten
Mehr Objektivität und Toleranz
Leichterer und besserer Umgang mit Menschen in privaten, beruflichen und sozialen Umfeldern
Beherrschung der wichtigsten rhetorischen Techniken

Allgemeine Vorteile für Firmen:
Einheitliche Ausrichtung der Firmenbotschaft
Bessere Reklamationsbehandlung
Trainingsseminare verhelfen dazu, Mitarbeiter zu motivieren
Weniger Mißverständnisse und Schwierigkeiten
Ausgebildete Mitarbeiter erhöhen das Firmenimage und den Umsatz
Weniger Fehler durch bessere Kommunikation
Besseres Betriebsklima und bessere Zusammenarbeit

Wir sehen also, daß es viele Gründe dafür gibt, sich in der Kunst der Rede zu üben. Gutes, freies Sprechen stärkt die Persönlichkeit und damit auch das Ansehen. Die freie Rede ist die Kunst, Menschen zu beeinflussen, sie zu überzeugen und für sich zu gewinnen. Wir erkennen also, wer reden kann, gewinnt an Sicherheit im Auftreten, er bekämpft Hemmungen, Schüchternheit, Konzentrationsmangel, Minderwertigkeitsgefühle, Befangenheit, Lampenfieber und Angst. Somit können wir ohne Zweifel sagen: Freies Reden ist ein Beitrag zur individuellen Entwicklung und Förderung der Persönlichkeit.

Kommunikation

Das Wort kommt aus dem Lateinischen, communicatio = Mitteilung, Verständigung.

Die Kommunikation war natürlich immer schon dort vorhanden, wo Menschen miteinander umgingen, also im menschlichen Miteinander. Die wissenschaftliche Erforschung des zwischenmenschlichen Informationsaustausches ist allerdings noch eine sehr junge Wissenschaft.

Der Kommunikationsprozeß zwischen einem Redner und seinem Zuhörer läuft wie folgt ab: Der Sprecher hat eine ganz bestimmte Zielsetzung, die er mit seinem Gespräch verfolgt. Informationen, Nachrichten oder seine Meinung versucht er, durch die Sprache, die Mimik und Gestik seinem Zuhörer deutlich zu machen. Der Partner nimmt diese Mitteilung mit dem Ohr, dem Auge und dem Gefühl auf. Die Aufnahme ist allerdings abhängig von dem Grad seines Interesses und seiner Aufmerksamkeit. Wenn der Empfänger die Aussage positiv aufnimmt, wird er die Information, Meinung oder Nachricht verarbeiten und beginnt dadurch den Redner zu verstehen.

Überall dort, wo Menschen miteinander umgehen und zu tun haben, existiert Kommunikation. Sei es auf dem beruflichen oder auf dem privaten Sektor. Um sich einander erfolgreich mitzuteilen – dies geht zumeist auf sprachlichem Wege vor sich, was allerdings nicht ausschließlich der Fall ist –, ist ein „Sichöffnen" dem Partner gegenüber die Voraussetzung für ein Erreichen dieser Zielsetzung.

Leider sind wir Menschen heute fast alle dahin erzogen worden, daß wir immer versuchen wollen, möglichst sachlich (verbal) und nüchtern an die Dinge heranzugehen. Das Gefühl (nonverbal) sollten wir versuchen, nach Möglichkeit auszuschalten. Doch dieses ist unmöglich, denn bei jeder Begegnung mit anderen Menschen kommt es fast immer zu einer Gefühlsübertragung. Besonders oft ist dies natürlich der Fall bei Gesprächen mit nur einem oder wenigen Partnern; hier treten schnell die rein sachlichen Aspekte in den Hintergrund. Man kommt sich menschlich schnell näher, oder man entfernt sich weiter voneinander, weil man bei diesen Gesprächen oft auf ganz persönliche Dinge zu sprechen kommt. Aber gerade durch dieses Sich-persönlich-Näherkommen oder auch -Entfernen erreichen wir eine viel schnellere Entscheidung, sei es nun eine Zu- oder Absage. Denn jede Zu- oder Absage erhalten wir von einem Menschen, mit dem wir kommuniziert haben, und nicht von einem Roboter.

Haben Sie sich schon einmal gefragt, was eigentlich mit uns geschieht im Moment der Kommunikation? Wissen Sie wirklich, was Ihre Sinne wahrnehmen? Wissen Sie wirklich, was Sie empfinden? Wissen Sie wirklich, was Sie denken? Kennen Sie wirklich Ihr Ziel?

Wie handeln Sie, und wie äußern Sie Ihre Gedankengänge? Nur wer sich selbst kennt und versteht, besitzt auch die Fähigkeit, andere Menschen zu verstehen. Viele Mißverständnisse kommen zustande, weil viel zuviel gedacht und gehandelt wird, ohne seine eigenen Wünsche, Erwartungen, Einstellungen usw. klar zu sagen und zu erkennen zu geben. Noch weniger wird daran gedacht, die Wünsche, Erwartungen usw. des Gespächspartners zu erkennen und sie zu berücksichtigen.

Unsere Gesprächspartner müssen unsere Gedankengänge erfahren und uns ihre Empfindungen, Wünsche, Meinungen usw. ebenfalls mitteilen, denn nur so können Menschen fruchtbringend miteinander kommunizieren. Wir müssen den zwischenmenschlichen Austausch von Informationen noch viel intensiver erforschen, denn Kommunikation ist ein grundlegender sozialpsychologischer Prozeß, der eine Verhaltensänderung beim Empfänger bewirkt, seine Grenzen, Einstellungen, Erwartungen, Interessen, seinen Wissensstand und seine Gefühle zu erfahren begehrt. Endlich müssen wir lernen, uns selbst, unser Ich mit in die Kommunikation einzubringen. Wir müssen die Fähigkeit erwerben, für uns selbst zu reden, unser Tun und Handeln zu veranschaulichen und unsere Gefühle und Ziele klar zum Ausdruck zu bringen. Es liegt im Interesse eines jeden, sich mit der Praxis der Kommunikation intensiver zu beschäftigen.

Kurze Zusammenfassung

Die Sprache ist ein sehr wichtiges Kommunikationsmittel.

Viele beruflich erfolgreiche Frauen und Männer unserer Zeit sind gute Rhetoriker.

Beherrschung der Redetechnik steigert das Selbstbewußtsein und gibt einem mehr Sicherheit.

Beherrschung der Kunst der Rede ist ein wichtiges Instrument der Menschenbeeinflussung.

Die Sprache ist für viele Berufszweige, zum Beispiel für den Verkäufer, das wichtigste Werkzeug.

Die Macht der Überzeugung ist die Voraussetzung für Aktivität.

Die Fähigkeit, sich gut ausdrücken zu können, verringert Mißverständnisse und Fehler.

Neue Ideen müssen mittels der Sprache „verkauft" werden.

Die Fähigkeit, überzeugen zu können, ist die erste Voraussetzung einer Führungskraft.

Erfolgreiches Reden steigert die Begeisterungsfähigkeit, bringt Spaß und Freude.
Durch die Entwicklung der Redekunst werden viele latente Fähigkeiten wachgerufen.
Die freie Rede steigert das Denkvermögen und die Konzentrationsfähigkeit.

Der Mensch leidet heute an „geistiger Verstopfung“

Wir erleben es jeden Tag, sei es nun in der Familie, auf der Straße, im Geschäft oder im Berufsalltag: ständig erhalten wir Informationen; wir leiden heute an „Überinformierung“. Stets werden Hunderte von neuen Informationen, Fakten und Daten durch die Sinne Sehen, Hören und Fühlen aufgenommen. Die Geschwindigkeit, mit der diese Informationen vermittelt werden, ist so groß, daß wir diese alle nicht mehr verarbeiten können. Die logische Folge ist die, wir Menschen werden dadurch immer frustrierter. Die nun folgende Skizze zeigt diese Informationsflut auf: Impulse und Informationen (1), Gespräche (2), Tageszeitungen (3), Fachpresse (4), Briefe und diverse Schriftstücke (5), Werbung, Rundfunk, Presse (6), Fernsehen (7), Tagungen, Konferenzen und Seminare (8).

Geistige Verstopfung

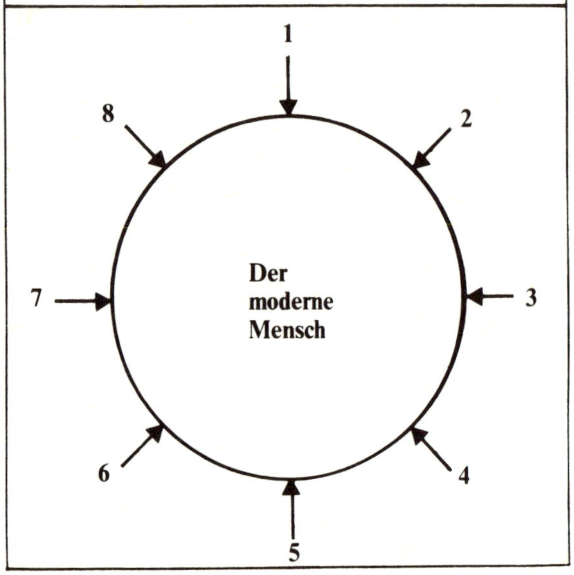

Aus sich herausgehen

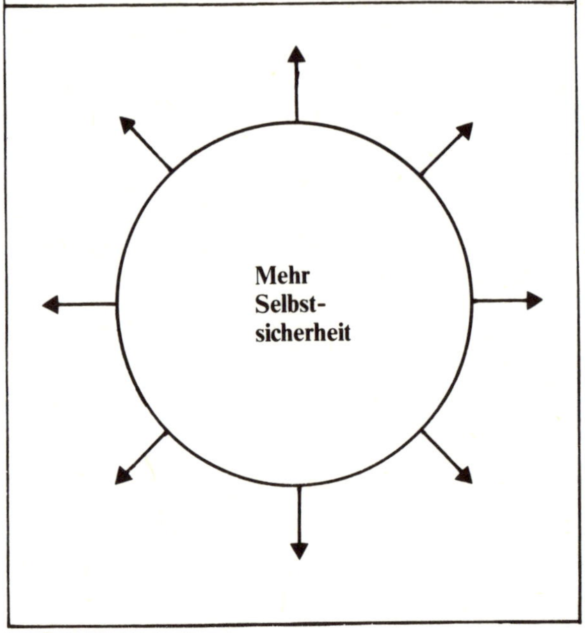

Diese Vielfalt an Eindrücken und Informationen erdrückt den Menschen förmlich. Viele schlucken Tabletten, weil sie nicht mehr schlafen können, denn das Unterbewußtsein versucht vergeblich, diese ständigen Informationen zu bewältigen.

Schlechthin kann man sagen, „die Menschen leiden heute in zunehmendem Maß an geistiger Verstopfung“. Veranlaßt durch meine Beobachtungen, habe ich über dieses Phänomen viel nachgedacht. Ich bin zu folgendem Ergebnis dabei gekommen:

Wir müssen lernen, einen anderen Weg zu gehen. Die verschütteten und verborgenen Kräfte, die in jedem Menschen stecken, müssen wir wiederfinden und aktivieren. Wir müssen wieder lernen, von „innen nach außen“ und nicht umgekehrt zu leben. Nur durch stille Meditation und durch Denken können wir uns selbst finden. Ferner müssen wir lernen, unsere Ängste besser zu handhaben und das zu sagen, was wir wirklich fühlen und wollen, unsere Kräfte mobilisieren, um den anderen Menschen offener begegnen zu können.

Bekämpfen Sie mit besseren rhetorischen Fähigkeiten die zunehmende Schwellenangst, und versuchen Sie freier zu werden. Bemühen Sie sich, aus den Fesseln und Schranken, die

Skizzen der Übermittlungs-Beispiele

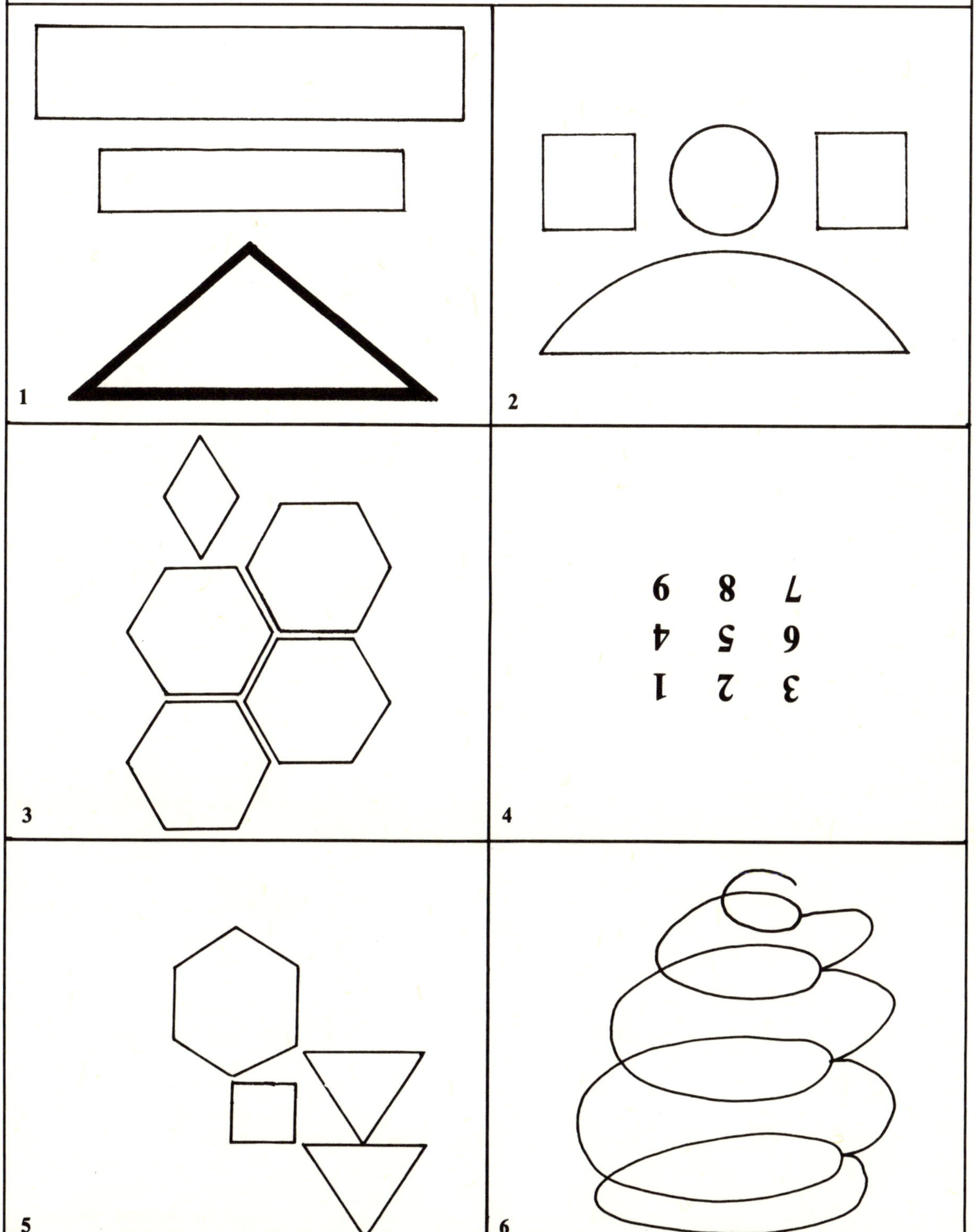

Sie beengen und zurückhalten, auszubrechen!

Wann haben Sie zuletzt einen Termin mit sich selbst gehabt? Wann wollen Sie anfangen, von „innen nach außen“ bewußter, besser und glücklicher zu leben, indem Sie den Sie belastenden Ballast über Bord werfen? Ergreifen Sie doch endlich die Initiative, und kommen Sie aus Ihrem Schneckenhaus heraus! Versuchen Sie, mehr Ihre eigene Identität zu leben. Rhetorikseminare und -kurse werden Ihnen hierbei auf jeden Fall helfen.

Kommunikationsübungen

Führen Sie bitte folgende Kommunikationsübungen durch, um die Probleme bei der Übermittlung einer Botschaft aufzuzeigen.

Bitte schauen Sie die beiliegenden Skizzen an.

Erklären Sie diese verbal, ohne die Verwendung von Mimik und Gestik.

Als Gesprächspartner: Ein einzelner schreibt auf ein Blatt Papier die übermittelte Aussage. Ein anderer schreibt auf eine Tageslicht-Transparentfolie die verbale Übermittlung eines anderen. Die ganze Gruppe führt Ihre Anweisungen der Übermittlung durch. Die Teilnehmer dürfen keine weiteren Fragen stellen, während der Sender seine Ausführungen übermittelt.

Das Ziel der Übungen ist es, die verschiedenen Auslegeschwierigkeiten der oft ichbezogenen Erklärungen des Senders zu erkennen. Mangelndes Eingehen auf die Probleme desjenigen, der die geschriebenen Skizzen nachzeichnen muß. Mangelndes Lob und mangelnde Motivation sowie Anerkennung, wenn derjenige, der die Skizzen aufzeichnen muß, seine Aufgabe gut löst (siehe Skizzen-Übermittlungsbeispiele 1–6).

Redearten und Redeanlässe

Persönliche Redebedarfsanalyse – Wer muß reden, vortragen, präsentieren? – Weitere Personen, die im privaten und im beruflichen Bereich reden müssen – Zusammenfassung

Der Redner wendet sich mit seiner ganzen Persönlichkeit an seine Zuhörer. Er hat die Chance, sich verbal und nonverbal auszudrükken. Fast immer wird er Denken, Fühlen und Wollen ansprechen; ihm stehen neben dem Wortinhalt noch andere Möglichkeiten zu Gebot: Ton, Miene, Gebärde und vor allem die Suggestionskraft eines ganzen Menschen. Die Rede erreicht auch Menschen, die mit dem gedruckten Wort selten zu erreichen sind, weil sie entweder gar nicht, wenig oder nur flüchtig lesen. Sie ist wirkkräftiger als die Schrift, dafür allerdings auch weniger nachhaltig.

Man neigt dazu, die Rolle und die Bedeutung des Redens, Sprechens, Vortragens, Diskutierens und Präsentierens in der Alltagspraxis unterzubewerten. Dabei gibt es sehr viele unterschiedliche Redeanlässe, Redearten und Redeformen in unserem gesellschaftlichen Leben. Im ersten Augenblick denkt man nur an das persönliche Gespräch, die Unterhaltung und den Redevortrag. Um Ihnen aber die Vielzahl verschiedener Redearten bewußt zu machen, sehen Sie nun eine Darstellung. Wir unterscheiden hierbei Redearten und Redeanlässe.

Die Rahmenreden:

Abschluß, Begrüßung, Eröffnung, Verabschiedung

Die Einführungsreden:

Der Referent wird vorgestellt, Worterteilung

Die Gelegenheitsreden:

Ästhetische Rede, Ansporn, Begrüßung, Betriebsbesichtigung, Betriebsfest, Cocktailparty, Damenreden (allgemein), Damenrede auf die Gastgeberin, Dankesrede, Demonstration, Diskussion, Ehrung, Erntedankfest (ländlicher Bereich), Examensfeier, Familienfeste (Gastgeber, Gäste), Firma, Geburtstag, Gedenkrede, Grundsteinlegung, Gründung, Hauptversammlung, Hochzeit (grüne, silberne, goldene, diamantene usw.), Huldigung, Jubiläum, Karneval, Klubtreffen, Kollegen, Kommunion, Kondolenz, Konfirmation, Kritik, Laudatio, Mitarbeiter, Motivation, Namenstag, Neujahr, Polterabend, Präsentation, Produktvorstellung, Pro-und-Kontra-Rede, Reiseleitung, Reiseschilderung, Reportage, Richtfest, Schulabschluß, Schützenfest, Silvester, Tischreden, Trauerreden, Überzeugung, Vereinstreffen und -sitzungen, Verlobung, Vorführung, Vorstellung, Weihnachten, Werbeveranstaltung, Willkommensgruß

Die Gelegenheitsreden werden zum Teil vorbereitet, jedoch oftmals werden sie auch als Stegreifreden gehalten.

Allgemeiner Fachvortrag:

Er gibt eine Übersicht und geht dabei etwas in die Breite. Diese Vorträge bedürfen einer sorgfältigen Ausarbeitung. Sie müssen eine klare und deutliche Aussage haben, die auch einer Überprüfung standhält. Die Fakten und Daten müssen stimmen. Der Verstand wird vorwiegend angesprochen. Bei Predigten, Plädoyers allerdings auch das Gefühl.

Zu diesem Bereich zählen verschiedene Fachdisziplinen aus unterschiedlichen Bereichen, Informationsvorträge, Predigten, Plädoyers, Präsentationen, Produktneuvorstellungen, Reportagen, Schaustückreden, Verkaufsberatungen und andere.

Der Spezialvortrag:
Er vermittelt spezielle Informationen. Bei diesem Vortrag kommt es sehr auf den Inhalt an. Die Form und der Stil sind nicht unbedingt maßgebend. Diese Vorträge werden von Experten ihres Faches gehalten. Zu diesem Bereich gehören Parlamentsreden, politische Reden, wissenschaftliche Vorträge, Vorträge vor einem Gremium, Presse-Statements, Pressekonferenzen usw.

Die Vorlesung:
Sie finden wir im Bereich der Universitäten, Hochschulen und Akademien. Die Vorlesung wird fast immer wortwörtlich abgelesen.

Persönliche Redebedarfsanalyse

Um festzustellen, wie Ihr persönlicher Redebedarf ist, sollten Sie analysieren, welche Anlässe und Gelegenheiten für Sie in Frage kommen. Es handelt sich hier um einen Selbsttest. Auf der linken Seite ist die Redeart aufgeführt. Auf der rechten Seite kreuzen Sie einfach eine der drei Möglichkeiten an.

Selbsttest – persönliche Redebedarfsanalyse

Redeart	Oft	Manchmal	Nie
Abschiedsrede			
After-Dinner-Rede			
Agitationsrede			
Aktionärsversammlung			
Anklagerede			
Anspornrede			
Aussprache			
Begrüßungsrede			
Betriebsbesichtigungsrede			
Betriebsfestrede			
Betriebsjubiläum			
Beurteilungsgespräch			
Cocktailempfangsrede			
Dankesrede, allgemein			
Dankesrede an den Koch			
Damenrede			

Redeart	Oft	Manchmal	Nie
Diskussion			
Diskussionsleiterrede			
Ehrungsrede			
Einstellungsgespräch			
Entlassungsgespräch			
Fachvortrag			
Gästebegrüßungsrede			
Gebietsleiterkonferenz			
Geburtstagsrede			
Gesprächsrunde			
Goldene Hochzeit			
Grundsteinlegung			
Grußworte			
Handelstagsrede			
Hauptversammlungsrede			
Huldigungsrede			
Interviewgespräch			
Jahresbericht			
Jubiläumsrede			
Klubrede			
Konferenz beschließen			
Konferenz eröffnen			
Koreferent			
Kotrainer			
Kritikgespräch			
Laudatio			
Marathonrede			
Mitarbeitergespräch			
Motivationsrede			
Neujahrsrede			
Parlamentsrede			
Podiumsgespräch			
Politische Rede			
Präsentation			
Presse-Statement-Rede			
Produktvorstellungsrede			
Pro-und-Kontra-Rede			
Rede zur Jahreskonferenz			
Referat			
Reiseleiterrede			
Round-table-Rede			
Schaustückrede			
Schulabgangsrede			
Seminareröffnung			
Seminarschluß			

Redeart	Oft	Manchmal	Nie
Standpunktrede			
Statement			
Statusbericht			
Stegreifrede			
Straßenfreigabe für den Verkehr			
Streitgespräch			
Tagungsrede			
Teamkonferenzrede			
Trauerrede			
Verkaufstrainingsrede			
Verteidigungsrede			
Vorstellungsrede			
Vortrag			
Weihnachtsrede			
Werberede			
Willkommensrede			

Sicherlich sind Sie erstaunt, wie viele Redeanlässe es gibt. Hätten Sie geglaubt, daß auch für Sie persönlich so viele Redemöglichkeiten existieren? Beginnen Sie deshalb am besten gleich mit dem Redetraining.

Wer muß reden, vortragen, präsentieren?

Im Berufsleben werden viele unter uns täglich mit verschiedenen Rede- und Sprechaufgaben konfrontiert. Die Sprache ist und bleibt ein wichtiges Kommunikationsmittel auf dem Weg nach oben. Jedoch unterschätzen wir häufig die Redeaufgaben, die berufsspezifisch auf uns zukommen. Oft sind wir für diese Aufgaben nicht genügend ausgebildet und vorbereitet. Sollte der im Beruf Stehende nicht viel besser für diese Redeaufgaben ausgebildet werden? Sehen Sie selbst, wieviel der einzelne in seiner Berufskategorie zu meistern hat. Die Redeanlässe sind aufgegliedert in:

Allgemeine Situationen
Ausbilder und Trainer
Berufliche Notwendigkeiten
Betriebsbesichtigungen
Chefreden
Leitende Angestellte
Politiker und Abgeordnete
Privatpersonen
Produktmanager
Teilnehmeranlässe
Verkäufer
Presse und Public Relations

Ist es nicht erstaunlich, wie viele verschiedene Sprech- und Redeanlässe auf den einzelnen Menschen in den verschiedensten Situationen zukommen? Aus diesem Grunde haben wir in diesem Buch einige Redeformeln entwickelt, damit Sie schnell und leicht die auf Sie zukommenden Aufgaben mit erprobten Wendungen meistern können.

Sobald Sie erkannt haben, welche Redeaufgaben für Sie in Frage kommen, lohnt es sich, schon frühzeitig Ideen für solche Reden zu sammeln. Nähere Einzelheiten finden Sie in den Kapiteln „Techniken und Methoden der Ideenentwicklung und -verarbeitung" sowie „Nützliche Quellen und Fundgruben" und nicht zuletzt in „Aufbau von Rede, Vortrag und Präsentation". Selbstverständlich nützt die Kenntnis der Redeformel wenig, wenn der Redner nicht über rhetorische Fertigkeiten verfügt. Diese können in Seminaren und Lehrgängen erworben werden.

Wie wir feststellten, müssen viele Menschen aus verschiedenen Berufsgruppen reden und sprechen können. Hier einige Beispiele aus der Praxis, gegliedert nach Personengruppen und Anlässen:

Allgemeine Situation
Anklagerede ☐
Dankesrede ☐
Diskussion ☐
Diskussionsleiterrede ☐
Gesprächsrunde ☐
Podiumsgespräch ☐
Referate ☐
Reiseleiterrede ☐
Standpunktrede ☐
Stegreifrede ☐
Streitgespräch ☐
Verteidigungsrede ☐
Vortrag ☐

Ausbilder und Trainer
After-Dinner-Rede ☐
Begrüßungsrede ☐
Beurteilungsgespräch ☐
Dankesrede ☐
Diskussion ☐
Diskussionsleiterrede ☐
Ehrungsrede ☐
Fachvortrag ☐
Gästebegrüßungsrede ☐
Grußworte ☐
Konferenz beschließen ☐
Konferenz eröffnen ☐
Koreferent ☐
Kotrainer ☐
Kritikgespräch ☐
Mitarbeitergespräch ☐
Motivationsrede ☐
Podiumsgespräch ☐
Präsentation ☐
Pro-und-Kontra-Rede ☐

Round-table-Rede □
Schulabgangsrede □
Seminareröffnung □
Seminarschluß □
Standpunktrede □
Stegreifrede □
Tagungsrede □
Teamkonferenz □
Verkaufstrainingsrede □
Vorstellungsrede □
Willkommensrede □

Berufliche Notwendigkeit

Begrüßungsrede □
Fachvortrag □
Präsentation □
Presse-Statement-Rede □
Statusbericht □

Betriebsbesichtigungen

Betriebsbesichtigungsrede □
Gästebegrüßungsrede □
Willkommensrede □

Chefreden

Aktionärsversammlung □
Anspornrede □
Aussprache □
Begrüßungsrede □
Betriebsfestrede □
Betriebsjubiläum □
Dankesrede □
Ehrung □
Gebietsleiterkonferenz □
Geburtstagsrede □
Gesprächsrunde □
Grundsteinlegung □
Grußworte □
Handelstagsrede □
Hauptversammlungsrede □
Huldigungsrede □
Interviewgespräch □
Jubiläumsrede □
Laudatio □
Motivationsrede □
Neujahrsrede □
Podiumsgespräch □
Statement □
Stegreifrede □
Streitgespräch □
Weihnachtsrede □

Leitende Angestellte

Abschiedsrede □
Anspornrede □
Begrüßungsrede □
Betriebsfestrede □
Betriebsjubiläum □
Beurteilungsgespräch □
Cocktailempfangsrede □
Dankesrede □
Dankesrede an den Koch □
Ehrungsrede □
Einstellungsgespräch □
Entlassungsgespräch □
Gebietsleiterkonferenz □
Geburtstagsrede □
Gesprächsrunde □
Grundsteinlegung □
Grußworte □
Handelstagsrede □
Hauptversammlungsrede □
Huldigungsrede □
Interviewgespräch □
Jahresbericht □
Jubiläumsrede □
Konferenz beschließen □
Konferenz eröffnen □
Koreferent □
Kotrainer □
Kritikgespräch □
Laudatio □
Mitarbeitergespräch □
Motivationsrede □
Neujahrsrede □
Podiumsgespräch □
Presse-Statement-Rede □
Rede zur Jahreskonferenz □
Round-table-Rede □
Seminareröffnung □
Standpunktrede □
Statement □
Statusbericht □
Stegreifrede □
Streitgespräch □
Tagungsrede □
Teamkonferenzrede □
Trauerrede □
Weihnachtsrede □
Willkommensrede □

Private Personen

Abschiedsrede □
Dankesrede □
Geburtstagsrede □
Grundsteinlegung □
Hauptversammlungsrede □
Jubiläumsrede □
Neujahrsrede □
Stegreifrede □
Streitgespräch □
Trauerrede □
Weihnachtsrede □
Willkommensrede □

Politiker und Abgeordnete

Abschiedsrede □
After-Dinner-Rede □
Cocktailempfangsrede □
Damenrede □
Dankesrede □
Dankesrede an den Koch □
Gästebegrüßungsrede □
Geburtstagsrede □
Grundsteinlegung □
Handelstagsrede □
Hauptversammlungsrede □
Interviewgespräch □
Jubiläumsrede □
Klubrede □
Konferenz beschließen □
Konferenz eröffnen □
Laudatio □
Neujahrsrede □
Parlamentsrede □
Politische Rede □
Straßeneröffnungsrede □
Streitgespräch □
Trauerrede □
Veröffentlichung □
Weihnachtsrede □
Willkommensrede □

Produktmanager

Produktvorstellungsrede □

Teilnehmeranlässe

Abschiedsrede □
Agitationsrede □
Fachvortrag □
Koreferent □
Kotrainer □
Marathonrede □
Schaustückrede □
Seminarschluß □
Standpunktrede □
Vorstellungsrede □

Verkäufer

Grußworte □
Präsentation □
Produktvorstellungsrede □
Verkaufstrainingsrede □
Werberede □

Presse und Public Relations

Gesprächsrunde □
Interviewgespräch □

Konferenz beschließen	☐	Round-table-Rede	☐
Konferenz eröffnen	☐	Statement	☐
		Veröffentlichung	☐

Weitere Personen, die im privaten und im beruflichen Bereich reden müssen

Überlegen Sie selbst bitte einmal, welche Hauptrede- und -sprechanlässe auf die nun folgenden Personengruppen im privaten und im beruflichen Bereich zukommen können. Auch hier werden Sie erkennen, daß es von Vorteil ist, wenn man sich mit der praktischen Rhetorik und den Techniken der besseren Kommunikation beschäftigt.

Welche Redeformen und -techniken müssen welche Personen beherrschen?

Personenkreis	Redearten
Der Vater	
Die Mutter	
Der Angestellte der mittleren Ebene	
Der leitende Mitarbeiter	
Der Abteilungsleiter	
Der Jurist	
Der Betriebsratsvorsitzende	

Welche Redeformen und -techniken müssen welche Personen beherrschen?

Personenkreis	Redearten
Der Arzt	
Der Ausbilder	
Der Lehrer	
Der Rechtsanwalt	
Der Conférencier	
Der Verkäufer	
Der Verhandelnde	
Der Politiker	
Der Geistliche	
Der Techniker	
Der Professor	
Der Produktmanager	

Welche Redeformen und -techniken müssen welche Personen beherrschen?	
Personenkreis	Redearten
Der Ausbilder und Trainer	
Der Diskussionsleiter	
Der Reporter	
Der Fernsehansager	
Der Rundfunksprecher	
Der Konferenzleiter	
Der Moderator	
Der Interviewer	
Der Personalchef	

Die allgemeine Angst der Menschen, vor einer Gruppe zu sprechen, ist weit größer, als man gemeinhin annimmt. Die Schwierigkeit, schöpferisch arbeiten zu müssen, besonders in Büroräumen, in denen es dauernd Störungen und Unterbrechungen gibt, erschwert es zudem noch mehr, Redevorträge auszuarbeiten.

Die Zeit, die ein Vortragender für eine Rede, ein Referat oder eine Präsentation benötigt, wird von ihm selbst und auch von seinem Auftraggeber nur allzu häufig unterschätzt. Auch wenn man eine Rede erst in drei Wochen halten muß, stellen sich doch häufig noch neue und unerwartete Aufgaben ein, so daß man dann meistens nicht genügend Zeit für eine gute Ausarbeitung hat.

Dieses Buch will versuchen, jedem Leser dabei zu helfen, die Redeschwierigkeiten durch eine Vielzahl von Praxistips zu reduzieren.

Übersicht einiger Gesprächsarten:

Abschlußgespräch	Lehrgespräch
Aktivierungsgespräch (Motivationsgespräch)	Messegespräch
Beeinflussungsgespräch	Mitarbeitergespräch
Beurteilungsgespräch	Podiumsgespräch
Bewerbungsgespräch	Preisgespräch
Gespräch „mit Block und Bleistift“	Produktvorstellungsgespräch
Dreiecksgespräch	Reklamationsgespräch
Einstellungsgespräch	Round-table-Gespräch
Empfangsgespräch	Sachgespräch
Entlassungsgespräch	Streitgespräch
Eröffnungsgespräch	Telefongespräch
Fachgespräch	Testgespräch
Gruppengespräch	Verhandlungsgespräch
Kontaktgespräch	Verteidigungsgespräch
Kritikgespräch	Zweiergespräch

Zusammenfassung

„Sprich, damit ich dich sehe!“

Obwohl dieser Satz von einem Philosophen der Antike stammt, hat er noch heute seine Berechtigung. Die defensive Haltung dem Reden, Sprechen, Vortragen und Präsentieren gegenüber hilft dem Menschen wenig, denn der tätige Mensch wird mehr und mehr dazu aufgerufen, sich im Kommunikationsvorgang von Mensch zu Mensch und Gruppe zu Gruppe zu äußern und bestmöglich zu präsentieren. In diesem Kapitel haben wir versucht aufzuzeigen, bei wie vielen verschiedenen Anlässen man unter Umständen gezwungen sein kann, Reden halten zu müssen oder etwas vorzutragen. Die Vielfältigkeit der Redeanlässe soll klarmachen, wie notwendig es ist, sich geeignete Redeformeln und -techniken anzueignen, damit man diese Vielfalt an Redesituationen bewältigen kann.

Der kleine Selbsttest Ihrer Hauptsprech- und -redesituation zeigte Ihnen deutlich auf, bei welchen Anlässen und Gelegenheiten Sie eventuell reden müssen. Wenn Sie jetzt schon mit der Vorbereitung und einem gewissen Training beginnen, vermeiden Sie Panik und reduzieren gleichzeitig später vielleicht auftretendes Lampenfieber.

Redefurcht, Streß, Spannungen . . .

Was sagen die Profis dazu? – ABC der Hauptgründe für Lampenfieber – Wie Sie das Lampenfieber besser in den Griff bekommen – Gute, langfristige Vorarbeiten helfen, das Lampenfieber zu reduzieren – Allgemeines zum Thema „Lampenfieber" – Rednerprobleme und -schwierigkeiten – Durch Selbstmotivation und Übung läßt sich die Angst vor dem Sprechen überwinden – Lampenfieber und Erwartungsangst vor dem Vortrag – Rednerschwierigkeiten in der Praxis – Zusammenfassung

In den Seminaren bestätigen mir die Teilnehmer immer wieder, daß sie unter Angst, Furcht, Spannung und auch Erwartungsangst vor dem Reden leiden. Dies trifft für neun von zehn Menschen zu. Für viele ist die Bestätigung, daß auch andere unter Lampenfieber leiden, überraschend und neu. Die Teilnehmer sind oft davon ausgegangen, daß nur sie allein damit zu kämpfen haben. Akzeptieren Sie diese Spannungszustände und ihre Begleiterscheinungen, wie weiche Knie, Herzklopfen, Schweißausbrüche, Händezittern, Blässe und Röte des Gesichts, feuchte Hände, trockener Mund, geistige Zersplitterung und die psychischen und physischen Lähmungsgefühle. Nehmen Sie das Lampenfieber als etwas Positives hin, da Sie durch Lampenfieber zeigen, daß bei Ihnen noch nicht alles zur Routine erstarrt ist, daß Sie nicht an Selbstüberschätzung leiden. Außerdem beweisen Sie, daß Sie ein Erfolgsbewußtsein besitzen. Lampenfieber ist völlig unabhängig vom Können. Haben Sie kein Lampenfieber, dann haben Sie vielleicht auch keine Spannung. Doch gerade sie ist dringend notwendig, weil sie die Leistung nährt, den Funken überspringen läßt. Sobald Sie die ersten Sätze gesprochen haben, ist das Lampenfieber ohnehin verringert.

Nach einer Akzeptanz wird es Ihnen leichterfallen, mit einem entsprechenden Training und ständigem Üben über diese Hürde hinwegzukommen. Es werden sich die ersten kleinen Erfolgserlebnisse einstellen, deren man sich bewußt sein sollte und die einem wiederum weiterhelfen auf dem Weg, sich selbst freizumachen. Ganz verliert man wohl nie das Unbehagen des Lampenfiebers, ebensowenig wie es keine echte Liebe ohne Eifersucht, keine Trennung von gewohnten Lebensumständen ohne Trauer und Resignation gibt. Aber: Man kann das Lampenfieber auf ein Maß reduzieren, daß es nicht mehr als Belastung und allzu negativ empfunden wird, sondern als Ansporn zu besseren Leistungen und weiteren Erfolgen. Ganz ohne Lampenfieber könnten Sie vielleicht schnell überheblich und arrogant, gefühllos und desinteressiert auf Ihr Publikum wirken, und das wäre eine große Gefahr für den Erfolg Ihrer Rede.

Es gibt eine Menge von berühmten Politikern, Schauspielern, Sängern, überhaupt von Leuten im öffentlichen Leben, deren Reden und Darbietungen man bei grobem Betrachten nicht eine Spur von Lampenfieber anmerkt. Wenn Sie aber aufmerksamer hinsehen und hinhören, beobachten Sie mit Sicherheit auch hier kleine Anzeichen davon. Auf Befragen hat auch schon mancher von ihnen zugegeben, daß er unter Lampenfieber leidet. Zum Beispiel Peter Alexander, Hans Rosenthal, Udo Jürgens, Caterina Valente, Sammy Davis junior, Hildegard Knef, Charles Aznavour, Rita Pavone und viele andere mehr.

Was sagen die Profis dazu?

Die Symptome sind: erhöhte Pulsfrequenz, erhöhte Körpertemperatur, unnormal schwitzige oder unnormal trockene Haut. Die Krankheit heißt Lampenfieber, und sie befällt nahezu alle Schauspieler und Sänger, Quizmaster und Showstars ohne Unterschied an Rang und Erfahrung. Eine Eigentümlichkeit dieser nervösen Unruhe: sie verschwindet selbst nach vielen Jahren vor Kamera, Scheinwerfer und Mikrofon nicht endgültig, manchmal verstärkt sie sich sogar im Lauf der Zeit. Ein sicheres Rezept ist unbekannt. „Welt am Sonntag“-Redakteur Eckard Presler fragte Stars, wie sie sich vor dem Auftritt beruhigen.

Alfred Biolek, Talkmaster:
„Eine Stunde vor dem Live-Auftritt bin ich klatschnaß, rede ich so schnell wie Dieter Thomas Heck und rauche ich soviel wie Rudi Carrell. Das Lampenfieber wird erst besser, wenn ich Schinkenbrötchen, Würstchen und Buletten in mich hineinschiebe. Obendrauf ein Glas Sekt, und ich fühle mich unschlagbar. Wichtig für mich ist auch, daß ich mich mit meinen Studiogästen vor der Sendung unterhalte. Das hilft.“

Caterina Valente, Sängerin:
„Lampenfieber begleitet mich seit dem ersten Tag meiner Karriere wie ein treuer Hund. Und es wird mit zunehmendem Alter und zunehmender Routine immer stärker. Ich habe schon alles versucht: Sekt, Schlafen, Spazierengehen. Im Augenblick lasse ich mir von Freunden und Bekannten vor der Sendung pausenlos Witze erzählen. Das lenkt ab.“

Hans Rosenthal, Quizmaster:
„Bevor ich Millionen von Zuschauern mit ‚Dalli – Dalli‘ unterhalte, geht’s bei mir ganz ruhig zu. Um mein Lampenfieber zu bekämpfen, brauche ich vor der Sendung eine Stunde Schlaf. Alle im Studio nehmen darauf Rücksicht und schleichen auf Zehenspitzen durch die Gänge. Auf meinem Kissen steht ‚Ruah will i ham‘ – und das respektieren die Kollegen.“

Anneliese Rothenberger, Sängerin:
„Manchmal zittere ich am ganzen Körper vor Lampenfieber und bin ungenießbar. Wenn ich sitze, möchte ich lieber stehen, wenn ich rauche, möchte ich lieber keine Zigarette. Wenn ich mich unterhalte, möchte ich lieber meine Ruhe haben. Mein jüngstes Mittel gegen die innere Anspannung vor einem TV-Auftritt: ich genehmige mir ein Glas Sekt und gehe allen Leuten im Studio aus dem Wege.“

Michael Schanze, Showmaster:
„Die Stunden vor der Sendung sind für mich und die Leute, die mit mir zusammenarbeiten, die Hölle. Ich kaue an den Fingernägeln, rauche, was ich sonst nicht tue, und drehe so lange an den Knöpfen meines Anzuges, bis sie ab sind und im letzten Moment noch einmal angenäht werden müssen. Kurz vor der Sendung schmeiße ich alle aus meiner Garderobe und versuche mit Yoga mein Lampenfieber zu bekämpfen.“

Juliette Greco, Sängerin:
„Ich bin eigentlich ein Mensch, der sich sehr gut unter Kontrolle hat. Aber gegen das Lampenfieber bin ich machtlos. Yoga, Alkohol, Beruhigungspillen – ohne Erfolg. Anfang dieses Jahres habe ich mir einen neuen Tick einfallen lassen: ich nehme meine Erinnerungsmappe mit ins Studio, in der ich die interessanten Interviews, schönen Porträts und guten Kritiken von mir aufbewahre. Die lese ich kurz vor meinem Auftritt. Und komischerweise hilft das.“

Ilja Richter, Moderator:
„Kurz vor jeder ‚Disco‘ bekomme ich, nachdem ich vorher fast zwei Tage keinen Bissen herunterbekommen habe, Heißhunger auf Bananen. Wenn ich die verputzt und dazu noch ein angewärmtes Malzbier getrunken habe, kann mich nichts mehr erschüttern. Der Probenstreß ist vergessen, die Konzentration auf die Moderation optimal. Dieses Hausmittel ge-

gen Lampenfieber benutze ich schon seit sieben Jahren."

Jerry Lewis, US-Komiker:

„Seit über dreißig Jahren bin ich im Showgeschäft. In dieser Branche haut mich nichts mehr um. Einzige Ausnahme: das Lampenfieber. Ich habe es mit allen möglichen Tricks versucht: autogenes Training, Durchblättern von Sex-Magazinen und mit Mozart-Klängen – nichts half. Mein jüngstes Mittel, gegen die flatternden Nerven anzukommen: ich verschwinde auf die Toilette und rede mir immer wieder ein, daß die da draußen auch nur Menschen sind." (Aus der „Welt am Sonntag" vom 30. Juli 1978)

Wir sehen, berühmte Menschen leiden auch unter Lampenfieber! Lampenfieber scheint fast unvermeidbar zu sein. 95 Prozent aller Künstler und Redner bestätigen, daß sie auch heute noch, trotz mitunter schon langjähriger Karriere, darunter leiden. Wer mehr über Lampenfieber wissen will – und wie man zumindest versuchen kann, es zu reduzieren –, sollte das Buch „Reden ohne Lampenfieber – Übungen zur Redekunst" zur Hand nehmen!

Einen Tip kann ich Ihnen in diesem Zusammenhang geben: Früher habe ich selbst sehr viel Lampenfieber gehabt – viel mehr als heute! Ich habe dann am Vorabend des Vortrages meine Aufzeichnungen nochmals zur Hand genommen, und oft entstand ein unwohles Gefühl, wenn ich mir die Aufgliederung ansah; in Hektik baute ich mitunter alles um, puzzelte die halbe Nacht daran herum, wobei der Schlaf natürlich zu kurz kam. Seit ich die Einsicht gewonnen habe, daß es besser ist, am Vorabend nicht mehr das Manuskript anzuschauen, statt dessen lieber früh ins Bett zu gehen, um am nächsten Tag biologisch aktiv und fit ans Rednerpult treten zu können, bin ich morgens nicht mehr so nervös; es gibt keine schnell noch vorher durchgeführten Änderungen des Textes, die den Geist verwirren können. Ich habe das ausgearbeitete Manuskript im Kopf, bin ruhig und konzentriert und damit weniger anfällig für Lampenfieber.

ABC der Hauptgründe für Lampenfieber

Angst, sich zu blamieren
Angst, steckenzubleiben
Angst vor höhergestellten Personen
Angst, das Thema nicht zu beherrschen
Angst, Fehler zu machen
Angst wegen der ungewöhnlichen Situation
Angst, Kritik zu ernten
Angst, sich lächerlich zu machen
Angst, auf Unverständnis zu stoßen
Angst, sich schlecht auszudrücken
Angst vor mangelnder Flüssigkeit des Vortrags
Angst, anderen zu nahe zu treten
Angst vor dem Widerspruch oder der Unfähigkeit, zügig zu parieren
Angst davor, etwas zu vertreten, was nur die Meinung einer Minderheit darstellt
Angst, zuviel der ohnehin kurzen Diskussionszeit für sich in Anspruch zu nehmen
Angst, unangenehm aufzufallen
Angst, „nicht anzukommen"
Angst, sein „Gesicht zu verlieren"
Angst, in negativer Erinnerung zu bleiben
Angst, einen Fehler nicht korrigieren zu können
Angst, sich zu „verhaspeln"
Angst, ganz einfach zu versagen
Angst, die Teilnehmerfragen nicht optimal beantworten zu können
Angst vor dem Vergleich mit anderen Rednern
Angst, den roten Faden zu verlieren
Angst vor dem Rampenlicht
Angst, wegen eines Akzentes belächelt zu werden
Angst, wegen eines Dialektes abgelehnt zu werden
Angst, die vorgeschriebene Redezeit nicht einzuhalten
Angst vor technischen Pannen
Angst vor der Unfähigkeit, das Publikum mitzureißen
Angst vor einer geistigen Blockade
Angst, den Zuhörererwartungen nicht zu entsprechen
Angst, Fremdwörter falsch auszusprechen, zu betonen oder überhaupt anzuwenden
Angst, auf Tonband oder Video aufgenommen zu werden
Angst vor dem Desinteresse der Teilnehmer
Angst, die Körpersprache nicht zu beherrschen
Angst vor Synchronisation von Mimik/Gestik mit dem gesprochenen Wort
Angst vor den vielen Augen (Blickangst)
Angst vor der überhaupt unbekannten Situation

Aufgabe: Bitte schreiben Sie weitere Punkte auf, warum Redner Angst haben, vor einer Gruppe zu sprechen

Wie Sie das Lampenfieber besser in den Griff bekommen

Eine richtige, gründliche Vorbereitung des Vortrages ist sehr wichtig. Die ersten und die letzten Sätze müssen Sie auswendig können. An den Spruch denken: „Wie man in den Wald hineinruft, so schallt es heraus!“ Freundlichkeit Ihrerseits kommt wie ein Bumerang zurück.

Deshalb:

Kontakt zum Zuhörer schaffen (Rückkopplung).

Aktivität am Rednerpult entwickeln.

Eigene Ziele nicht zu hoch stecken. (Ihre Zuhörer erwarten keine Wunder!)

Die Zuhörer als Freunde, nicht als Feinde betrachten.

Außerdem: Denken Sie daran, allen Menschen können Sie es ohnehin nicht recht machen!

Sie müssen Ihre Aufgabe als Chance und nicht als Prüfung ansehen.

Ein eventuelles Versagen nicht zu tragisch nehmen. Es kostet Sie nicht gleich den Kopf!

Sie müssen auch Ihre Erfolge genießen können.

Mißerfolge sollten Sie als neue Chance sehen.

Sie sollten lernen, sich bewußt zu entspannen, richtig zu atmen.

Wählen Sie das richtige Thema.

Die richtigen Hilfsmittel verwenden.

Machen Sie genügend Pausen.

Suchen Sie sich als Blickfixierung „freundliche“ Zuhörer (Kopfnicker) aus, um dadurch die ersten Sekunden besser zu überstehen.

Viel laut lesen, um Ihre Stimme selbst besser kennenzulernen und auch Negatives abzubauen und Positives zu stärken.

Versuchen Sie, Mißerfolgserlebnisse und die Gedanken daran zu verdrängen.

Die Zuhörer haben nichts gegen Sie! Sie haben vielmehr Interesse an Ihrem Vortrag, sonst wären sie nicht im Saal!

Denken Sie an den Satz: Ich muß! Ich will! Ich K A N N ! ! !

Die Chinesen sagen mit Recht: Eine Reise über tausend Kilometer beginnt mit dem ersten Schritt.

Erfolg bringt Erfolg. – Sie sind bestimmt auf dem richtigen Weg.

Machen Sie sich bewußt, daß alle großen Erfolge im Leben vorher mit Lampenfieber verbunden waren und sind.

Denken Sie über Ihr Leben nach; Sie werden sich an Situationen erinnern, die dieser Aussage Gültigkeit verleihen. Zum Beispiel: Schulabschlußprüfung, berufliche Prüfungen, Diplom- und Examensprüfungen, Heirat, Erfolge durch finanzielle Investitionen usw.

Lernen Sie sich zu entspannen durch autogenes Training und Selbstsuggestion.

Aufgabe: Bitte prüfen Sie kurz, in welchen Bereichen Ihre Hauptprobleme liegen:

Vortragszusage
Stoffsammlung und Ausarbeitung
Vororganisation und Erwartung
Präsentation und Durchführung
Persönliche Vorstellung

Aufgabe: – Bitte überlegen und ausfüllen:
Meine Hauptprobleme sind:
1. ....
2. ....
3. ....
4. ....
5. ....

Gute, langfristige Vorarbeiten helfen, das Lampenfieber zu reduzieren

Praxisregeln

Beginnen Sie ab heute, jede Gelegenheit zu ergreifen, in individuellen Gesprächen und in kleineren Gruppen zu sprechen.

Ergreifen Sie möglichst oft bei Konferenzen, Diskussionen oder Besprechungen das Wort.

Bei derlei Veranstaltungen sollten Sie versuchen, bereits in den ersten fünf Minuten etwas zu sagen, somit brechen Sie das Eis und bekämpfen Ihr Lampenfieber erfolgreicher.

Erarbeiten Sie heute schon Vorträge, die Sie möglicherweise künftig ganz oder teilweise verwenden können.

Sammeln Sie Ideen auf DIN-A5-Karten (Postkartengröße), und archivieren Sie diese nach Themen sortiert.

Überlegen Sie, wie Sie wichtige Aussagen visualisieren können (Ideen in Skizzen umwandeln).

Lassen Sie diese Ideenskizzen von einem Grafiker zeichnen (oder auf Folien übertragen).

Sagen Sie die Durchführung eines Referates, eines Vortrags erst dann zu, wenn Sie sicher sind, dem Thema gewachsen zu sein, und sich in der Lage fühlen, die nötigen Unterlagen (Stoffsammlung, Ideen, Fakten und Daten, Hintergrundinformationen, Diagramme, Skizzen usw.) rechtzeitig zu beschaffen.

- Ein wichtiger Grundsatz: eine gründliche und optimale Vorbereitung ohne Zeitdruck!

Allgemeines zum Thema „Lampenfieber“

Vor wichtigen Entscheidungen im Leben haben wir fast immer Angst und leiden deshalb unter Nervosität oder, besser gesagt, Lampenfieber.

Furcht empfinden wir stets dann in besonderem Maße, wenn die Angelegenheit besonders wichtig für uns ist.

Wir haben das Gefühl, daß wir der Anforderung nicht gewachsen sind, wir können uns über- oder unterbewerten.

Je größer die Zahl der Zuhörer, desto größer das Lampenfieber und die Nervosität.

Je höherrangig der Zuhörerkreis ist, desto schwieriger ist es, dem Lampenfieber zu begegnen.

Vor völlig unbekannten Zuhörern ist die Redeangst größer.

Die Angst vor dem Versagen löst eine Streßsituation aus.

Streßsituation: Größere Mengen des Hormons Adrenalin werden an den Blutkreislauf abgegeben, das Blut wird bevorzugt den Muskelregionen zugeleitet; das Kühlsystem unseres Körpers beginnt zu arbeiten. Resultat: Unsere Fähigkeit, bewußt zu denken, wird eingeschränkt, unsere Muskulatur gerät in Spannung, wir werden blaß, beginnen zu schwitzen, und unser Mund scheint wie ausgetrocknet. Wir sind auf Kampf und Flucht vorbereitet.

Definition: Unsere Unsicherheit und unsere Hemmungen stehen immer im Zusammenhang mit einer extremen Beschäftigung mit der eigenen Person und deren Wohlergehen und gründen auf falschen Vorstellungen über die eigene Person und die Beziehung zu anderen Menschen (Manfred Rüdenauer).

Überbesorgtheit behindert wesentlich die Kraft des Redners und schränkt seine rhetorischen Möglichkeiten stark ein.

Nervosität und Angst beeinträchtigen das Gedächtnis und die Konzentrationsfähigkeit und wirken sich auch auf die stimmliche und körperliche Ausdrucksfähigkeit hemmend aus.

Aus diesem Teufelskreis können und müssen wir ausbrechen!

Bitte rufen Sie sich jetzt noch einmal ins Gedächtnis, daß die Furcht vor dem Reden nicht eigentlich aus der Redesituation selbst erwächst, sondern allein aus den Gedanken, die Sie sich darüber machen!

Rednerprobleme und -schwierigkeiten

Aus den verschiedenen Seminaren haben wir für Sie die Hauptrednerprobleme und -schwierigkeiten vieler einzelner Menschen gesammelt und aufgelistet. Diese haben wir in folgende Kategorien eingeteilt:

Allgemeine Einstellung zum Reden
Angst vor Blamage
Negative Erlebnisse
Mangelnde Erfahrung und Übung
Selbstunterschätzung
Mangelnde Techniken und zuwenig Training
Psychische und andere negative Störungen

Die Vielzahl der Nennungen zeigt auf, wie weit die Problematik des Redens verbreitet ist. Der ungeübte Redner kann kaum ermessen, wie viele Redeprobleme in einer Gruppe vorhanden sind. Selbst Menschen, die Selbstsicherheit ausstrahlen oder auch nur vortäuschen, haben häufig Probleme, Schwierigkeiten, Komplexe, die sie nur nicht freimütig zeigen.

Einige dieser Punkte wollen wir näher beleuchten:

Zum Redner muß man wohl geboren sein.

Jeder Redner wird geboren. Jeder Redner hat einmal klein angefangen und mußte sehr wahrscheinlich hart arbeiten, um seine heutige Fertigkeit zu erlangen. Demosthenes (384–322 v. Chr.), ein Stotterer, wurde ein berühmter Rhetor trotz seiner anfänglichen Schwierigkeiten. Er machte Sprechübungen mit Kieselsteinen im Mund und sprach gegen den Lärm des Meeres an, um die Stimme zu üben.

Wenn man sich im Gespräch oder in der Diskussion nicht äußert, erlebt man auch keine Blamage.

Erstaunlich viele Menschen haben Angst, bei Konferenzen oder Besprechungen „den Mund aufzumachen". Gehören Sie auch zu diesen Menschen? Ein Tip hierzu ist, sich selbst einen Stoß zu geben und sich zu zwingen, sich baldmöglichst zu Wort zu melden, so daß das Eis in den ersten Minuten gebrochen wird.

Andere sollen sich den Mund verbrennen.

Es stimmt, daß manch autoritärer Chef es nicht versteht, eine Gruppe zu lenken und zu leiten. Gute und positive Vorschläge aus der Gruppe werden einfach abgewürgt, so daß die Mitarbeiter den Mut zum aktiven Mitarbeiten verlieren. Es ist ein schlechtes Zeichen, wenn eine solche Einstellung in einer Gruppe vorherrschend ist. Führungskräfte, die diese Situationen erleben, sollten die Teilnehmer, die solche Formulierungen verwenden, schnellstens zu einem persönlichen Gespräch einladen, um die Ursachen herauszufinden.

Ich komme bei anderen nicht an.

Diese Meinung ist meistens subjektiv, denn gerade die Teilnehmer, die dieser Ansicht sind, sind immer wieder positiv überrascht, wenn andere Seminarteilnehmer darüber gänzlich anderer Meinung sind. Manchmal sind es gerade die kleinen persönlichen Mängel, die bekanntlich jeder Mensch hat, die diesen Menschen sympathisch erscheinen lassen. Vollkommen ist niemand von uns, denn wir sind alle nur Menschen. Ein freundliches Wort des Trainers oder der Teilnehmer wirkt hier oft Wunder.

Reden vor einer Gruppe ist für mich eine psychische Belastung.

Diese Aussage stimmt. Wie Sie schon aus dem Kapitel über Ängste, Lampenfieber und Erwartungsangst ersehen, bedeutet Reden halten zu müssen eine starke psychische Belastung für den einzelnen. Deshalb ist es auch gar nicht immer leicht, Redner für bestimmte Anlässe zu gewinnen. Diese Streßsituation, die sich unweigerlich bei der Stoffsammlung, Ausarbeitung und vor allem bei der Präsentation ergibt, wollen viele lieber nicht eingehen. Doch diese Menschen erleben dann natürlich auch nie das wunderbare Erfolgserlebnis. „Wer nicht wagt, der nicht gewinnt."

Ich drücke mich schon seit Jahren um das Reden vor einer Gruppe herum.

Tausende von Menschen senken ihren Blick, wenn es darum geht, jemanden zu finden, der freiwillig eine Rede halten soll. Es ist schlimm, wie viele Menschen vor dem Reden flüchten. Reden kann man aber nur durch häufiges Üben lernen. Deshalb sollten Sie so bald wie möglich die nächste sich bietende Gelegenheit ergreifen, um zu sprechen, denn nur durch die

Praxis wird es Ihnen möglich sein, das Eis zu brechen. Wer sich ständig drückt, stirbt immer wieder tausend Tode.

Ich spreche einen zu starken Dialekt.

Viele Menschen geben zu, daß sie sehr darunter leiden, mit einem Dialekt behaftet zu sein. Meine eigene Beobachtung zeigt mir, daß anscheinend die Pfälzer am meisten darunter leiden. Ein verständlicher Dialekt aber ist etwas durchaus Positives und trägt zur Prägung der persönlichen Note bei. Bayern, die in Hamburg sprechen, sind begehrte Sprecher und umgekehrt. Der Mensch muß lernen, sich selbst zu akzeptieren und sich nicht ständig defensiv zu verhalten.

Warum soll ich mich vor anderen Menschen blamieren?

Die Furcht vor einer Blamage spielt eine große Rolle bei der Ablehnung, eine Rede zu halten. Diese Furcht kann man aber durch eine gründliche Vorbereitung, das Geheimnis jeder guten Rede, überwinden. Auch die besten Redner können Pannen erleben, sie haben allerdings gelernt, damit umzugehen, und fassen eine solche Panne nicht gleich als Niederlage oder Blamage auf.

Ich leide sehr unter Lampenfieber und Erwartungsangst.

Denken Sie immer daran, daß 95 Prozent aller Menschen unter Lampenfieber und Erwartungsangst leiden! Erst kürzlich las ich, daß von allen Ängsten, die es gibt, das Reden vor einer Gruppe mit 41 Prozent an erster Stelle liegt.

Wenn ich einen Vortrag zu halten habe, leide ich infolge innerer Unruhe an Schlaflosigkeit.

Dies trifft besonders dann zu, wenn man zuwenig Zeit für die Vorbereitung hatte. Deshalb: frühzeitig beginnen, und Sie fühlen sich freier und sicherer. Am schlimmsten ist die Schlaflosigkeit am Vorabend des Vortrags. Deshalb ein Tip dazu: Schauen Sie niemals mehr am letzten Abend vor dem Vortrag Ihr Manuskript an, denn ändern können Sie jetzt sowieso nicht mehr viel! Gehen Sie statt dessen lieber spazieren, oder entspannen Sie sich bei einem Gläschen Wein.

Ich habe Angst, mich in den Vordergrund zu stellen.

Es gibt sehr tüchtige Menschen, echte Könner auf ihrem Gebiet, die die Tugend der Bescheidenheit in so überhöhtem Maße besitzen, daß sie dadurch fast schon zur Untugend wird. Diese Menschen sind meistens schüchtern und leiden unter starken Hemmungen. Schade, denn gerade sie haben häufig viel zu bieten.

Sobald ich mich aus der Anonymität erheben muß, ist mir das unangenehm.

Die meisten Seminarteilnehmer bestätigen, daß sie sich *in* der Gruppe wohlfühlen; immer wieder stellt man fest, daß diese Teilnehmer ohne Schwierigkeiten in der Gruppe reden können, jedoch nur so lange, bis sie gebeten werden aufzustehen. Dieses „Sich-aus-der-Gruppe-Herausheben“ bereitet manchen Menschen arge Schwierigkeiten.

Ich bekomme weiche Knie und ein unangenehmes Gefühl in der Magengegend.

Im Englischen nennt man dieses Gefühl: „butterflies“ = Schmetterlinge. Viele können dann vor Aufregung nichts essen, da ihre Magennerven zu sehr in Anspruch genommen sind. Andere wiederum verspüren einen wahren Heißhunger auf irgend etwas. Wir sehen immer wieder, daß sich die Beklemmungen bei jedem Menschen unterschiedlich äußern. Manche bekommen Schweißausbrüche unter den Achseln, an den Händen, andere bekommen einen steifen Nacken, so daß sie ihren Kopf kaum bewegen können.

Ich habe besonders große Angst, wenn einer meiner Vorgesetzten anwesend ist.

Sehr häufig bekomme ich vor den Seminaren die Frage gestellt, ob der Vorgesetzte anwesend sein wird oder nicht. Normalerweise rate ich aus Erfahrung davon ab, daß der Vorgesetzte dem Seminar beiwohnt, weil die Teilnehmer sich zu stark beobachtet fühlen und dadurch um so mehr Angst haben, Fehler zu machen. Die Problematik liegt eben darin, daß man einen Fehler meistens nicht mehr gutmachen kann, und dieser Eindruck bleibt dann mitunter in Erinnerung – beim Vorgesetzten! Andere wiederum, die mit schauspielerischem Talent ausgestattet sind, können vor dem Chef eventuell eine „große Schau“ abziehen, die einen nachhaltigen Eindruck hinterläßt, obwohl sie oftmals im geschäftlichen Alltag gar nicht so tüchtig sind.

Der Grundsatz im Training sollte heißen: Im Training darf man, da es ja ein Übungsfeld ist, Fehler machen! Gerade bei Rhetorikseminaren ist zu empfehlen, daß so wenig Hindernisse wie möglich vorhanden sind. Besonders schüchterne Teilnehmer haben es hier nämlich schwer, obwohl ihre Leistungen sonst vielleicht gut sind.

Angst vor Leistungsdruck

Das Gespräch von Mensch zu Mensch und die Kommunikation mit einer Gruppe ist heute außerordentlich wichtig, um Informationen und Ideen weiterzugeben und auch zu empfangen. Menschen, die sich schlecht ausdrücken können, spüren den Leistungsdruck immer mehr, weil sie ohnehin geneigt sind, eine defensive Haltung einzunehmen.

Angst, vor den Menschen nicht bestehen zu können

Schüchterne und introvertierte Menschen fühlen sich förmlich gefesselt. Sie sind unfähig, aus sich herauszugehen. Sie fürchten, die Erwartungen der Zuhörer nicht erfüllen zu können, und erwägen einen möglichen „Gesichtsverlust". Diese ständige Angst, versagen zu können, hat einen lähmenden Effekt.

Angst vor der Überlegenheit einiger Zuhörer

Oft ist dem Redner die Zusammensetzung des Zuhörerkreises unbekannt. Diese Ungewißheit läßt ihn befürchten, daß er einigen Zuhörern in der Diskussion unterlegen sein könnte. Er hat Angst, von Persönlichkeiten angegriffen zu werden, die versuchen, seine Aussagen zunichte zu machen.

Angst vor dem unbekannten Publikum

Die Angst vor dem Unbekannten schlechthin verursacht wohl meistens ein Unbehagen in jedem von uns; diese Reaktion ist völlig natürlich und normal. Allerdings ist es sehr wichtig (siehe Kapitel „Zielsetzung und Zuhöreranalyse sind wichtig"), daß Sie sich, schon ehe Sie an die Ausarbeitung Ihres Vortrages gehen, Einzelheiten über die zu erwartenden Zuhörer beschaffen. Dies verhilft Ihnen dazu, ihre „Sprache zu sprechen", und Sie mindern damit Ihre eigenen Ängste und haben durch die so nützlichen Vorinformationen meistens auch einen größeren Erfolg.

Ich sage nichts mehr, ich bin oft genug hereingefallen!

Einige Menschen haben panische Angst, vor einer Gruppe sprechen zu müssen. Jeder Rhetoriktrainer kann von derartigen Fällen berichten. Meistens haben solche Menschen aus einer negativen Begegnung oder Niederlage Komplexe und glauben ständig, erneut „hereinzufallen". Sie müssen behutsam und mit großem psychologischem Geschick Hilfe erhalten. Wir sollten alle versuchen, mehr Verständnis für diese Mitmenschen aufzubringen!

Ich habe stets die Befürchtung, beim Vortrag steckenzubleiben.

Diese Vorstellung wird häufig von Leuten gemacht, die nur über wenig Redeerfahrung verfügen. Für sie ist es eine Blamage, im Gespräch steckenzubleiben oder sich zu verhaspeln. Sogar in ihren Träumen werden sie noch von dem Gedanken verfolgt, den roten Faden zu verlieren. Selbst wenn, ist es gar nicht so schlimm, sobald derjenige einige Kunstgriffe zur Überbrükkung eines wirklichen Steckenbleibens (was übrigens gar nicht häufig der Fall ist) kennt. Weitere diesbezügliche Hinweise und Tips finden Sie in dem Kapitel „Rednerauftritt".

Ich habe schon manchmal die Erfahrung gemacht, daß meine Ausarbeitung zu kurz/zu lang war.

Dieses Problem haben vor allem diejenigen Redner, die dazu neigen, ihr ganzes Manuskript wortwörtlich abzulesen. Wer gelernt hat, mit einem Stichpunktsystem zu arbeiten, wird diese Schwierigkeit nicht kennen. Die Stichpunkte regen nur zu den verschiedenen Ideen und Redeausführungen an. Man kann leichter den einen oder anderen Punkt „überspringen" (wenn man bemerkt, daß die Redezeit zu knapp wird) oder auch durch angeregte Assoziationen weitere Gedankengänge unterbreiten, wenn man spürt, daß noch eine relativ lange Redezeit zur Verfügung steht. Es ist dadurch eine größere Flexibilität in der Darbietung gegeben.

Negative Selbstbeeinflussung

Diese Einstellung ist psychologisch völlig falsch, weil sie eine geistige Blockade verursacht. Ein Redner sagte mir einmal am Vorabend seines Vortrags, daß er an einer bestimmten Stelle seines Textes steckenbleiben wird. Als er am nächsten Tag redete, blieb er wahrhaftig genau an dieser Stelle stecken! Er hatte durch seine negative geistige Programmierung das Problem herbeigeführt. Die Selbstbeeinflussung in positivem Sinne ist dagegen sehr vorteilhaft für Problemlösungen.

Ich vergesse leicht zu sagen, was ich mir ursprünglich vorgenommen habe.

Oft hört man Redner im nachhinein sagen: „Eigentlich wollte ich etwas ganz anderes sagen." Natürlich ist dies nicht der Sinn der Sache. Deshalb muß jeder Redner lernen, sich an den „roten Faden" zu halten. Hier kann Übung und Training helfen.

Mir ist nie recht klar, was die Teilnehmer eigentlich von mir erwarten.

Auch hier sehen wir wieder, wie groß die Bedeutung der Zuhörervorinformation ist. Meistens wird der Auftrag, einen Vortrag zu halten, zu schnell angenommen. Ohne nähere Fragen gestellt zu haben, die für eine Vorbereitung und auch für die Entscheidung über die Annahme des Auftrags von Bedeutung sind. Selbstverständlich sind die Teilnehmererwartungen recht unterschiedlich und diffizil, jedoch können und sollten Sie schon gleich zu Anfang einige interessante Fakten und Daten erfragen. Sie erhalten auf diese Weise wichtige Anhaltspunkte für Ihre Vortragsausarbeitung – je nach der zu erwartenden Teilnehmergruppe.

Ich komme während der Rede vom Hundertsten ins Tausendste.

Wer diesen Fehler erkannt hat, ist bereits auf dem richtigen Weg. Viel schlimmer ist es nämlich, wenn ein Redner gar nicht bemerkt, daß er ausschweifend und weitherholend daherredet! Sicher: eine Idee führt oft zur nächsten und eine Ausführung zur anderen. Aber hier hilft nur eins: ein gut durchgearbeitetes Manuskript, das sich auf die wichtigsten Aussagen beschränkt und vielleicht auf der einen oder anderen Seite des Manuskripts folgender Vermerk: „Achtung, roter Faden!" oder: „Achtung, nicht abschweifen!" Eine gute Übung hierfür ist übrigens eine „Dreiminutenrede". Durch die stark limitierte Zeitspanne und durch ein vorgegebenes Thema wird automatisch geübt, sich Beschränkungen in den Aussagen aufzuerlegen! Denn bekanntlich ist es schwerer, eine Rede von nur drei Minuten Dauer zu halten, als eine von dreißig Minuten!

Ich bin nicht sicher, ob ich auch immer den „roten Faden" behalte.

Hierzu gilt sinngemäß das gleiche wie unter dem vorherigen Absatz erläutert: ein gutes (möglichst auf Karten) angefertigtes Stichpunktmanuskript und der eiserne Wille, sich an dieses zu halten, sind die beste Gewähr, daß Sie weder den roten Faden verlieren noch die Redezeit über- oder unterschreiten. Der Dank des Auditoriums wird Ihnen sicher sein.

In diesem Buch finden Sie ein Kapitel, das sich mit der Selbstanalyse und der kritischen Nachkontrolle befaßt. Durch Teilnehmer-Beurteilungsbögen erfahren Sie von den Teilnehmern sehr bald, ob Sie ein guter Redner waren!

Ich glaube, ich habe keine geeignete Stimme zum Reden.

Das sagen viele Menschen – obwohl sie sich selbst ja gar nicht so hören, denn die Resonanz im Kopf läßt unsere Stimme für unser Ohr anders klingen, als sie die Ohren unserer Zuhörer erreicht. Sie können also auch nicht entscheiden, ob ihre Stimme zum Reden geeignet ist oder nicht. Dazu bedarf es schon eines Tests mittels einer Tonbandaufnahme. Die meisten Menschen sind dann ja auch beinahe geschockt oder wenigstens überrascht, wenn sie ihre eigene Stimme bei der Rückspielung hören. Häufig fragen sie, ob sie es wirklich sind. Nur an dem Gesagten erkennen sie sich oft. Also: Bevor Sie eine solch negative Selbstbeurteilung abgeben, testen Sie sich bitte erst einmal!

Und selbst wenn eine Kritik an der eigenen Stimme angebracht ist, gibt es genügend Mittel, um seine Stimme zu trainieren! In diesem Buch finden Sie im Kapitel „Training der Übermittlungsinstrumente" genügend Tips und Hinweise, wie Sie diesem Übel abhelfen oder es zumindest verringern können.

Ich fühle mich ständig beobachtet, kritisiert und bin deshalb gehemmt.

Eine zu kritische Selbstbeobachtung ist nur von Nachteil, weil Sie dadurch nicht genügend an die Übermittlung Ihrer Botschaft denken. Sie beeinflussen sich nur negativ, wenn Sie ständig versuchen, sich mit den Augen der Teilnehmer zu sehen. Denken Sie lieber daran, daß Ihre Zuhörer durchaus nicht Ihre Feinde, sondern wahrscheinlich froh darüber sind, daß sie nicht selbst am Rednerpult stehen müssen.

Ich befürchte eine Diskrepanz zwischen dem Gesagten und dem, was tatsächlich aufgenommen und verstanden wird.

Gerade hierin liegt das Problem der Botschaftsübermittlung. Was verbal aufgenommen wird, läuft durch verschiedene Filter, und die Endbotschaft wird von Mensch zu Mensch sehr unterschiedlich aufgenommen. Diese Befürchtung ist nur allzu berechtigt, und gerade aus diesem Grunde sollten wir uns alle bemühen, eine bessere Verständigung durch die verbale und nonverbale Sprache zu erreichen, um so Fehler und Mißverständnisse zu minimieren.

Ich bekomme manchmal nicht genug Luft und habe deshalb Schwierigkeiten beim Reden.

Einer der wohl bekanntesten Fehler vieler Anfänger ist der, daß sie zu schnell sprechen, nach dem Motto: Je schneller ich spreche, desto eher habe ich es hinter mir! Der Nachteil ist, daß die Zuhörer nicht mitkommen. Versuchen Sie einmal, bewußt langsamer zu sprechen, hinreichend Pausen einzubauen, und Sie werden sehen, daß Sie genügend Luft haben! Auch in diesem Punkt bedarf es des Trainings. Nützliche Hinweise finden Sie unter dem Kapitel „Richtig atmen muß gelernt sein".

Am schlimmsten empfinde ich die Erwartungsangst in der Zeit vor dem Auftritt.

Selbstverständlich steigert sich die Erwartungsangst bis hin zu den ersten Sätzen! Die Erwartungsangst ist proportional zur Wartezeit. Die Teilnehmer eines Seminars, die sich zuletzt vorstellen müssen, haben es deshalb schwerer als diejenigen, die sich frühzeitig vorstellen können. Tips für die Bekämpfung der Erwartungsangst werden später behandelt.

Durch zu schnelles Sprechen verliere ich manchmal den Faden.

In diesem Fall sollte man langsamer sprechen!

Ich fürchte, nicht richtig auf die Fragen und Einwände aus dem Zuhörerkreis zu reagieren.

Auch dieser Punkt kann durch die Zuhöreranalyse und durch die Erfahrungen aus der Praxis behandelt werden. Routinesprecher wissen, daß die Fragen, die auf einen zukommen, sich meistens wiederholen, und haben sich deshalb schon die passenden Antworten zurechtgelegt.

Ich bin unsicher, wie lang mein Manuskript sein muß, damit ich die Redezeit einhalten kann.

Das ist eine berechtigte Unsicherheit. Meistens erfährt der Redner, daß er zuviel Stoff hat; die große Gefahr besteht in diesem Fall darin, daß er seinen Stoff einfach durchpeitscht. Die Zuhörer haben dann häufig Schwierigkeiten mitzukommen. Die Rededauer sollte deshalb vorher mit Hilfe eines Tonbandes genau mit der gegebenen Redezeit abgestimmt werden.

Die richtige Vortragseinteilung und die Einflechtung der rhetorischen Höhepunkte bereiten mir jedesmal erneut Kopfzerbrechen.

Als Grundsatz ist es wichtig, daß Sie eine Rededisposition ausarbeiten und entsprechende Höhepunkte einbauen. Tips und Hinweise hierfür finden Sie im Kapitel „Aufbau von Rede, Vortrag und Präsentation".

Die schriftliche Formulierung meines Redeentwurfskonzepts stellt für mich ein größeres Problem dar, als alles andere.

Die meisten Redner empfinden ähnlich. Gedanken zu Papier zu bringen ist schwieriger als sprechen. Viele Menschen tun sich damit schwer. Eine nützliche Hilfestellung wird Ihnen vielleicht die Rubrik „Redeformeln" bieten.

Ich leide an Schweißausbrüchen und feuchten Händen.

Viele Redner haben mit diesem Problem zu tun. Besonders häufig leiden Anfänger darunter. Dies ist ganz natürlich und normal. Sobald Sie über eine ausreichende Redepraxis verfügen, verschwindet dieses Problem von selbst. In besonders schwierigen Fällen kann der Apotheker helfen, denn es gibt entsprechende Medikamente.

Ich bemerke zwar, daß meine Stimme zu leise und zu farblos klingt, aber trotz aller Anstrengungen kann ich nicht lauter sprechen.

Auch hier bedarf es praktischer Übungen unter der Anleitung eines Rhetorikfachmannes. Wer laut und deutlich sprechen kann, verfügt über einen erheblichen Vorteil.

Meine Muskeln im Nackenbereich verkrampfen sich derartig, daß ich rasende Kopfschmerzen bekomme.

Ein Schweizer Seminarist schilderte uns dieses Symptom anläßlich seiner persönlichen Vorstellung. Wir kamen schnell dahinter, daß sein Problem nur darin bestand, daß er dauernd unter der Befürchtung litt, daß sich sein Nacken wieder verkrampfen wird. Während des Seminars haben wir ihn dann bei verschiedenen Redeanlässen so abgelenkt, daß er an dieses Problem nicht mehr dachte, und prompt blieb der Kopfschmerz aus. Durch dieses Erlebnis wurde ihm klar, daß er unter dem Phänomen „Angst vor der Angst" litt.

Ich leide stets am Beginn meiner Rede unter akuter Atemnot, die sich erst nach einer Weile legt.

Auch hier ist es sehr wichtig, die entsprechenden Übungen durchzuführen: das Ausatmen ist genauso wichtig wie das Einatmen, vgl. das Kapitel „Richtig atmen muß gelernt sein". Immer daran denken, daß wir mit dem Luftstrom des Ausatmens sprechen. Also gut ausatmen, dann beginnen.

Oft bemerke ich, daß mir mitten im Satz die Luft ausgeht.

Auch hier haben wir es ganz klar und deutlich mit der Tatsache zu tun, daß sich der Sprecher die richtige Atemtechnik noch nicht angeeignet hat.

Mein Mund ist total ausgetrocknet.

Wie viele Menschen darunter leiden, können Sie aus der Tatsache ersehen, daß fast immer etwas Trinkbares (Mineralwasser oder ähnliches) auf dem Rednerpult steht. Außerdem sollten Sie direkt vor Ihrem Auftritt noch etwas trinken.

Ich habe Angst, das Thema nicht richtig zu beherrschen.

Auch diese Angst ist begründet und berechtigt. Der erfahrene Redner sagt nur allzu häufig bei einem ihm gestellten Thema zu. Er tröstet sich damit, daß der Gang in die Bibliothek erfolgreich ist. Doch erstens erfordert es sehr viel Zeit, die der Ungeübte häufig nicht zur Verfügung hat, und zweitens hat man große Schwierigkeiten, mit nur „fremdem Gedankengut" eine Thematik wirklich zu beherrschen. Die Erfahrung zeigt deshalb, daß man doch lieber den Mut haben soll, einen Vortrag abzulehnen, wenn man sich dem Thema nicht gewachsen fühlt.

Ich weiß nicht, wie ich mein Manuskript leseleicht anfertigen soll.

Die richtige Manuskriptanfertigung ist eminent wichtig. Die meisten Redner haben ihr Manuskript viel zu eng beschrieben. Dadurch ist ein guter und häufiger Augenkontakt fast unmöglich. Die Schrift sollte möglichst groß sein. Hierbei bitte nicht den Augenabstand vergessen (Pult – Augen). Wichtige Sätze unbedingt unterstreichen! Jeder Satz sollte mit einer neuen Zeile beginnen. Bei sehr langen Sätzen sollten Sie sogar nach einem Komma eine neue Zeile anfangen. Sparsamkeit ist etwas sehr Lobenswertes. Manuskriptpapier sollten Sie allerdings von dieser Tugend ausschließen. Der Redner, der diese Ratschläge befolgt, dürfte keinerlei Schwierigkeiten mehr mit dem Manuskript haben. Die Befolgung kommt der Effektivität Ihres Vortrages zugute.

Ich werde bei der Ausarbeitung oft gestört.

Es ist ein großer Fehler, die Ausarbeitung in der täglichen beruflichen Umgebung vorzunehmen. Dort gibt es ständig irgendwelche Störungen. Denken Sie an die Telefonanrufe, unerwartete Besucher usw. Diese Störfaktoren wirken sich negativ auf die zu erledigende Arbeit aus. Notieren Sie deshalb in den „Störzonen" lediglich Blitzideen und kurze Gedankengänge. Beginnen Sie beizeiten mit der Ausarbeitung, und zwar an einem ruhigen Arbeitsort, wo Sie vor Störungen und Unterbrechungen sicher sind.

Ich empfinde eine Leere zwischen mir und meinen Zuhörern.

Vielleicht liegt es daran, daß Sie nicht versuchen, menschlich zu sein? Ist es Ihr Lampenfieber oder etwa eine gewisse Arroganz? Oder versuchen Sie, ein Perfektionist zu sein? Dann haben Sie es natürlich nicht leicht, denn Sie sind wahrscheinlich ziemlich verkrampft, zu steif und unnatürlich. Etwas lockerer bitte! Eine kleine Panne, ein kleiner Fehler sorgen mitunter sogar für eine gewisse Heiterkeit und tragen damit zur Entspannung der Atmosphäre bei.

Mir kommen die besten Ideen, wenn ich unterwegs bin, am Schreibtisch fällt mir nichts ein.

Sie dürfen sich beglückwünschen, daß Ihnen gute Ideen einfallen. Der Ort ist dabei gar nicht so entscheidend! Notieren Sie sich die Ideen kurz in Stichpunkten, oder falls Sie ein Diktiergerät bei sich haben (erfolgreiche Menschen tragen stets ihr Diktiergerät bei sich), sprechen Sie Ihre Einfälle kurz auf Band. Am Schreibtisch brauchen Sie dann nur noch die Ideen weiter auszuarbeiten.

Meine Gedanken rotieren förmlich bei der Ausarbeitung, ich kann sie nicht ordnen.

Der Anfang einer Ausarbeitung ist immer am schwierigsten. Man hat oft einfach zu viele Gedanken, Ideen, Stoff, und eine Selektierung ist deshalb nicht einfach. Versuchen Sie zuerst einmal einige Hauptkategorien der Thematik aufzulisten, und nehmen Sie eine Grobselektierung vor. Sie werden merken, daß Sie dadurch schon ein gutes Stück weiterkommen. Die Ausarbeitung beginnt Form anzunehmen.

Bei der Arbeit mit dem Tageslichtprojektor mißfällt mir meine Schrift.

Das kann man gut verstehen. Mein Tip: Sie können die Folien mit einer Schreibmaschine beschriften. Es ist ohnehin vorteilhafter, die Folien vorher fertigzustellen. Natürlich können Sie es auch mit Blockschrift versuchen.

Ich bin technisch wenig begabt und scheue deshalb die Anwendung technischer Hilfsmittel.

Technische Pannen verärgern die Zuhörer und mindern Ihren Erfolg. Da wir aber in einem technischen Zeitalter leben, hilft Ihnen die Antipathie gar nichts. Sie müssen einfach üben, üben, üben, bis Sie die Technik der Hilfsmittel beherrschen. Ich bin sicher, daß Sie es dann schaffen! Selbstverständlich sollten Sie die technischen Hilfsmittel vor dem Vortrag überprüfen. Ein fehlendes Zuleitungskabel, eine fehlende Leinwand, eine ausgebrannte Birne im Projektor usw. können die ganze Arbeit vergeblich gewesen sein lassen.

Nach einem guten Redner fürchte ich mich besonders vor meinem Auftritt, selbst dann, wenn ich mich gut vorbereitet habe.

Bei Redeveranstaltungen neigt man schon dazu, sich mit den Vorrednern zu vergleichen. Sind diese Darbietungen gut, hat man ganz selbstverständlich Befürchtungen, die Niveauhöhe eventuell nicht zu erreichen. Es kommen einem schon Zweifel. Wichtig ist deshalb: Lassen Sie sich nicht beirren, und meiden Sie Vergleiche.

Mein Augenkontakt zu den Zuhörern müßte besser sein.

Wer diesen großen Fehler erkannt hat, befindet sich schon auf dem richtigen Weg. Natürlich wird der Redner, der einen schlechten Augenkontakt hat, häufig wichtige Signale der Zuhörer nicht erkennen und dadurch mitunter an den Teilnehmern vorbeireden. Ein Kontakt zu den Zuhörern ist ohne Augenkontakt nicht möglich. In Rhetorikseminaren wird deshalb die Fähigkeit, Augenkontakt zu erreichen, geübt und trainiert.

Ich weiß nie, wohin mit den Händen.

Diese Schwierigkeit kennen viele Redner. Die Hände werden auf dem Rücken versteckt, vor dem Bauch gefaltet, in die Jacken- oder Hosentasche geschoben, oder der Redner fuchtelt damit wild in der Luft herum. – Lassen Sie Ihre Arme locker und entspannt am Körper herunterhängen. Verwenden Sie die Hände sparsam für notwendige Bewegungen, wie beispielsweise das Umblättern der Manuskriptseiten, zum Zeigen von Demonstrationsmitteln usw. Sparsam und konzentriert die Hände bewegen, dann wirken Sie natürlich und nicht verkrampft.

Ich habe große Schwierigkeiten mit der passenden Mimik und Gestik.

Der gute Redner übt seine Mimik und Gestik vor dem Spiegel, denn Vorsicht ist bei der Mimik und Gestik geboten. Hier werden häufig grobe Fehler begangen. Ein Zuviel macht die Zuhörer leicht nervös, ein Zuwenig läßt Sie steif und langweilig erscheinen. Wohldosiert sollen Gesichtsausdruck und Gesten das Gesagte unterstreichen. Falsch ausgeführte Körperbewegungen können dagegen leicht zu einer verwirrenden Interpretation des Vorgetragenen führen. Die Grundregeln der Anwendung von Mimik und Gestik gehören einfach zum Muß jeden Redners. Es gibt sehr gute Fachbücher zu diesem Thema, und in Rhetorikseminaren finden Sie ebenfalls gute Möglichkeiten, diese Kunst zu erlernen.

Ich vermisse die Zuhörerrückkopplung.

Um dies zu ändern, ist in erster Linie ein ständiger Augenkontakt mit den Zuhörern notwendig. Durch den Rundumblick können Sie ständig den Grad der Aufmerksamkeit Ihrer Zuhörer erkennen. So haben Sie die Möglichkeit, Ihre Darbietung gegebenenfalls etwas zu korrigieren. Eine positive Rückkopplung gibt Ihnen die Gewißheit, in dem bisherigen Stil fortfahren zu können. Sie dürfen während des Vortrags fast alles, nur nie Ihre Zuhörer ermüden.

Wie behandle ich eine einzelne Dame oder einen einzelnen Herrn in einer Gruppe?

Normalerweise begrüßt der Redner das Auditorium mit der Anrede: „Meine sehr geehrten Damen und Herren!" Allerdings kommt es schon einmal vor, daß bei einem Seminar oder Vortrag eine einzelne Dame oder ein einzelner Herr im Publikum ist. Viele Sprecher neigen dazu, diese „Einzelpersonen" ständig namentlich mit einzubeziehen. Sie meinen es dabei sicherlich sehr gut, nur: die „Einzelperson" fühlt sich dadurch zu sehr in den Vordergrund gestellt. Sie muß dann ständig ihre Aufmerksamkeit dokumentieren. Mein Rat: Einzelpersonen nicht bewußt ansprechen. Sie fühlen sich dann in gleichem Maße akzeptiert wie die übrigen Teilnehmer, was ihnen zweifelsohne lieber ist. Ausnahmen bestätigen natürlich auch hier die Regel.

Wie formuliere ich meinen Dank an die Zuhörer?

Unsere Welt wird zunehmend sachlicher. Nicht alle mögen deshalb endlose, überschwengliche Dankesbezeugungen. Am Ende des Vortrags sollten Sie deshalb ganz kurz und knapp „Vielen Dank!" sagen. Natürlich gehen hier sicherlich die Meinungen auseinander. Bevor Sie mit Ihrem Vortrag beginnen, sollten Sie auch dem Sie Vorstellenden kurz für die Gelegenheit danken, sprechen zu dürfen.

Mein Wortschatz erscheint mir zu begrenzt.

Es gibt den aktiven und den passiven Wortschatz. Ein Redner, der über einen umfangreichen aktiven Wortschatz verfügt, hat es natürlich bedeutend leichter beim Vortragen. Es sollte deshalb immer unser aller Bestreben sein, durch die Wortaktivierung die Redegewandtheit zu verbessern. Synonymbücher sind hier eine nützliche Hilfe. Das Buch „Sag es treffender" von Textor ist zum Beispiel eine sehr gute Unterstützung.

Ich benutze zu oft Fremdwörter und Fachausdrücke.

Mit dieser schlechten Angewohnheit stehen Sie nicht allein da. Redner demonstrieren auf diese Art gern ihr Wissen. Besonders englische Wörter erfreuen sich in unseren Tagen großer Beliebtheit. Leute, die kein oder nur wenig Englisch sprechen, scheinen besonders gern bereit, englische Begriffe zu benutzen. Man geht nicht zur Konferenz, wenn man ‚in' sein will, nein, es ist ein „meeting", an dem man teilnimmt, oder ein „hearing". Ich meine, daß unsere Sprache genügend Wörter bereithält, wozu also ständig die Verwendung von Fremdwörtern? Dasselbe gilt für die vielen Fachausdrücke. Nicht alle Menschen können sich in Ihrem speziellen Fachgebiet auskennen. Wollen Sie also ankommen, dann sprechen Sie publikumsverständlich. Natürlich gibt es einige wenige Fremdwörter, die sich einfach nicht so recht in eine treffende deutsche Formulierung übersetzen lassen. Diese sollten dann aber erklärt werden.

Ein zu großer Zuhörerkreis versetzt mich in Panik, während ich vor einer kleineren Gruppe kaum Schwierigkeiten habe.

Dies ist ein nur allzu bekanntes Problem. Selbst Trainern geht es mitunter so. Bei einem kleinen Kreis haben Sie den Vorteil, daß Sie mehr Zuhörerrückkopplung erhalten. Die Teilnehmer reden sozusagen mit. Bei einem großen Publikum sehen Sie dagegen meistens nur die ersten Reihen bewußt, danach nur die Masse. Sie sprechen, meinen Sie, ins Leere, und das beunruhigt Sie. Deshalb beginnen Sie möglichst mit kleineren Gruppen. Langsam sollten dann die Teilnehmerzahlen steigen, so haben Sie die Möglichkeit mitzuwachsen.

Jeder Redner hat einmal begonnen. Geduld und Übung ist hier die beste Empfehlung. Profis erreichen bald die Situation, in denen kleinere Gruppen ihnen zu klein sind.

Ich habe Angst vor der Kritik.

Wer über eine gesunde Selbstsicherheit verfügt, ist weniger abhängig von der Meinung anderer.

Wer alles sehr persönlich nimmt, wird empfindlich unter einer Kritik leiden. Ich meine, daß man berechtigte Kritik positiv sehen sollte, denn wohl niemand kann von sich behaupten, daß er „ausgelernt" hat.

Wenn ich mein bisheriges Leben betrachte, dann haben mir die Menschen, die mich kritisierten, eigentlich mehr geholfen als die, die mich immer nur lobten. Begrüßen Sie deshalb ehrliche Kritik, denn aus unseren Fehlern können und müssen wir lernen. Unberechtigte Kritik sollten Sie dadurch bewältigen, daß Sie daran denken: „Es recht zu machen jedermann ist eine Kunst, die niemand kann".

Unter gewissen Umständen werde ich unsicher und nervös, besonders dann, wenn ich bemerke, daß die Aufmerksamkeit der Zuhörer nachläßt.

Wie wir bereits erfahren haben, sind die meisten Menschen vor ihrem Auftritt nervös. Diese Nervosität rührt von der Erwartungsangst her. Sie läßt nach den ersten Sätzen merklich nach. Wenn Sie jedoch während des Vortrags merken, daß Ihnen die Zuhörer nicht mehr aufmerksam folgen, dann sind Sie aus gutem Grund beunruhigt. Es ist allerdings wichtig zu wissen, daß auch ein guter Vortrag in Wellen verläuft. Manchmal „hat man das Publikum", die nächsten Minuten entgleitet es einem wieder etwas. Jede Rede ist ein ständiges Ringen zwischen Redner und Publikumsaufmerksamkeit. Je besser Sie die Techniken der Vortragskunst beherrschen, desto weniger wird Ihnen die Aufmerksamkeit des Publikums abhanden kommen.

Ich kann die Teilnehmer nicht mitreißen und begeistern.

Erstaunlich vielen Rednern gelingt dies nicht! Es fehlt am eigenen Engagement, der Begeisterung, der Überzeugungskraft, an Höhen und Tiefen, an Kontrasten und an Wortspielen. Die Pausentechnik wird möglicherweise nicht optimal angewandt. Spannung und Neugierde zu wecken wird nicht bedacht. All diese Techniken kann ein Redner natürlich nicht über Nacht beherrschen lernen. Es ist schon ein langer Weg, bis man gekonnt vortragen kann. Selbst Profis müssen ständig in Übung bleiben und sich auch fortwährend korrigieren. Wichtig und hilfreich ist es, zu analysieren, weshalb die Begeisterung nachläßt. Lesen Sie ab oder sprechen Sie frei? Der Redner, der das Manuskript nur abliest, wird es aus vielerlei Gründen schwer haben, sein Publikum mitzureißen. Aus diesem Grunde propagieren wir ja die „Stichpunktkartenmethode". Sie finden sie im Kapitel „Redeaufbau".

Ich habe manchmal viel zu viele Unterlagen vor mir liegen, in denen ich mich während des Vortrags nicht schnell genug zurechtfinde.

Das ist kein Wunder, wenn Sie so viele Unterlagen auf dem Rednerpult liegen haben. Versuchen Sie, die Unterlagen auf das notwendige Minimum zu beschränken. Vor allen Dingen numerieren Sie alle Manuskriptblätter, und legen Sie sie Seite für Seite ab. Wenn Sie sich strikt hieran halten, werden Sie keinen Blättersalat mehr haben.

Ich habe Schwierigkeiten, einen guten Schluß oder auch einen guten Anfang zu finden.

Wie wichtig es ist, einen „guten" Einstieg oder Schluß zu finden, haben Sie erkannt. Sie sind also schon auf dem Weg zum Erfolg, denn vielen Rednern ist die Bedeutung dieser Phasen noch gar nicht so ganz klar geworden. Ein guter Anfang ist wichtig, um die Aufmerksamkeit der Zuhörer zu gewinnen. Hilfreich können hier ein Zitat, ein persönliches Erlebnis, ein Zuhörerkompliment sein (es muß allerdings ehrlich gemeint sein) oder eine interessante Transparentfolie.

Zum guten Abschluß sei gesagt, daß Sie versuchen sollten, einen „Zuhörerappell" zu bringen. Dieser Schlußsatz muß besonders gut sein und die Zuhörer zum sofortigen Applaus anregen.

Bitte denken Sie an die vorgegebene Redezeit und deren strikte Einhaltung. Oft schon haben Redner, die einfach kein Ende fanden, einen brillanten Vortrag förmlich „zerredet".

Zwischenrufe, zur Schau gestelltes Desinteresse oder andere Reaktionen bringen mich völlig aus dem Konzept.

Warum fürchten Sie Zwischenrufe? Wenn man den roten Faden verloren hat, können Zwischenrufe manchmal sogar die Rettung bedeuten! Sie sind auch hilfreich, weil sie mitunter zur Auflockerung beitragen. Mit der Zeit gewöhnt man sich auch eine gewisse Schlagfertigkeit an. Desinteresse ist für den Redner allerdings ein Alarmsignal. Sie sollten überprüfen, ob Sie dynamisch genug sind, und Sie sollten auch daran denken, wie Stimmführung, Mimik und Gestik Ihren Vortrag beleben. Auch die Fragetechnik ist hier angebracht. Natürlich sollte Ihr Vortrag auch Aussagekraft haben, eine Botschaft übermitteln.

Ich verfüge über keine Techniken, die die Neugierde oder das Interesse der Zuhörer wecken.

Nicht umsonst propagieren wir in diesem Buch das Ausfindigmachen von Quellen und Fundgruben. Seien Sie ständig auf der Suche nach guten Anekdoten, Sprüchen, Zitaten, Gags und interessanten oder humorvollen Bildern, die Sie auf Transparentfolien bringen können. Sie haben schon richtig erkannt, daß dieser Punkt sehr wichtig für das Gelingen Ihrer Arbeit ist. Beobachten Sie andere Redner hieraufhin. Durch Beobachtung und durch Sammlung von Anekdoten, Zitaten usw. lösen Sie dieses Problem mit der Zeit.

Wie ich Fangfragen besser kontern lerne.

Indem Sie die Technik der Gegenfrage anwenden! Ein Redner wurde einmal gefragt: „Warum beantworten Sie meine Frage mit einer Gegenfrage?“ Worauf er antwortete: „Warum nicht?“ Im Kapitel „Abfangformulierungen und positive Formulierungen“ geben wir Ihnen einige praktische Formulierungen für die Gesprächsführung an die Hand. Wichtig ist immer, die offene Konfrontation zu vermeiden. Charme und Liebenswürdigkeit sind viel größere Hilfen, den Fangfrager ins Bockshorn zu jagen. Auch die Überhörtechnik oder die Rückstellmethode ist hier mitunter von Vorteil.

Wir haben hier nur die wichtigsten Probleme und Schwierigkeiten vieler Redner aufgezeigt. Wie Sie gesehen haben, gibt es für jedes Problem eine Lösung. Rhetoriktrainer können Ihnen ganz sicher gute Ratschläge, Tips und wichtige Hinweise vermitteln. Einen Großteil der Schwierigkeiten kann man aber auch durch eigene Einsicht und durch Selbsttraining überwinden. Wer dieses Buch gründlich durcharbeitet, wird sicherlich viele nützliche Antworten auf seine eigenen Fragen bekommen.

Denken Sie an Ihre Botschaft, um das Lampenfieber zu reduzieren.

Akzeptieren Sie Ihre Redefurcht als etwas völlig Normales. Die Skizze zeigt, daß Redner A mit wenig Redepraxis bei seinem Auftritt sehr mit seinen Hemmungen zu kämpfen hat und die gedankliche Beschäftigung mit seiner Botschaft nur ein Drittel seiner Gedankenkapazität einnimmt. Redner B dagegen, der erfahrene Redner, achtet darauf, daß er vor allem an

Wichtige Erfolgsidee Lampenfieber zu reduzieren

„Denken Sie weniger an Ihren Auftritt und dafür mehr an Ihre Botschaft für die Zuhörer“.

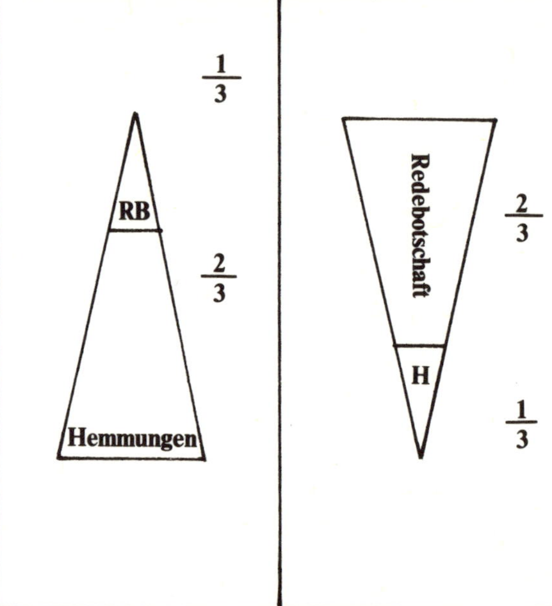

Redner A mit wenig Redepraxis | **Redner B der erfahrene Redner**

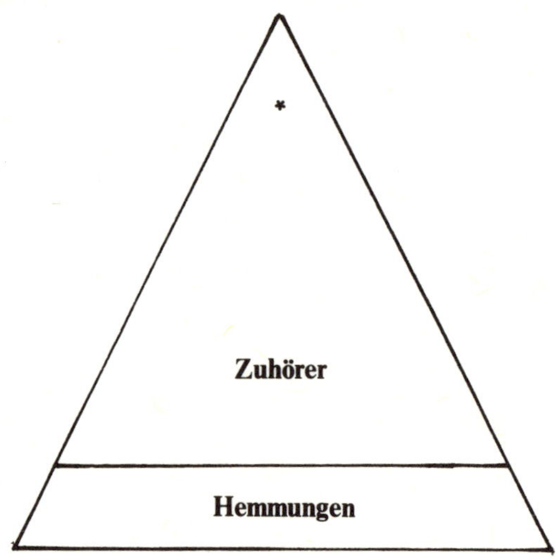

Wichtige Regel:
***Denken Sie mehr an Ihre Zuhörerbotschaft und weniger an Ihre Hemmungen.**

die Übermittlung seiner Redebotschaft denkt. Er wird es leichter schaffen anzukommen.

Aus Erfahrung weiß man, daß die schlimmste Zeit die Erwartungszeit ist, die Zeit vor dem Auftritt. Das kommt daher, daß man zu sehr an seine Hemmungen in der Nullphase denken kann. Wenn Sie vor dem Publikum stehen, haben Sie dafür wenig Zeit, denn Sie müssen sich voll und ganz auf Ihre Sprechaktivitäten konzentrieren.

Wichtige Regel: Denken Sie mehr an die zu übermittelnde Botschaft und an die Zuhörer. Dann haben Sie es bedeutend leichter!

Durch Selbstmotivation und Übung läßt sich die Angst vor dem Sprechen überwinden

Was bisher über die Redeangst, die Spannungen und die Erwartungsangst gesagt wurde, hat Sie sicherlich überzeugt, daß nicht nur Sie allein unter Redeschwierigkeiten und -problemen leiden. Es ist psychologisch wichtig zu wissen, daß Sie durchaus nicht allein dastehen. Selbst erfolgreiche Redner haben noch Ängste, nur verstehen sie es besser, diese zu überspielen.

Unsere Skizze zeigt Übungsfrequenzen, die Sie als Redner während eines gewissen Zeitraums (1 bis 10) erleben. Irgendwann und irgendwie, bei irgendeiner Gelegenheit werden Sie auf einmal ein Durchbruchserlebnis und das Gefühl haben: jetzt habe ich es geschafft! Um die Angstphase zu überwinden, müssen Sie jede Gelegenheit wahrnehmen zu sprechen. Übung macht den Meister!

Lampenfieber und Erwartungsangst vor dem Vortrag

Lampenfieber und Erwartungsangst bis zum Redebeginn lassen sich am besten durch eine grafische Kurve darstellen. Phase A stellt Ihren normalen Spannungszustand dar, bis Sie Ihren Redeauftrag erhalten. Schon in diesem Augenblick steigt Ihre Lampenfieberkurve an.

Während Sie Ideen und Vortragsstoff sammeln (C- bis D-Phase) und langsam mit der Vortragsausarbeitung beginnen, reduziert sich das Lampenfieber leicht, steigt dann aber allmählich wieder an. Je näher der Zeitpunkt des Vortrags rückt (Phase E), desto größer wird die

Durch Selbstmotivation und Übung die Angst vor dem Sprechen überwinden.

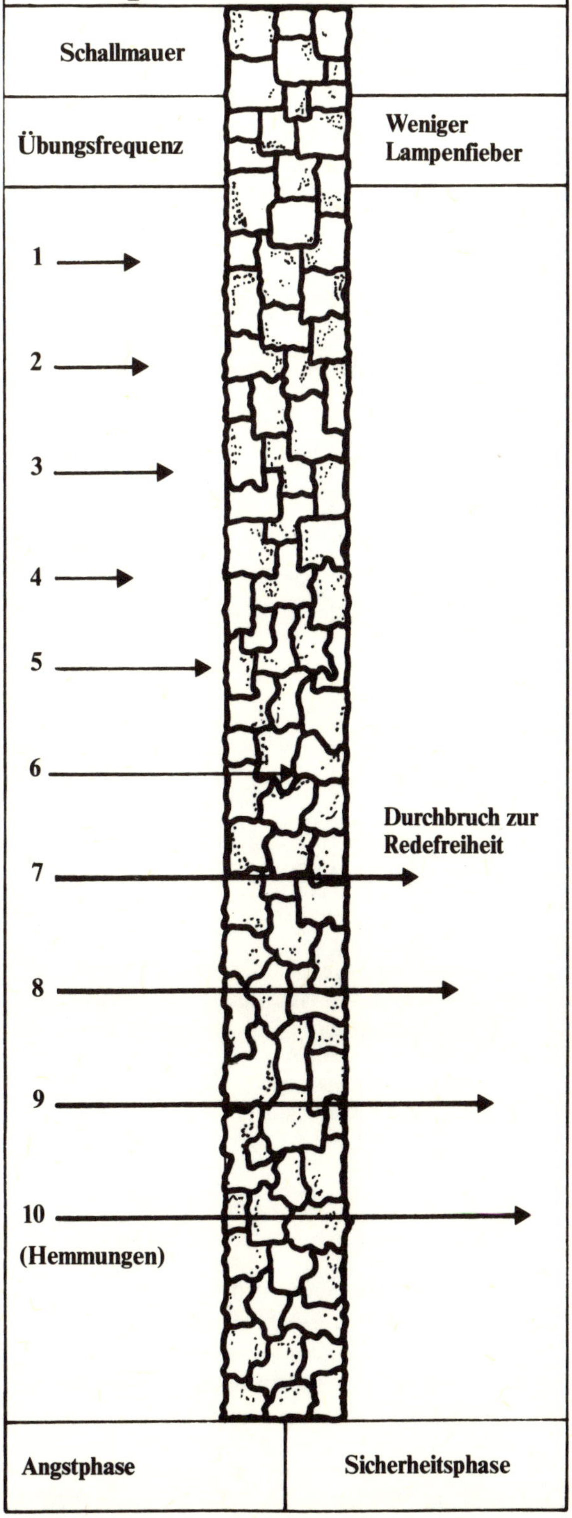

Erwartungsangst. Dementsprechend steigt natürlich die Lampenfieberkurve – besonders dann, wenn Sie Ihre Rede noch nicht fertiggestellt haben. Je weniger Sie sich bis jetzt vorbereitet haben, desto größer sind Ihre Erwartungsängste. Die E- bis F-Phase ist kurz vor Ihrem Auftritt. Nach den ersten Sätzen Ihrer Darbietung (Phase G bis H) fällt die Lampenfieberkurve langsam ab. Die schwerste Phase ist die Erwartungsangstphase zwischen F und G.

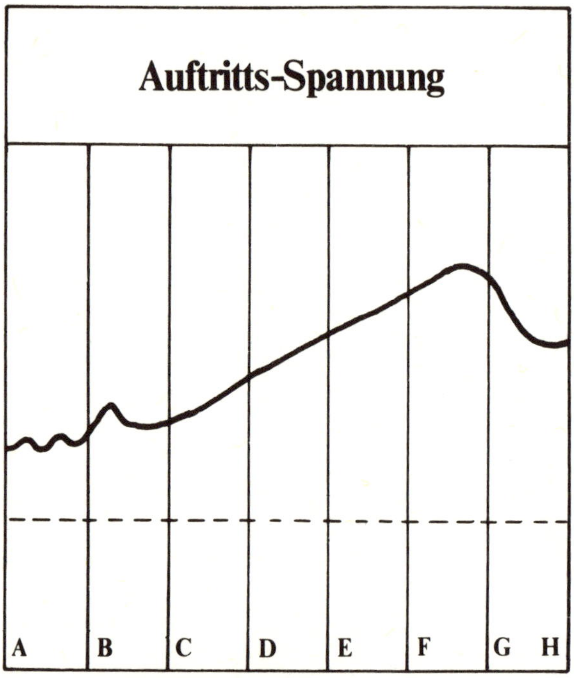

A **Normspannung**
B **Aufgabenzusage**
C – D **Ideen- und Stoffsammlung + Ausarbeitung**
E **Erwartungsangst**
F **Vortrag und Schluß**
G – H **Während des Vortrags Angstkurve und Schluß**

Rednerschwierigkeiten in der Praxis – Zusammenfassung

Persönliche Belastungen und Ängste

Es stört mich, wenn einige Teilnehmer gelangweilt aus dem Fenster schauen.

Wenn ich spreche, schauen manche Teilnehmer auf die Uhr.

Es belastet mich sehr, wenn ich lange warten muß, bevor ich drankomme.

Ich habe manchmal den Eindruck, daß die Zuhörer mich nicht ernst nehmen.

Ich habe Angst, auf Mißfallen und Kritik zu stoßen.

Gedankengänge

Ich komme zu leicht vom Thema ab und füge dann völlig andere Gedankengänge in den Stoff ein.

Meine Gedanken geraten leicht ins Schwimmen.

Konzentrationsfähigkeit

Meine Sätze sind oft zu lang und zu kompliziert.

Ich verliere leicht während des Vortrages den roten Faden.

Die Teilnehmer blättern unnötig in den Unterlagen herum.

Ich komme sehr leicht mit meinen Unterlagen durcheinander.

Sprechtechnik

Ich betone die Sätze falsch, dadurch werden sie mißverständlich.

Ich bemerke oft selbst, daß ich unverständlich formuliere.

Zuhörer rufen:„Lauter, lauter!“, aber ich kann nicht lauter sprechen.

Viele sagen, ich spreche zu monoton und langweilig.

Ich verliere manchmal meine Stimme und werde heiser.

Meine Stimme ist zu dünn, zu tief oder zu leise.

Zuhörer

Ich habe oft das Gefühl, daß eine Leere zwischen mir und meinen Zuhörern besteht.

Wenn Teilnehmer miteinander tuscheln, werde ich ganz unsicher.

Ich habe Schwierigkeiten, die Teilnehmer mitzureißen.

Zeitproblem

Ich komme mit der vorgegebenen Redezeit nicht aus.

Viele meinen, ich rede zu weitschweifig.

Allgemeines

Ich komme völlig durcheinander, wenn etwas nicht wie geplant verläuft!

(Wörtliche Formulierungen einiger Redner.)

Richtige psychologische Einstellung und Einstimmung

Glauben Sie an Ihren Erfolg – Eine gründliche Vorbereitung lohnt sich – Sprechen Sie zuhörerorientiert – Kleine Psychotips für die Praxis – Richtige Einstimmung und Selbstmotivation – „Wenn Sie wollen, daß die Leute über Sie reden, müssen Sie anecken . . ." – Was Psychologen raten

Vincent Peale sagt: „What the mind can conceive and believe it can achieve". – „Was der Geist sich vorstellen, woran er glauben kann, das kann er auch verwirklichen". Bedenken Sie immer wieder, daß Demosthenes, der ja an einem Sprachfehler litt, diesen Mißstand nur durch ständiges Üben überwand. Verwenden Sie die Technik der Selbstgespräche, machen Sie sich selbst Mut. Sage JA – und du kannst!

Versuchen Sie, vor Beginn Ihres Vortrages schon mit dem einen oder anderen Zuhörer ein kurzes Gespräch zu führen. Diese Gespräche helfen Ihnen, sich beim Einstieg schon einen kleinen Kontaktkreis geschaffen zu haben. Das gibt Ihnen eine gewisse Sicherheit. Denken Sie außerdem an die Selbstmotivationsformel: „Du bist stärker als du denkst!" (Vincent Peale).

Voraussetzungen für die richtige Grundeinstellung

Die Grundeinstellung ist wichtig.

Wenn Sie können, versuchen Sie bei Kurzvorträgen frei zu sprechen.

Kopieren Sie niemals andere Redner, obwohl die Versuchung oft naheliegt. Eine Kopie wird immer eine Kopie bleiben!

Denken Sie daran, daß es so einen Menschen, wie Sie einer sind, nur einmal gibt. Sie sind „einmalig"! (Siehe Skizze Daumenabdruck.)

Analysieren Sie, zu welchem Lerntyp Sie gehören, das ist für die Ideenfindung wichtig.

„Die Menschen erkennen uns an nicht wie wir sind, sondern wie wir erscheinen" (Oskar Schellbach).

Sehr viele Menschen haben eine Scheu vor dem Reden.

„Das, was man befürchtet, sollte man bekämpfen, und die Furcht stirbt einen sicheren Tod" (Dale Carnegie).

Viele Menschen haben in ihrer Schulzeit beim Vortragen eines Gedichtes oder ähnlichem eine Blamage vor einer Gruppe erlebt. Seitdem haben sie eine besonders große Scheu, vor Gruppen zu sprechen.

Sehen Sie die angebotene Redemöglichkeit als Chance zum Erfolg.

Es ist sehr wichtig, daß Sie sich frühzeitig für eine Rede und ihre Thematik entscheiden, denn Unentschlossenheit ist Ihr größter Feind.

Viele Redner haben Angst, vor höhergestellten Personen zu sprechen, weil mitunter nur wenige Minuten über Erfolg oder Mißerfolg der beruflichen Laufbahn entscheiden können.

Vermeiden Sie Gespräche mit Menschen, die dazu neigen, Sie persönlich negativ zu beeinflussen. Hinter einer solchen negativen Haltung steht oft nur Neid und Mißgunst.

Man muß stark sein, wenn man sich in dieser Welt behaupten will. Legen Sie sich deshalb innere Widerstandskraft, einen regen Geist und ein starkes Gemüt zu.

Glauben Sie an Ihren Erfolg

Denken Sie an Ihren Erfolg, glauben Sie an ihn, und Sie werden ihn ernten.

Sie werden sehr viel besser ankommen, als Sie glauben. Wer den Mut hat, es zu versuchen, ist schon auf dem Wege, ein guter Redner zu werden.

Jeder Mensch schwankt zwischen negativen und positiven Gedanken.

Glauben Sie an die Macht des positiven Denkens, und Sie werden bestimmt mehr erreichen.

Sehen Sie nicht nur Ihre Unzulänglichkeiten, sondern mehr Ihre Stärken, und bauen Sie diese aus und auf. Der Mensch, der fest an seinen Erfolg glaubt, wird ihn auch erringen.

Es gibt zu jedem Problem eine Lösung!

Der Mensch wird so, wie er sich selbst sieht. „Gedanken sind Kräfte" (Oskar Schellbach).

Reden kann man nur durch Reden lernen.

Manche Menschen haben Scheu wegen ihres Dialektes. Sie sollten ihren Dialekt akzeptieren. Viele Redner sind erstaunt, wenn ihr Vortrag – trotz Dialekt – gut aufgenommen wird.

Erinnern Sie sich immer wieder an die kleineren Erfolge, die Sie bereits hatten.

Lesen Sie das Buch „Macht des positiven Denkens" von Vincent Peale als Kraftquelle für positives Denken.

Wahren Sie stets Ihre eigene, ganz individuelle Note. Denken Sie an Ihre „Einmaligkeit".

Glauben Sie an Ihren Erfolg – denken Sie nie an eine Niederlage.

Schwierigkeiten verlangen den vollen Einsatz, und dazu sind Sie auch fähig.

Kehren Sie das Bild, das Sie schwach zeigt, um. Nehmen Sie Ihre wachsende Stärke wahr, verankern Sie sie so lange in Ihrem Bewußtsein, bis sie ein Stück Ihrer selbst wird.

Sie können es, wenn Sie fest daran glauben, daß Sie es können.

Vergessen Sie nicht, daß Sie so werden, wie Sie sich selbst einschätzen, sei es nun stark oder schwach, geschlagen oder erfolgreich.

„Der Mensch ist das, was er denkt" (Marc Aurel).

Eine gründliche Vorbereitung lohnt sich

Sie können bei einem Vortrag niemals früh genug mit der Ausarbeitung beginnen.

Sie müssen Pauschalierungen vermeiden. Ihre Erläuterungen müssen genau und exakt sein.

Seien Sie besonders vorsichtig, wenn Sie Witze einstreuen. Es ist möglich, daß Sie nicht unbedingt ein Talent auf diesem Gebiet sind.

Ein psychologischer Kunstgriff ist der, sich frühzeitig auf Fachthemen und -gebiete zu spezialisieren.

Unterbreiten Sie in Ihren Vorträgen mehr Vorschläge als Befehle.

Versuchen Sie immer, so viel eigenes Gedankengut und so wenig Fremdstoff wie irgend möglich zu verwenden. Dadurch tragen Sie mit mehr Überzeugungskraft vor.

Wählen Sie vor allem Themen, die Sie persönlich beherrschen. Lassen Sie auch Ihre Emotionen sprechen, dann wird Ihre Redebotschaft die Herzen und den Verstand Ihrer Zuhörer erreichen.

Versuchen Sie, bereits ausgearbeitete Vorträge mit Verwandten, Bekannten oder Freunden zu besprechen. Eventuell erhalten Sie noch einige neue Ideen, Anregungen, Tips und Hinweise.

Die intensive und kontinuierliche Beschäftigung mit einer Thematik garantiert eher eine optimale Präsentation.

Kaum eine Angst ist so groß wie die, vor einer Gruppe sprechen zu müssen, ohne selbst genügend vorbereitet zu sein.

Sprechen Sie zuhörerorientiert

Bedenken Sie immer, daß es für die Zuhörer schwer ist, lange und konzentriert zuzuhören. Menschen wollen sich gerne beteiligen, geben Sie deshalb Ihren Zuhörern dazu Gelegenheit.

Zuhörer wollen immer das Neueste erfahren. Versuchen Sie deshalb, wirklich Neues zu bieten.

Versuchen Sie nicht, durch den häufigen Gebrauch von Fremd- und Fachwörtern mit Ihrem Wissen zu protzen. Sie kommen dann leicht in den Ruf, arrogant und eingebildet zu sein.

Sprechen Sie immer von Dingen, die die anderen interessieren.

Wer sich um andere kümmert, gewinnt an Bedeutung.

Vermeiden Sie, andere Menschen zu verletzen, besonders vor einer Gruppe.

Stellen Sie den Menschen immer in den Mittelpunkt.

Die Zuhörer sind gar nicht so schlimm, wie Sie denken.

Verwenden Sie die Rhetorik als Kommunikationshilfe.

Kleine Psychotips für die Praxis

Es ist klug, bei Seminaren nicht von Schulung, sondern von Training zu sprechen.

Achten Sie genau auf den richtigen Zeitpunkt, wenn Sie problematische und schwierige Themen anschneiden wollen. Manchmal ist es gut, gleich damit zu beginnen, ein andermal ist es angebracht, sie erst zum Schluß zu bringen, das ergibt sich aus der Situation.

Eine bewährte Methode ist die, die Seminarteilnehmer sich gleich bei Beginn des Seminars vorstellen zu lassen.

Sprechen Sie möglichst über ein Thema, über ein Ereignis, über einen Eindruck, an dem Sie andere Menschen teilhaben lassen wollen.

Begehen Sie nicht den Fehler, einen Vortrag anzunehmen, dessen Thematik Sie nicht gründlich beherrschen. Sie tun sich damit keinen Gefallen.

Die Redner-Selbstmotivation spielt eine sehr große Rolle.

Sie haben weniger Lampenfieber, wenn Sie das sichere Gefühl haben, daß Sie dem Thema wirklich gewachsen sind.

Wer andere Menschen gewinnen will, muß selbst ein guter Zuhörer sein.

Wenn Sie schon einen anderen unbedingt tadeln oder kritisieren müssen, dann tun Sie es vorsichtig.

Versuchen Sie stets, die Ansichten anderer zu achten, und vermeiden Sie es, andere immer zu belehren.

Nutzen Sie jede sich bietende Gelegenheit, um bei Firmenbesprechungen, privaten Anlässen, Konferenzen usw. ein paar Worte zu sagen.

Die Praxis zeigt immer wieder, daß diejenigen, die sich zu Beginn einer Konferenz zu Wort melden, meistens auch weiter aktiv daran teilnehmen. Diejenigen aber, die noch kein Wort gesprochen haben, finden den Einstieg immer schwerer. Deshalb sollte man versuchen, sich schon in den ersten fünf Minuten zu Wort zu melden.

Versuchen Sie, sich so oft wie möglich aus dem schützenden Verband der Gruppe zu lösen. Gerade diese Übung ist sehr wichtig für Sie, weil Sie dadurch freier werden.

Stellen Sie sich vor, wie Sie vor einer Gruppe mit Erfolg sprechen. Die geistige Visualisierung hilft Ihnen, gedanklich einen optimalen Ablauf zu sehen.

Vermeiden Sie den Vergleich mit besseren Rednern. Sie werden sich vielleicht überschätzen oder sich zu sehr unterschätzen.

Sie kennen aus diesem Buch bereits die Möglichkeiten, bei denen Sie aufgefordert werden könnten, einen Vortrag zu halten. Deshalb erarbeiten Sie sich jetzt schon Gedankengänge, halten Sie heute fest, was Sie morgen vielleicht benötigen können. Das erleichtert Ihnen die spätere Ausarbeitung.

Zeigen Sie kurz vor Beginn Ihres Auftritts niemanden mehr Ihr Vortragsmanuskript. Negative Äußerungen dazu könnten Ihre Rede nachteilig beeinflussen.

Mitunter ist es klüger, zu untertreiben als zu übertreiben.

Richtige Einstimmung und Selbstmotivation

Fangen Sie mit der Ausarbeitung von Kurzreferaten an.

Eine Formel, die schon vielen Rednern geholfen hat, ist: Ich muß reden, ich will reden, ich k a n n reden.

Sie müssen sich selbst ständig positiv motivieren.

Kurz vor Beginn Ihres Vortrags sollten Sie sich folgende Tips ins Gedächtnis rufen: Ich nehme Kopf und Schulter zurück, atme tief aus beziehungsweise ein und entspanne meine Arme. Meine Zuhörer sind nicht meine Feinde. Ich habe ihnen eine wichtige Botschaft zu übermitteln, auf die sie warten! Ich werde mein ganzes Können, meine Mimik und meine Gestik einsetzen! Ich werde es schaffen!

Allgemeines

Ein geübter Redner ist mitunter der Gefahr ausgesetzt, daß er durch die ständige Übung allzu schlagfertig wird und andere dadurch unabsichtlich verletzt.

Eine leicht dialektgefärbte Aussprache kann sehr charmant klingen.

Menschliche Schwächen und Fehler brauchen nicht immer ein Nachteil zu sein.

Nehmen Sie kleine Pannen nicht zu tragisch. – Sie führen oft zu einer spontanen Heiterkeit und tragen damit zur Lockerung und Entspannung der Atmosphäre bei.

Es ist sehr bedeutsam, wer Ihr Vorredner ist.

Frage: Wann würden Sie am liebsten sprechen?

Redner A: 08–09 Uhr

Redner B: 09–10 Uhr

Redner C: 10–11 Uhr

Redner D: 11–12 Uhr

Redner E: 14–15 Uhr

Redner F: 15–16 Uhr

Redner G: 16–17 Uhr

Wichtige Betrachtung: – die beste Redezeit

Redner:		Situation
A	08–09	Die Einstimmung ist oft besonders schwierig
B	09–10	Eine gute Zeit für Redner. Zuhörer sind schon etwas eingestimmt
C	10–11	Schlechte Zeit, wenn der Vorredner besonders gut war
D	11–12	Starke persönliche Erwartungsangst. Zuhörer-Ermüdungserscheinungen beginnen vor dem Mittagessen
E	14–15	Zuhörer-Aufmerksamkeit am schlechtesten (nach dem Mittagessen). Erfordert starkes Redner-Engagement
F	15–16	Eine bessere Zeit
G	16–17	Zuhörer ermüdet, ungeduldig, wollen nach Hause – sehr starke Erwartungsangst und mangelnde Konzentration

„Wenn Sie wollen, daß die Leute über Sie reden, müssen Sie anecken . . .“

. . . schreibt Josef Kirschner in seinem Buch „Manipulieren – aber richtig“. Er war einer der Autoren der Fernsehsendung „Wünsch dir was“. Es war wohl eine der umstrittensten, meistdiskutierten und meistangegriffenen Unterhaltungssendungen, die es je im deutschen Fernsehen gab. Das angestrebte Ziel der Sendung war, die Zuschauer – es waren manchmal bis zu 30 Millionen – zu provozieren, sie zum kritischen Denken und zur persönlichen Stellungnahme herauszufordern. Die damals mit einem Schlag bekannt gewordene Esther Vilar wurde eingeladen, um über ihr Buch „Der dressierte Mann“ zu sprechen. Kirschner bemerkte vor Beginn der Sendung, daß zwischen den zum Teil aggressiven Äußerungen in ihrem Buch und ihrem Verhalten im Studio ein großer Unterschied bestand. Frau Vilar sagte beinahe ängstlich: „Sagen Sie mir bitte gleich, was ich alles vermeiden muß, um beim Publikum nicht anzuecken.“

Hier war eine Frau mit großartigen, außergewöhnlichen Ideen, aber sie hatte keine Vorstellung davon, wie sie diese Ideen den Leuten verkaufen sollte. Kirschner gab ihr damals den Rat: „Wenn Sie wollen, daß die Leute über Sie reden und über Ihre Ansichten diskutieren, dann müssen Sie genau das Gegenteil dessen tun, was Sie vorhaben. Sie müssen anecken."

Ihr Buch war bald ein Bestseller. Sie sehen, man sollte immer den Mut haben, neue, auch außergewöhnliche Wege zu gehen. Viel zu oft hindern uns Erziehung, Tradition, mitunter auch Angst daran, uns persönlich zu entfalten.

Selbsttest: Wie ist Ihre psychologische Einstellung zum Reden?

Fragen	Positiv	Neutral	Negativ
1. Wie ist meine Grundeinstellung zum Reden?			
2. Habe ich Angst vor Blamage und Mißkredit?			
3. Glaube ich an meinen Redeerfolg?			
4. Kann ich mich selbst positiv motivieren?			
5. Bin ich ehrgeizig?			
6. Bereite ich mich immer gründlich vor?			
7. Habe ich Angst bei Besprechungen und Konferenzen?			
8. Überzeuge ich Menschen gerne?			
9. Hänge ich sehr von der Meinung anderer ab?			
10. Kann ich auf andere Menschen eingehen?			

Was Psychologen raten

„Auch Sie können länger jung bleiben, wenn Sie ständig Ihren Geist trainieren!" Diese Auffassung vertritt der amerikanische Psychologe Dr. Robert Kastenbaum. „Es macht keinen Unterschied, ob Sie 30 Jahre alt sind oder die 70 schon überschritten haben. Jeder, der jung bleiben will, sollte sich klarmachen, daß eine wesentliche Voraussetzung dafür ein beweglicher Geist ist."

„Ihr Gehirn", so Kastenbaum, „ist auch mit 50 – wenn Ihre Muskeln und Ihre Augen beginnen, schwach zu werden – noch jung. Und im Alter von 80 Jahren können Sie geistig ebenso produktiv sein wie mit 30 – vorausgesetzt, daß Sie Ihren Geist lebendig und aktiv erhalten haben."

Robert Kastenbaum, Professor der Psychologie an der Universität Boston, hat aus seiner Theorie fünf Grundregeln entwickelt, die helfen sollen, den Geist zu trainieren und dadurch länger jung zu bleiben:

Lernen Sie jeden Tag etwas Neues:

Lernen fördert die geistige Aktivität. Sprechen Sie mit Nachbarn, Freunden oder Verwandten, die auf bestimmten Gebieten besondere Kenntnisse haben, hören Sie aufmerksam zu, und versuchen Sie, möglichst viel davon zu behalten.

Geben Sie Ihre Kenntnisse weiter:

Jeder von uns hat besondere Fertigkeiten, Kenntnisse oder Fähigkeiten, die er sich im Laufe der Jahre angeeignet hat. Dieses Wissen weiterzugeben hilft, den Geist in Betrieb zu halten. Bieten Sie daher Ihre Dienste einer Gemeinschaft an, teilen Sie Ihre Kenntnisse interessierten Bekannten, Freunden oder Verwandten mit.

Trainieren Sie Ihr Gedächtnis bei jeder Gelegenheit:

Mangelnde Aufmerksamkeit und Erinnerungsschwächen sind sichere Anzeichen für das Altern. Versuchen Sie, sich während einer Unterhaltung daran zu erinnern, was der Gesprächspartner gesagt hat, bevor Sie zu sprechen beginnen. Zeichnen Sie Ihre eigene Unterhaltung im Gedächtnis auf. Üben Sie, sich an kurz, aber auch an sehr weit zurückliegende Geschehnisse zu erinnern. Halten Sie Ihr Gedächtnis aktiv.

Seien Sie vielseitig:

Scheuklappen sind gefährlich. Begrenzen Sie Ihre Kontakte nicht auf jene Leute, die Ihren eigenen Standpunkt teilen. Kommen Sie mit Menschen ins Gespräch, die sich in Geschlecht, Alter, sozialer Stellung, Berufsinteressen und Ansichten von Ihnen unterscheiden. Bemühen Sie sich, sich mit den Auffassungen der Gesprächspartner aktiv auseinanderzusetzen. Hören Sie aufmerksam zu, und verarbeiten Sie das, was Sie gehört haben.

Bewahren Sie sich eine positive Einstellung zur Zukunft:

Erinnern Sie sich nicht dauernd an die „gute alte Zeit". Es spielt keine Rolle, wie alt Sie sind; was wichtig ist: das Heute und das Morgen mit seinen Anregungen und Anforderungen. Vermeiden Sie, in der Vergangenheit zu leben, wenn Sie Ihren Geist jung und munter erhalten wollen.'

(Aus dem „Wiesbadener Tagblatt" vom 11. Oktober 1979)

Die Hauptfehler der rhetorischen Praxis

Zehn Hauptfehler aus der Rednerpraxis – Hauptfehler einiger Redner Ihrer eigenen Beobachtung und Erfahrung nach – Prüfen Sie sich selbst – Einige Rednerfehler beim Vortragen und Präsentieren – Psychologische Einstellung – Zuhörervorinformation – Ideenentwicklung – Redeaufbau, Strukturierung und Hilfsmittel – Organisation und Einstellung vor dem Auftritt – Persönliche Übermittlungsfehler beim Reden – Der Zuhörer als Mittelpunkt – Allgemeine Fehler aus der Praxis

Wissen Sie, was Sie falsch machen? Denn nur derjenige, der genau weiß, was er falsch macht, kann sich auch korrigieren. Die Seminarteilnehmer sprechen, sobald sie eine gewisse Sicherheit erlangt haben, oft den Wunsch aus, man möge sie doch stärker kritisieren.

Es ist bereits ein großer Vorteil, wenn man frühzeitig erfährt, was ein Referent in den vielen Einzelphasen so alles falsch machen kann. Zwischen der Zielsetzung, einen Vortrag zu halten, und Selbstkritik nach dem Vortrag gibt es viele Klippen und Hindernisse, die überwunden werden müssen. Es ist natürlich ein langer, beschwerlicher Weg zum Erfolg. Um Ihnen zu helfen, gebe ich Ihnen einen kurzen Abriß der gravierendsten Fehler. In meinen Rhetorikseminaren begegnen sie mir immer wieder!

Zehn Hauptfehler aus der Rednerpraxis

1. Die zu schnelle Zusage und eine mangelnde Vorinformation über die Zuhörer.
2. Der Zeitdruck und die dadurch mangelhafte Vorbereitung.
3. Der schlechte Beginn und Einstieg.
4. Zu starke Manuskriptgebundenheit und deshalb kein oder nur sehr mangelhaften Blickkontakt.
5. Es herrscht eine ungenügende Zuhörerbezogenheit.
6. Der rote Faden und ein klares Dispositionskonzept fehlen.
7. Sie sprechen zu schnell, zu langsam, zu leise oder zu laut.
8. Die Darbietung ist zu langatmig und langweilig.
9. Es fehlt an Engagement und Begeisterung.
10. Es ist kein Schlußappell vorhanden.

Hauptfehler einiger Redner Ihrer eigenen Beobachtung und Erfahrung nach

Die vorerwähnten Fehler sind unserer Meinung nach die schlimmsten Fehler der Redner. Was meinen Sie? Bitte schreiben Sie auf, welche Fehler Ihnen in Ihrer Praxis aufgefallen sind. Vielleicht decken sich einige Fehler mit den oben aufgeführten?

1. ______________________________
2. ______________________________
3. ______________________________
4. ______________________________
5. ______________________________

Bitte unterstreichen Sie die zwei häufigsten Fehler, die Ihrer Ansicht nach gemacht werden. Es lohnt sich, frühzeitig über diese Faktoren nachzudenken, denn, wie gesagt, man kann nur das korrigieren, was man als falsch erkannt hat. Welche beiden Fehler haben Sie als die schwerwiegendsten ermittelt? Sind es die zwei Fehler, die auch für mich die erste Stelle einnehmen?

1. Mangelnde Vorbereitung – persönlich, sachlich, fachlich
2. Zu schnelles Sprechen – bedingt durch Unerfahrenheit

Prüfen Sie sich selbst

Um auf diese Thematik tiefer eingehen zu können, haben wir für Sie eine ausführliche Liste erarbeitet. Beginnen Sie nun mit der kleinen Selbstüberprüfung:

Die richtige Einstellung ist wichtig
- Sie haben übergroßes Lampenfieber
- Sie akzeptieren sich selbst wegen Ihres Dialektes nicht
- Ihnen fehlt menschliche Wärme

Spezifische Zuhörerinformationen lohnen sich
- Sie berücksichtigen die Zuhörer nicht genügend
- Sie haben zuwenig Informationen über die Zuhörer eingeholt

Die Zuhörer muß man ernst nehmen
- Sie sprechen über die Köpfe der Zuhörer hinweg
- Sie beherrschen die Thematik nur mangelhaft
- Sie haben die falsche Redeform gewählt

Wissenswertes für den Redner
- Eine allzu perfekte Darbietung bringt nicht immer den gewünschten Erfolg
- Vermeiden Sie die Verwendung von zu vielen Superlativen
- Vermeiden Sie starke Übertreibungen

Ein guter Einstieg verhindert den gedanklichen Ausstieg
- Sie haben eine falsche Arbeitsweise bei der Ausarbeitung verwendet
- Sie haben zuwenig eigene Ideen eingebracht
- Sie beginnen mit einer Entschuldigung
- Der erste Satz sitzt nicht, das schafft zuwenig Aufmerksamkeit beim Redebeginn
- Bei Sachvorträgen herrscht keine Übersicht

Eine gute Ausarbeitung ist schon der halbe Erfolg
- Zuwenig Zeit für die Vorbereitung
- Zu viele Wiederholungen
- Sie arbeiten zuwenig mit dem Stichwortsystem
- Ihr Manuskript ist unübersichtlich
- Sie verwenden zu lange und dadurch mitunter unverständliche Schachtelsätze
- Sie heben wichtige Aussagen nicht genügend hervor
- Das Stoffangebot ist zu groß
- Anekdoten, Geschichten und sonstige Auflockerungen fehlen
- Die Fülle der Fakten, Daten und Zahlen ist zu groß
- Sie wenden Zitate falsch an
- Es fehlen Visualisierungen

Am schlimmsten ist es vor dem Vortrag
- Die Bereitstellung und der Einsatz der technischen Hilfsmittel sind mangelhaft
- Oft fehlt ein Zweitmanuskript
- Es fehlen Teilnehmerunterlagen, oder Sie sind ungenügend vorbereitet

Der einsame Redner an der Zuhörerfront
- Sie besitzen zuwenig Persönlichkeit und Ausstrahlung
- Ihnen fehlt die Begeisterung und Selbstmotivation

Mit der Stimme kann man Stimmung machen
- Sie beherrschen die Stimmtechnik ungenügend
- Das Mikrofon ist falsch eingestellt
- Ihre Stimmlage ist zu gleichmäßig und zu monoton
- Sie beherrschen die Pausentechnik noch nicht richtig
- Häufige Unzulänglichkeiten in der Sprechweise

Eine wichtige Kopplung ist die Rückkopplung
- Sie achten zuwenig auf Zuhörersignale
- Sie lassen sich zu leicht negativ beeinflussen
- Sie bereiten sich auf zu erwartende Einwände nicht genügend vor

Sie strapazieren die Zuhörergeduld durch Monologe
Ihre Darbietung ist zu trocken, zu langweilig, ohne eine Prise Humor
Sie sind zu angespannt und verkrampft

Auch mit dem Körper sprechen
Die Beherrschung der Mimik und Gestik fehlt
Sie kennen Ihre schlechten Angewohnheiten nicht genügend
Sie wissen nicht, wohin mit den Händen

Einige Todsünden
Sie sprechen zu schnell, man kann Sie nicht verstehen
Ihre Aussagen werden nicht verstanden, da sie nicht zuhörergerecht sind
Sie überschreiten die Redezeit
Es mangelt an Praxisbeispielen
Sie lernen den Vortrag auswendig

Ende gut – alles gut
Sie achten nicht genügend auf einen hervorstechenden Abschluß

Einige Rednerfehler beim Vortragen und Präsentieren

Im folgenden sind die häufigsten Fehler beim Reden, Vortragen und Präsentieren in der Abfolge der Durchführungsphasen aufgelistet:

Psychologische Einstellung

Begeisterung
Mangelnde Begeisterung und Dynamik

Lampenfieber
Mangelnde Beherrschung des Lampenfiebers
Zu viele allgemeine Ängste und Befürchtungen
Zuviel Erwartungsangst

Redetechnik
Mangelnde Beherrschung der Grundregeln

Redner
Kopieren anderer Redner

Steckenbleiben
Keine Nonchalance beim Steckenbleiben
Mangelnde Professionalität

Stegreifreden
Schwierigkeiten bei Stegreifreden
Mangelnde Übung
Völlige Blockaden

Unruhe
Zuviel innere Unruhe
Zuwenig Ausstrahlung innerer Ruhe und Selbstsicherheit

Witze
Witze kommen nicht an
Witze werden auf Kosten anderer gemacht
Die Pointe geht unter

Zurufe
Verwirrung durch Zurufe
Psychologisch falsche Antworten

Zuhörervorinformation

Publikum
Mangelnde Einstellung auf das Publikum
Mangelnde Information über das Publikum

Teilnehmerkreis
Mangelnde Vorinformationen über den Teilnehmerkreis
Zu hohe oder zu niedrige Ansprüche an den Teilnehmerkreis
Zu großer Zuhörerkreis
Falsche Zusammensetzung des Zuhörerkreises

Ideenentwicklung

Störfaktoren
Zu viele Störfaktoren bei der Ausarbeitung

Redeaufbau, Strukturierung und Hilfsmittel

Beginn
Einstieg mit einer Entschuldigung
Zu Sprechbeginn herrscht noch Unruhe
Anfang ist zuwenig durchdacht

Beispiele und Anekdoten
Zuwenig Anekdoten zur Auflockerung
Fehlen konkreter, anschaulicher Beispiele

Darstellung
Schlechte Technik der Darstellung
Zu komplizierte Darstellung
Uninteressante Darlegungsweise
Unverständliche Darlegung der Gedankengänge

Einstieg
Falscher Einstieg

Formulierung
Zu schwer verständliche, zu lange Formulierungen
Schachtelsätze

Freie Rede
Mangelnde Beherrschung der freien Rede

Fremdideen
Zu viele fremde Ideen statt eigenem Gedankengut

Gliederung
Keine klare Gliederung
Falsche Gliederung des Hauptinhalts
Inkonsequente Gliederung
Mangelnder roter Faden
Fehlende Übersicht

Hilfsmittel
Mangelhafte Ausrüstung mit technischen Hilfsmitteln
Hilfsmittel funktionieren nicht
Keine Stichpunktkartei
Unklare Folien und Transparente

Höhepunkte
Höhepunkte fehlen
Vortrag wird nicht mit einem Höhepunkt beendet
Zuwenig Spannungselemente

Informationen
Zu viele Informationen und Zahlen auf einmal
Zuwenig neue Informationen
Veraltete, überholte Informationen
Wenig Informationsgehalt

Karten-Vortragssystem
Stichpunktkarten sind nicht numeriert und geordnet

Konzept
Zuwenig Lösung vom Konzept – zuwenig Blickkontakt
Konzept ist zu ausführlich oder zu knapp
Ungeeignete Konzeptaufteilung
Falsches Konzept – nicht zuhörerbezogen

Manuskript
Zuviel Text auf einer Seite
Seite zu eng beschrieben, unleserlich
Wichtige Wörter und Sätze sind nicht unterstrichen
Zu kleine Schrift, dadurch unübersichtlich
Manuskript nicht im Kurzzeilensystem abgefaßt
Manuskriptseiten sind nicht numeriert
Fehlendes Reservemanuskript (Wichtig bei Verlust des Originals)

Redeformen
Die verschiedenen Redeformen und Formeln werden nicht beachtet

Roter Faden
Roter Faden fehlt

Sätze
Der erste Satz geht unter
Schwierige Schachtelsätze
Bandwurmsätze
Zu komplizierte Sätze
Fehlen kurzer, prägnanter, aussagekräftiger Sätze

Schluß
Schlechter Abschluß
Fehlen eines guten Schlußappells
Kein pointierter Schluß
Zerreden des Schlusses

Schwerpunkte
Nicht genügend Schwerpunkte

Skizzen und Diagramme
Fehlende Skizzen und Diagramme
Fehlende Visualisierung
Fehlende Übersichtlichkeit

Stichpunkte
Stichpunkte sind unübersichtlich geordnet

Stoff
Zuviel/zuwenig Stoff
Stoff ist nicht zuhöreradäquat

Technik
Mangelnde Beherrschung der technischen Hilfsmittel
Mangelnder Einsatz technischer Hilfsmittel

Visualisierung
Mangelnde oder fehlende Visualisierung

Wiederholungen
Zu viele Wiederholungen
Mangelnde Wiederholung der wichtigsten Punkte

Zitate
Falsche Wiedergabe von Zitaten
Zuwenig Zitate

Zusammenfassung
Fehlende Zusammenfassung

Organisation und Einstellung vor dem Auftritt

Gespräche
- Redner nehmen vor dem Vortrag zu selten Kontakt mit den Zuhörern auf

Mikrofon
- Zu großer Abstand vom Mikrofon
- Zu häufiges Berühren des Mikrofons
- Fehlende Sprechprobe

Rennen
- Zu hastiger Gang zum Rednerpult

Teilnehmernamen
- Namen der Teilnehmer werden nicht notiert oder behalten

Vorstellung
- Fehlende persönliche Vorstellung des Redners
- Unkorrekte Vorstellung des Redners

Persönliche Übermittlungsfehler beim Reden

Ablesen
- Mangelnder Blickkontakt durch wortwörtliches Ablesen des Manuskripts

Angewohnheiten
- Störende, schlechte persönliche Angewohnheiten
- Nervosität
- Zu viele Verlegenheitswörter wie „Äh“, „Hm“ usw.
- Unruhiges Stehen, Wippen, Schwanken
- Sich im Gesicht, am Bart, am Ohr kratzen
- Unbewußt die Zunge herausstrecken
- Sich auf die Lippen beißen
- An der Krawatte herumzupfen
- Zu oft aus dem Fenster schauen
- Zuviel hin- und herlaufen
- Häufiges Räuspern, Hüsteln usw.

Arbeitsunterlagen
- Allgemeine persönliche Disorganisation
- Fehlende Arbeitsunterlagen für die Zuhörer

Atemtechnik
- Falsche Atemtechnik
- Falsche Betonung beim Sprechen
- Anstatt auszuatmen, holen Sie bei Redebeginn zu tief Luft
- Mangelnde diesbezügliche Übungen
- Endsilben werden nicht betont

Auftreten
- Überhebliches Auftreten
- Zu lässig-legeres Auftreten

Augen- und Blickkontakt
- Zuwenig Augen- und Blickkontakt
- Zu unruhiger, unsicherer Blick
- Desinteressierter Blick
- Zu starkes Fixieren eines Punktes
- Zu starke Blickkonzentrierung in eine Richtung oder auf eine Person

Aussprache
- Unklare, undeutliche Aussprache
- Nuscheln und unverständliches Sprechen

Begrüßung
- Begrüßungsschwierigkeiten vor dem Auftritt
- Falsche Anrede für Teilnehmer und Gäste

Betonung
- Schlechte Betonung und Stimmodulation
- Betonung an falscher Stelle
- Monotones Sprechen

Freie Rede
- Mangelnde Sprachbeherrschung – stockender Redefluß

Füllwörter
- Verwendung zu vieler Füllwörter
- Zu viele Störlaute und Redeunarten – häufiges Räuspern

Gesichtsausdruck
- Verkniffener Gesichtsausdruck
- Zuwenig oder zuviel Mimik
- Unnatürliche, übertriebene Mimik

Haltung
- Zu gebückte Haltung
- Zu steife Körperhaltung
- Stereotypes Lächeln
- Unterwürfige Haltung
- Mangelnde Natürlichkeit
- Gehemmtheit, Unsicherheit
- Zuwenig persönliche Ausstrahlung

Hände
- Festklammern am Pult
- Hände hinter dem Rücken verstecken
- Hände in Jacken- oder Hosentasche schieben
- Wild gestikulieren
- Hände im eigenen Gesichtsbereich

Interpretation
- Fachlich falsche Interpretation

Lautstärke
- Nicht den Raumverhältnissen angepaßte Lautstärke

Langeweile
- Langweilige, uninteressante Ausführungen
- Gleichgültigkeit im Ausdruck des Redners
- Keine Neuheiten
- Zuwenig Engagement
- Nichtbeachtung der Ermüdungserscheinungen beim Publikum

Mimik und Gestik
- Zuwenig oder zuviel Mimik und Gestik
- Unkontrollierte, mit dem Gesagten nicht übereinstimmende Mimik und Gestik
- Ein böses Gesicht machen
- Mit den Fäusten auf das Pult hämmern

Pausentechnik
- Mangelhafte Beherrschung der Pausentechnik
- Angst, Pausen einzulegen
- Zu lange Pausen

Sprechweise
- Fehlende Melodik
- Fehlender Rhythmus
- Fehlende Klangfarbe
- Fehlende Artikulation
- Zuwenig Höhen und Tiefen
- Zu dialektgefärbt
- Zu lässig
- Zu undeutliches Sprechen

Überzeugungskraft
- Mangelnde Überzeugungskraft

Umblättern
- Zu lautes Rascheln mit den Manuskriptseiten
- Umblättern der Seiten, anstatt sie zur Seite zu legen

Der Zuhörer als Mittelpunkt

Auflockerungen und Humor
- Mangel an humorvollen Einblendungen

Einwände
- Einwände werden nicht befriedigend beantwortet
- Einwände werden übergangen
- Einwände werden zurückgestellt und dann vergessen

Ermüdungserscheinungen
- Werden nicht rechtzeitig genug erkannt
- Werden erkannt, aber ignoriert

Fachspezifisch
- Zu fachspezifisch und detailliert vorgetragen
- Sprechen über die Köpfe der Zuhörer hinweg
- Bringen zu vieler unverständlicher technischer Details

Stimmung
- Mangelnde Selbstmotivation
- Unfähigkeit, „Stimmung“ zu erzeugen

Teilnehmererwartungen
- Enttäuschung der Teilnehmererwartungen
- Mangelnde Voranalysen

Thematik
- Abschweifen vom Thema
- Mangelnde Beherrschung der Thematik

Zuhörer
- Mangelnde Information über den Zuhörerkreis
- Am Zuhörer vorbeireden
- Mangelnde Begeisterungsfähigkeit

Selbstkontrolle und Analyse nach dem Vortrag
- Falsche Einführung in das Thema
- Thema nicht richtig abgegrenzt
- Fachliche Inkompetenz
- Thema verfehlt
- Fehlende Übersichtlichkeit

Vorbereitung
- Mangelnde Vorbereitung

Vortrag
- Vortrag wurde auswendig gelernt
- Desinteressierte Vortragsweise
- Der Vortrag war zu kurz oder zu lang

Allgemeine Fehler aus der Praxis

Kondition
- Unausgeschlafenheit

Fremdwörter
- Verwenden zu vieler Fremdwörter
- Keine Erklärung der verwendeten Fremdwörter
- Selbstprofilierungssucht

Zeitdruck
- Bei der Ausarbeitung
- Während des Vortrages
- Beim Sprechen
- Am Ende des Vortrages
- Bei Konferenzen und Tagungen
- Zuviel Information bringen wollen

Zielsetzungen und Zuhöreranalyse

Psychologische Gesichtspunkte, die eine Betrachtung wert sind – Was soll die Thematik beinhalten? – Wie müssen Sie vorgehen, um Ihr Ziel zu erreichen? – Fragenkatalog, die Zuhörer betreffend – Mögliche Zuhörererwartungen – Die zuhörerbezogene allgemeine Organisation

Die Zielsetzung und die Zuhöreranalyse sind sehr wichtig. Bevor Sie anfangen, Ihren Vortrag auszuarbeiten, ist es klug, festzulegen, was Sie bei dem Zuhörer erreichen wollen. Sie möchten die Akzeptanz Ihrer Ideen und Gedanken erreichen und den Zuhörer dadurch zum Handeln auffordern. Unterhalten wollen Sie den Zuhörer natürlich auch dabei.

Dazu müssen Sie zuerst einige Analysen durchführen. Folgende vier Bereiche spielen dabei eine entscheidende Rolle:

1. Die Erwartungen und das Ziel des Auftraggebers.
2. Ihre eigenen Erwartungen und Ihre Zielsetzung.
3. Die Erwartungen und die Wünsche der Zuhörer.
4. Allgemeine Organisation und der Ort der Durchführung.

Diese mitunter sehr unterschiedlichen Ziele und Erwartungen lösen Probleme und Schwierigkeiten aus. Der unerfahrene Redner kann gar nicht ermessen, was so alles auf ihn zukommen kann. Selbst bei intensivem Durchdenken der Punkte passieren noch unerwartete Dinge. Wir wollen versuchen, mit den nun folgenden Punkten, die wir in diesem Kapitel auflisten, Ihnen Tips und Hinweise zu geben, um Sie sozusagen vorzuwarnen.

Eine entscheidende Frage ist, wie Sie zu dem Auftrag stehen. Hier deshalb einige Fragen, die Sie sich selbst stellen und beantworten sollten:

Warum soll ich diesen Vortrag, diese Rede, diese Präsentation halten?

Wurde ich als Redner empfohlen? Wenn ja, durch wen?

Soll meine Darbietung eine Chance oder eine Falle sein?

Werde ich durch die Behandlung dieses Themas Erfolg oder Mißerfolg ernten?

Welche Gefahren und Risiken muß ich einkalkulieren?

Welche Chancen und Möglichkeiten habe ich durch die Ausführung dieses Auftrags?

Soll ich nur als „Lückenbüßer" einspringen?

Möchte ich persönlich wirklich diese Rede, diesen Vortrag oder diese Präsentation halten, und kann ich mich voll mit der Thematik identifizieren?

Kenne ich die Zuhörererwartungen und die organisatorischen Voraussetzungen?

Die Betrachtung dieser und weiterer Punkte ist für Sie sehr wichtig. Dabei sollten Sie auch noch bedenken, daß Ihnen nicht alle Menschen Wohlwollen entgegenbringen. Es gibt genug Neid und Mißgunst. Einige Vorgesetzte und einige Kollegen meinen es nicht immer unbedingt gut mit Ihnen. Sie können Ihren guten Namen schnell verlieren. Aber Sie können sich ebenso einen guten Namen machen! Stellen Sie sich also die wichtige Frage: Besitze ich wirklich die notwendigen Fähigkeiten und Voraussetzungen, diese Darbietung zu bringen?

Einige weitere Fragen, mit denen Sie sich Klarheit verschaffen können, sind folgende:

Habe ich selbst genügend Stoff, Ideen, Quellen und Fundgruben?

Kann ich die Thematik mit gutem Gewissen annehmen und vortragen?

Muß ich diese Aufgabe annehmen, oder kann ich sie ohne Gesichtsverlust ablehnen?

Habe ich genügend Kenntnisse auf diesem Fachgebiet, um wirklich etwas bieten zu können?

Psychologische Gesichtspunkte, die eine Betrachtung wert sind

Sie haben bisher die Aufgaben mit den Augen Ihres Auftraggebers angesehen. Haben Sie schon bedacht, daß Sie noch stärker durch die Zuhörer beurteilt, gelobt oder kritisiert werden? Aus diesem Grunde sollten Sie immer wieder den Zuhörerkreis und seine Erwartungen durchdenken und analysieren. Dadurch vermeiden Sie gleich zu Beginn Ihrer Arbeit grobe und fahrlässige Fehler. Beantworten und beleuchten Sie deshalb auch noch die folgenden Fragen:

Kommen die Zuhörer freiwillig, oder werden sie geschickt?

Habe ich persönliche Konkurrenten in der Gruppe?

Sind meine Zuhörer mir gegenüber negativ oder positiv eingestellt?

Werden höhergestellte Personen wie Chefs, Vorstandsmitglieder usw. an dieser Veranstaltung teilnehmen?

Habe ich mit Vorurteilen zu rechnen?

Welche störenden „Leithammel" sind zu erwarten?

Stehen die Teilnehmer unter Zeitdruck?

Wird mein Vortrag möglicherweise aus Zeitmangel gekürzt?

Sie sehen, es sind viele Punkte, die genau durchdacht werden sollten. Aber noch einmal zurück zur Zielsetzungsfrage. Die Struktur einer Darbietung kann recht unterschiedlich beschaffen sein. Hier darum einige unterschiedliche Punkte:

Will ich die Zuhörer **informieren?**

Will ich die Teilnehmer **trainieren?**

Möglicherweise wäre dann ein **Lehrgespräch** wirkungsvoller als ein Vortrag!

Will ich eine **Entscheidung** herbeiführen?

Will ich neue **Ziele** bekanntgeben?

Will ich die Zuhörer **sachlich** oder **emotionell** ansprechen?

Eine falsche Einschätzung hierbei kann den Erfolg in Frage stellen.

Aus Erfahrung möchte ich immer wieder betonen, wie wichtig es ist, sich vorab zu informieren, bevor Sie überhaupt mit der Ausarbeitung beginnen. Wenn Sie sich eingehender mit der Thematik beschäftigen, kommen Ihnen ohnehin weitere Fragen in den Sinn bezüglich des richtigen Vorgehens. Wenn Sie die Thematik nur mangelnd beherrschen, werden die Zuhörer das bereits nach wenigen Minuten erkennen. Die Engländer sagen mit Recht: „You can bluff the people some of the time, but not all the time" (Man kann die Leute nur eine kurze Zeitlang täuschen).

Der unerfahrene Redner sagt leider allzu schnell „ja". Einer der wichtigsten Grundsätze heißt: Beherrsche dein Thema. Ein Thema vom Punkt Null an völlig neu zu erarbeiten kostet sehr viel Zeit und Mühe. Das wird allzu häufig unterschätzt. Daraus resultieren dann die Schwierigkeiten, die Zielsetzung einzuhalten.

Was soll die Thematik beinhalten?

Wie lautet das Thema genau?

Wieviel Zeit steht maximal und minimal zur Verfügung?

Welche Hauptinhalte werden gewünscht und erwartet?

Welche Schwerpunkte sollten herauskristallisiert werden?

Wie soll der Stoff übermittelt werden, als Rede, Vortrag oder Präsentation?

Soll die Thematik zwecks besserem Verständnis visualisiert werden, und bestehen hierfür die Voraussetzungen?

Wird erwartet, daß der Redner nach dem Manuskript oder frei spricht?

Die vorangegangenen Fragen sind alle wichtig. Sie sollten sie unbedingt bei der Aufgabenerteilung oder der Vortragsannahme abgeklärt haben, um dadurch schon frühzeitig Schwierigkeiten, Mühe, Mißstimmung und Ärger auszuschließen.

Wie müssen Sie vorgehen, um Ihr Ziel zu erreichen?

Welche Übermittlungsinstrumente setze ich ein?
Wie kann ich mich am besten verständlich machen?
Wie muß ich psychologisch vorgehen?
Welche neuen Erkenntnisse und Informationen kann ich vermitteln?
Kann ich mich durch Visualisierung besser verständlich machen?
Welches Anschauungsmaterial habe ich zur Verfügung?
Welche Unterlagen, Skizzen und Diagramme kann ich mitgeben?
Welche praktischen Erfahrungen kann ich weitergeben?
Wie kann ich die Haftwirkung verbessern?
Welche Maßnahmen sind wichtig, damit die Erkenntnisse auch in die Praxis umgesetzt werden?
Welche Wiederholungen sind notwendig?
Welche weiteren Stufen und Vorgehensweisen sind nötig?

Wir sehen hier die Problematik der Botschaftsübermittlung. Die Kardinalfrage wird immer sein: Welche Wege muß ich gehen, um das Endziel zu erreichen; welche Kommunikationsmittel und Medien setze ich dazu ein?
Will ich nur das Ohr ansprechen?
Will ich das Auge ansprechen?
Will ich Ohr und Auge ansprechen?
Was muß ich bei der nonverbalen Sprache beachten?
Spreche ich vornehmlich das Gefühl oder den Verstand an?
Welche Hilfsmittel setze ich ein?

Diese und noch weitere Fragen sind bei der Zielsetzung zu berücksichtigen und zu beantworten. Eine wichtige Regel dabei ist: Es kommt nicht nur darauf an, was man sagt, sondern auch, wie man es sagt.

Nach Berücksichtigung der gerade angeschnittenen Punkte kommen nun die Vorinformationen über Ihre Zuhörer und Informationen, die die allgemeine Organisation betreffen.

Für ein Gelingen sind beide eminent wichtig. Redner unterschätzen häufig gerade diese wichtigen Voraussetzungen. Beschäftigen wir uns mit dem Zuhörer, dem Mittelpunkt Ihrer Bemühungen. Mangelnde Vorinformationen über den Zuhörerkreis können dem Vortragenden später eventuell große Schwierigkeiten bereiten. Vor Ihrer Zusage, als Redner zu fungieren, sollten Sie deshalb einen Fragenkatalog über den Zuhörerkreis zu Rate ziehen. Die Thematik und die Problematik sollten möglichst zuhörernah behandelt werden, und dazu ist es vorteilhaft zu wissen, wie sich der Zuhörerkreis zusammensetzen wird.

Die Ansprüche, die an den Vortragenden gestellt werden, sind bekanntlich recht differenziert. Es ist deshalb zweckmäßig, die Zuhörererwartungen bereits frühzeitig herauszufinden und diese dann natürlich in Ihrer Darbietung entsprechend zu berücksichtigen. Wie oft schon hat ein Redner keinen Erfolg gehabt, weil er die Zuhörererwartungen nicht erfüllte. Die Zuhörer wägen nämlich sehr gut ab, ob sich die Zeit für das Zuhören auch wirklich gelohnt hat!

Stellen Sie den Zuhörer in den Mittelpunkt

Wenn Sie Ihre Zusage zum Vortrag oder der Präsentation geben, erfragen Sie bitte gleichzeitig so viele Fakten wie möglich über die zu erwartenden Zuhörer, Ihr Publikum. Diese kleine Mehrarbeit macht sich bezahlt, weil sie Sie vor manchen Überraschungen bewahrt.
Diese Fragen sollen in zwei Kategorien eingeteilt werden: in Fragen über die Zuhörer und in Fragen über die Organisation.

Fragenkatalog, die Zuhörer betreffend

Wie setzt sich der Zuhörerkreis zusammen?
Welche Grundkenntnisse sind zu erwarten?
Wie ist der Ist- und wie der Soll-Zustand?
Wie ist die Einstellung zum Vortrag?
Wie könnte die Einstellung zum Referenten sein?
Welches sind die speziellen Interessen?
Mit welchen besonderen Schwierigkeiten kann und muß gerechnet werden?
Wie ist die Altersstruktur?

Wie ist die allgemeine Einstellung der Zuhörer zum Thema?
Welche Hauptprobleme haben die Zuhörer?
Welche Erwartungen haben die Zuhörer?
Wie können die Zuhörer das Gebotene in die Praxis umsetzen?
Entspricht der Vortrag dem Niveau der Zuhörer?
Sind die Zuhörer mehr emotionell oder mehr sachlich orientiert?
Welche spezifischen Wünsche könnten vorgebracht werden?
Sind Spezialisten anwesend?
Welche Haupteinwände können kommen?
Haben die Zuhörer bereits ähnliche Vorträge gehört?
Kennen Sie die allgemeine Denkweise der Zuhörer?
Werden Sie auf Sympathie oder Antipathie stoßen?
Bei gemischten Gruppen: Sind bestimmte Berufsgruppen stärker vertreten?

Das sind einige Fragen, die jedem Redner unbedingt vor der Ausarbeitung durch den Kopf gehen sollten. Notieren Sie sich noch weitere Fragen, die für Sie speziell wichtig sind.

Danach beginnen Sie dann Ihren Vortrag auszuarbeiten, der natürlich bei Ihrem Zuhörerkreis ankommen soll. Aber ankommen wird er nur, wenn Sie nicht an Ihrem Publikum vorbeireden. Sie können Ihr Thema zu hoch oder zu tief ansiedeln. Dadurch verursachen Sie einen Kommunikationsverlust bei der Übermittlung. Das ist aber ganz sicher nicht der Sinn der Sache. Der Zeit- und Arbeitsausfall geht täglich in die Millionen, weil die gründliche Vorbereitung fehlte und die Botschaft deshalb nicht ankam.

Mögliche Zuhörererwartungen

Organisation
- Pünktlicher Anfang und Schluß
- Exakte Einhaltung der Redezeit
- Genügend Zeit, um selbst Fakten und Daten notieren zu können
- Entsprechende Zigarettenpausen
- Entsprechende Trinkpausen
- Gute Sitz- und Schreibmöglichkeiten
- Richtige Temperierung des Raumes
- Störungsfreiheit

Form
- Kurze Sätze
- Sachliche, fachliche Darstellung

Zuhörer-Bezogenheit

(Nicht über die Köpfe hinweg sprechen)

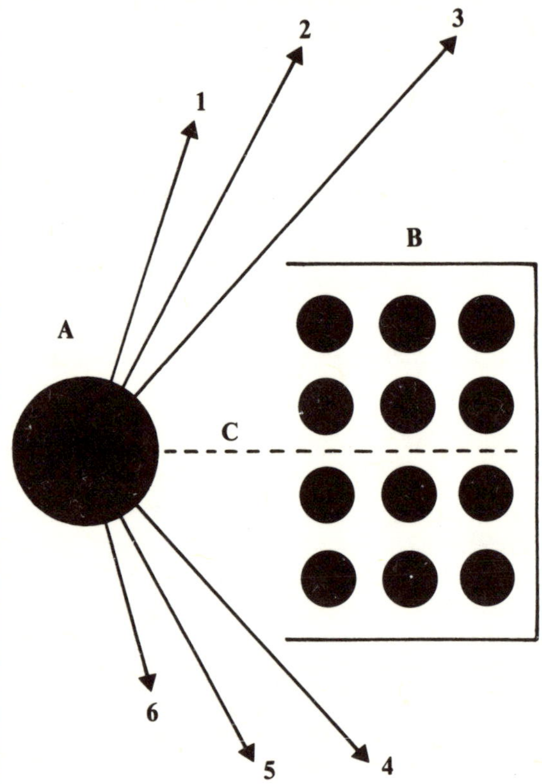

Diagramm-Erklärung

A = Sender, Sprecher, Redner,
B = Empfänger
C = Mittleres Zuhörer-Verständnis-Niveau

1 = Zu technisch
2 = Thematik zu hoch angesiedelt
3 = Zu viele Fremdwörter
4 = Thematik nicht zuhörerbezogen
5 = Inadequate Übermittlung durch Redner
6 = Allgemeine Störfaktoren

Möglichst die Verwendung von Visualisierungstechniken
In Inhalt und Form zuhörerbezogen

Vortragsweise
Interessante Darlegungsweise
Glaubwürdigkeit und Vertrauen
Sympathieausstrahlung
Möglichst eine freie Rede und kein Ablesen
Keine Überheblichkeit und Arroganz
Etwas Humor und Schlagfertigkeit
Menschlichkeit und Natürlichkeit
Wirken Sie unterhaltend!

Die zuhörerbezogene allgemeine Organisation

„Der Teufel steckt im Detail", heißt es im Volksmund. Vieles kann schiefgehen. Ihr Erfolg hängt oft von winzigen Dingen ab. Um Sie vor dem „Teufel" zu schützen, haben wir eine allgemeine Auflistung diverser Punkte für Sie erarbeitet:

Wer organisiert die Veranstaltung?
Wer ist für was zuständig? (Sehr wichtig, weil sonst vieles unerledigt liegenbleibt, da niemand richtig Bescheid weiß)
Gibt es für Sie eine Kontaktperson?
Wie viele Teilnehmer werden erwartet?
Werden einige Teilnehmer übernachten?
Wer übernimmt die Hotelreservierung?
Wie ist die Anreise geplant?
Gibt es eine deutliche Anreiseskizze, Hotelprospekt mit Telefonnummerangabe usw.?
Welche Verkehrsmittel kommen in Frage?
Ist der Raum der Veranstaltung bereits bekannt?
Kennen Sie seine Beschaffenheit (Ausstattung, Belüftung, Lichtverhältnisse, Art der Tischaufstellung usw.)?
Kann der Raum bereits vorher für das Seminar eingerichtet werden?
Wie ist der Geräuschpegel von draußen?
Welche Störfaktoren sind einzukalkulieren?
Bestehen genügend räumliche Möglichkeiten für Übungen?
Welche technischen Hilfsmittel stehen zur Verfügung?
Welche technischen Hilfsmittel müssen Sie mitbringen?
Sind sie alle auf ihre Funktionstüchtigkeit überprüft?
Wie wird der Transport der technischen Ausrüstung durchgeführt?
Müssen Sie selbst noch etwas mitbringen. Wenn ja, was?
Welche unerwarteten Belastungen könnten eintreten?
Wer liefert Namensschilder, Arbeitsmappen, Schreibmaterial usw.?
Welche Unterlagen benötigen Ihre Zuhörer?
Vor oder nach welchem Redner werden Sie sprechen?
Versuchen Sie, eine „günstige Vortragszeit" zu bekommen.
Besteht nach dem Vortrag noch die Möglichkeit zu einer Diskussion?

Sie sehen, wie viele organisatorische Faktoren berücksichtigt und bedacht werden müssen. Schon die Nichtbeachtung von nur einem oder zwei Faktoren kann Ihren Erfolg in Frage stellen.

WICHTIGE FRAGEN AUF EINEN BLICK	
WAS	**1. Zuhöreranalyse** **2. Erwartungen** **3. Hauptzielsetzung** **4. Was will ich bringen?** **5. Welches Material habe ich zur Verfügung?** **6. Was muß ich neu erarbeiten?** **7. Was will ich erreichen?**
WOMIT	**1. Womit will ich anfangen?** **2. Womit möchte ich enden?** **3. Womit kann ich die Zuhörer gewinnen?** **4. Womit kann ich arbeiten?**
WIE	**1. Wie will ich vorgehen?** **2. Wie will ich überzeugen?** **3. Wie sieht meine Strategie aus?** **4. Wie sehen die Höhepunkte aus?** **5. Wie kann ich Einwänden begegnen?**
WANN	**1. Genaues Datum** **2. Uhrzeit** **3. Bis wann muß das Manuskript fertig sein?** **4. Bis wann müssen die technischen Hilfsmittel installiert sein?** **5. Wann muß ich beginnen?**

Techniken und Methoden der Ideenentwicklung und -verarbeitung

Wichtige Voraussetzungen – Technik der Ideensammlung – Arbeitstechniken und -methoden – Allgemeine Tips – Blitzideen oder: Wie man Einfälle produziert – Wahl der richtigen Kommunikationsmittel

Nach dem Motto „Die wichtigste Kartei ist die Ideenkartei" sollten Sie sich eine solche unbedingt zulegen. Richtig angelegt, mit Bedacht und Überlegung geführt, nach Themen geordnet, wird sie Ihnen als kleines Archiv stets ein willkommener Helfer sein, wenn es gilt, einen Vortrag auszuarbeiten, eine Festrede zu halten oder ähnliche Präsentationen vorzubereiten.

Natürlich darf diese Kartei neben sachlichen und kühlen Fakten und Daten, statistischem Material, Pressenotizen und dergleichen auch Gags, gute Witze, Lebensweisheiten, Bonmots berühmter Zeitgenossen und ähnliches enthalten. Denn dies alles benötigen Sie, um Ihre Präsentation etwas aufzulockern und lebendiger zu gestalten.

Sie werden sehen, daß Ihnen diese Ideenkartei recht viel Freude bereitet. Und noch etwas werden Sie feststellen: Eine Idee wird aus der anderen geboren.

Zur Aufbewahrung dieser Kartei genügt ein Schuhkarton, aber auch ein Ordner, eine Mappe oder ein schöner Holz- oder Plastikkasten können zur Verwendung kommen. Ein sehr gutes und bewährtes System der Archivierung von Einfällen und Gedankengängen in Mappen und Boxen wurde von der Firma Mappei in Wuppertal entwickelt.

Ein besonderer Vorteil des Mappei-Systems ist, daß einzelne Abc-Mappen oben beschriftet werden können und somit die Auffindung der einzelnen Titel und Kapitel Ihrer Sammlung besonders einfach ist. Lassen Sie sich von einem Fachgeschäft über andere gute Archivierungssysteme beraten.

Ein besonderer Anreiz zur Erledigung Ihrer Arbeiten kann auch besonders schönes und neues Arbeitsmaterial sein. Ein eleganter Kugelschreiber, eine attraktive Schreibunterlage, ein hübscher Notizblock und ähnliche Utensilien geben oft ein kleines Hochgefühl, und die Arbeit macht ein wenig mehr Spaß.

Wichtige Voraussetzungen

Wie bereits mehrfach erwähnt, sollten Sie so früh wie möglich mit der Ausarbeitung Ihrer Rede, Ihres Vortrages oder Ihrer Präsentation anfangen, denn trotz bester Zeitplanung kommen unvorhergesehene und deshalb unberechenbare Störungen und Unterbrechungen dazu.

Technik der Ideensammlung

Um eine optimale Ideenentwicklung und -bearbeitung sicherzustellen, sollten Sie herausfinden, wann Sie am aktivsten sind. Manche sind Morgenmenschen und schaffen in den Vormittagsstunden das Hauptvolumen ihres Tagespensums, andere entfalten ihre Hauptaktivitäten am Nachmittag, wieder andere sind in den Nachtstunden am produktivsten. Testen Sie, zu welcher Kategorie Sie gehören, und richten Sie sich mit Ihrer Zeiteinteilung danach. Für eine wirklich kreative und schöpferische Arbeit benötigen Sie Energie, Ausdauer und Klarsicht für Ihre Zielsetzung.

Viele Leute haben die irrige Ansicht, sie könnten ihre Vorträge und ähnliche Präsentationen leicht im Büro ausarbeiten und vorbereiten. Meistens aber gibt es dort viel zu viele Störungen. Unterbrechungen durch Telefonate, Besucher, ablenkende visuelle Eindrücke halten von wirklich konzentriertem Denken ab.

Eine sehr wichtige Voraussetzung ist also ein Raum mit Ruhe. Wer in der Stille arbeiten kann, kann bestimmt das Dreifache leisten. Deshalb ist es ratsam, wichtige Ausarbeitungen zu Hause, am Wochenende, in Angriff zu nehmen. Räumen Sie zuvor Ihren Schreibtisch auf, befreien Sie ihn von jedem unnötigen Ballast.

Technik der Ideensammlung

Nehmen Sie sich zuerst einmal genügend Zeit, die Ihnen gestellte Aufgabe in allen Konsequenzen zu durchdenken, damit Sie sich Klarheit über Ihre Vorgehensweise verschaffen.

Entsprechende Ideenanregungen und Denkimpulse stellen sich ein, sobald sich das festgelegte Thema fest in Ihrer Gedankenwelt eingenistet hat.

Unterhalten Sie sich mit Ihren Bekannten und Freunden über Ihre Ausarbeitung: vielleicht erhalten Sie auf diese Weise noch wertvolle Tips zur Erweiterung, Vertiefung oder Vervollkommnung des Themas.

Sobald Sie erst den Anfang zu Ihrem Thema haben, werden Sie spüren, daß sich Ihnen eine neue Welt auftut. Sie werden zunehmend Freude daran haben, weiter an dem Konzept zu arbeiten.

Verwenden Sie die Brainstorming-Methode für die Ausarbeitung neuer Ideen, das heißt, listen Sie in einer Gruppe gemeinsam oder individuell Gedankengänge und Anregungen zu einem bestimmten Thema auf. Sie werden bemerken, daß aus einem Gedankengang heraus durch Assoziation der nächste entspringt; wichtig ist stets nur der Anfang.

Die meisten von Ihnen werden Menschen kennen, die Sie in besonderem Maße inspirieren können. Diesen sollten Sie einen Besuch machen.

Denken Sie nicht nur mit Papier und Bleistift, sondern diktieren Sie Ihre Ideen auch auf ein Tonband.

Arbeitstechniken und -methoden

Haben Sie einmal einen besonders guten Tag, dann lassen Sie sich durch nichts und niemanden stören, bleiben Sie an der Sache; denn was Sie heute zustande gebracht haben, geht Ihnen nicht mehr verloren.

Arbeiten Sie immer und an jedem Tag nach Prioritäten: das Wichtigste zuerst!

Entwickeln Sie Checklisten für Ihren Arbeitsablauf, die Sie dann, je nach Fortschritt der Arbeit, Punkt für Punkt abhaken können.

Lesen Sie, wann immer es Ihre Zeit erlaubt, Zeitungen, Illustrierte, Bücher, Arbeitsblätter, Zitatensammlungen, technische Informationen und anderer Leute Gedankengänge, um Initialzündungen und Anregungen für die verschiedensten Bereiche zu erhalten.

Wenn Sie an Ihrem Schreibtisch sitzen und feststellen müssen, daß partout keine Erleuchtung zu erwarten ist, machen Sie einen Spaziergang, erfrischen und erholen Sie sich dabei von den Strapazen der vorangegangenen Geistesakrobatik. Schalten Sie einmal kurz ab. Nicht selten kommt es dann plötzlich zu einem besonders genialen Geistesblitz, einem neuen Einfall, der Ihnen in Ihrer steckengebliebenen Problematik weiterhilft.

Allgemeine Tips

Versuchen Sie bei der Erarbeitung Ihres Referates, Ihrer Präsentation oder Ihres Vortrages so wenig fremdes Gedankengut wie möglich einzubringen.

Transparente und Folien ersparen Ihnen manchmal viele erklärende Ausführungen und verschaffen eine bessere, weil visuelle Übersicht und Verständlichkeit.

Alle Ihre vorbereiteten Sammlungen von Ideen, Geistesblitzen, Beispielen aus der Praxis, zum Thema gehörender Ereignisse und Erleb-

Technik der Ideensammlung

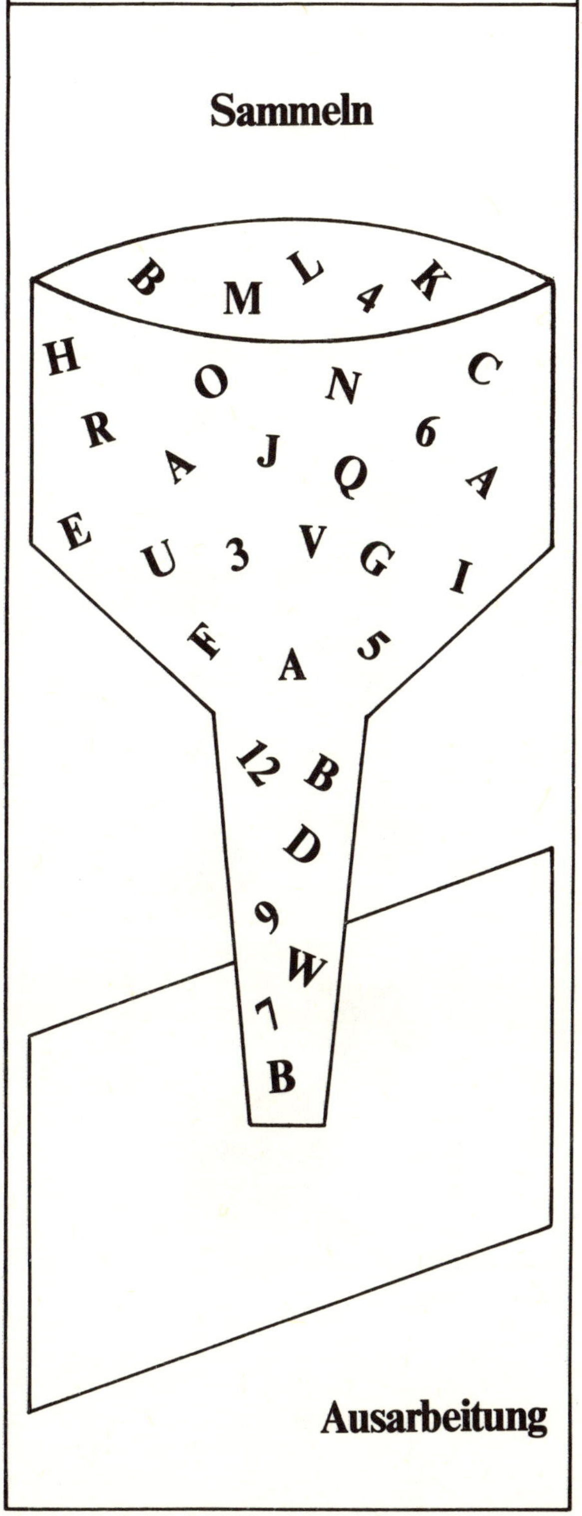

nisse müssen Sie von Zeit zu Zeit auf ihre Aktualität hin überprüfen.

Haben Sie zuviel Stoff zum Thema parat, müssen Sie eine Auswahl treffen, sonst wird der Zuhörer durch die Flut von Informationen erdrückt, und das dürfte wohl kaum der Sinn der Sache sein.

Blitzideen oder: Wie man Einfälle produziert

Die heutige Zeit erfordert von jedem:

- Zeitersparnis
- Geldersparnis
- Rationalisierung
- Neue Ideen und geistige Produktivität

Der Bestand und die Konkurrenzfähigkeit eines Unternehmens hängen nicht allein von seiner technischen Ausrüstung, Produktionskapazität, Finanzkraft und ähnlichen Faktoren ab. Hinzu kommen auch:

- Ideenreichtum
- Kreativität der Mitarbeiter

Ideengewinnung setzt die Kombination von drei Bedingungen voraus:

- Intellekt
- Gefühl
- Arbeits- und Forschungsklima

Amerikanische Chemiefirmen führen sogenannte Ideenbücher, in die folgendes eingetragen wird:

- Bei der Arbeit auftauchende Anregungen
- Hinweise
- Vorstellungen

Die Erfahrung zeigt, daß in oft nur vagen Anregungen höchst wertvolle Ideen verborgen sein können.

Die Realisierung dieser Ideen kommt oft völlig unvermutet, mitunter sogar erst bei anderen Gelegenheiten.

Eine andere Methode der Ideenfindung könnte man „Checkliste für neue Ideen“ nennen. Um die schöpferische Phantasie anzuregen, verwendet man eine Abhakliste mit folgenden Fragen:

- Wie und was kann man vereinfachen?
- Was kann geändert werden?
- Mit welchen Erfolgen?
- Was passiert, wenn zwei scheinbar unverträgliche Elemente kombiniert werden?

Das Grundprinzip für die Ideengewinnung läßt sich auf eine einfache Formel bringen:

- Zunächst Ideen produzieren
- Erst später kritisch urteilen

Durch dieses Prinzip des verzögerten Urteils wird ein vorzeitiges kritisches Urteil, das eine blockierende Wirkung haben kann, vermieden.

Formel:

Ideengewinnung – Lösungsvorschläge

Dann Sichtung und Bewertung

Blitzideengewinnung kann man als geistige Kettenreaktion bezeichnen. Eine Idee zieht die andere nach sich.

Wie führt man eine Blitzideenkonferenz, ein Brainstorming, durch?

- Das Problem oder Ziel klar definieren und erläutern
- Zusammentreffen in einer angenehmen Atmosphäre (Zigaretten, Getränke, Imbiß)
- Die Teilnehmergruppe sollte aus sechs bis zwölf Personen bestehen
- Die Zeit muß begrenzt sein auf zehn bis zwanzig Minuten
- Nehmen Sie auch Teilnehmer aus anderen Kreisen hinzu
- Die Ideen müssen notiert werden
- Jede Idee soll in kurzen Sätzen (Telegrammstil) vorgetragen werden
- Bereits geäußerte Ideen mit neuen, verbesserten Ideen verarbeiten
- Oft wirkt sich die Anwesenheit eines Vorgesetzten hemmend aus
- Der Konferenzleiter soll anspornen, begeistern und ermuntern
- Die Auswertung erfolgt am nächsten Tag von zwei bis fünf Personen
- Die Teilnehmer informieren, welche Ideen akzeptiert worden sind

Blitzideenkonferenzen sind ein hervorragendes Hilfsmittel bei der Ideengewinnung und bei der Lösung von Problemen.

Wahl der richtigen Kommunikationsmittel

Wenn Sie optimal kommunizieren wollen, dann ist es wichtig für Sie, das dazu geeignete Kommunikationsmittel zu finden. Hier haben wir einige der gebräuchlichsten aufgeführt:

- Schriftliche Mitteilung
- Telefongespräch
- Direktgespräch
- Freie Rede
- Telegrafische Mitteilung
- Auf Band gesprochene Mitteilung

Ideenschöpfung – Ideenblitz (Brainstorming)

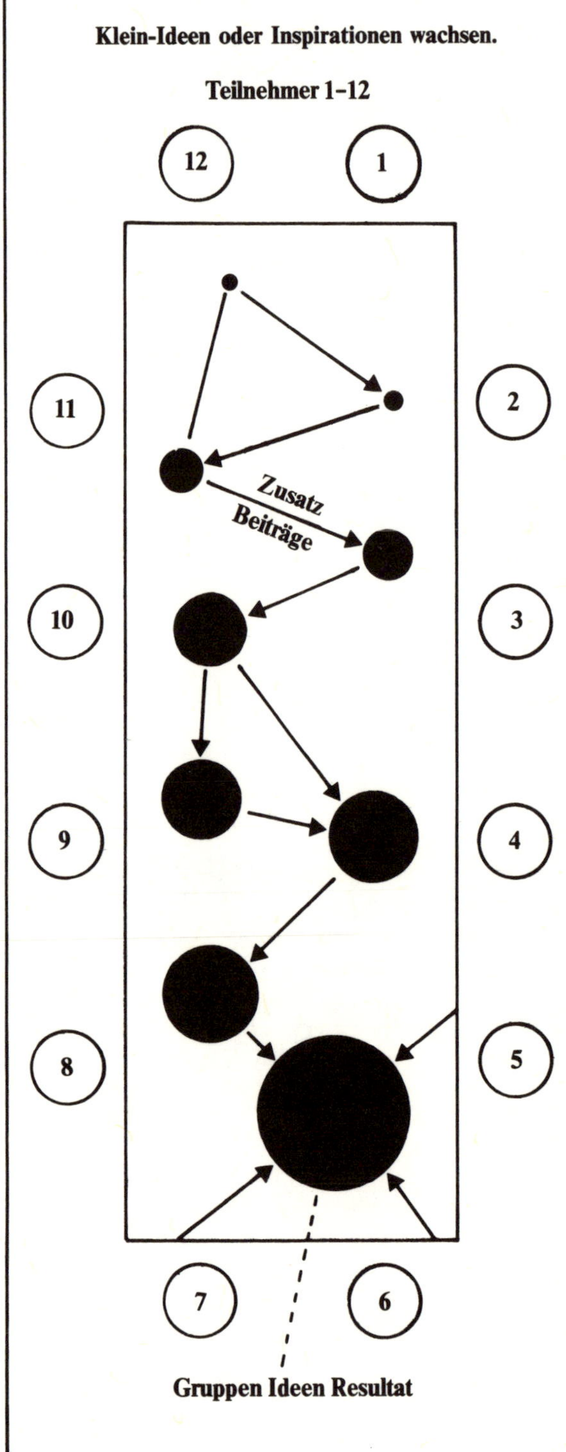

ANALYSE DER AUSDRUCKSFORMEN		
Schriftlich	Telefon	Direktgespräch
PLUS	PLUS	PLUS
1. Gezielte und präzise Ausdrucksform 2. Bleibendes Beweismittel 3. Verpflichtet zum Handeln 4. Ermöglicht Vorbereitung 5. Ermöglicht Bedenkzeit 6. Verbindliche Aussage 7. Empfangsbestätigung 8. Einschreiben mit Rückschein	1. Sofortige Aussprache 2. Sofortige Stellungnahme 3. Sofortige Rückäußerung 4. Zeitersparnis	1. Die persönliche Aussprache 2. Menschlicher Kontakt 3. Überzeugungsfähiger 4. Schaffung einer Vertrauensbasis 5. Bessere Rückäußerungsmöglichkeiten
MINUS	MINUS	MINUS
1. Kann zu Mißverständnissen führen 2. Unterschiedliche Auslegung eines Wortes 3. Erfordert mehr Zeit 4. Gilt als juristisches Beweismittel	1. Bei großer Entfernung hohe Kosten 2. Juristisch nicht bindend	1. Unbedachte Äußerungen, besonders bei impulsiven Menschen 2. Terminprobleme 3. Menschliche Emotionen

Freie Rede	Telegramm	Tonband
PLUS	PLUS	PLUS
1. Ansprache eines größeren Kreises 2. Größere Beeinflussung 3. Gelenkte Suggestion 4. Klärung durch Diskussion	1. Knappe Formulierung 2. Zwingt zum Handeln 3. Schnelle Vermittlung	1. Archivierung der Aussage
MINUS	MINUS	MINUS
1. Raumprobleme 2. Zeitprobleme 3. Wiederholungsgefahr	1. Kosten 2. Keine Garantie für schnellen Empfang	1. Eventuelle technische Probleme

Nützliche Quellen und Fundgruben

Anekdoten kommen gut an – Quellen und Fundgruben – Nützliche und empfehlenswerte Bücher – Nutzen Sie die Vorteile des Diktiergerätes – Folientransparente für Reden, Vorträge und Präsentationen – ABC der Ideenquellen und -fundgruben

„Bewußtsein ist Schöpfung", schreibt Oskar Schellbach in seinem Buch „Mein Erfolgssystem". Es ist erstaunlich, wie viele Menschen tagein, tagaus denselben Weg gehen, ohne dabei ihre Umwelt wirklich bewußt wahrzunehmen. Gewiß, wir leiden alle unter einer Überflutung von Informationen. Dennoch sollte ein Referent, der ja Informationen vermitteln will, seine Augen und Ohren ständig für neue und außergewöhnliche Informationen offenhalten.

Für die Erarbeitung eines Themas brauchen Sie neben Ihren eigenen Zutaten, die aus Ihren Erfahrungen, Ihrem Fachwissen, Ihren Kenntnissen und Erlebnissen resultieren, auch solche, die Sie aus dem Erfahrungsgut Ihrer Umwelt, anderer Zeitgenossen und Fremdsituationen sammeln müssen. Mit anderen Worten, Sie müssen Fundgruben und Quellen ausfindig machen, aus denen Sie schöpfen können, was Ihnen an eigenem Material fehlt. Dieses Kapitel soll Ihnen Anregungen geben, wo Sie solche Quellen finden.

Die größte Schwierigkeit ist in diesem Zusammenhang die Archivierung. Man erfährt im Lauf der Zeit so viel Neues, daß man am Ende oft einen Gedankensalat hat, aber nichts richtig weiß. Bewährt hat sich ein Karteisystem. Gute Redner besitzen meistens ein solches System und archivieren alles Erdenkliche. Anekdoten, Zitate, Erlebnisse, Sentenzen, Ideen für Folientransparente, lustige Karikaturen, Gags und humoristische Lebensweisheiten. Dies alles können wir, wenn wir bewußt danach Ausschau halten, überall finden. Zum Beispiel in:

Zeitschriften
Tageszeitungen (national und regional)
Fachzeitschriften
Firmenarchiven
Bibliotheken
Fachbüchern
Katalogen und Broschüren
Ausstellungen, Messen usw.

Erstellen Sie sich selbst eine Quellenliste, die Sie bei Bedarf ergänzen sollten.

Wenn Sie Zeitungen, Zeitschriften, Bücher oder Broschüren lesen, dann lesen Sie bewußt, am besten gleich mit Farbstift zum Markieren entsprechender Stellen.

Sprechen Sie mit anderen Menschen über Ihr Thema. Lassen Sie sich in entsprechende Verteilerlisten aufnehmen. Seien Sie auch bereit, Kosten für entsprechendes Informationsmaterial zu tragen.

Besuchen Sie so oft wie möglich Seminare, denn hier bekommen Sie in jedem Fall neue Anregungen. Hören Sie sich Vorträge an, wann immer es Ihre Zeit erlaubt. Pflegen Sie so häufig wie irgend möglich Umgang mit kreativen Menschen.

Wenn Sie die Liste der Personen zusammenstellen, die Ihnen als Ideenspender dienen könnten, dann denken Sie vor allem an Ihre

Kollegen
Mitarbeiter
Mitglieder von Organisationen
Unternehmensberater
Seminarteilnehmer
Dozenten und Referenten
Familienangehörige
Freunde

Halten Sie auch Ihre Augen offen, wenn Sie sich in Büros, Wartezimmern usw. aufhalten. Hier finden Sie oft interessante Zitate, Sprüche oder Gedichte.

Eine weitere interessante Quelle ist der Literaturhinweis am Ende vieler Bücher, der über andere Bücher in der entsprechenden Fachrichtung Aufschluß gibt.

Doch alle guten Fundgruben nützen nichts, wenn Sie nicht die daraus gewonnenen Resultate notieren und sinnvoll archivieren.

Manchmal hat man zu Beginn einer Ausarbeitung überhaupt keinen Einfall. Wenn Sie allerdings mit einer Ideenkartei umzugehen wissen, wird sich Ihr Denkapparat bald in Bewegung setzen und Ihnen einige interessante Ansätze bieten. Halten Sie also Augen und Ohren immer offen. Es macht sich bezahlt.

Anekdoten kommen gut an

Fakten und Daten müssen in Fachvorträgen sein. Einige Referenten bringen jedoch einfach zu viele trockene, nüchterne Komponenten in ihrem Vortrag unter. Ihr Hang zu Zahlen, Tabellen, Statistiken ist schon allgemein bekannt. Ein Vortrag lebt aber davon, daß er „Verankerungsideen“ enthält. Anekdoten und nette kurze Geschichten lockern die nüchterne Zahlenwelt auf, bringen die Zuhörer zum Schmunzeln und verschaffen eine kurze Entspannungspause. Es zahlt sich aus, eine Anekdotensammlung anzulegen. Sie müssen dazu nur Augen und Ohren offenhalten! Witze, Histörchen, Lebensweisheiten usw. sind zu jedem Thema zu finden, wenn man sie sucht: zum Beispiel in Zeitschriften, Büchern, in Radiosendungen, im Fernsehen, im Gespräch mit den Mitmenschen. Notieren Sie diese! Und verwenden Sie sie bei entsprechenden Anlässen und Gelegenheiten. Erleichtern Sie das Zuhören durch Einflechtung kurzer humoristischer Einschübe.

Quellen und Fundgruben

Vorbereitungsplan für die Praxis		
WO	WIE	WAS
1.	....	....
2.	....	....
3.	....	....
4.	....	....
5.	....	....
6.	....	....
7.	....	....
8.	....	....
9.	....	....
10.	....	....

Beachten Sie: im Fernsehen werden nicht nur Krimis gesendet! Das Programm ist mitunter eine unschätzbare Fundgrube für jeden, der wirklich Informationen sammeln will; ebenso natürlich entsprechende Radiosendungen.

Sammeln Sie neben Texten auch Diagramme, Skizzen, grafische Darstellungen, lustige Zeichnungen usw., die Sie für Ihre Transparente zur Auflockerung und Visualisierung Ihrer Darbietung verwenden können.

Lassen Sie Ihre Gesprächspartner wissen, an welchen Informationen und Hinweisen Ihnen besonders gelegen ist, und Sie werden sehen, daß man Ihnen in den meisten Fällen bereitwillig entgegenkommt.

In Hotels und Restaurants liegen oft Informationsbroschüren, Prospekte, Hinweise auf örtliche Sehenswürdigkeiten aus. Gehen Sie nicht achtlos daran vorbei.

Finden Sie heraus, welche Vereine, Verbände

und Organisationen sich mit Ihrer Thematik beschäftigen.

Waren Sie in der letzten Zeit einmal auf dem Speicher oder im Keller – je nachdem, wo Sie Ihre alten Unterlagen aufbewahren? Sie glauben gar nicht, wieviel sich dort angesammelt hat, und manches ist noch gar nicht überholt. Anderes, in Vergessenheit Geratenes ist vielleicht heute wieder aktuell und brauchbar.

Besorgen Sie sich vom Stamm-Verlag in Essen eine Auflistung sämtlicher auf dem Markt befindlicher Fachbücher und -zeitschriften.

Entwickeln Sie einen Spürsinn für neue Informationsquellen.

Stoßen Sie auf eine besonders interessante Sache, so versuchen Sie die Adresse herauszufinden, schreiben am besten sofort hin, und fordern Sie weitere Informationen an, sonst gerät sie zu leicht in Vergessenheit!

Wo und wie kann ich weitere Informationen erhalten ist oft die Frage. Eine interessante und nützliche Quelle für Sie ist Ihre Buchhandlung. Dort gibt es mehrere Kataloge, die Sie einsehen können. Folgende Kataloge stehen zur Verfügung:

Autorenkatalog, alphabetisch aufgelistet

Stichwortregister: fast alle im Handel erhältlichen Titel sind aufgeführt

Schlagwortbibliographie: hier können Sie nach Schlagwörtern viele Bücher, die damit zusammenhängen, herausfinden. Ein Schlagwort ist zum Beispiel: Stahl

Verzeichnis Lieferbarer Bücher (VLB), herausgegeben vom Börsenverein Frankfurt, zwei Bände

Nutzen Sie auch diese Möglichkeit:

Libri-Dienst 0 40–8 54 32 65,
Libri-Haus, Stresemannstraße 300
2000 Hamburg

Nützliche und empfehlenswerte Bücher

Ein sehr nützliches Buch ist das „Handliche Wörterbuch der deutschen Alltagssprache" von Dr. Heinz Küpper, erschienen in der Deutschen Buchgemeinschaft. Hier werden sehr viele interessante Alltagsbegriffe erläutert.

Dieses Wörterbuch fußt auf der Sammlung und Erforschung der deutschen Alltagssprache der Gegenwart. Wörter, die heute nicht mehr geläufig sind, fehlen. Nur solche Vokabeln sind aufgenommen, die in Deutschland, Österreich und der Schweiz dem Verfasser und seinen 800 Sprachfreunden unmittelbar zu Ohren gekommen sind. Getreu nach Luthers Vorgehen, „den Leuten aufs Maul zu schaun", ist in dreißig Jahren ein Wortschatz von 110 000 Wörtern zusammengetragen worden. Von diesem Gesamtbestand ist ein großer Teil den Sprachfreunden in Form von Fragelisten vorgelegt worden, und zu jedem Ausdruck ist um Auskunft gebeten worden, wann, wo und in welchen Bevölkerungskreisen das Wort gehört worden ist. Das Ergebnis dieser Befragung ist in diesem Buch niedergelegt.

Mit diesem Auswahlband aus den fünf Bänden des „Wörterbuchs der deutschen Umgangssprache" wird der Versuch unternommen, das Interesse an der Sprache, mit der wir tagtäglich umgehen, in noch größerem Umfang als bisher zu wecken und jene Leser ausfindig zu machen, die gern bereit sind, bei der Sammlung des Wortschatzes zu helfen und von Zeit zu Zeit Fragelisten auszufüllen. Verfasser und Verleger freuen sich auf und über jeden, der sich zur Mitarbeit meldet, und bitten, an die nachstehende Anschrift zu schreiben:

Dr. Heinz Küpper, Hauptstraße 44, 5411 Stromberg über Koblenz

Auch der „Kulturfahrplan" von Werner Stein, ebenfalls bei der Deutschen Buchgemeinschaft erschienen, kann Ihnen nützliches Hilfsmittel sein. „Als der ‚Kulturfahrplan' im Jahre 1946 zum ersten Mal erschien, gehörte er zu den ersten geistigen Orientierungshilfen nach dem Krieg", so heißt es im Vorspann des Buches. Auch heute noch ist dieses Buch eine Fundgrube über die Entwicklung des Menschen und seiner Kultur, aufgeteilt in die Rubriken: Politik, Dichtung und Schauspielkunst, Religion, Philosophie und Erziehung, bildende Kunst, Architektur und Film, Musik, Oper und Tanz, Wissenschaft und Technik, Wirtschaft und tägliches Leben.

Dieses Buch gibt in sehr übersichtlicher Form ein vielseitiges Bild von den Grundlagen und Verästelungen unserer Kultur. Viele Redner verwenden dieses Werk für historische Grunddaten und anderes.

Ein weiteres empfehlenswertes Buch ist „Deutsche Redensarten – und was dahinter steckt" von Kurt Krüger-Lorenzen, erschienen im Econ-Verlag, Düsseldorf. Es ist ein sehr nützliches Buch der gebräuchlichsten Redensarten: . . . das geht auf keine Kuhhaut – wie aus der Pistole geschossen – der lachende Dritte.

Hier noch einige Bücher, die nützliche Quellen für die Redeausarbeitung darstellen: „Das große Buch der Zitate von A–Z", herausgegeben von Marga Graubner; „Ausgewählte Aphorismen", zusammengestellt von Marga Graubner; „Quiz für die ganze Familie" von Balthasar Vonede; alle erschienen im Englisch Verlag, Wiesbaden.

„Neue treffende Pointen" von Markus M. Ronner ist der Fortsetzungsband des Bestsellers „Die treffende Pointe". Noch einmal 10 000 brandneue, nach Stichwörtern alphabetisch geordnete Aphorismen, Humoresken, Sentenzen und Bonmots zeitgenössischer Autoren.

Ein wahres Feuerwerk an Geistesblitzen! Markus M. Ronner beweist mit seinem neuesten Buch, daß er sich immer mehr zum Meister der aphoristischen Kunstform, der witzigen und pointierten bis bissigen Sprachformulierung entwickelt hat.

„Duden – Das große Wörterbuch der deutschen Sprache" – in sechs Bänden unser ganzer Wortschatz . . .

Bei einem Wörterbuch klingt das Wort Lesefreude überraschend, aber in diesen sechs Bänden kann man tatsächlich mit Freude lesen und immer neue Wortentdeckungen machen. Viele Fragen, auf die man bisher keine Antwort wußte, werden in diesem Werk beantwortet – und man erlebt den ganzen Reichtum, den unsere Sprache birgt.

Dieses neue Werk von Duden wurde ganz für die Praxis von heute geschaffen, nicht nur für Wissenschaftler und Spezialisten, sondern für alle Menschen, die mit Sprache leben und arbeiten. Nicht nur die Genauigkeit, die Zuverlässigkeit, die Authentizität sind es, die das neue „Große Wörterbuch der deutschen Sprache" auszeichnen, sondern auch der Vorzug, daß es den ganzen Kreis um ein Wort herum erfaßt. Das ganze Feld, in dem ein Wort steht, wird beschrieben – alle Bedeutungen, Verwendungsweisen, Ableitungen, Zusammensetzungen. Mit dieser Konzeption ist „Das große Wörterbuch der deutschen Sprache" der große Definitionsspeicher, der keine Frage offenläßt, der vieltausendfache Anregungen gibt – eben Bereicherung und Lesefreude.

„Das Fremdwörterlexikon" von A. M. Textor, als Taschenbuch bei rororo erschienen, erklärt knapp und zuverlässig mit Angabe der richtigen Aussprache und des grammatischen Geschlechts 20 000 Fremdwörter aus allen Lebensgebieten.

Dieses Fremdwörterlexikon bewahrt uns vor peinlichen Sprachschnitzern, bereichert unseren Wortschatz beim Sprechen und Schreiben und erklärt treffsicher alte und neue Fremdwörter, die wir täglich hören.

Schließlich noch ein kleiner, besonderer Tip: In vielen Bibliotheken werden Tageszeitungen über viele Jahre und Jahrzehnte hinweg gesammelt und aufbewahrt. Sollten Sie beispielsweise einmal eine Geburtstagsrede halten müssen, könnten Sie, als zusätzlichen Gag, die Zeitung vom Tag des Geburtstags des zu Ehrenden dort entleihen und fotokopieren lassen. Ein solches Überraschungsgeschenk kommt bestimmt sehr gut an!

Nutzen Sie die Vorteile des Diktiergerätes

Zur Redevorbereitung, in Konferenzen, bei Besprechungen, kurz überall dort, wo Notizen gemacht werden müssen, kann man das Diktiergerät sehr gut einsetzen. Ideal ist natürlich die Kombination von Diktiergerät und entsprechendem Wiedergabegerät mit Fußschalter und Stethohörer für Ihre Schreibdame. Einsetzen läßt sich das Diktiergerät beispielsweise für die schnelle Informationsübermittlung zwischen Mitarbeitern. Außendienstmitarbeiter können Kundenversprechungen und wichtige Notizen direkt nach einem Gespräch diktieren. Ebenso können kurze Memos zwecks einer schnellen Erledigung auf das Band gesprochen werden. Das Handdiktiergerät kann man überall hin mitnehmen, denn es nimmt kaum Platz weg. Man kann es im Auto, in der Bahn oder im Flugzeug dabei haben. Gute Einfälle können sofort festgehalten werden.

Oft fehlt die Möglichkeit, in Ruhe Anweisungen für die Erledigung der kommenden Tagesarbeit zu geben – also kann der Chef das Arbeitsprogramm für den nächsten Tag in einem ruhigen Augenblick diktieren. Für die Vorbereitung von Reden, Vorträgen und Präsentationen können Sie das Gerät ebenfalls sehr gut nutzen, indem Sie alle Gedanken, die Ihnen zur Thematik einfallen, erst einmal einfach diktieren. Diese „Notizen“ können Sie dann später entsprechend sortieren und klassifizieren.

Viele Menschen haben am Anfang Hemmungen und Schwierigkeiten, mit dem Gerät umzugehen, die jedoch nach einer Weile, mit zunehmender Praxiserfahrung, völlig überwunden werden. Wer weitere Tips und diesbezügliche Hinweise haben möchte, kann an folgende Adresse schreiben: AWV, Frankfurter Allee 55, 6236 Eschborn Süd I.

Folientransparente für Reden, Vorträge und Präsentationen

Aus dem Jünger Verlag, Offenbach, können Sie nützliche farbige Folientransparente für Reden, Vorträge und Präsentationen für die verschiedensten Anlässe beziehen.
Hier eine Liste des Angebotes:

Seminargliederung
Trainingsstufen
Ankündigungsset
Seminarführung
Diskussionsleitung
Argumentation
Gruppenübung
Redewendungen
Sprichwörter
„Wissenswertes“
Motivationsmotive
Optische Effekte

Außerdem entwickelt der Jünger Verlag maßgeschneiderte Informations- und Schulungsprogramme, bei denen folgendermaßen vorgegangen wird:

1. Problemerfassung
   Faktensammlung
   Analyse
   Interpretation
2. Konzeption
   Zielsetzung
   Ideenfindung
   Lehrstrategie
3. Gestaltung
   Visualisierung
   Anwendungskontrolle mit Layoutfolien
4. Produktion
   Reinzeichnung
   Lithoerstellung
   Farbfoliendruck
   Dia- und Filmkopien
5. Durchsetzungsstrategie
   Begleitmaterial
   Distribution an Abnehmer
   Organisation der Verteilung

Von der Problemerfassung bis zur Durchsetzungsstrategie bietet man Ihnen die hier aufgeführten fünf Entwicklungsstufen für die Erstellung Ihrer individuellen Informations- oder Seminarprogramme an. Dabei steht Ihnen jede Stufe als Einzelbaustein oder das gesamte System in Kombination zur Verfügung. Bei der Problemerfassung geht man hier genauso exakt vor wie bei der Konzeption und Erstellung der Lehrstrategie. Bei der Gestaltung wird die umfangreiche Erfahrung der Visualisierung einzelner Lernschritte zur Verfügung gestellt. Die gesamte technische Vorbereitung des Foliendrucks wird von Fachleuten abgenommen.

Bei der Durchsetzungsstrategie können die Erfahrungen des Vertriebs von Lehrprogrammen dieses Verlages übernommen werden. Außer dem Team dieses Verlages stehen Ihnen auch freie Berater, Wissenschaftler, Pädagogen und Praktiker für die Entwicklung von maßgeschneiderten audiovisuellen Programmen zur Verfügung.

Überall, wo umfangreiches Wissen ohne Inhaltsverlust und ohne Inhaltsverzerrungen intensiv gelehrt werden soll, bieten sich Transparentfolien an. Durch gute Transparentfolien wird die Botschaft prägnant präsentiert, da sie über mehrere Kommunikationsstufen unverfälscht vorgezeigt wird. Keine Argumente gehen verloren. Produktvorteile, Leistungsdaten, Verkaufsargumente, Marktforschungsergebnisse oder Medienfakten können den Kunden mit Hilfe von Farbfolien besser präsentiert werden.

Die Transparentfolien werden in hochwertigem Offsetfoliendruck mit jeder gewünschten Diaabbildung oder Zeichnung in kleinen oder großen Auflagen hergestellt.

Auch interessante Diaschauen, die Sie bei Veranstaltungen einsetzen können, sind über den Jünger Verlag zu beziehen. Zu jeder Tonbildschau erhalten Sie außerdem:

Dias	übersichtlich in Klarsichthüllen zur besseren Vorbereitung
Leitfaden	mit ausführlicher Diskussionsanleitung
Tonkassette	mit hörbaren Impulsen

Tonkassette	mit unhörbaren 1000-Hertz-Impulsen
Archivmappe	zur praktischen Aufbewahrung

Einzelheiten können Sie bei Herrn Sven Berger, Jünger Verlag, Schumannstraße 161, 6050 Offenbach, erfragen.

ABC der Ideenquellen und -fundgruben

Kleine Inspirationsprüfliste

A
Adreßbücher
Almanache
Anekdotensammlungen
Anzeigen
Archive
Auskunfteien
Auslandspresse
Ausstellungen

B
Bekanntmachungen
Beobachtungen, eigene
Berichte
Berufsverbände
Besprechungen
Bibliotheken
Bilder
Broschüren
Bücher
Buchgeschäfte
Bundesamt für Statistik

D
Datenbanken
Diskussionsaspekte
Dokumentationen
Dozenten

E
EDV-Statistiken
Empfehlungen
Erlebnisse, eigene und fremde

F
Fachbücher
Fachverbände
Fachzeitschriften
Fernsehsendungen
Filme
Firmenarchive

G
Gedankenaustausch
Geschichten
Geschichtliches
Gesellschaftliche Ereignisse

H
Hausmitteilungen
Hauszeitschriften

I
Ideenblitze
Ideenkartei
Illustrierte
Industrie- und Handelskammern
Institute

J
Jahresbücher
Jahresstatistiken
Jahrestagungen
Journale

K
Kataloge
Klubtreffen
Kollegen
Konferenzen
Kongresse
Kunden

L
Lehrer
Literaturhinweise
Literaturverzeichnisse

M
Manuskripte
Meinungsberichte
Messen

N
Nacherzählungen

O
Organe
Organisationen

P
Persönliche Erfahrungen
Presse
Pressestellen
Professoren
Public-Relations-Abteilungen

Q
Quellenverzeichnisse

R
Radiosendungen
Redakteure
Referenzen
Reisen
Reportagen
Repräsentanten

S
Sachberichte
Sachvorträge
Seminare
Spezialisten
Statistiken
Stichpunktkarteien

T
Tageszeitungen
Tagungen
Tatsachenberichte
Telefonauskünfte

U
Universitäten

V
Verbände
Vereinigungen
Verlage
Vorgesetzte

W
Wirtschaftsverbände
Witzblätter

Z
Zahlen
Zitate

Auswahl und Einsatz der Hilfsmittel

Manuskript – Vorteile von B – Stichpunktkarten – Stichpunktkarte (Konzeptentwicklung und Redeformel) – Stichpunktkarte (Prioritätsmethode) – Stichpunktkarte (Plus-Minus-Methode) – Die Rede-Vortrag-Kombimethode – Manuskript mit Zeitkontrollplan – Technische Hilfsmittel – Überzeugung durch Visualisierungstechniken – Ideen für Skizzen, Diagramme und Grafiken

Wir haben uns bisher mit der Zielsetzung, der Zuhöreranalyse, mit den Quellen und Fundgruben sowie mit den Techniken der Ideenfindung beschäftigt. All dies sind wichtige Vorbereitungsphasen. Die Zeit und Mühe, die Sie dafür aufwenden, sind notwendig, um einen guten Erfolg in der Übermittlungsphase zu gewährleisten. Nichts kann über eine schlechte Vorbereitung hinwegtäuschen. Natürlich sind Zeit und Ruhe wichtige Voraussetzungen, um diese Arbeiten durchführen zu können. Aber kalkulieren Sie die Zeit immer realistisch ein? Die Chinesen sagen mit Recht: „Es ist später, als du denkst!“

Wenn Sie alles gründlich erforscht und durchdacht haben, können Sie jetzt an die Erstellung von Informationsarbeitsblättern denken. Hier nun eine kleine Auswahl einiger Möglichkeiten:

Manuskript

Das gebräuchlichste Hilfsmittel ist und bleibt nun einmal das Manuskript. Allerdings birgt die Verwendung dieses Hilfsmittels nicht nur Vorteile, sondern auch einige Gefahren in sich, die besonders dem Anfänger nicht immer bekannt sind. Wir werden darauf später noch kurz zurückkommen.

Zuerst einmal: wie gehen Sie vor? Ganz einfach: Sie nehmen ein Blatt Papier und schreiben! Am besten mit Bleistift oder mit der Schreibmaschine. Radiergummi und Tipp-Ex gleich bereithalten! Auf keinen Fall dürfen Sie zu eng schreiben oder das ganze Blatt, ohne Einhaltung großzügiger Randzonen, vollschreiben. Für Änderungen haben Sie dann nämlich kaum Platz, und die werden immer notwendig sein. Ist das vorläufige Manuskript verfaßt, dann üben Sie Ihre Rede einige Male vor dem Spiegel. Schalten Sie dazu auch das Tonband ein. Danach führen Sie Ihr „geistiges Produkt“ einmal Ihren Familienmitgliedern, Freunden oder Bekannten vor. Manche verlieben sich so in ihre Rede, daß sie sie weitgehend auswendig lernen. Sie meinen, daß das Auswendiglernen eine sichere Methode ist, aber mit dieser Methode sind auch einige Probleme verknüpft. Ein unerwarteter Zwischenruf kann Sie leicht aus dem Konzept bringen.

Wie oft hat der Sprecher vergessen, eine Kopie seines Manuskripts anzufertigen. Die Katastrophe ist da, wenn das Originalmanuskript verlegt oder vergessen wurde oder wenn man am Tagungsort gebeten wird, ein Exemplar für Redaktionszwecke zu überreichen. Nehmen wir aber den Normalfall an. Sie stehen vor Ihrem Publikum, greifen in die Innentasche Ihrer Jacke, ziehen das zusammengefaltete Manuskript hervor, falten es auseinander und legen es auf das Pult. Mehrmals streichen Sie mit der Hand über das Blatt, bis es endlich flach liegt. Dabei schauen Sie die erwartungsvollen Zuhörer freundlich an. „Meine sehr verehrten Damen und Herren . . .“

Die gelernten Anfangssätze sprechen Sie frei. Allerdings wird es nun schon schwieriger – wenn Sie Ihr Manuskript nun auch noch zu eng beschrieben haben, können Sie es nur mühsam entziffern. Schon wenn Sie das Manuskript schreiben, sollten Sie daher die Entfernung der Augen vom Manuskript richtig einschätzen. Wenn Sie diese Entfernung nämlich falsch eingeschätzt haben, sind Sie gezwungen, sich zu dem Manuskript hinunterzubeugen. Dadurch können Sie nicht mehr richtig atmen, die Lautstärke leidet darunter. Einige Zeilen klappen noch recht gut, aber bald rufen die ersten Teilnehmer schon: „Lauter bitte!“ Sie schauen erschrocken auf, um festzustellen, woher die Rufe kommen, und schon haben Sie die richtige Zeile verloren! Funkstille, bis Sie die Zeile wieder gefunden haben. So geht es dann natürlich weiter. Entweder sind Sie nicht zu hören, oder Sie verlieren die Zeile. Die Sätze erscheinen Ihnen endlos lang, und dabei müssen Sie auch noch an die richtige Betonung denken . . .

Ein weiterer Nachteil des Ablesens ist, daß Sie keinen Augenkontakt und dadurch keine Beziehung zu Ihrem Publikum haben, also auch keinerlei Zuhörerrückkopplung. Schade um die Mühe und Zeit, die Sie vergeblich investiert haben. Schauen Sie sich deshalb auf der Skizze an, wie ein Vortragsmanuskript aussehen sollte.

Manuskript zum Ablesen (falsch)

A

ZUVIEL TEXT

Wenn schon ablesen, dann wenigstens so (richtig)

B

LEICHTER ABZU-LESEN

Vorteile von B

Übersichtlicher für den Redner
Leichter abzulesen
Bessere Atemtechnik ist gewährleistet
Das Satzende tritt besser hervor, ein Signal, die Stimme zu heben oder zu senken
Textstellen werden leichter gefunden
Das zu schnelle Sprechen wird automatisch reduziert
Wenigstens etwas Blickkontakt wird dadurch ermöglicht

Stichpunktkarten

Nach der ersten Niederlage nehmen Sie sich vor, neue Mittel und Wege zu suchen, damit Ihr nächster Auftritt besser gelingt. Sie haben schon viel von der freien Rede gehört, aber wie macht man so etwas?

„Bei einzelnen Menschen habe ich keine Schwierigkeiten zu sprechen, nur wenn ich vor einer Gruppe reden soll . . ." – „Wenn ich bei einer Sitzung aufgefordert werde, aufzustehen und ein paar Worte zu sagen, bereitet mir das Probleme . . ." – „In der Gruppe fühle ich mich sicherer, aber wehe, ich soll vor sie hintreten!"

Wie oft höre ich solche und ähnliche Äußerungen!

Wenn Sie aber die Methoden und Techniken lernen und üben, die Ihnen hier angeboten werden, dann wird die freie Rede bald kein Problem mehr für Sie sein. Vor allem die Stichpunktkarten werden Ihnen dabei eine große Hilfe sein. Erstaunlicherweise ist dieses Hilfsmittel, so einfach es ist, wenig verbreitet. Wie gehen Sie damit um?

Kaufen Sie sich in einem Schreibwarengeschäft weiße oder auch farbige Kärtchen im Format 14,5 mal 10,5 oder 21 mal 14,5 Zentimeter. Wenn Sie farbige Karten wählen, ist Gelb zu empfehlen, weil es die Schrift deutlich hervortreten läßt. Kaufen Sie gleichzeitig genügend zusätzliche Karten für eine Ideenkartei. Außerdem brauchen Sie einen Kunststoffbehälter im dazupassenden Format für die Archivierung der Karten.

Machen Sie es sich zur Gewohnheit, stets einige Blankokarten bei sich zu führen. Legen Sie auch einige ins Handschuhfach Ihres Wagens. Sie werden feststellen, daß Sie sehr oft einen interessanten Einfall haben, den Sie dann sofort auf eine dieser Karten notieren sollten. (Siehe Kapitel „Ideenfindung".) Die Ideen, die Sie auf diese Weise sammeln, können Sie dann bei einer späteren Ausarbeitung eines Vortrages verwenden.

Wie Sie eine solche Ideenkartei aufteilen, ersehen Sie aus den folgenden Skizzen.

Das System bringt Ihnen unter anderem folgende Vorteile:

Wenig Verwirrung, weil nur Schwerpunkte notiert sind. Sie brauchen sich nicht mit dem Ablesen herumzuquälen. Sie können frei und lebhaft sprechen.

Gute Archivierungsmöglichkeiten der Karten. Einfach ein Gummiband darumspannen oder in dem vorerwähnten Plastikkasten aufheben.

Die Karten verhindern, daß Sie den roten Faden verlieren. Die Methode führt Sie auf den Weg zur freien Rede. Die Karten sind ganz besonders leicht zu handhaben. Sie können leicht sortiert oder ausgetauscht werden. Sie sind übersichtlich.

Natürlich sollten Sie neben Ihren Blitzideen auf diesen Kärtchen auch interessante Zitate, Anekdoten, Witze, Anfangs- und Schlußsätze, Erlebnisse usw. notieren. Eine Ideenkartei kann ein wahres Schatzkästchen für Sie werden.

Selbstverständlich können Sie einige dieser Notizen mehrfach verwenden. Zum Beispiel wenn Sie Aufzeichnungen über die menschliche Leistungskurve besitzen, die Maslovtheorie, Joharifenstermodell, Gesundheitstips, auch gewisse Marktanalysen, interessante Fallstudien, Entwicklungstendenzen usw., so sind diese – je nach Thematik – immer wieder einsetzbar.

Schreiben Sie auf diesen Kärtchen groß und deutlich, und notieren Sie auf den Karten wirklich fast nur Stichpunkte, also so wenig Text wie möglich. Numerieren Sie alle Karten oben rechts, die zu einer Idee oder einem Thema gehören. Unterstreichen Sie die wichtigsten Punkte mit Farbstift.

Haben Sie einen Punkt abgehandelt, legen Sie einfach die eine Karte beiseite und greifen nach der nächsten.

Wenn Sie zu den Karten gleich noch ein Abc- oder Zahlenregister kaufen, können Sie die Sache noch übersichtlicher gestalten. Unter der Voraussetzung, daß Sie dieses Ideenarchiv stets auf dem laufenden halten, das heißt Überholtes entfernen und Aktuelles ergänzen, wird es Ihnen eine wirklich wertvolle Hilfe für manche Redesituation sein.

Also: Verwenden Sie künftig die Stichpunktkartenmethode als Basis für die freie Rede.

Stichpunktkarte (Konzeptentwicklung und Redeformel)

Beispiel:

①
②
③
④
⑤

Stichpunktkarte (ständig mit sich führen!)

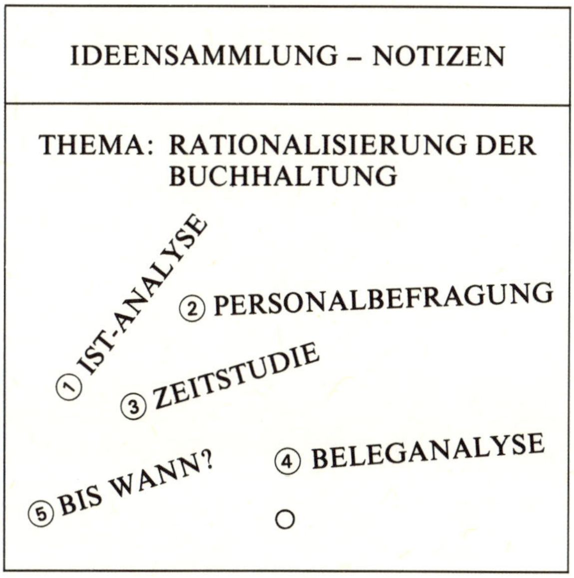

GESTERN	HEUTE	MORGEN
①	①	①
②	②	②
③	③	③
④	④	④
⑤	⑤	⑤

Stichpunktkarte
(eine weitere Aufteilungsmethodik)

Vorteile: Die Hauptideen sind übersichtlich und deutlich zu sehen. Einzelne Nebenpunkte, die Sie noch erwähnen können, sind festgehalten, und Beispiele aus der Praxis ermöglichen stets ein besonders freies Reden.

Stichpunktkarte (Prioritätsmethode)

EINLEITUNG		
Muß	Kann	Eventuell
● ● ● ● ●	● ● ● ● ●	● ● ●
SCHLUSS		

Vorteile: Einleitung möglichst ausführlich notiert, klare und übersichtliche Gliederung der Prioritätspunkte.
Die Punkte unter „Muß" müssen auf jeden Fall behandelt werden. (Im Manuskript müssen Sie diese erst suchen.) Die Punkte unter „Kann" und „Eventuell" stehen zur Verfügung für den Fall, daß Ihre Redezeit noch nicht abgelaufen ist.
Der Schluß ist ebenfalls ausführlich notiert.

Stichpunktkarte (Plus-Minus-Methode)

HAUPTGRÜNDE	
DAFÜR	DAGEGEN
● ● ● ● ●	● ● ●

Vorteile: Übersichtliche Gliederung der positiven und negativen Faktoren (besonders nützlich für die Entscheidungsfindung.). Die „Dafür"-Punkte sollten normalerweise überwiegen. Diese Karte ist nützlich, wenn Punkte einzeln an einen Flip-Chart geschrieben werden müssen. Sie stellt eine gute Argumentationsstütze dar.

Die Rede-Vortrag-Kombimethode

Hier sehen Sie ein Vortragskonzept zum Thema „Der Ursprung der großen Ölgesellschaften".

Auf der linken Seite stehen die wichtigsten Aussagen, die dem Referenten die Möglichkeit geben, sich nur an Hand eines ganz kurzen Blickes auf das Manuskript zu orientieren. Auf der rechten Seite sind Passagen ausformuliert, zum Ablesen, falls Bedarf dafür vorhanden ist. Auch diese Konzeptform hat sich in der Praxis außerordentlich gut bewährt.

KONZEPT

Vortrag:
Der Ursprung der großen Ölgesellschaften

A	B
Beginn 1859 erste Bohrung Titusville in Pennsylvanien von Edwin L. Drake.	Der Beginn der Mineralölindustrie wird allgemein in das Jahr 1859 gelegt, als Edwin L. Drake seine erfolgreiche Bohrung bei Titusville in Pennsylvanien niedergebracht hatte. Sie führte zur Entdeckung des ersten größeren Ölfeldes.
Es gab genug Nachahmer. Einziges Produkt aus Erdöl „Petroleum".	Alle Welt wollte es ihm nachmachen. Produktions- und Verarbeitungsgesellschaften schossen aus dem Boden, oft genug Einmanngruppen. Knappheit und plötzlicher Überfluß charakterisierten in schnellem Wandel den Handel mit Petroleum, das damals das einzige interessante Produkt darstellte.

KONZEPT

Vortrag:
Der Ursprung der großen Ölgesellschaften

A	B
Stabilisierung durch John D. Rockefeller.	Die Prospektoren entdeckten ständig neue Ölfelder, doch viele waren auch rasch erschöpft. Die junge Ölindustrie brauchte dringend ein stabilisierendes Element, das in Gestalt von John D. Rockefeller erschien.
J. D. R. handelte während des amerikanischen Bürgerkrieges erfolgreich mit Nahrungsmitteln und Kleidern.	Rockefeller hatte 1859 als Handelsvertreter seine selbständige geschäftliche Laufbahn begonnen. Er handelte während des amerikanischen Bürgerkrieges erfolgreich mit Nahrungsmitteln und Kleidung und expandierte bald auch in Petroleum.
Rockefeller gründete mit Morris Clark Raffineriegesellschaft 1863. Experte: S. Andrews.	Mit seinem Partner Morris Clark gründete er 1863 eine Raffineriegesellschaft, zu der auch Samuel Andrews gehörte. Andrews war damals berühmt, daß er aus einer Tonne Erdöl mehr Petroleum herausholte als irgend jemand sonst in der Industrie.
Rockefeller nahm Geld auf und kaufte Anteile von Clark auf.	Die Raffinerie florierte. R. war bereit, Geld für starke Expansion aufzunehmen. Er kaufte die

KONZEPT **Vortrag:** **Der Ursprung der großen Ölgesellschaften** **A**	 **B**
	Anteile von Clark auf und brachte neue, reiche Partner ins Geschäft.
Rockefeller wurde 1870 Präsident der „Standard Oil Company".	Im Januar 1870 wurde er Präsident der Standard Oil Company, in der die Partnerschaft zwecks größerer Kapazität zur Kapitalbildung aufging.

(Ausgearbeitet von Herrn Gunter Schulz)

Übung: Erarbeiten Sie selbst eine Disposition mit Stichpunkten und voller Ausführung zu einem beliebigen Thema.

Weitere Arbeitsblätter sind die Redevorbereitungsbogen A und B, der Aufbau einer Rede nach Gedankenzellen, der Manuskriptbogen als Gesamtübersichtsbogen und das Manuskript mit Zeitkontrollplan, die alle im folgenden vorgestellt werden.

Redevorbereitungsbogen A	
(Für die Grob- u. Feingliederung der Punkte)	
① ☐ ○ ○ ○	*________ ________ ________ ________
② ☐ ○ ○ ○	________ ________ ________ ________
③ ☐ ○ ○ ○	________ ________ ________ ________
④ ☐ ○ ○ ○	________ ________ ________ ________

- ● 1 Einleitung
- ● 2+3 Hauptteil
- ● 4 Schluß
- * Textteil als Manuskript

Redevorbereitungsbogen B

Dieser Redevorbereitungsbogen wurde in die Punkte – Was, Wann, Wo, Weshalb, Warum, Wie – eingeteilt, die Ihnen helfen, wichtige Fragen zu beantworten. Mit dieser Methode können Sie Gründe dafür und dagegen in übersichtlicher Form aufschreiben.

Redevorbereitungsbogen B	
1. Was	O Vortrag O Referat O Diskussion O Besprechung O Training
2. Wann	16. September, 19......, um 10.30 Uhr
3. Wo	Abc-Unternehmensberatung, Darmstadt Schubertstraße . . . – Konferenzraum –
4. Weshalb	Podiumsdiskussion – 10 Teilnehmer –
5. Warum	Rationalisierungsideen 1981
6. Wie	• • • • • • • •

(Für die Zielsetzungsbesprechung)

Aufbau einer Rede in Stufen

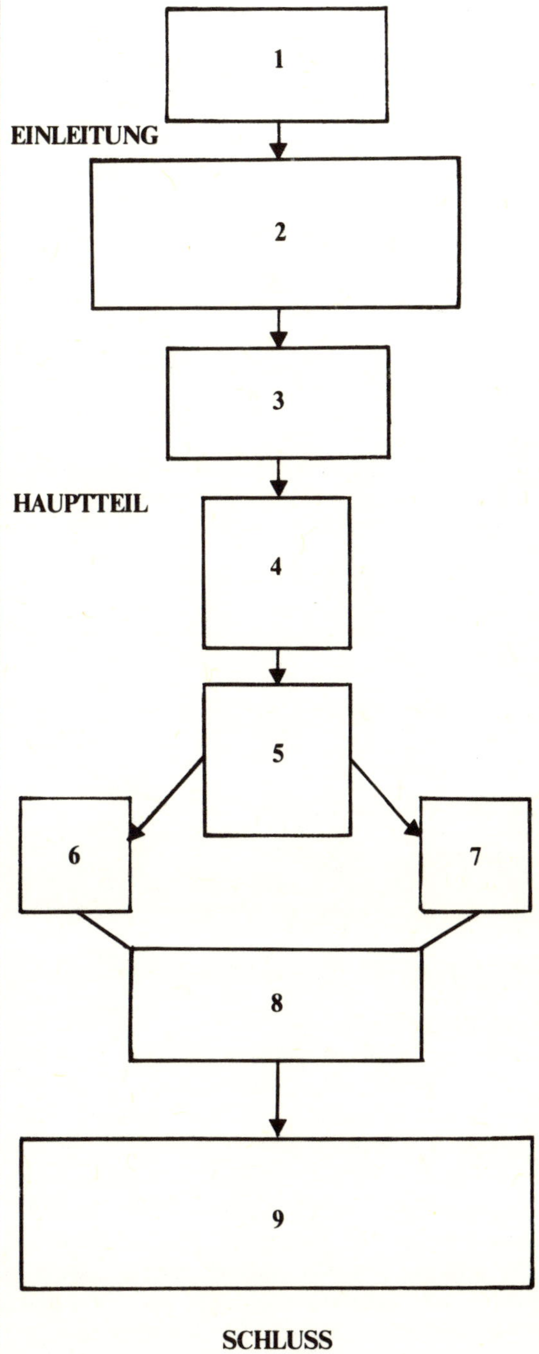

Manuskriptbogen (Übersichtsbogen)	
Einleitung	
Hauptteil	**Nebenpunkte**
①	
②	
③	
④	
Schluß	

Manuskript mit Zeitkontrollplan

Eines der Hauptprobleme vieler Redner ist, daß sie sich nicht an die vorgegebene Redezeit halten. Wer sich auf seinen Vortrag konzentriert, weiß oft nicht, wie viele Minuten Redezeit ihm noch verbleiben. Deshalb ist ein Manuskript mit Zeitkontrollplan von Vorteil.

Auf der linken Seite vermerken Sie Ihren Minutenetat für die einzelnen Phasen. Auf der rechten Seite können Sie mit einem Blick erkennen, wieviel Zeit Sie noch zur Verfügung haben, um die restlichen Punkte abzuhandeln. Mit diesem Zeitkontrollplan kommen Sie mit Ihrer Redezeit besser hin.

Manuskriptbogen mit Zeitkontrollplan

Minutenetat des Vortrages	Thematik	48
5	Einleitung	43
5	**Hauptteil** Punkt 1	38
8	Punkt 2	30
10	Punkt 3	20
10	Punkt 4	10
5	Punkt 5	5
5	Schluß	0
48		–

Technische Hilfsmittel

„Ein Bild sagt mehr als tausend Worte.“

Technische Hilfsmittel erleichtern Ihnen den Vortrag ungemein. Für den Zuhörer bedeuten sie, durch das gleichzeitige Sehen u n d Hören, eine optimale Haftwirkung. Manche Menschen tun sich mit der Technik sehr schwer. Wer Schwierigkeiten damit hat, muß sich in die Technik zu vertiefen suchen, denn die technischen Hilfsmittel gehören heute zu der erfolgreichen Darbietung. Wenn es überhaupt nicht klappt, dann muß eine Hilfsperson zur Bedienung der Technik hinzugezogen werden. Folgende Punkte sollten beachtet werden:

Die richtige Auswahl der technischen Hilfsmittel.
Die richtige Vororganisation.
Die richtige Einstellung der Geräte, um eine genaue Übereinstimmung zwischen dem Gesagten und dem optischen Bild zu erzielen.
Sicherstellung, daß alles komplett und intakt am Ort der Durchführung ist.
Endkontrolle kurz vor Beginn der Redeveranstaltung.
Folgende technische Hilfsmittel können Ihnen von Nutzen sein:

A Audiokassetten
Audiovisuelle Bänder

B Bildschirm
Bildstreifenprojektor

D Demonstrationsobjekte
Diagramme
Diaprojektor
Dias

E Episkop

F Flip-Flap-Chart
Folien und Transparente

G Glastafel

L Lautsprecheranlage
Leinwand

M Magnettafel
Mikrofon
Moltonhafttafel
Monitor
Multivision

N Nylonflächenwand

P Pinwand

S Schallplatte
Schaubilder
Schaukasten
Schaustücke
Simultanübersetzungsanlage
Stecker

T Tageslichtprojektor
Talkmaster
Telefontrainingsanlage
Tischsteckdosen
Tonbänder
Tonbandgerät
Tonbildprojektor
Tonbildschau
Tonkassetten
Transportable Mikrofonanlage

V Verlängerungskabel
Verstärker
Videorecorder
Viewmaster

W Wandtafel

Überzeugung durch Visualisierungstechniken

Eine Erkenntnis lautet: Niemand kann einen anderen überzeugen, das muß jeder für sich selbst tun.
Die Bedeutung dieser Erkenntnis macht bewußt, daß wir niemanden überzeugen können, aber jedem dabei helfen, sich selbst zu überzeugen.

Wie können wir unsere Zuhörer besser informieren, so daß sie sich selbst schneller überzeugen?
Um diese Frage zu beantworten, müssen wir uns mit fünf verschiedenen Teilaspekten beschäftigen.

1. Die Wirkung der optischen Informationsaufnahme bewußtmachen
2. Wie kann die Verständlichkeit von Botschaften erhöht werden?
3. Die Bausteine der Visualisierung kennen und beherrschen lernen
4. Die systematische Strukturierung von Inhalten berücksichtigen
5. Das richtige Medium für die visuelle Botschaft auswählen

Um in Zukunft schneller überzeugen zu können, sollen diese fünf Teilaspekte im einzelnen behandelt werden.

1. Die Wirkung der optischen Informationsaufnahme bewußtmachen

Es ist eine alte Tatsache, daß neben der akustischen Aufnahme die optische Aufnahme von Informationen von gleich hoher Bedeutung ist. Die Aufnahme von Informationen kann um ein Vielfaches erhöht werden, wenn die akustische (Hören) und optische (Sehen) Aufnahme beim Zuhörer parallel erfolgen. Diese Tatsache ist in verschiedenen Untersuchungen erforscht worden; deshalb gibt es in der heutigen Literatur unterschiedliche Werte zur Aufnahmekapazität.
Generell kann man jedoch sagen, daß sich die Aufnahmefähigkeit bei parallel Gehörtem und Gesehenem mehr als verdoppelt. Eine Untersuchung der American Audiovisuell Society, Chicago, hat gezeigt, wie schnell gehörte und gesehene Informationen vergessen werden. Bereits nach drei Stunden ist ein erheblicher Abfall der Werte bei nur Gehörtem und nur Gesehenem zu verzeichnen. Bei parallel Gehörtem und Gesehenem jedoch werden selbst nach drei Tagen noch 65 Prozent der Informationen behalten. Wenn wir heute einen Vortrag mit vielen Fakten und Daten hören, die Entscheidungsdiskussion jedoch erst in acht Tagen erfolgen soll, so ist leicht zu erkennen, daß die Teilnehmer der Entscheidungsdiskussion sich kaum noch an die wesentlichen Fakten und Daten erinnern können. Deshalb erleben wir in solchen Diskussionen häufig Allgemeinaussagen und keine konstruktiven Beiträge.

Wer einmal den erhöhten Wert der Aufnahme von gehörten und gesehenen Informationen bei seinen Zuhörern erlebt hat, wird sich in Zukunft weiterhin der Mühe unterziehen, wesentliche Teile seines Vortrags zu visualisieren.

Die Erkenntnis ist wichtig, daß nicht nur die Bildaussage oder die Visualisierung der Information bereits die Aufnahmefähigkeit erhöht, sondern erst das parallele Vortragen von akustischen und visuellen Botschaften.

2. Wie kann die Verständlichkeit von Botschaften erhöht werden?

Um Vortragsinhalte überzeugend aufzubereiten, haben sich aus langjähriger Erfahrung vier Dimensionen der Verständlichkeit – wie ich sie nenne – herauskristallisiert.

Bei jedem Vortragsteil muß die Aufmerksamkeit der Zuhörer neu erworben werden. Deshalb ist es nützlich, die vier nachfolgenden Dimensionen bei der Vortragserstellung zu berücksichtigen:

Dimension 1: Einfachheit
- Verständliches Deutsch verwenden
  - Fremdwörter vermeiden
  - Kurzsätze mit wirksamen Verben formulieren
  - Themenbereiche mit Begriffen kennzeichnen
  - Schreiben, wie man spricht
- Überforderung der Zuhörer vermeiden
  - Keine Überschätzung des Wissensstandes
  - Keine Unterforderung der Intelligenz
  - Keine Vollständigkeit anstreben, sondern wichtige Punkte getrennt abhandeln und in einen Zusammenhang stellen
- Die Anschaulichkeit von „Bildern" nutzen
  - Im Fachbereich übliche Symbole verwenden
  - Die Faszination bildreicher Aussage mit ihrer ganzen Subjektivität einsetzen

Dimension 2: Gliederung und Ordnung
- Orientierungshilfen geben
  - Der Zuhörer muß jederzeit wissen, an welcher Stelle des Vortrags er sich befindet
  - Zu jedem neuen Punkt eine Orientierungsphase einbauen, damit die volle Aufmerksamkeit wiedergewonnen wird
  - Agenda zum Vortragsablauf verteilen
- Gedankliche Übersichten schaffen
  - Ziele, Ausblicke, Rückblicke, Zusammenfassungen geben
  - In Bereiche, Stufen, Phasen, Wege, Blöcke, Kapitel, Gruppen, Segmente, Teile und Aufgaben gliedern
  - Unterteilen in Grob- und Feinziele, Haupt- und Nebenpunkte, Primär- und Sekundärprobleme
- In logische Abläufe ordnen
  - Komplizierte Zusammenhänge vereinfachen und gedanklich nachvollziehen lassen
  - Nacheinander vorgestellte „Einzelbilder" verschmelzen zu einem Gesamtbild
  - Aber keine Zerstückelung von Inhalten

Dimension 3: Kürze und Prägnanz
- Wenige Erklärungen geben – viel Nutzen aufzeigen
  - Vorschläge machen, gegenüberstellen von Pro + Kontra, Vor- + Nachteilen, gut + schlecht, falsch + richtig, Empfehlung + Ablehnung
  - Nicht nur positive, sondern auch negative Aspekte eines Vorschlags kritisch prüfen und vom Zuhörer nachvollziehen lassen
  - Hypothesen aufstellen und begründen
- Erkenntnisse schaffen
  - Empfehlungen an Hand von Beweisen nachvollziehen lassen
  - Nicht zu viele Einzelideen vorstellen, sondern wenige kontrastreiche
  - Aha-Erlebnisse sowie Erfolgserlebnisse schaffen
- Aus Textinhalten Grafiken entwickeln
  - Komplizierte Vorgänge in grafische Denkmodelle umsetzen
  - Schematische Übersichten schaffen
  - Klassische grafische Darstellungen verwenden

Dimension 4: Zusätzliche Stimulanzien
- Mit Fragen Interesse wecken
  - Fragetechniken einsetzen
  - Fragen stellen und selbst beantworten
  - Vorschläge und Lösungen in Frage stellen und zur Eigenüberzeugung der Zuhörer Punkt für Punkt beweisen
- Motivieren durch Lob und Anerkennung
  - Nicht nur Fakten bringen, sondern auch Gefühle ansprechen
  - Psychologische Bedürfnisse befriedigen
  - Bei nachlassender Aufmerksamkeit die Zuhörer mit Zitaten neu fesseln
- Wirksame Schlußsätze formulieren
  - Hinführen zur Diskussion
  - Aufforderung zur Handlung
  - Appellieren an Mithilfe
  - Tips zum weiteren Vorgehen geben
  - Gemeinsam Vorsätze vereinbaren

3. Die Bausteine der Visualisierung kennen und beherrschen lernen

Die Visualisierung erleichtert die Informationsaufnahme auch von komplexen Inhalten. Es

gibt verschiedene Bausteine, die man zur unterstützenden Visualisierung einsetzen kann: grafische Hilfsmittel, Diagramme, Funktionsabläufe, perspektivische Zeichnungen, Fotos und Systemabbildungen, Denkmodelle.
Als grafische Hilfsmittel bezeichnen wir die Schrift, Unterstreichungen, Einrahmungen, aber auch Punkte zur Aufzählung, Pfeile, um der Information eine Richtung zu geben, Sterne, um zu gliedern, Einrahmungen, um Wichtiges hervorzuheben, und Farbe, um optisch Informationen herauszustellen.

Bei der Verwendung von Diagrammen können wir auf verschiedene Diagrammformen zurückgreifen. Die gebräuchlichsten sind Kurvendiagramm, Kreisdiagramm, Säulendiagramm, Stabdiagramm. Darüber hinaus können wir jedoch auch Kreuzdiagramme, Körperdiagramme, Achsenkreuzdiagramme, Gebietsgrafiken und jede Form der Matrix zur bildhaften Aussage von Fakten und Daten verwenden. Wichtig ist für den Vortragenden zu überprüfen, welche Diagrammform die am besten zu verwendende und eindeutigste für den Zuhörer ist.

Da viele Informationen, die wir übermitteln wollen, nicht rein statisch sind, sondern sich besser in Prozeßabläufen darstellen lassen, können wir auf Funktionsabläufe nicht verzichten. Ein Kaufentscheidungsprozeß läßt sich schwerlich in einem Diagramm darstellen, jedoch leicht in einem Funktionsablauf von der Anregungsphase über die Informationsphase und Entscheidungsphase bis zur Bestätigungsphase eines Kaufaktes. Bei Produktionsprozessen, die zu schildern sind, können wir auf Funktionsabläufe nicht verzichten.

Um Bildaussagen möglichst plastisch und wirkungsvoll vorzutragen, sollten wir perspektivische und räumliche Zeichnungen – dort, wo sie möglich sind – verwenden. Perspektivische Zeichnungen sind für die Wahrnehmung besonders reizvoll. Um Kästen, Pfeile und Stabdiagramme interessanter zu machen, ist es nicht schwer, perspektivische Zeichnungen hiervon anzufertigen.

Am wenigsten abstrakt sind Fotoabbildungen, die jedoch bei den verschiedenen visuellen Medien unterschiedlich schwer zu erstellen sind. Komplexe Prozesse lassen sich leichter in Systemabbildungen verdeutlichen, die jedoch nicht immer gleich im vollen Umfang dargestellt werden sollten, sondern sich langsam für den Betrachter Stück für Stück mit einzelnen Lernschritten zu einem Gesamtbild ergänzen sollten.

Darüber hinaus bieten sich für viele individuelle Vortragsinhalte jeweils eigene visuelle Informationsmodelle an, die wir einfach Denkmodelle nennen wollen. In diesen Denkmodellen finden sich häufig mehrere Einzelelemente der vorgenannten Bausteine wieder. Logisch und konsequent aufgebaute Denkmodelle, in visueller Form dargestellt, haben häufig einen besseren Behaltenswert als viele Worte eines Vortrags. Da diese Denkmodelle immer eine individuelle Information verkörpern und sich von anderen Informationen immer stark differenzieren, kann der Zuhörer diese vorgetragenen Gedanken leichter speichern und bei späteren Diskussionen auf sie zurückgreifen.

4. Die systematische Strukturierung von Inhalten berücksichtigen

Der Vortragende ist meistens genötigt, viele Einzelbilder darzustellen, die sich am Schluß im Kopf der Zuhörer wie ein Puzzlespiel zu einem Gesamtbild zusammensetzen sollen. Die mit Informationen überfluteten Zuhörer sind jedoch in den wenigsten Fällen geneigt, sich die „Puzzleteile“ eines Vortrags am Schluß selbst zu einem Gesamtbild zusammenzusuchen. Deshalb muß der Vortragende systematisch strukturiert seine Botschaft vortragen.
Am Anfang steht die Grobstruktur, die eine Art Inhaltsverzeichnis oder die Agenda des Vortrags darstellt. Die einzelnen Punkte der Grobstruktur werden dann in eine Mittelstruktur aufgelöst, die dann wiederum die Daten und Fakten einer Feinstruktur umfassen. Hat man die Darstellung der Feinstruktur abgeschlossen, werden alle Zuhörer wieder zum nächsten Punkt der Grobstruktur zurückgerufen. Damit wird selbst der Zuhörer, der die Feinstruktur nicht ganz verstanden hat, wieder für eine volle Aufmerksamkeit zurückgewonnen. Die Grob-, Mittel- und Feinstruktur begleiten dann den gesamten Informationsinhalt bis zur Zusammenfassung am Schluß des Vortrags. Besonders bei der Visualisierung von Vortragsinhalten hat sich eine systematische Strukturierung bewährt.

	Handhabung	Eigenproduktion der Software	Wirkung auf die Zuhörer
	Einfach Flexibel im Vortrag Mobil Ständiger Blickkontakt zum Zuhörer Umfang begrenzt Zu klein bei großem Zuhörerkreis	Leicht bei Schemata Schriften und Zeichnungen erfordern Übung Grafiker zu Hilfe nehmen Bildmontage möglich Fotografische Vergrößerungen verwendbar	Überschaubar auch für komplexe Inhalte Erleichtert Infoaufnahme auch bei kurzen Konferenzen Verstärkt das Wichtige Vorteil: Für die Diskussion können alle Charts nebeneinandergestellt werden
	Nach kurzer Einübung leicht Ergänzungen während des Vortrags machbar Rückblenden jederzeit möglich Diskussionsbeiträge sofort festhaltbar Blickkontakt wird beim Schreiben unterbrochen Begrenzte Abfolge	Die erforderlichen Großschriften setzen zeichnerische Fertigkeiten voraus Vorgefertigte Charts möglich Grafiker zu Hilfe nehmen Für komplexe Darstellungen (Abläufe) empfehlenswert Korrekturen aufwendig Nicht fotokopierfähig	Aktuell und aktiv Plakative Übersicht auch bei komplexen Inhalten Sicherer Rückgriff auf dargestellte Fakten Vorteil: Für die Diskussion können alle Blätter an eine Wand geheftet werden
	Stellwände oder spezielle Wandbeschaffenheit nötig Technik der Haftung beachten (Magnet, Kleber, Nadel usw.) Kärtchentechnik zur Einbeziehung der Zuhörer setzt Übung und Erfahrung voraus Vortragsform mit anschließendem Szenario möglich	Gut für wachsende Darstellungen mit vorbereiteten Einzelbildern (Kärtchen) zu komplexen Übersichten Zuordnung der Kärtcheninhalte zueinander leicht veränderbar durch Umstrukturierung	Moderne Kommunikationstechnik Der Lösungsprozeß wird miterlebt Aktiviert und fordert zur Ergänzung auf Einbeziehung der Teilnehmer schafft Vertrauen
	Vortragsübung erforderlich für Schreibprojektion auf Endlosfolie Mit ausgearbeiteten Folien leichter Vortrag Ständiger Blickkontakt Die Darstellung verlangt einen strukturierten Inhalt Mobil und stationär Spezialleinwand erforderlich	Folienfolge verlangt strukturierten Ablauf Foliengestaltung setzt Übung voraus (Farbe möglich) Bei vorgedruckten Folien kann Vorbereitungszeit gespart werden Angebot von fertigen Folien nutzen Papiervorlagen auf Folie fotokopierbar	Text ist abstrakt Grafik ist anschaulich Bei parallelem Vortrag von Bildteil und Sprechtext leichte Informationsaufnahme „Zahlenfriedhöfe" verwirrend Informativ, aber bei zu vielen Folienmotiven ermüdend Folien fotokopierfähig als Diskussionsunterlage
	Nach kurzer Übung leicht Die Technik erfordert das Bedienenkönnen Referent muß sich in verdunkeltem Raum durchsetzen können Mit Zusatzgerät schnelle Bildanwahl möglich Bei Doppelprojektion weiche Überblendung ohne Dunkelphasen	Diafolge verlangt strukturierten Ablauf Diaerstellung erfordert Fotograf und Kopieranstalt Diamotive brauchen Bilder und Farbe Gut für Abläufe von sich ändernden realen Situationen	Sehr anschaulich Hohe Bildqualität Repräsentativ Spricht neben der Ratio auch das Gefühl an Der apparative Aufwand kann störend wirken

(Visuelle Geräte zum persönlichen Vortrag mit Auswahlkriterien)

5. Das richtige Medium für die visuelle Botschaft auswählen

Keine Präsentation gleicht der anderen. Jeder Präsentator hat unterschiedliche Erfahrungen und Einstellungen zu den in der Tabelle aufgezeigten Medien. Eine pauschale Bewertung für alle persönlichen Vortragsmedien gibt es nicht. Dafür sind die Vortragsinhalte und die Vortragenden zu verschieden. Die Auswahl des richtigen Mediums sollte nach den Kriterien der Handhabung, des Aufwands der Software-Eigenproduktion – also des Inhalts – und der Wirkung der Medien auf die Zuhörer erfolgen. Diese Auswahlkriterien liegen der nachfolgenden Tabelle zugrunde und sind ergänzend hinsichtlich der Erfahrung des Präsentators, des Konferenzortes, der Zuhörer, der Bedeutung des Inhalts und der zur Verfügung stehenden Zeit zu prüfen. Die Hinweise in der Tabelle, die keinen Vollständigkeitsanspruch erheben, sollen hier eine Hilfe darstellen. Natürlich lassen sich die Medien auch kombinieren, so etwa Tageslichtprojektor für den Vortragsteil und Flip-Chart für die Diskussion. Aber Vorsicht beim ungeübten Einsatz von mehreren Medien.

Zum Schluß die Kernfrage: Lohnt sich der Zeitaufwand der Visualisierung? Jeder Vortragende weiß nach der Visualisierung seines Vortrags, wie zeitraubend die Fertigstellung von visuellen Vorlagen – der Software – ist. Aber diesem Zeitaufwand eines einzelnen oder einer kleinen Gruppe steht auch die enorme Zeiteinsparung durch schnelles Verstehen bei vielen Zuhörern gegenüber. Generell kann man sagen, der Zeitaufwand und persönliche Einsatz lohnt sich. Denn es gilt: Wer die Chance bekommt vorzutragen, hat auch die Chance, sich selbst zu profilieren. Das Geheimnis des Erfolgs liegt dabei in der visuellen Vorbereitung des Vortrags.

Literaturhinweis:

Berger, Horst-Sven: Mit der richtigen Präsentations-Strategie schneller überzeugen. Ein Folien-Lehrprogramm, erschienen im Jünger Verlag, Offenbach 1980.

Ideen für Skizzen, Diagramme und Grafiken

Es folgen einige Anregungen und Ideen, die Sie möglicherweise bei einer Ihrer Reden, einem Vortrag oder einer Präsentation erfolgreich einsetzen können.

Visualisierungs-Ideen

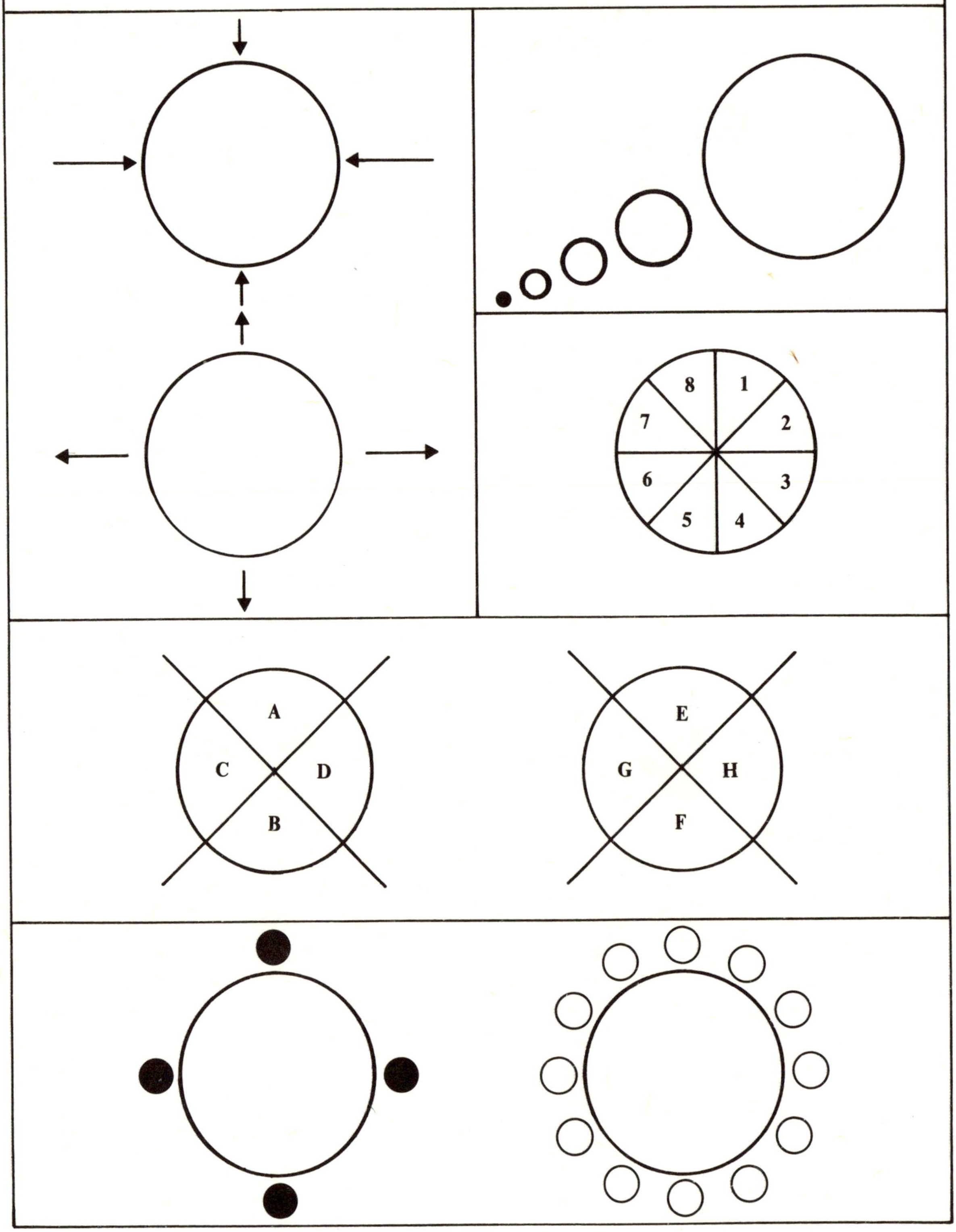

Visualisierungs-Ideen

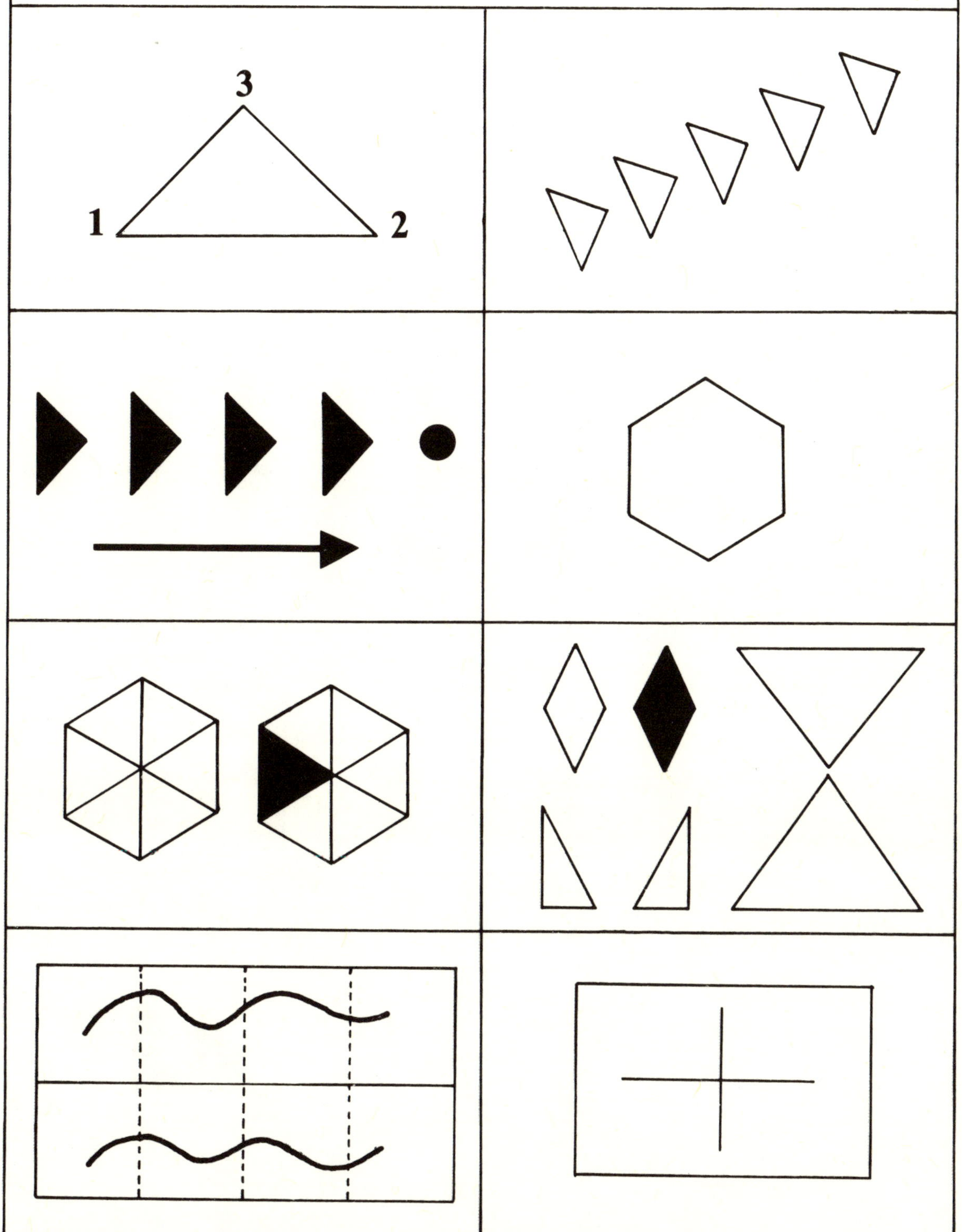

Visualisierungs-Ideen

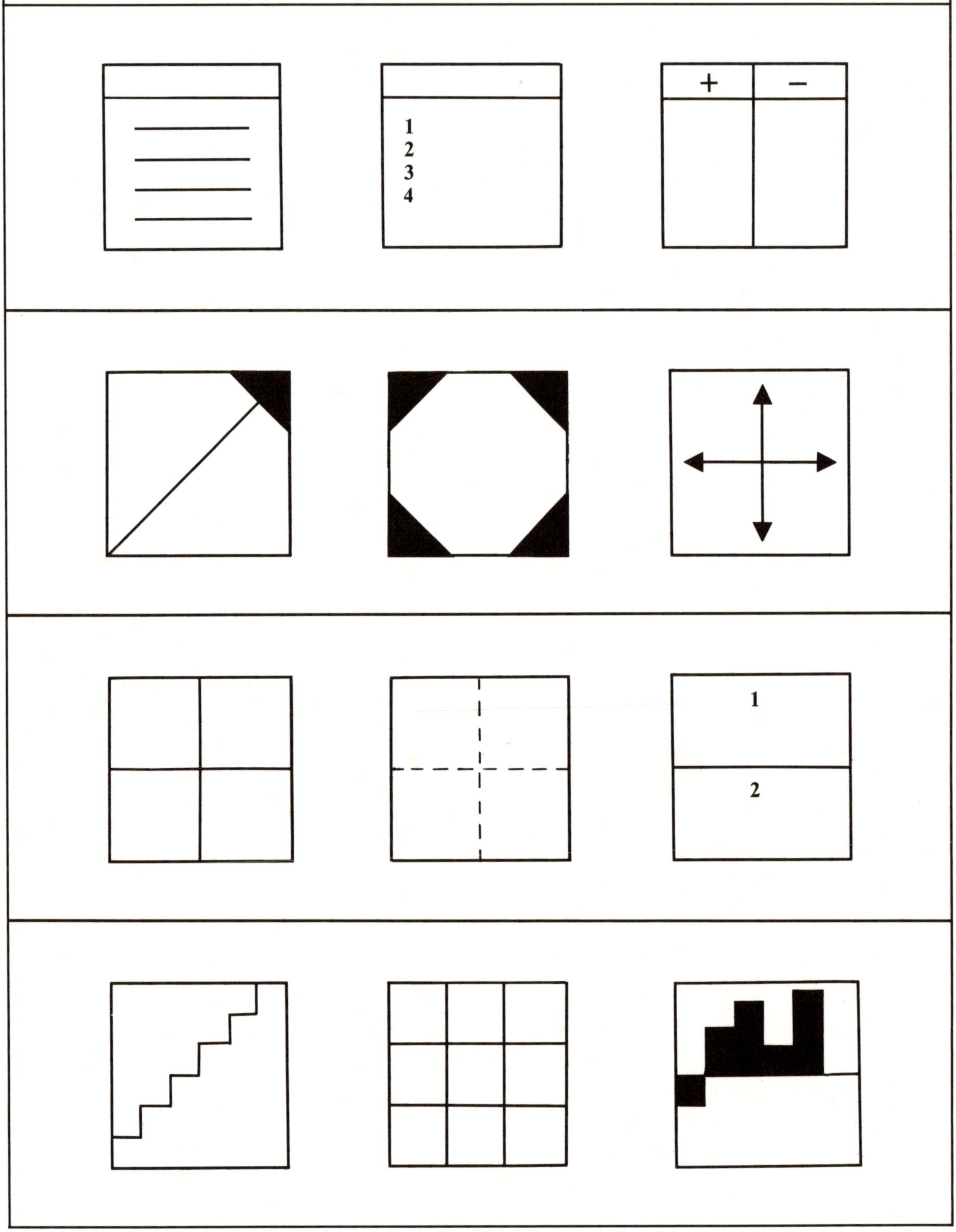

Visualisierungs-Ideen

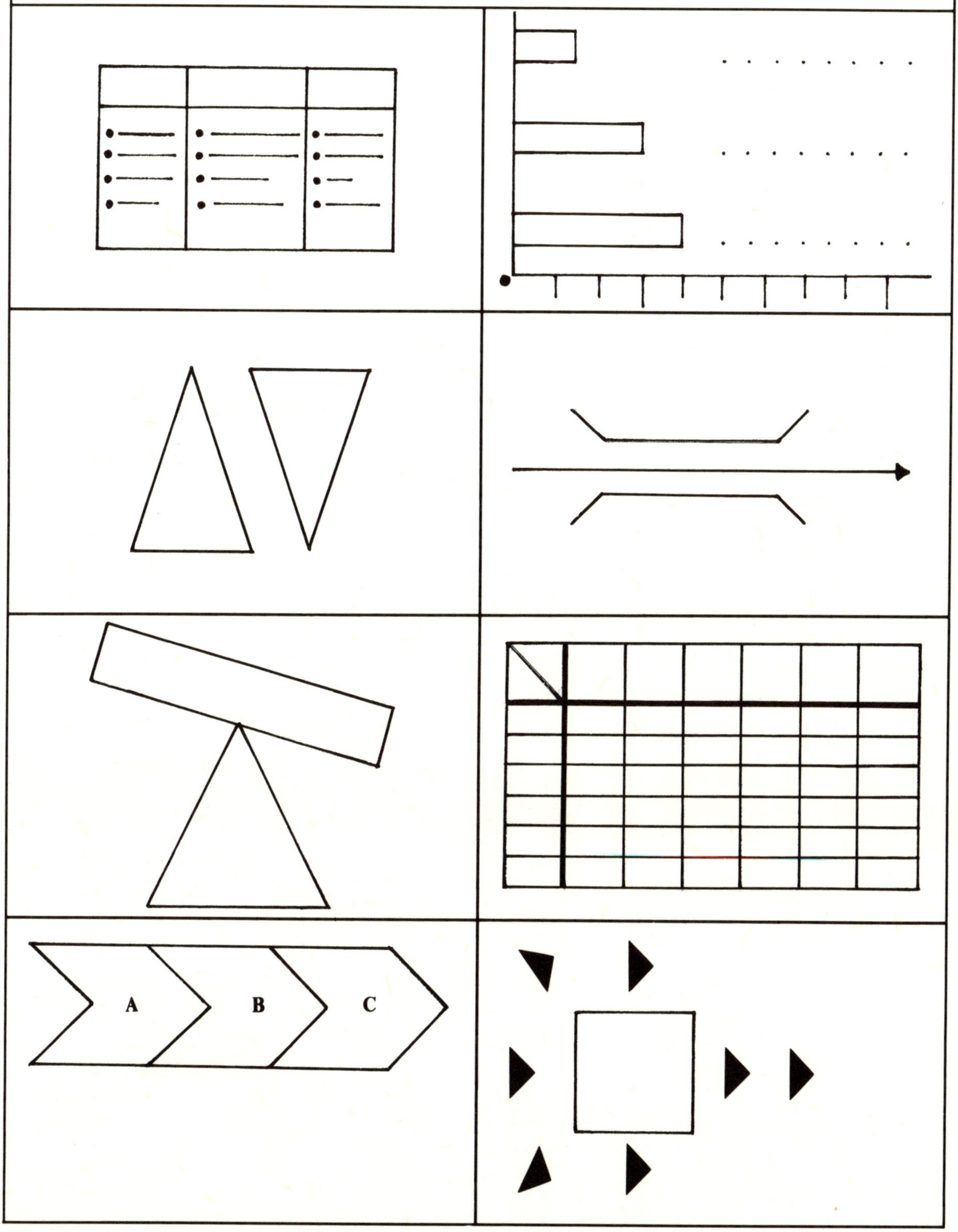

Visualisierungs-Ideen

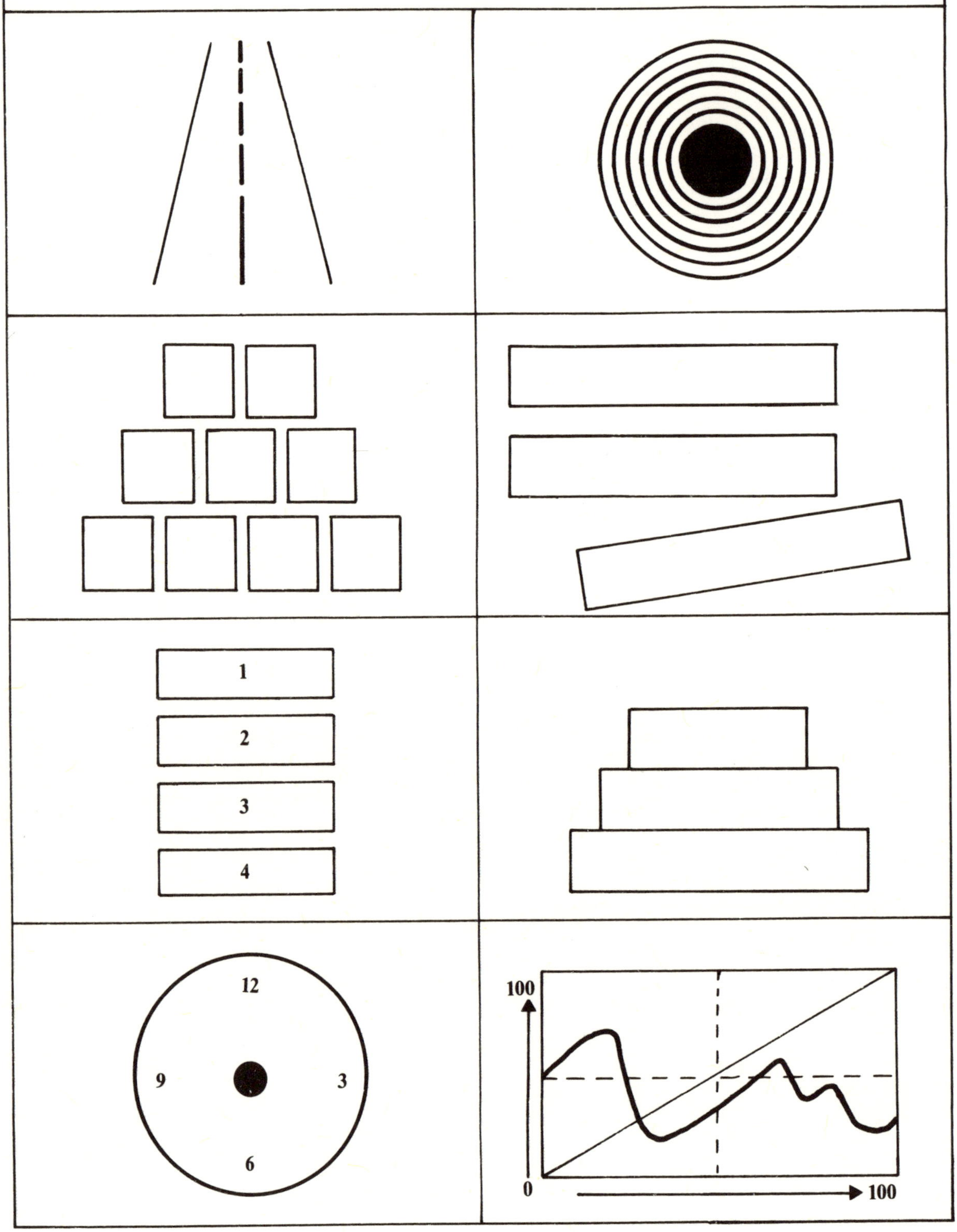

Die wichtigsten Redeformeln der Redepraxis

Ausarbeitung eines Referates – Die AIDA-Formel – Antrittsrede bei einer Firma – Betriebsfest – Rede des Chefs – Damenrede – Dankrede – Eröffnungsformel – Einweihungen – Festrede – 5-Punkte-Formel – Gelegenheitsrede – G-H-M-Formel – Handzettelformel – HELGA-Formel – Gesprächsmethode – Hochzeitsrede – Informationsrede – Juristenformel – Kampf- oder Verteidigungsrede (die römische Rede) – Rahmenrede – Rednervorstellung – Zehn Schlüsselbegriffe für die Konzeptentwicklung – Schlußformel – Standpunktformel – Tischrede (Gast) – Trauerrede – Vorstellung eines neuen Mitarbeiters – Vortragsgestaltung in der Antike – Das Plädoyer – Die Predigt – Aufgaben – Die verschiedenen Redeformen und ihre Wirkungsweise

Wer kennt nicht die bange Frage: „Wie soll ich den Vortrag – oder die Präsentation – in der Kürze der Zeit vorbereiten?" Und außerdem: „Was bringe ich überhaupt?" Schon viele saßen vor einem leeren Blatt Papier und haben sich diese Fragen mit Recht gestellt. Eine verhältnismäßig wenig bekannte Methode ist die Anwendung von Redeformeln.

Sie sind ein nützliches Gerippe, nach dem Sie sich richten können, denn die Redeanlässe wiederholen sich häufig. Der Ort, die Personen, die Fakten und die Daten ändern sich natürlich. Wenn Sie also wieder einmal reden müssen, dann schauen Sie sich ruhig einmal diese Formeln an. Sie sind als kleine Hilfen gedacht. Auf den Seiten 72–90 haben wir Ihnen sehr ausführlich einige Ideen zur Stichpunktkartei und zu diversen Themenbearbeitungsblättern vorgestellt. Nützen Sie diese Anregungen für Ihre Ausarbeitungen aus.

Fangen Sie zuerst einmal mit dem folgenden Themenausarbeitungsbogen an. Die verschiedenen Punkte sollen Ihnen bei der Strukturierung Ihres Vortrags helfen. Suchen Sie sich dann die für Sie in Frage kommenden Redeformeln heraus. Die wichtigsten und gebräuchlichsten Redeformeln der Rednerpraxis sind aufgelistet. Mit zunehmender Erfahrung und Routine können Sie sich mit der Zeit selbst ähnliche Formeln, für Ihre speziellen Belange, stichpunktartig ausarbeiten und in Ihrer Vortragsideenkartei archivieren.

Ausarbeitung eines Referates

Einleitung – sie muß schnell zum Thema hinführen

Hauptteil – was wesentlich ist, sollte gleich gebracht werden

Schluß	– bringen Sie die wirkungsvollsten Gedanken an das Vortragsende (Appell)

Themenausarbeitungsbogen (Eine kleine Themenbearbeitungsübersicht)	
Was	Titel Untertitel Definition Einstieg – Einleitung
Warum	Hauptproblem Fragen Hauptfehler Test: Ist/Soll
Wann	Zeit Ort Privat – Beruf
Wie	Regeln Skizzen Erklärungen Tips und Hinweise Zitate Ratschläge Zusammenfassung Übungen
Wo	Erlebnisse Beispiele Anekdoten Personen Quellen und Fundgruben
Weshalb	Vor- und Nachteile Plus – Minus Nutzen Ist/Soll-Vergleich
Wieso	Vorteile Verbesserung

Die AIDA-Formel

A ufmerksamkeit
I nteresse
D efinition der Grundgedanken
A bschluß

Antrittsrede bei einer Firma

Welche Aufgabe erwartet Sie?
Bringen Sie Freude darüber zum Ausdruck
Schaffen Sie Kontakt und Sympathie
Bitten Sie Ihre neuen Kollegen um Unterstützung und um eine gute Zusammenarbeit

Betriebsfest – Rede des Chefs

Stichpunkte	Anregungen
Begrüßung:	Vorstands-, Aufsichtsratmitglieder, Ehrengäste, Betriebsangehörige und, wenn geladen, deren Ehepartner, sonstige Gäste
Begründung:	Nach langer gemeinsamer Arbeit sollte das gemeinsame Feiern nicht vergessen werden. Verbundenheit deutlich machen usw.
Dank:	Für die erfolgreichen Leistungen der vergangenen Monate. Auch auf die zukünftige gute, gemeinsame Arbeit hinweisen usw.
Kurze Verlaufsangabe des Festes:	Festessen – Tanz – Vorführungen – Tombola – Gesellschaftsspiele usw.

Damenrede

Stichpunkte	Anregungen
Dank:	Für die Einladung
Anerkennung:	Für die Dame des Hauses
Lob aller anwesenden Damen:	Gut, daß sie anwesend sind, da sie dem Fest erst den richtigen Rahmen geben, usw. Vergleiche mit Blumen usw. möglich
Dank:	Die Herren auffordern, auf das Wohl der Damen anzustoßen

Dankrede

Stichpunkte	Anregungen
Anrede:	Person, Gruppe oder Firma
Rückblick:	Was war gestern, kurze Einzelheiten
Herausstellung:	Einzelne größere Leistungen

Danksagung:	Betrifft Einzel- wie Gruppenleistungen
Zukunft:	Wie könnte es werden?
Schluß:	Kurze Zusammenfassung, Appell

Zehn Dispositions- und Ablaufgrundregeln

1. Zielfestlegung (eigene und die des Auftraggebers)
2. Zuhöreranalyse
3. Ideenentwicklung
4. Quellen und Fundgruben
5. Ausarbeitung
   - Einstieg
   - Hauptteil
   - Schluß
   - Appell
6. Technische Hilfsmittel
   - Folienideen
   - Grafiken
   - Folien und Transparente
7. Trainingsphase
8. Psychologische Einstimmung
9. Organisation für den Vortrag
10. Rede – Vortrag – Präsentation

„Alle Fehler verzeihe ich gern, nur nicht Fehler in der Disposition." (Herder)

Eröffnungsformel

Anrede
Eröffnung
Begrüßung
Referent
Thema
Worterteilung

Einweihungen
(als Toast)

Das Geleistete herausstellen
Gestern
Heute
Morgen
Guten Verlauf wünschen

Festrede
(verschiedene Gelegenheiten)

Stichpunkte	Anregungen
Begrüßung:	Ehrengast (-gäste), alle Anwesenden
Anlaß der Feier:	Kurze Begründung, weshalb dieses Fest stattfindet. Familienfeste, Geburtstagsfeier, Einweihung, Jubiläum usw.
Vergangenheit:	Kurz das Leben des Gefeierten oder die Entwicklung einer Firma skizzieren, große Ereignisse, Ausschnitte bis zum heutigen Tag
Zukunft:	Die Aussichten, gute Wünsche usw.
Schlußappell:	Kurze Zusammenfassung, Verbundenheit zum Ausdruck bringen, zum gemeinsamen „Hoch" auffordern oder das Glas erheben usw.

5-Punkte-Formel

Geeignet für die Gestaltung einer Rede, eines Vortrags oder einer Präsentation

1. Interesse oder Neugierde wecken:
   Sie sollten einen originellen oder außergewöhnlichen Anfang finden, der sofort die Aufmerksamkeit oder die Neugierde der Zuhörer weckt.
2. Sagen, um was es geht:
   Kurze, sachlich-fachliche Schilderung.
3. Begründung warum:
   Alle Einwände, die vielleicht vorgebracht werden könnten und die vielleicht sehr viel Zeit in Anspruch nehmen würden, werden durch die Begründung gleich ausgeschaltet.
4. Praxiserlebnisse und -beispiele:
   Um das Vertrauen zu stärken, daß die Verantwortlichen – zum Beispiel die Führungskräfte – die richtige Entscheidung getroffen haben, kann man ein Beispiel oder ein Erlebnis aus der Praxis bringen, das sich bei einer ähnlichen Situation bewährt hat.
5. Aufruf zur Aktivität:
   Versuchen Sie, die Einsicht der Zuhörer zu gewinnen. Hauptzielsetzung Ihrer Rede ist, die Zuhörer zum Handeln zu veranlassen. Andeutungen genügen hier nicht, sondern Sie müssen diesen Aufruf schon klar und präzise formulieren.

Gelegenheitsrede

Kurz fassen (zwei bis vier Minuten)
Die Darstellung ist das wichtigste
„Wie" ist entscheidend und nicht „was"

Auflockernde Form wählen (Episoden, Beispiele, Scherze)
Gewinnender Schluß

G-H-M-Formel

Auf Stichwortkarten schreiben

Karte 1:	
Gestern:	Krieg Währungsreform Aufbauphase Nachfrage
Karte 2:	
Heute:	Verschiedene „Kaufwellen“ Marketingmethoden Verkaufsförderung
Karte 3:	
Morgen:	Marktsättigung Geburtenrückgang Innovationen Spezialisierung Aus dem Preisvergleich herauskommen Realismus

Handzettelformel

(die gebräuchlichste Form)

Einleitung ....

....

Hauptteil: ....

A. 1. ....

2. ....

B. 1. a) ....

b) ....

2. ....

Schluß: ....

Appell: ....

HELGA-Formel

Gesprächsmethode

H – Hören
E – Erkennen
L – Logisches Durchdenken
G – Gedankliches Planen
A – Aktion

Hochzeitsrede

(Brautvater)

Stichpunkte	Anregungen
Dank:	Für das Erscheinen der Gäste
Ehrengäste:	Ehrung der anwesenden Persönlichkeiten
Willkommen:	Alle herzlich willkommen heißen
Rückblick:	Kurz den Lebenslauf des Brautpaares schildern, humoristische Episoden einbauen
Hauptpersonen ansprechen:	Schwiegersohn als neues Familienmitglied ansprechen, Hauptanliegen in einer Botschaft zum Ausdruck bringen, besinnlich und zugleich humorvoll
Gute Wünsche:	Für den gemeinsamen Lebensweg
Schluß:	Auffordern zum gemeinsamen Anstoßen auf das Wohl des Brautpaares

Informationsrede

Sie dient nur der Information
Ideen, Fakten und Daten mitteilen, Entwicklung und Trend aufzeigen
Nüchterner Darbietungsstil, Verstand ansprechen
Zum Schluß Unterlagen mitgeben

Juristenformel

(nicht nur für Juristen geeignet)

Inhalt gut + Ausführungen kurz gehalten = sehr gut

Inhalt gut + Ausführungen lang gehalten = mittelmäßig

Inhalt schlecht + Ausführungen zu langatmig = Plädoyer mißglückt

Kampf- oder Verteidigungsrede (Die römische Rede)

Freude ausdrücken, vor diesem Kreis sprechen zu dürfen, einige Gedanken vorbringen, die den Zuhörern vertraut sind, um so freundlicher und verbindlicher sprechen, je mehr man sich später ins Zeug legen muß oder will.
Durch Erwähnen der gegebenen Situation posi-

tive Atmosphäre schaffen, sachlich bleiben, den eigenen Standpunkt keinesfalls zu günstig darstellen, Vertrauen erwecken.
Interesse wecken, indem man Alternativfragen stellt: „Verhält es sich so ... oder so ...?"

Eine Kampf- oder Verteidigungsrede ist folgendermaßen aufgebaut:
Wohlwollen gewinnen
Situation schildern
Zielangabe
Vorzüge der Ansichten des Gegners
Beweisführung der eigenen Überzeugung
Zusammenfassung
Anfeuerung
Aufruf zur Tat

Rahmenrede
(Ablaufvorgänge)

Eröffnung
Einführung und Dank
Warum dieser Redner?
Warum dieses Thema?
Warum diese Zuhörer?
Ablauf der Veranstaltung (Regie)
Abstimmung mit dem Redner
Den Redner richtig verkaufen
Thema nicht vorwegnehmen
Interesse schaffen
Zuhörer richtig begrüßen
Abschluß: Dank an den Redner mit dem Hinweis auf die Behauptung bei der Eröffnung
Eventuelle Zusammenfassung des Themas
Nutzanwendung
Ausblick
Appell

Rednervorstellung

Referatthema nennen
Interesse für den Redner wecken
Redner namentlich vorstellen
Einleitungssatz: „Bitte, Herr ..., ergreifen Sie das Wort"

Zehn Schlüsselbegriffe für die Konzeptentwicklung

1. Ästhetik
   Betonen Sie die Schönheitsaspekte, die besonderen Formen der Gegenstände, stellen Sie das Erhabene heraus.
2. Definition
   Definieren Sie ganz kurz Ihre Intentionen. Es gibt viele verschiedene Wortbegriffe, die oft einer Erklärung bedürfen.
3. Geographisch
   Es interessiert stets zu wissen, wie es in den verschiedenen Ländern aussieht. Hier können Sie die Unterschiedlichkeit kurz betonen.
4. Gesundheit
   Welche Faktoren beeinflussen die Gesundheit und die Umwelt?
5. Historisch
   Zeigen Sie die historische Entwicklung auf, sie bildet die Basis für die Zukunft.
6. Moralisch
   Welche moralischen und ethischen Begriffe spielen eine wichtige Rolle?
7. Ökonomisch
   Welche wirtschaftlichen Aspekte spielen eine bedeutende Rolle? Ein Vortrag kann mit Zahlen und Fakten besser belegt werden.
8. Pädagogisch
   Was können wir daraus lernen? Welche Grundregeln können wir ableiten?
9. Philosophisch
   Die Betrachtungen sind von Mensch zu Mensch unterschiedlich, und manche Lehren können daraus gezogen werden.
10. Physikalisch-chemisch
    Erklären Sie die physikalischen Eigenschaften und Merkmale. Was stellen wir uns darunter vor, und wie sind die Komponenten?

Schlußformel

Wenn Sie eine Veranstaltung beschließen wollen, kann Ihnen die Schlußformel helfen, einen passenden Abschluß zu finden.
Anrede – Damen und Herren
Schluß – Wir kommen nun zum Schluß
Dank – Dank an die Teilnehmer
Ende – Ende der Veranstaltung

Standpunktformel

Standpunkt darlegen
Genaue Begründung
Beispiele aus der Praxis
Schlußfolgerung
Aufforderung zum Handeln

Tischrede
(Gast)

Stichpunkte	Anregungen
Anrede:	Die Gastgeberin besonders ansprechen
Begrüßung und Dank:	Ehrengäste und Gäste begrüßen und für die Einladung bei den Gastgebern bedanken
Anlaß des Essens:	Gründe nennen und ausbauen, besondere Begebenheit, gemeinsames Erlebnis usw.
Persönliche Wünsche:	Den Gastgebern und ebenfalls den anderen Gästen alles Gute wünschen, schlichte, herzliche Worte wählen
Schluß:	Aufforderung, gemeinsam auf das Wohl der Gastgeber die Gläser zu erheben

Trauerrede

Stichpunkte	Anregungen
Anrede:	Familie des Verstorbenen, die Trauergemeinde
Begründung:	Verhältnis zum Verstorbenen erläutern
Rückblick:	Lebenslauf schildern, Verdienste, menschliche Qualitäten hervorheben, nur Gutes äußern
Wie:	Nach langer oder kurzer Krankheit, Unfall, tragisches Geschick
Familie:	Gefühle der Trauer und des Mitgefühls für die Familie zum Ausdruck bringen
Schluß:	Abschlußsätze wie zum Beispiel: „Wir werden ihm oder ihr ein ehrendes Andenken bewahren." Oder auf die Lücke, die bleibt, hinweisen

Vorstellung eines neuen Mitarbeiters

Gegenseitiges Vorstellen
Erklären, weshalb die Wahl auf diesen Mitarbeiter fiel
Zukünftige Aufgaben, Zielsetzungen und Kompetenzen darstellen
Die künftigen Kollegen vorstellen und sie um ihre Unterstützung bitten
Appell an die alten Mitarbeiter, Eingliederung des Neuen zu erleichtern durch Hilfsbereitschaft und Kollegialität

Vortragsgestaltung in der Antike

Fünf Grundregeln für eine gute Rede:

1. Klares Aufzeigen des Stoffes oder des Themas
2. Gliederung des Stoffes
3. Das Aneignen des Stoffes
4. Die geistige Form der Darbietung
5. Die Art des Vortrages

Das Plädoyer

Die Ausübung der Rhetorik war über viele Jahrhunderte hinweg der Politik (politische Rede), der Kirche (Predigt) und der Justiz (Plädoyer) vorbehalten.

Das Plädoyer ist der in der Hauptverhandlung zusammenfassende Schlußvortrag des Verteidigers und des Staatsanwaltes, und es ist die wohl schwierigste und auch wesentlichste Aufgabe dieser beiden. Es ist wohl fast ebenso schwierig, ein gutes Plädoyer zu halten, wie zu einer gerechten Urteilsfindung zu kommen.

Normalerweise wird das Plädoyer direkt im Anschluß an die beendete Beweisaufnahme gehalten. Nur bei schwierigen Verhandlungen wird eine kurze Pause erbeten. Selbstverständlich wird das Plädoyer in freier Rede gehalten, wobei der Vortragende allerdings auf Stichpunkte zurückgreifen darf. Schon während der Verhandlung bereiten der Verteidiger und der Staatsanwalt ihre Plädoyers so weit wie möglich vor.

Jeder Verteidiger und Staatsanwalt hat hier seine eigene Methode entwickelt. Der Grundaufbau des Plädoyers kann vom Verteidiger oder Staatsanwalt abgewandelt werden. Die Sprache des Plädoyers muß einfach und leicht verständlich, also auch für den Laien begreiflich sein. Es sollte bestimmt, ruhig und sachlich vorgetragen werden. Die Gestik ist zurückhaltend und dient nur, das Gesagte zu unterstreichen. Auf und ab laufen während des Sprechens ist ebenso verpönt wie der Gebrauch von allzu leidenschaftlichen Äußerungen im Gerichtssaal. Ein zu emotionell vorgetragenes Plädoyer bringt die Richter und Schöffen schnell in eine Abwehrstellung. Für Richter und Schöffen stellen die Plädoyers eine große Hilfe bei der gerechten Urteilsfindung dar.

Eventuelle Zwischenrufe aus dem Zuhörerkreis begrüßt mancher Vortragende, da sie ihm die Gelegenheit zu einer kleinen Denkpause geben. Er darf aber auf gar keinen Fall auf diese Zwischenrufe eingehen, sie beantworten oder sich gar auf Diskussionen einlassen.

Die Predigt

„Ein guter Prediger soll diese Eigenschaften und Tugenden haben: Zum Ersten, daß er ein fein richtig und ordentlich lehren könne. Zum Anderen soll er einen feinen Kopf haben. Zum Dritten wol beredt sein. Zum Vierten soll er eine gute Stimme haben. Zum Fünften ein gut Gedächtnis. Zum Sechsten soll wissen aufzuhören. Zum Siebenten soll sein Dings gewiß und fleißig sein. Zum Achten soll Lieb und Leben, Gut und Ehre dran setzen. Zum Neunten soll sich jedermann lassen vexiren und geheien." So Martin Luther in seinen „Tischreden".

Die Predigt ist ein fester Bestandteil des Gottesdienstes. Sie ist die Ansprache des Geistlichen an seine Gemeinde, die er für gewöhnlich von der Kanzel hält. Ein von ihm gewählter biblischer Text ist der Mittelpunkt der Predigt, um den er seine Ausführungen aufbaut. Mit der Predigt versucht der Geistliche seine Gemeinde anzusprechen und sie zu überzeugen. Sein Ziel sieht er darin, den Gläubigen das Wort Gottes nahezubringen und verständlich zu machen.

Wir haben Ihnen nunmehr verschiedene Redeformeln aufgezeigt. Nur Lesen allein genügt leider nicht, beginnen Sie deshalb schon heute, Reden aus Ihrem Bereich nach dem Schema „Stichpunkte – Anregungen" auszuarbeiten.

Aufgaben

Entwerfen Sie ein Stichwortkonzept für folgende Reden: (Dauer: etwa drei Minuten)
Begrüßungsrede
Geburtstagsrede
Damenrede
Zur Einweihung eines Einzelhandelsgeschäftes
Zur Gründung eines Schachvereins
Schlußrede bei einem Seminar
Hochzeitsrede
Richtfestrede
Dankesrede
Politische Rede
Überzeugungsrede

Die verschiedenen Redeformen und ihre Wirkungsweise

Die Unterhaltung

Die Unterhaltung zeichnet sich durch folgende Fakten aus: Kleiner Kreis von zwei bis zehn Personen, die einander oft kennen, kein vorgegebenes Thema, keine Rede- und Diskussionszeit, jeder kann jedem sofort ins Wort fallen und somit dessen Gedankengang unterbrechen.

Erzählen

Lockere Sprechweise, eigene Gedanken und eigene Formulierungen, keine oder kaum Vorbereitung, persönliche Gestaltung durch Mimik, Gestik und eindrucksvolle Sprache, das sind die Kriterien für die Erzählform. Sie ist eine ausgezeichnete Vorübung für die freie Rede. Es sind ebenfalls meist nur wenige Zuhörer, manchmal nur einer – zum Beispiel Großmutter und Enkel, wenn wir ans Märchenerzählen denken – anwesend.

Informative Plauderei

Sie ist ein lockerer Vortrag vor einem kleinen oder mittleren Zuhörerkreis. Diese Form wird häufig bei Lichtbilder- und Filmvorträgen angewandt. Es ist wenig Vorbereitung erforderlich, das Bild ersetzt das Stichwort. Als Übung ebenfalls zu empfehlen.

Ansprache

Zu Fest- und Feierlichkeiten, Geburtstagen, Jubiläen und bei Trauerfeiern werden Ansprachen gehalten. Der Redner braucht nur so viel Stoff vorzubereiten, wie er zu Gehör bringen möchte, weil es bei solchen Anlässen keine Zwischenrufe und keine anschließende Diskussion gibt. Hier sollte immer mehr das Herz als der Verstand sprechen. Natürlich handelt es sich hierbei um keine ganz leichte rednerische Aufgabe. Mitunter kann man sich jedoch einem solchen Auftrag, insbesondere bei Traueransprachen, nicht entziehen.

Referat

Ein Referat ist ein kleiner Fachvortrag von zehn bis zwanzig Minuten Dauer. Häufig wird die Bezeichnung Referat für die Einführung in

Sachgebiete, bei Besprechungen und Tagesordnungspunkten verwendet. Dann spricht man von einem Einführungs- oder Kurzreferat. Außerdem begegnen wir dem Referat in der Diskussion, im Round-table-Gespräch und bei der Konferenz. Wer ein Referat zu halten hat, soll sich kurz fassen, sich auf das Wesentliche beschränken, am besten seine Gedanken in Thesen gliedern und sachlich, ohne Emotionen sprechen.

Die freie Rede

Sie spricht vor allem den Verstand der Hörer, die informiert werden sollen, an. Darüber hinaus will der Redner aber auch motivieren, nachdenklich stimmen, begeistern oder erschüttern. Deshalb variiert er die Stimmlage, setzt Pathos ein, gestaltet anschaulich, verwendet Mimik und Gestik und das rhetorische Mittel der Dynamik.

Fachvortrag

Das Ziel dieses Vortrages ist die Information und die Wissensvermittlung. Deshalb muß sich der Vortragende besonders gut vorbereiten. Deutliche, klare Sprache, logische Gedankenführung, übersichtliche und gut einprägsame Gliederung und sachliche Verhaltensweise sind nötig.

Vorlesung

Die Wissensvermittlung an den Hochschulen erfolgt zumeist in Form von Vorlesungen. Es handelt sich dabei um die Aneinanderreihung mehrerer Vorträge über ein umfangreiches Stoffgebiet. Die rednerischen Grundsätze der Rede, des Vorlesens und des Vortrages können hier angewendet werden.

Unterricht

Der moderne Pädagoge verwendet im Unterricht die verschiedenen rednerischen Formen und gestaltet damit den Unterricht abwechslungsreich. Wir sprechen dann von der aufgelockerten Gestaltung des Arbeitsunterrichtes unter aktiver Mitwirkung der Schüler.

Lehrgang

Bildungsveranstaltungen innerhalb von Betrieben und außerhalb von Firmen über längere Zeiträume – zum Beispiel wöchentlich zwei bis drei Stunden für die Dauer eines Vierteljahres – sollten rednerisch ähnlich wie Unterrichtsstunden gestaltet werden.

Seminar

Die konzentrierte Form von Fort- und Weiterbildung – zum Beispiel für zwei bis drei Tage oder eine ganze Woche – nennt man Seminare. Auch hierfür gelten die rhetorischen Grundsätze der Unterrichtsgestaltung, also die rednerische Mischform.

(Von: Georg Bauer, Verwaltungsdirektor in München)

Aufbau von Rede, Vortrag und Präsentation

Hauptprobleme bei der Ausarbeitung von Reden, Vorträgen und Präsentationen — Für die Ausarbeitung brauchen Sie vor allem Ruhe – Der Schluß Ihres Vortrages muß sitzen – Einige wichtige Punkte zum Schluß eines Vortrages – Redeaufbau- und Rededurchführungsratschläge – Wie man Pannen und Schwierigkeiten beim Reden meistert – Einige Kunstgriffe für Redner – Steckenbleiben, Verlegenheitspause – Was tun bei Zwischenrufen und -fragen? – Wenn Sie den roten Faden verloren haben

Das Geheimnis der guten Rede liegt in der Vorbereitung. In den vorangegangenen Kapiteln dieses Buches haben wir Ihnen Tips gegeben, wie Sie Ihre Reden optimal vorbereiten und ausarbeiten können. Bitte schauen Sie sich diese Ratschläge und Praxistips näher an, und verwenden Sie die Formulare, Stichpunktkarten und Manuskriptaufbereitungsblätter. Genauso wichtig ist die Zielsetzung der Rede oder der Aufgabe sowie die Berücksichtigung der Zuhörergegebenheiten und -erwartungen.
Schauen wir uns zunächst einmal an, welche Probleme auch andere Redner in der Praxis haben.

Hauptprobleme bei der Ausarbeitung von Reden, Vorträgen und Präsentationen

Verschiedene Seminarteilnehmer nannten folgende Probleme und Schwierigkeiten, die sie bei der Ausarbeitung von Reden, Vorträgen und Präsentationen haben:

Die Entscheidung über die Thematik oder den Redeinhalt fällt mir sehr schwer. Ich überlege tagelang, worüber ich sprechen könnte. So komme ich vor lauter Unentschlossenheit gar nicht weiter, und die Zeit verrinnt. –
Schließlich finde ich dann mein Thema, beginne mit der Ausarbeitung, und plötzlich kommt es mir zu niedrig angesiedelt, zu banal oder aber zu schwierig vor. –
Oft beginne ich, an meiner Rede zu arbeiten, aber bald fällt mir absolut nichts mehr ein. Es ist wirklich manchmal zum Verzweifeln.
Ich brüte unheimlich lange über den richtigen Formulierungen. –
Häufig habe ich die große Befürchtung, daß ich zuwenig Stoff habe. Darum erarbeite ich mehr und mehr. Zum Schluß habe ich dann für die vorgegebene Zeit viel zuviel Material und komme mit der Zeiteinteilung nicht hin. –
Ich habe Schwierigkeiten, weil ich nicht weiß, was ich weglassen soll. –
Ich unterschätze fast jedesmal die Zeit, die ich benötige, um eine gute Rede auszuarbeiten.
Wenn ich die Ausarbeitung im Büro vornehme,

werde ich dauernd durch Besucher und durch Telefonate gestört. –
Wenn ich Präsentationen ausarbeite, habe ich Schwierigkeiten, die richtigen Visualisierungsideen zu finden. Habe ich dann eine Bildidee, habe ich wiederum Probleme, den dazupassenden Text zu finden. –
Da ich fast immer zu spät mit der Ausarbeitung anfange, muß ich zum Schluß Tag und Nacht arbeiten, um rechtzeitig fertig zu werden. –
Ich ärgere mich hinterher oft, daß ich überhaupt zugesagt habe, die Rede zu übernehmen. –

Diese Aussagen stammen alle aus der Rednerpraxis. Es gibt aber noch etliche andere Schwierigkeiten, die Redner mitunter bei der Ausarbeitung haben. Wir haben hier nur einige erwähnt, damit Sie wissen, daß Sie mit Ihren Problemen durchaus nicht alleinstehen. Die Ausarbeitung einer Rede ist wirklich eine der Hauptschwierigkeiten. Aus diesem Grund wollen wir Ihnen einige Ratschläge erteilen, die Ihnen als Anregungen dienen sollen.

Wichtige Stufen der Ausarbeitung:
Überlegen Sie sich ganz in Ruhe die genaue Zielsetzung Ihres Vortrages.
Durchdenken Sie die Zuhörererwartungen und andere dazugehörende Einzelheiten.
Studieren Sie die erwähnten Redeformeln.
Entscheiden Sie sich für eine Rede- oder Präsentationsart.
Verwenden Sie einen oder mehrere der in diesem Buch erwähnten Arbeitsbögen und Hilfsmittel.
Machen Sie sich die Techniken und Methoden der Ideenentwicklung zunutze.
Ordnen Sie die gesammelten und entwickelten Ideen, Fakten und Daten.
Zwingen Sie sich, mit der Ausarbeitung Ihres Vortrages so früh wie möglich anzufangen.
Glauben Sie stets an Ihren Erfolg. Denken Sie an die Motivationsformel: Ich muß, ich will, ich kann.

Für die Ausarbeitung brauchen Sie vor allem Ruhe

Eine schöpferische Arbeit kann nur dann effektiv sein, wenn sie konzentriert durchgeführt wird. Das ist nur in einem ruhigen Raum möglich. Viele begehen einen großen Fehler, wenn sie glauben, sie könnten in der normalen beruflichen Umgebung, in der es bekanntlich ständig irgendwelche Störfaktoren gibt wie Besucher, Telefonate usw., diese Aufgabe genausogut bewältigen wie an einem ruhigen Ort. Gedankenblitze, die Ihnen im Büro einfallen, sollten Sie nur kurz notieren, angefangene Gedankengänge ebenfalls. Später können Sie sie dann in wirklicher Ruhe zu Papier bringen. Versuchen Sie aber, Ihren Vortrag in der Hektik des Büroalltags fertigzustellen, werden Sie schnell fix und fertig sein. Sie werden um so nervöser, je weiter die Zeit voranschreitet, ungeduldiger – und damit unproduktiver. Haben Sie dieses Stadium erst erreicht, ist der Augenblick nicht mehr fern, in dem Sie das Manuskript oder die Stichpunktkarten verärgert beiseite schieben, natürlich wieder in der Hoffnung, später mehr Zeit und Ruhe zu haben und neu anfangen zu können. Durch lauter gestörte Anfänge verlieren Sie schließlich die Lust. Spontaneität und Selbstantrieb zur Erledigung dieser Aufgabe sind dahin. Schneller, als Sie gedacht haben, ist der Vorabend des Referates da – und Sie haben nichts weiter als eine Menge unausgegorener Ideen.

Aus diesem Grund ist es empfehlenswert, nicht nur beizeiten anzufangen, sondern auch für einen ruhigen Arbeitsort zu sorgen.

Der Schluß Ihres Vortrages muß sitzen

Manche Redner reden und reden und kommen einfach nicht zum Schluß. Die Zuhörer haben viel Interessantes gehört, sie sind auch begeistert, aber nun werden sie langsam ungeduldig. Wie oft schon hat ein wirklich guter Redner die Zuhörer dadurch enttäuscht, daß er einfach kein Ende finden konnte. Man kann einen guten Vortrag – und damit seinen Erfolg – buchstäblich zerreden. Überschreiten Sie deshalb niemals die Ihnen vorgegebene Redezeit.

Da Ihr Vortrag ja etwas bewirken soll und muß, sollte der Höhepunkt Ihrer Darbietung zum Schluß kommen. Der Schlußsatz muß besonders gut sitzen und zum sofortigen Applaus anregen. Die Krönung Ihres Vortrages muß deshalb immer der Schlußappell sein.

Hier nun eine kleine Auflistung einiger Punkte, die zu beachten sind:

Einige wichtige Punkte zum Schluß eines Vortrages

Beenden Sie die Darbietung immer mit einem Höhepunkt – das ist schwer, aber erfolgversprechend.
Die Rede darf zum Schluß nicht einfach versanden.
Der Schluß muß die Zuhörer mitreißen.
„Zerreden" Sie Ihren Vortrag nicht.
Sagen Sie nicht zu frühzeitig, am besten überhaupt nicht: „Und nun komme ich zum Schluß", wenn Sie dann doch noch weiterreden. Damit verärgern Sie Ihre Zuhörer nur.
Formulieren Sie Ihren Schlußsatz vorsichtshalber schriftlich. Sie dürfen ihn sogar auswendig lernen.
Verwenden Sie, wenn möglich, einen optischen Gag, der zum Schmunzeln anregt.
Beenden Sie Ihre Darbietung nie mit einer Entschuldigung.
Schauen Sie Ihr Publikum unbedingt wenigstens in der Schlußphase an.
Heben und senken Sie Ihre Stimme so, daß der Schlußsatz für die Zuhörer erkennbar ist.
Ein passendes Zitat eignet sich vorzüglich für den gekonnten Schluß.
Sprechen Sie einen Schlußappell aus, der die Zuhörer zum Handeln auffordert.
Fassen Sie – wenn möglich visuell – die wichtigsten Punkte noch einmal kurz zusammen.
Der Schlußsatz sollte klar, deutlich, präzise und motivierend sein.
Der wichtigste Satz im Vortrag ist, neben dem Anfangssatz, der Schlußsatz.
Sie können einen Vortrag auch mit einem Blick in die Zukunft beenden. Zeigen Sie kurz die eventuellen Konsequenzen auf.
Wiederholen Sie kurz die wichtigsten Kernsätze oder Ideen.
Wenn Sie eine entsprechende Begabung haben, dann können Sie auch humoristisch enden. Aber das muß besonders gekonnt sein.
Der Schluß einer Rede sollte folgende Punkte beinhalten:

- Verbinden Sie die These des Themas mit einer Aufforderung an die Zuhörer.
- Sie können auch einen besonders markanten Satz aus dem Vortrag als Schlußsatz wiederholen.
- Zeigen Sie den Zuhörern Möglichkeiten auf, wie sie das gerade Gehörte im Alltag umsetzen können.
- Regen Sie, bei vorhandener Zeit, eine anschließende Diskussion an.
- Verwenden Sie eine „rhetorische Frage".
- Wecken Sie Wünsche.

Der gute Schluß soll eine Steigerung des bisherigen Vortrags sein. Ein gekonnt gebrachter Schluß veranlaßt die Zuhörer zum weiteren Denken, oder er löst sofort eine Reaktion aus. Wenn es dem Redner liegt, sollte er versuchen, mit seinem Schlußsatz eine Saite im Innern der Zuhörer zum Klingen zu bringen.

Dr. Murray Banks, ein amerikanischer Psychologe, besuchte vor einigen Jahren Südafrika. Er besitzt die große Gabe, psychologische Erkenntnisse aus der Praxis jedem Menschen verständlich zu machen. Seine Vorträge sind eine Mischung aus Humor und Pathos. Die Zuhörer lachen und weinen abwechselnd. Er spricht die Herzen der Menschen an. Für mich gehört Dr. Murray Banks zu den besten Rednern, die es gibt. Seinen Vortrag in Johannesburg beendete er mit einem Spruch, der jeden im Saal nachdenklich stimmte:

„Am Grabe streut man frische Blumen,
warum denn nur im Leben nicht?
Warum so sparsam mit der Liebe
und warten, bis das Herze bricht?
Im Tode freun uns keine Blumen.
Im Grabe spürt man nicht den Schmerz.
Würd' man im Leben Liebe üben,
es lebte länger manches Herz!"

Redeaufbau- und Rededurchführungsratschläge

Abstraktes
Abstraktes sollte möglichst in irgendeiner Form veranschaulicht werden.

Ankündigungen
Bringen Sie vor Ihrem Auftritt in Erfahrung, von wem und wie Sie angekündigt werden.

Anreden
Vermeiden Sie übergebührlich devote Anreden wie: „Einen wunderschönen guten Tag" oder: „Meine hochgeschätzten, sehr verehrten Damen und Herren" usw. Solche Anreden empfinden die Zuhörer als überschwenglich und altmodisch. Heute, wo die Sachlichkeit mehr und mehr dominiert, genügt die Anrede:
„Meine sehr geehrten Damen und Herren!"

Kommen Sie frühzeitig zum Schluß!

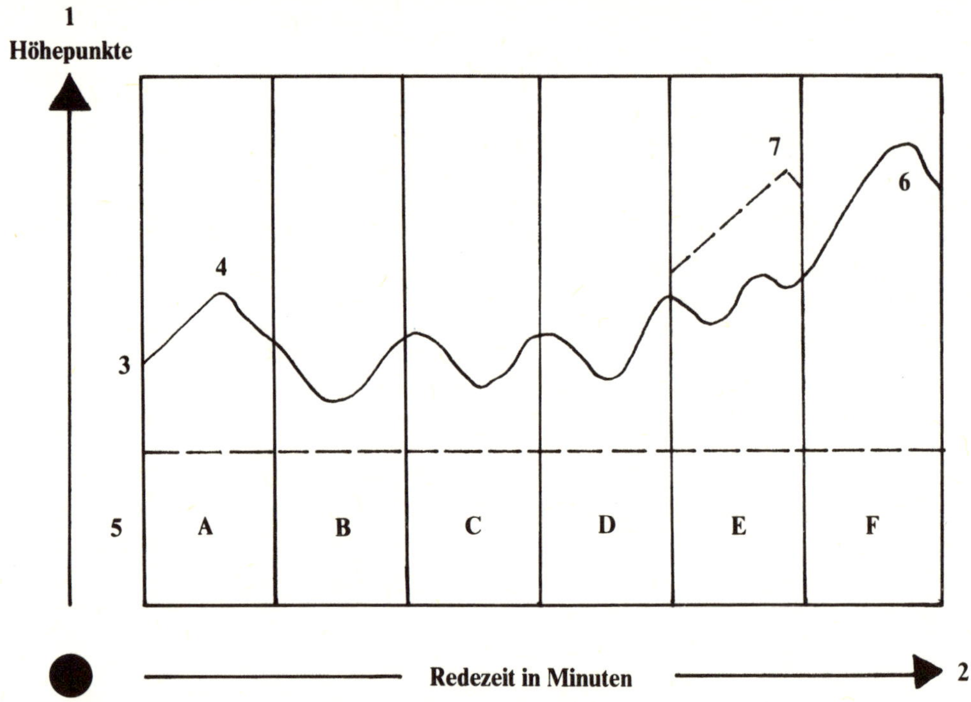

1. Höhepunkte im Vortrag
2. Redezeit in Minuten
3. Redephase
4. Kurven der Höhepunkte im Vortrag
5. A – F Redephasen
6. Redeschluß
7. Wenn der Vortrag gut „läuft", beenden Sie ihn womöglich
. schon etwas früher, um keinen Abfall der Aufmerksamkeit
. zu erleiden. (Schwer, aber gut!)

„Meine Damen und Herren!"
„Liebe Kolleginnen und Kollegen!"
„Herr Präsident, meine Damen und Herren!"
„Verehrte Gäste, liebe Mitarbeiter!"
Wenn nur eine Dame oder ein Herr in der Gruppe der Zuhörer anwesend ist, sollten Sie sie oder ihn in der Begrüßung erwähnen, im Laufe des Vortrags aber nicht mehr.

Aufmerksamkeit
Wenn Sie bemerken, daß die Aufmerksamkeit Ihrer Zuhörer nachläßt, überlegen Sie, wie Sie sie wieder wecken. (Kurze Aufmunterung durch einen Gag usw.)

Auftritt
Betreten Sie den Raum ohne Hektik, gehen Sie langsam und selbstbewußt zum Rednerpult.
Seien Sie gelassen und natürlich in Ihrem Auftreten.

Ausarbeitung
Ein Vortrag kann nur in Ruhe ausgearbeitet werden.

Nehmen Sie deshalb diese Tätigkeit nicht im Büro vor.
Notieren Sie umgehend alle Gedankenblitze, die Ihnen zum Vortragsthema kommen, auf Ideenkarten.
Denken Sie mit Papier und Bleistift.
Fangen Sie mit der Ausarbeitung so früh wie möglich an, so vermeiden Sie spätere Hektik.
Wenn beim Arbeiten nicht die richtigen Gedanken kommen wollen, versuchen Sie, sie durch einen kurzen Spaziergang in Gang zu bringen.
Bedenken Sie, daß eine Idee zur nächsten führt.
Benutzen Sie reichlich Papier. Hier ist Sparsamkeit nicht am rechten Platz.

Aussagen
Die Hervorhebung besonders wichtiger Aussagen ist auch eine wichtige Hilfe für den Fall, daß sich während des Vortrages die Notwendigkeit ergibt, den Stoff kürzen zu müssen.
Sie lassen dann nicht versehentlich das Wichtige zugunsten des Unwichtigen weg.
Die sprachliche Aussage allein hat nur eine Haftwirkung von 20 Prozent, was der Zuhörer hört und sieht, hat eine solche von 50 Prozent, was er aber selbst tut, hat eine von über 90 Prozent. Lassen Sie also den Zuhörer mitarbeiten.

Aussprache
Eine deutliche Aussprache der Konsonanten und Endsilben ist wichtig.
Arbeiten Sie ständig an der Verbesserung Ihrer Aussprache und Sprechtechnik.

Bedanken
Bedanken Sie sich für die Möglichkeit, hier sprechen zu dürfen.

Begeisterung
Sprechen Sie begeistert und spontan.

Begrüßung
Die richtige Begrüßung bereitet manchmal Schwierigkeiten. Hier einige Vorschläge:
„Meine Damen und Herren!"
„Sehr verehrte Damen und Herren!"
„Liebe Kollegen (Freunde, Mitarbeiter . . .)!"
(Höhergestellte sollten natürlich zuerst und namentlich angesprochen werden.)

Beispiele
Bringen Sie viele Beispiele aus der Praxis und persönliche Erlebnisse, auch Vergleiche.

Blättern
Blättern Sie die Manuskriptseiten nicht so laut um. Besser ist es, die Blätter beiseite zu legen.

Blickkontakt
Schauen Sie beim Sprechen nicht nur immer in eine Richtung oder auf einen bestimmten Punkt. Lassen Sie Ihren Blick rundum schweifen.
Denken Sie ständig an den so wichtigen Blickkontakt zu Ihrem Publikum, wer die Zuschauer nicht anschaut, redet leicht an ihnen vorbei.
Wer gezwungen ist, sein Manuskript Zeile für Zeile abzulesen, kann kaum Blickkontakt halten, da er ja förmlich am Manuskript klebt.
Während Sie am Flip-Chart arbeiten, schauen Sie nicht nur dorthin, sondern auch zum Publikum.
Der Blickkontakt hilft Ihnen natürlich auch, die nonverbalen Aussagen Ihres Auditoriums zu verstehen und entsprechende Rückschlüsse zu ziehen. Negative Aussagen dieser nonverbalen Rückkopplung helfen Ihnen, frühzeitig entsprechende Maßnahmen zu ergreifen, etwa Ihre Darbietung attraktiver zu gestalten. Beobachten Sie Ihr Publikum auch hinsichtlich eventueller Ermüdungserscheinungen, und legen Sie bei Bedarf vielleicht eine kurze Pause ein. Schalten Sie eine kleine Auflockerungsübung oder einen interessanten oder humorvollen Gruppentest ein.

Blinder Fleck
Versuchen Sie Ihren blinden Fleck, den jeder Mensch hat, herauszufinden.

Dialekt
Akzeptieren Sie Ihren Dialekt, weil diese Akzeptanz Ihnen die notwendige Sicherheit gibt. Außerdem klingt eine leichte Dialektfärbung mitunter durchaus charmant, und sie wird dadurch zu einem sympathischen Attribut.

Doppeldeutigkeit
Vermeiden Sie jegliche Doppeldeutigkeit.

Dynamik
Bringen Sie Dynamik in Ihren Vortrag, be-

sonders dann, wenn Sie bemerken, daß die Aufmerksamkeit der Zuhörer nachläßt.

Einstieg
Achten Sie auf einen guten Einstieg. Oft sind die Zuhörer zu Beginn eines Vortrags mit ihren Gedanken noch ganz woanders, deshalb wenden Sie einige der folgenden Methoden für Ihren Einstieg an:
- Ein Zitat
- Ein Witz, eine Anekdote
- Zuhörerkompliment
- Schockmethode
- Ein Erlebnisbericht (natürlich passend zur Thematik)
- Pressemitteilung des heutigen Tages
- Visuelle Hilfsmittel
- Eine Programmvorschau
- Eine eventuell programmierte Panne
- Eine Frage stellen, auf die eine zustimmende Antwort zu erwarten ist

Beginnen Sie Ihren Vortrag nie mit einer Entschuldigung. Geben Sie eine kurze Vorschau. Bei Sachthemen die wichtigsten Punkte aufzeigen. Bringen Sie diese Vorschau auf einem Flip-Chart oder mit einem Tageslichtprojektor.
Bevor Sie zu sprechen anfangen, schauen Sie alle Zuhörer freundlich an. Lassen Sie dabei Ihren Blick in alle Richtungen, bis in die letzte Reihe schweifen.
Bleiben Sie einen halben Meter vom Rednerpult entfernt stehen.
Ein guter Einstieg verhindert den gedanklichen Ausstieg.
Ein guter Einstieg ist schon der halbe Erfolg.

Engagement
Mangelndes Engagement ist sofort erkennbar. Deshalb sollte es eine Selbstverständlichkeit sein, den Stoff mit Leib und Seele vorzutragen.

Entschuldigung
Beginnen Sie Ihre Rede nie mit einer Entschuldigung – das ist ein denkbar schlechter Anfang.

Entspannung
Entspannen Sie sich am Vorabend Ihres Vortrages durch einen Spaziergang, einen Saunabesuch oder ähnliches.
Versuchen Sie nach der Devise „locker vom Hocker" zu arbeiten.

Erfahrungen
Listen Sie alle eigenen zum Thema passenden Erfahrungen und Erlebnisse auf.

Erscheinung
Achten Sie auch auf Ihre äußere Erscheinung; sie vermittelt den ersten Eindruck, den man von Ihnen hat.

Erster Satz
Durchdenken Sie den ersten Satz besonders genau – er ist sehr wichtig.

Fehler
Kleine menschliche Fehler und Schwächen brauchen durchaus kein Nachteil zu sein.

Finger
Zeigen Sie nie mit dem Finger auf jemanden.

Flip-Chart
Wenn Sie mit dem Flip-Chart arbeiten: Bitte nicht ausschließlich nach dort, sondern auch zum Publikum schauen.

Fremdwörter
Sollten Fremd- oder Fachwörter unumgänglich sein, erklären Sie diese hinreichend.
Verwenden Sie so wenig Fremdwörter wie möglich.

Gags (Bilder, Zitate, Transparente und Folien)
Flechten Sie Gags ein, zeigen Sie ein lustiges Bild, bringen Sie ein treffendes Zitat, oder setzen Sie gute und passende Transparente und Folien ein.
Transparente und Folien ersparen Ihnen häufig lange erklärende Ausführungen und verschaffen eine bessere visuelle Übersicht.
Die AIDA-Formel „Aufmerksamkeit, Interesse, Drang zum Kauf, Abschluß" hat auch beim Reden eine gewisse Gültigkeit.

Gedankengut
Versuchen Sie, so wenig fremdes Gedankengut wie möglich zu verwenden.

Gestik
Bei der Gestik unterscheidet man drei Aussagebereiche:
1. Hände unterhalb der Gürtellinie: negative Aussage
2. Hände zwischen Gürtellinie und Brusthöhe: neutrale Aussage
3. Hände oberhalb der Brust: positive Aussage

Wie bei der Mimik gilt auch für die Gestik: Die Anwendung muß gekonnt und in der richtigen Dosierung sein. Ein Zuviel wirkt leicht lächerlich, ein Zuwenig läßt Sie steif und langweilig erscheinen.
Verbergen Sie Ihre Hände nicht hinter dem Rücken, Sie fesseln sich dadurch selbst.
Wenn Sie mit dem Finger deuten: höchstens zur Unterstreichung einer Aufzählung, niemals in Richtung einer Person oder gar in belehrender Weise.
Fuchteln Sie nicht wie wild mit den Armen in der Luft herum.

Glauben
Glauben Sie an Ihren Erfolg – denken Sie nie an eine mögliche Niederlage.

Hände
Die Hände gehören keinesfalls in die Hosen- oder Jackentasche.
Wer seine Hände hinter dem Rücken versteckt, fesselt sich selbst.

Haltung
Schaukeln Sie nicht mit Ihrem Oberkörper von einer Seite zur anderen.
Stehen Sie aufrecht und gelöst hinter dem Rednerpult.

Haupt- und Nebenziele
Setzen Sie sich Haupt- und Nebenziele.

Hektik
Vermeiden Sie jede Nervosität und Hektik. Beides überträgt sich auf die Zuhörer.

Hellraumschreiber
Die Kombination von Hellraumschreiber und Vortrag kommt immer sehr gut an.

Höflichkeit
Seien Sie in jeder Situation zuvorkommend und höflich.

Ideen
Diktieren Sie Ihre Einfälle und Ideen sofort auf Tonband, oder notieren Sie sie kurz auf Karteikärtchen.

Individuelle Note
Wahren Sie stets Ihre eigene, persönliche Note.

Kernbotschaft
Überlegen Sie sich Ihre Kernbotschaft oder Ihren Appell besonders gründlich.

Kleine Menschen
Kleine Menschen dürfen ruhig etwas dynamischer auftreten, solange es sich im Rahmen hält. Übertreibungen sind allerdings nicht gut.

Komplimente
Ihre Komplimente müssen ehrlich gemeint sein.

Kopieren
Versuchen Sie niemals, andere Menschen zu kopieren. Sie bleiben sonst immer nur die Kopie.

Körperhaltung
Achten Sie auf eine nicht zu steife Haltung, neigen Sie Ihren Körper ab und zu zum Publikum.
Treten Sie natürlich auf.
Seien Sie selbstbewußt, aber vermeiden Sie jeden Anschein von Arroganz und Überheblichkeit.

Körpersprache
Obwohl die Zuhörer nicht reden, äußern sie sich doch ständig durch ihre Körpersprache, zum Beispiel durch Hinundherrutschen auf dem Stuhl, Kopfnicken, an die Decke schauen, zum Fenster hinaussehen, verstohlen auf die Uhr blicken usw.

Lachen
Lachen ist wie eine Brücke, es verbindet die Teilnehmer mit dem Vortragenden.

Lampenfieber
Lampenfieber ist unvermeidbar, und 95 Prozent aller Redner bestätigen das offen und ehrlich, wie wir bereits ausführten. Vergessen Sie nicht, selbst geübte Redner leiden noch darunter.
Tips und Hinweise für die Reduzierung des Lampenfiebers stehen auch in dem Buch „Reden ohne Lampenfieber – Übungen zur Redekunst“ vom Verlag Moderne Industrie.

Lebensweisheiten
Lebensweisheiten sind hier und da gut verwendbar, aber Achtung: nicht allzu viele und vor allem keine zu abgedroschenen verwenden.

Lehrgespräch
Ein Lehrgespräch ist besonders geeignet, die Zuhörer zu aktivieren.

„Leithammel"
Versuchen Sie herauszufinden, ob es in der Gruppe einen „Leithammel" gibt.

Manieren (schlechte Angewohnheiten)
Spielen Sie nicht mit den Manschettenknöpfen, fassen Sie sich nicht ins Gesicht, geben Sie auch keiner sonstigen derartigen Untugend nach.
Kauen Sie nicht auf den Lippen herum, und zeigen Sie auch nicht Ihre Zungenspitze.
Oft sind einem diese kleinen Unarten selbst nicht bewußt. Deshalb ist es ratsam, einmal seinen Ehepartner, einen guten Freund oder einen Kollegen darüber zu befragen. Üben Sie auch einmal vor dem Spiegel, vielleicht stoßen Sie dann selbst auf eine dieser Unarten.

Manuskript
Ein zu eng beschriebenes mehrseitiges Manuskript ist nicht gut lesbar. Bedenken Sie den Augenabstand zum Pult.
Viele Redner bringen nur etwa 60 Prozent des Stoffes, der im Manuskript steht.
Lesen Sie nicht ständig ab, sonst hätten Sie Ihr Manuskript den Zuhörern auch gleich zuschicken können.

Mimik und Gestik
Bemühen Sie sich, Mimik und Gestik mit dem gesprochenen Wort zu koordinieren.
Wichtig ist nicht nur, was Sie sagen, sondern auch w i e Sie es sagen.
Trainieren Sie Mimik und Gestik unter Zuhilfenahme eines Videogerätes. Analysieren Sie diese Aufzeichnungen anschließend.
Vermeiden Sie eine allzu ausgeprägte Mimik, die dann eher wie Grimassenschneiden wirkt.
Mit einer guten, aber zurückhaltenden Mimik und Gestik bringen Sie mehr Leben in Ihre Darbietung.

Mittagspause
Achten Sie darauf, daß die Mittagspause nicht zu kurz angesetzt wird.

Modulation
Die richtige Stimmodulation ist sehr wichtig für den Erfolg Ihrer Rede.

Motivation
Jeder Redner sollte sich zum Ziel setzen, die Anwesenden zu motivieren und zu gewinnen.

Namen
Sprechen Sie, wenn irgend möglich, gelegentlich den einen oder anderen namentlich an.
Versichern Sie sich, daß Sie den Namen auch richtig aussprechen.
Es sollten Namenschilder angefertigt werden.

Neugierde
Wecken Sie die Neugierde der Zuhörer.

Organisation
Vermeiden Sie vorhersehbare und absehbare Mißgeschicke. Je gründlicher Ihre Vorbereitung ist, desto geringer wird die Pannengefahr.

Ort der Rede
Seien Sie rechtzeitig vor Beginn der Rede, des Vortrages oder der Präsentation am jeweiligen Ort.

Pannen
Nehmen Sie geringfügige Pannen nicht zu tragisch. Sie wirken mitunter sogar erheiternd und entspannend.
Auch Steckenbleiben ist kein Grund zur Panik: „Fassen wir kurz zusammen ...", „Ich möchte noch besonders betonen ...", „Ich wiederhole also noch einmal kurz ..." sind einige Überbrückungssätze, die ein Garant dafür sind, daß kaum ein Zuhörer Ihr Steckenbleiben bemerkt.

Pausen
Bringen Sie Effektivität in Ihre Aussagen, indem Sie bewußt Pausen einlegen, Fragen stellen oder manche Sätze auch wiederholen lassen, um so Ihr Publikum zu aktivieren.
Pausen sind nicht nur für die Raucher dienlich.
Nutzen Sie die Vorteile der richtigen Pausentechnik während Ihres Vortrages.
Nutzen Sie die Pausen für kurze persönliche Gespräche. Mitunter ist es klug, besonders die ablehnend oder desinteressiert erscheinenden Zuhörer anzusprechen.

Perfektion
Vermeiden sie eine allzu große Perfektion.
Perfektionisten wirken häufig – ohne es vielleicht wirklich zu sein – verkrampft.

Publikum
Ein Referent, der sich nicht darum bemüht,

das Publikum mitzureißen, begeht einen groben Fehler.

Rede
Bauen Sie Ihre Rede mit Bausteinen auf.
Die beste Rede ist die freie Rede.

Redebeginn
Verwenden Sie aktuelle Ereignisse, die auch den Zuhörer interessieren.

Redeform
Wählen Sie die richtige Redeform, klären Sie diese mit den Veranstaltern ab.

Redeübung
Üben Sie Gedichte: „Die drei Zigeuner" zum Beispiel eignen sich sehr gut. (Redeübung im Taschenbuch „Reden ohne Lampenfieber".)

Redezeit
Halten Sie die Redezeit genau ein, und beenden Sie Ihren Vortrag pünktlich.
Legen Sie eine Uhr auf das Rednerpult, damit Sie die Zeit nicht überziehen.

Rednerpult
Schlagen Sie nicht mit der Hand oder Faust auf das Rednerpult.
Beste Distanz zum Rednerpult: etwa ein halber Meter.

Rhetorik
Verwenden Sie die Rhetorik als Kommunikationshilfe.
Vermeiden Sie langweilige Wiederholungen. Aber: Sollten Sie eine Vertiefung des Mitgeteilten anstreben, darf ruhig einmal eine besonders wichtige Aussage wiederholt werden.
Es ist kein Zeichen guter Rhetorik, wenn Sie Schlag- und Modewörter einstreuen. Flechten Sie statt dessen lieber hier und da eine rhetorische Frage ein.
Je überzeugender Sie vorgehen, desto überzeugender wirken Sie auf die Zuhörer.

Rhetorische Frage
Verwenden Sie zwischendurch auch einmal eine rhetorische Frage. Eine rhetorische Frage ist zum Beispiel „Wer hätte das gedacht?". Da die rhetorische Frage dem Inhalt nach keine wirkliche Frage ist, wird auch keine Antwort erwartet.
Durch rhetorische Fragen werden die Zuhörer mehr zum Mitdenken angeregt, sie werden vom Redner mehr mit einbezogen als durch einen gewöhnlichen Behauptungssatz.

Roter Faden
Der rote Faden muß stets deutlich erkennbar sein.

Sachvorträge und Vorschau
Geben Sie bei Sachvorträgen einen kurzen Gesamtüberblick vor Ihren sachlichen Ausführungen.

Sätze
Wählen Sie kurze und verständliche Sätze.
Bei langen Sätzen fällt das Behalten schwer, außerdem bringen sie Sie auch schnell aus dem Konzept.
Unterstreichen Sie die wichtigsten Sätze und Wörter im Manuskript.
Keine Schachtelsätze bauen, zu jedem Hauptsatz höchstens einen Nebensatz.

Schlagwörter und Modeausdrücke
Verwenden Sie möglichst wenig Schlagwörter und Modeausdrücke.

Schluß
Die Krönung Ihres Vortrages sollte ein Schlußappell an Ihre Zuhörer sein.
Der Abschluß sollte eine Zusammenfassung des Gesagten, die Aufforderung zur Tat und den Dank an Ihre Zuhörer enthalten. Sagen Sie nie: „Ich komme nun zum Schluß", wenn Sie dann noch endlos weitersprechen wollen.
Fragen Sie niemals Zuhörer direkt, ob Ihr Vortrag angekommen ist. Ein guter Redner hat viele Möglichkeiten, das selbst herauszufinden.
Der Schluß des Vortrages ist sehr wichtig. Bereiten Sie ihn deshalb sehr sorgfältig vor, und sprechen Sie die letzten Sätze auf jeden Fall frei.

Selbstmotivationsformel
Sagen Sie sich immer wieder: Ich muß, ich will, ich kann!

Sicherheit
Strahlen Sie Sicherheit aus.

Sprache
Vermeiden Sie Abweichungen von der deutschen Sprache.
Vergessen Sie nie: bei einer bildhaften Sprache sehen Ihre Zuhörer auch mit den Ohren.

Sprechen

Wenn es irgend möglich ist, sollten Sie auf jeden Fall versuchen, frei zu sprechen, allein schon wegen des Blickkontakts.
Sprechen Sie weder zu laut noch zu leise, nicht zu schnell und nicht zu langsam, dafür klar, deutlich und konzentriert. Beginnen Sie erst zu sprechen, wenn alles im Raum still ist.
Der Text darf weder heruntergehaspelt noch genuschelt werden.
Sprechen Sie stets knapp und präzise, in einfachen, leicht verständlichen Sätzen.
Betonen Sie Konsonanten und Endungen.

Sprechdenken

Sprechdenken ist trainierbar.

Sprechunarten

Kennen Sie eigentlich Ihre Sprechunarten?

Statistik

Seien Sie vorsichtig mit Statistiken, sie wirken leicht ermüdend.

Stichpunktkarten

Verwenden Sie für Ihren Vortrag Stichpunktkarten.
Teilen Sie diese Karten in Hauptthema, Nebenpunkte und Beispiele auf.
Wichtige Punkte für die Stichpunktkartei sind: Was muß ich sagen, was kann ich noch sagen, Beispiele aus der Praxis.
Beschriebene Stichpunktkarten können leicht archiviert werden.
Stichpunktkarten sollten immer numeriert werden. Falls sie einmal zu Boden fallen, kann man sie leicht wieder ordnen. Das DIN-A5-Format hat sich hier besonders gut bewährt.

Stil

Vermeiden Sie unbedingt Abweichungen von der deutschen Grammatik.
Nichts wirkt sich auf Ihren Redestil nachträglicher aus als kaum zu verfolgende Schachtelsätze. Zu einem Hauptsatz sollten höchstens ein bis zwei Nebensätze gebildet werden. Ganz auf Nebensätze zu verzichten ist jedoch auch nicht ratsam, denn sonst entsteht schnell der Telegrammstil, der Ihre Rede unpersönlich erscheinen läßt.
Imitieren Sie auch niemals den Stil eines anderen, bewahren Sie lieber Ihren eigenen.

Stimme

Heben und senken Sie Ihre Stimme.
Ihre Stimme ist ein Musikinstrument, nutzen Sie deshalb alle Tonarten und Möglichkeiten gekonnt aus.
Mit der Stimme kann man Stimmung machen.

Stoff

Eine wichtige Faustregel: 50 Prozent des Stoffes im ersten Drittel des Vortrages, 40 Prozent im zweiten und 10 Prozent im letzten Drittel bringen.

Superlative

Vermeiden Sie Superlative wie „Klasseangebot“, „Das ist wirklich einmalig super!“ „Absolute Spitze!“ usw.

Synonymwörterbücher

Verwenden Sie bei der Ausarbeitung Ihres Vortrages Synonymwörterbücher.

Technik des Vortrages

Bedenken Sie: Wer frei vorträgt, ist viel freier.
Wer seine Zuhörer anschaut, kommt besser an.
Wenn möglich: nicht vom Manuskript ablesen.
Dynamisch, lebendig und interessant vortragen.
Humor und Schlagfertigkeit einbauen.
Schaffen Sie eine möglichst positive Atmosphäre.
Versuchen Sie immer, wirklichkeitsnah, interessant und instruktiv vorzutragen.
Seien Sie nicht allzu fachspezifisch, und vermeiden Sie, allzusehr ins Detail zu gehen.
Sprechen Sie nicht über die Köpfe der Zuhörer hinweg.
Es kommt oft nicht so sehr darauf an, was, sondern w i e man etwas sagt.
Wahren Sie stets Ihre eigene, ganz persönliche Note.
Wenn die Aufmerksamkeit Ihrer Zuhörer nachläßt, legen Sie umgehend mehr Dynamik in Ihren Vortrag.
Blättern Sie die Manuskriptseiten nicht um, sondern schieben Sie sie einfach beiseite.

Technische Hilfsmittel

Üben Sie sich im Einsatz von technischen Hilfsmitteln.
Überlegen Sie sich rechtzeitig, welche Sie einsetzen möchten.
Wichtige Hilfsmittel sind unter anderem:

Diaschauen, Flip-Chart, Tafel und Kreide, Tageslichtprojektor, Pinwände, Videoanlage usw.
Die technischen Hilfsmittel müssen der Raumgröße und der Zuhörerzahl angepaßt sein.
Denken Sie auch an andere Hilfsmittel, die Ihnen bei Ihrer Vortragsarbeit nützlich sein können, zum Beispiel an das eventuell passende Demonstrationsmaterial.

Teilnehmererwartungen
Versuchen Sie immer, die Teilnehmererwartungen herauszufinden und diese zu erfüllen.
Bedenken Sie aber, daß die Ansprüche an den Vortragenden recht differenziert sind.

Teilnehmerfragen
Überlegen Sie, ob Sie Teilnehmerfragen und -einwände sofort beantworten wollen oder die Antwort auf später verschieben möchten (Schlußdiskussion).

Teilnehmerwünsche
Denken Sie daran, daß Sie trotz aller Mühe und allem guten Willen nicht alle Teilnehmerwünsche erfüllen können.

Thematik
Sagen Sie nur zu, wenn Sie die Thematik wirklich beherrschen.
Versuchen Sie immer, die Thematik verständlich vorzutragen.

Themen
Die besten Themen sind die, bei denen Sie aus eigener Erfahrung sprechen können.
Beherrschen Sie ein Thema nicht, dann sagen Sie lieber „Nein!“, wenn man Sie bittet, einen Vortrag zu halten. Besprechen Sie das Thema mit Bekannten, Freunden und Familienangehörigen, um neue Gedanken und Ideenimpulse zu gewinnen.

Tiefenwirkung
Tiefenwirkung ist wichtiger als Breitenwirkung.
Niemals zuviel Information in einen Vortrag packen.

Tonlage
Eine ständig gleichbleibende Tonlage schläfert die Zuhörer schnell ein.

Unarten
Der geübte Redner spricht zu seinen Zuhörern und liest nicht einfach ab. Wer seinen Vortrag ablesen muß, sollte ihn den Zuhörern besser per Post zuschicken.
Vermeiden Sie Verallgemeinerungen und Pauschalierungen.
Lassen Sie auch anderer Leute Meinungen und Argumente gelten.
Seien Sie nicht zu dozierend und akademisch.
Vermeiden Sie Füll- und Verlegenheitswörter sowie Störlaute.
Vermeiden Sie nervöse Handbewegungen: an der Krawatte zupfen, die Nase reiben usw.

Verlegenheitssilben
Meiden Sie die bekannten Verlegenheitssilben wie „äh“ und „hm“.

Verständlichkeit
Wichtig für die Verständlichkeit sind: der Wortschatz, der Satzbau, die Gliederung, der Stil, der Ausdruck und die Lebendigkeit des Vortrages.
Verwenden Sie Thesen, Grundsätze und Regeln.

Vorabend
Beschäftigen Sie sich, wenn möglich, am Vorabend nicht mehr mit dem Vortrag, weil Sie vielleicht plötzlich zu vieles noch kurzfristig umändern möchten.

Vorbereitung
Je früher Sie anfangen, je intensiver Sie die Thematik durchdenken, desto besser für das Gelingen.

Vor Beginn des Vortrages
Kurze persönliche Gespräche vor Beginn des Vortrages können Ihnen wichtige Zuhörererwartungen aufzeigen.
Kurz vor Beginn Ihres Vortrages sollten Sie noch eine kleine Stimmübung durchführen, um die Resonanz auszuprobieren.

Vorstellung
Lassen Sie sich möglichst von einem anderen (Organisator, Veranstalter, Trainingsleiter usw.) vorstellen.
Versuchen Sie, schon vor oder bei der Vorstellung einige Namen der Teilnehmer zu erfahren und zu behalten, und flechten Sie diese dann im Vortrag ein.

Vortrag
Fassen Sie die wichtigsten Punkte Ihres Vortrages am Schluß kurz zusammen.

Streichen Sie alles Unwesentliche aus Ihrem Vortrag.
Versuchen Sie, den Vortrag selbst zu erarbeiten und sowenig Fremdstoff wie möglich zu verwenden.
Versuchen Sie, im Vortrag menschliche Wärme auszustrahlen.
Beenden Sie Ihren Vortrag möglichst mit einem „Hammerschlag".

Vortragszeit
Versuchen Sie, die günstigste Vortragszeit zu bekommen.

Vorurteil
Habe ich mit Vorurteilen zu rechnen? – Diese Frage sollten Sie sich unbedingt stellen.

Wiederholungen
Vermeiden Sie unnötige und langweilige Wiederholungen.

„Wir"-Form
Sprechen Sie viel öfter in der „Wir"-Form.

Witze und Anekdoten
Sammeln Sie Witze und Anekdoten.

Zahlennennung
Anstatt nur einer Zahlennennung bringen Sie lieber einen Vergleich, zum Beispiel: so groß wie ein Fußballplatz.

Zuhörer
Sprechen Sie möglichst die jeweilige Sprache Ihrer Zuhörer, und der Erfolg ist Ihnen sicher.
Bedenken Sie immer, es ist auch anstrengend zuzuhören.
Nehmen Sie die Zuhörer immer ernst und wichtig.
Versuchen Sie, Ihre Zuhörer emotionell anzusprechen.
Die Zuhörer sind gar nicht so kritisch, wie Sie vielleicht denken.
Die Zuhörer sind meistens dankbar, daß sie nicht selbst sprechen müssen.
Spezifische Zuhörerinformationen sind für Sie wichtig.
Versuchen Sie, möglichst die Erwartungen Ihrer Zuhörer zu erfüllen.
Versuchen Sie stets, den Zuhörer in den Mittelpunkt zu stellen.
Zuhörer wägen sehr gut ab, ob sich die Zeit für das Zuhören gelohnt hat.
Zeigen Sie den Zuhörern, daß es Ihnen Spaß macht, den Vortrag vor ihnen zu halten.
Schätzen Sie Ihre Zuhörer danach ein, ob sie emotionell oder eher sachlich ansprechbar sind.
Überschätzen Sie die Speicherkapazität der Zuhörer nicht.
Versuchen Sie herauszufinden, was Sie mit Ihren Zuhörern verbindet.
Bringen Sie Ihre Zuhörer zum Schmunzeln, entspannte Menschen hören besser zu.
Aktivieren und motivieren Sie Ihre Zuhörer.
Wenn sich die Zuhörer Notizen machen, so ist das ein sicheres Zeichen, daß Sie gut ankommen.
Beobachten Sie ständig die Haltung Ihrer Zuschauer, wirken sie interessiert, gelangweilt, ent- oder angespannt, ablehnend oder zustimmend?

Zuhörerkreis
Der Abstand zwischen dem Rednerpult und dem Zuhörerkreis sollte möglichst gering sein.

Zwischenrufe
Lassen Sie sich durch Zwischenrufe und -fragen nicht aus dem Konzept und aus der Ruhe bringen.

Wie man Pannen und Schwierigkeiten beim Reden meistert

Nehmen Sie Ihre Pannen niemals zu ernst, denn meistens nimmt das Publikum diese gar nicht wahr. Für den größten Notfall halten Sie sich ein paar Kärtchen bereit, auf denen Sie sich einige Bonmots, eine kurze Story, einen Witz oder ähnliche Auflockerungen notiert haben.
Mit dem Hinweis: „Eben fällt mir gerade eine nette Episode (Geschichte, Gag) ein ..." bringen Sie dann Ihren Einschub, und jede Peinlichkeit bleibt Ihnen erspart! Betrachten Sie Zwischenrufe oder -fragen der Zuhörer niemals als Störung, sondern als Zeichen, daß Ihr Auditorium an Ihrem Vortrag wirklich geistig beteiligt ist. Greifen Sie Zwischenrufe auf, wandeln Sie sie um in Aktivitäten der Zuhörer. Beispielsweise als Frage an die übrigen Teilnehmer: „Was meinen Sie dazu?".
Nur, wenn man Sie aus dem Zuhörerkreis

ungerecht angreift beziehungsweise der Zwischenruf eine Beleidigung darstellt, sollten Sie die Zähne zeigen und entsprechend hart parieren, beispielsweise mit der Entgegnung: „Von Ihnen hätte ich eine andere Haltung erwartet!"

Einige Kunstgriffe für Redner

Für den ungeübten Redner besteht natürlich die besonders große Furcht darin, daß er vor einer Gruppe versagen könnte. Diese Angst ist stets gegenwärtig und wird oft noch durch Phantasievorstellungen vor Beginn der Rede erweitert und in Panik umgewandelt.

Geübte Redner greifen dagegen auf einige bewährte Regeln zurück. Sie prägen sich einige Redewendungen ein und setzen sie bei auftretenden Schwierigkeiten, beim Steckenbleiben, bei Zwischenrufen, Zwischenfragen usw. ein. Besonders glücklich sind die Menschen dran, die von Natur aus über ein gewisses Maß an Schlagfertigkeit und Humor verfügen. Diese beiden Faktoren sind natürlich besonders gute Helfer in kritischen Situationen, wenn der Redner den roten Faden verliert, wenn er sich verhaspelt hat oder sonst irgendwie aus dem Konzept geriet. Nachstehend nennen wir einige Möglichkeiten zur Überbrückung von Pannen während eines Vortrages, einer Rede oder Präsentation:

Steckenbleiben, Verlegenheitspause

„Fassen wir noch einmal kurz die letzten Punkte zusammen ..."
„Ich möchte noch einmal besonders betonen ..."
„Den letzten Gedanken möchte ich doch noch etwas genauer erläutern ..."
„Ich wiederhole also noch einmal: ..."
„Nein, ich möchte es eigentlich noch ein wenig besser formulieren ..."
„Vielleicht kann ich es Ihnen an folgendem Beispiel präziser aufzeigen: ..."
„Noch besser verdeutlichen kann ich es, wenn ..."
Sprechen Sie langsamer.
Legen Sie eine kurze Redepause ein.
Gehen Sie zum nächsten Stichpunkt über.

Bei Fehlen des treffenden Ausdrucks:
„Hier den treffenden Ausdruck zu finden ist gar nicht so einfach!"
„Ja, ich kann Ihnen das vielleicht noch ein wenig exakter erklären, wenn ..."
„Im Augenblick fehlt mir das richtige Wort dafür, aber ..."
„Was meinen Sie, wie könnte man diesen Zustand (Artikel, Situation usw.) bezeichnen?"

Was tun bei Zwischenrufen und -fragen?

Hier sollte man sich vor allem niemals aus dem Konzept bringen lassen und nur kurze, treffende Entgegnungen bereithalten; niemals längere Ausführungen dazu machen!
„Damit haben Sie ganz recht, aber lassen Sie mich zuerst einmal fortfahren ..."
„Gut, das ist Ihre Meinung, nur kann ich mich im Augenblick nicht auf eine Privatdiskussion einlassen. Nach dem Vortrag unterhalte ich mich gern weiter mit Ihnen über diesen Punkt."
„Auf diesen interessanten Hinweis komme ich gern später noch einmal zurück!"
„Darauf komme ich ohnehin später noch zu sprechen!"
„Hören Sie mir bitte noch einen Augenblick zu, denn dann werden Sie bestimmt Ihren Vorwurf zurückziehen."
„Es würde den Rahmen dieses Vortrages sprengen, wenn ..."
„Auf diese Angelegenheit werde ich in meinem Folgevortrag noch näher eingehen."

Wenn Sie den roten Faden verloren haben

Eine Abhilfe durch folgende Formulierungen wäre möglich:
„Herr Müller, würden Sie bitte kurz das Fenster öffnen, ich glaube, ein wenig frische Luft täte uns allen gut!"
„Meine Damen und Herren, was halten Sie von einer kurzen Zigarettenpause?"
„Ich gebe Ihnen nun zwei Minuten Zeit, um Ihre Aufzeichnungen zu vervollständigen."
„Bitte schauen Sie sich noch einmal dieses Diagramm an."
„Lassen Sie uns gemeinsam eine kleine Lockerungsübung durchführen."

Schlagfertigkeit ist die Fähigkeit, in jeder Situation treffend zu antworten. Man sollte niemals um eine Antwort verlegen sein. Manche Menschen besitzen diese Gabe von Natur aus, andere müssen sie sich erst antrainieren. Schlagfertigkeit ist zu erlernen, wenn man alle Situationen um sich herum bewußt beobachtet und wahrnimmt. Wenn Sie sich eine kleine Sammlung von Schlagfertigkeitsbeispielen anlegen, werden Sie diese Klippe umschiffen können!

Einstellung und Organisation vor dem Auftritt

Die Einstimmungsphase – Die Organisation – Gedächtnisstütze für Veranstaltungsreservierungen – ABC der Seminarorganisation – Lehrtechniken durchdenken – Vor Ihrem Auftritt am Ort der Durchführung

Auf allen Gebieten der öffentlichen Rede ist es das Auftreten des Redners, das über seinen Erfolg entscheidet, nicht seine Worte. (Albert Hubbard)

Aus eigener Erfahrung wissen Sie sicherlich, daß die Erwartungsangst wächst, je näher der Tag des Vortrages rückt. Am schlimmsten ist es am Vorabend und gerade vor dem Auftritt. Je schlechter Sie vorbereitet sind, desto stärker und intensiver sind die Ängste und das Lampenfieber.

Aus diesem Grunde wollen wir Ihnen Ihren Auftritt erleichtern helfen, indem wir diese sehr wichtige, aber in der Praxis wenig berücksichtigte Phase ausführlich behandeln. Es kann durchaus passieren, daß Sie sich noch am Vorabend des Vortrags fragen: Habe ich das richtige Thema gewählt? Sind meine Einleitung, der Hauptteil und der Schluß gut? Habe ich genug Stoff, oder habe ich sogar zuviel? Was wird mein Vorgesetzter zu meinem Vortrag sagen? Hoffentlich verliere ich den roten Faden nicht! Vielleicht wollen mich die Zuhörer fertigmachen! Wenn ich nur nicht steckenbleibe! Ob Fragen gestellt werden, die ich vielleicht nicht beantworten kann? Ob vor mir ein besserer Redner spricht? Hoffentlich klappt es mit der Technik. Was mache ich, wenn zum Beispiel die Glühbirne des Tageslichtprojektors durchbrennt oder sonst eine Panne passiert und alle schauen mich erwartungsvoll an?

Solche und andere Gedanken beschäftigen den Redner im Unterbewußtsein. Eine nervöse Unruhe befällt den Referenten. Er überlegt ständig, was alles schieflaufen könnte. Gerade aus diesem Grunde ist es wichtig, daß Sie eine positive und selbstmotivierende Einstellung haben und vor Ihrem Auftritt die Organisation noch einmal durchdenken, am besten mit Hilfe geeigneter Checklisten. Es ist nie gut, wenn man erst durch Schaden klug wird.

Die Einstimmungsphase

Wie Sie wissen, ist der Mensch weitgehend von seiner eigenen Einschätzung abhängig. Also sollten Sie versuchen, Ihren Auftritt von der positiven Seite zu betrachten. Beschäftigen Sie sich mit Erfolgsgedanken und nicht mit Gedanken an eine Niederlage. Sehen Sie im Geiste schon vor sich, wie Sie erfolgreich auftreten und Sympathie wecken, wie Sie freundlich, dynamisch und mit Begeisterung den Zuhörern Ihre Botschaft vermitteln. Negative Gedanken an einen möglichen Mißerfolg ziehen Niederlagen förmlich an. Es gibt nur den einen Weg – vorwärts! Sie haben Ihren Vortragsauftrag angenommen, und nun geht es darum, das Beste daraus zu machen. Denken Sie an die Formel „Sage JA und du kannst!" Sie hat schon manchem geholfen. Dr. Vincent Peale sagt mit Recht: „Du bist stärker, als du denkst." Wir müssen immer wieder den eigenen Erfolg sehen und an ihn glauben. Dem ungeübten Redner kann man sagen: Übung macht den Meister. Dem alten Hasen, der auch noch oft unter Ängsten vor dem Auftritt leidet, kann man raten: Schauen Sie einmal zurück, und Sie werden erkennen, daß es doch jedesmal gut über die Bühne gegangen ist – warum also nicht auch diesmal?!

Wie oft habe auch ich mir früher noch nachts im Hotelzimmer meinen Vortrag durch den Kopf gehen lassen. Gedanklich wurde gefeilt, gestrichen, verworfen, geändert und hinzugefügt. Am nächsten Tag war ich dann schon fix und fertig, bevor der Auftritt überhaupt begonnen hatte. Daraus habe ich gelernt, daß sich am letzten Abend sowieso nicht mehr viel ändern läßt. Sie machen sich selbst nur nervös. Heute genieße ich den Vorabend, indem ich zum Beispiel spazierengehe, frische Luft schnappe, um mich zu erholen. Ich trinke im Restaurant gemütlich ein Gläschen Wein oder gehe in die Sauna. Diese Einstimmung ist wichtig!

Die Organisation

Wie sieht es nun mit dem zweiten Punkt, der Organisation, aus? Entwickeln Sie für Ihre eigenen Belange eine kleine Checkliste, die Sie dann in Ihren Taschenkalender eintragen. Denn die meisten Redner halten heute nicht nur ihren Vortrag, sie müssen oft auch die Tagungen, Kongresse, Seminare und sonstigen Veranstaltungen mitorganisieren und durchführen.

Für diese Tätigkeit haben wir eine kleine Gedächtnisstütze für Veranstaltungsreservierungen und -durchführungen aufgelistet.

Gedächtnisstütze für Veranstaltungsreservierungen

Unterbringung

- Anfahrt ☐
- Anzahl der Personen ☐
- Arrangement ☐
- Art der Bezahlung ☐
- Daten der An- und Abreise ☐
- Gastgeschenke ☐
- Informationsstand ☐
- Lagerraum ☐
- Namensliste ☐
- Parkplatz (Garagen) ☐
- Zimmer ☐

Veranstaltung

- Aschenbecher ☐
- Bestuhlungsplan ☐
- Bühne oder Podest ☐
- Diktaphon/ Aufnahmegerät ☐
- Empfangstisch ☐
- Fahne/ Tischfähnchen ☐
- Garderobe ☐
- Gästebuch ☐
- GEMA-Anmeldung ☐
- Leinwand ☐
- Mikrofone und Verstärkeranlagen ☐
- Musik ☐
- Namensschilder ☐
- Polizeistundenverlängerung ☐
- Pressetisch ☐
- Rednertisch/Pult ☐
- Schreibmaschine ☐
- Schreibmaterial ☐
- Simultananlage ☐
- Sitzplan ☐
- Sonderbeleuchtung ☐
- Tabakwaren ☐
- Tafel ☐
- Tagungsprogramm ☐
- Teilnehmerzahl ☐
- Tischdekoration ☐

Mahlzeiten

- Abendessen ☐
- Cocktail ☐
- Frühstück ☐
- Gebäck ☐
- Getränke ☐
- Kaffee ☐
- Menükarten ☐
- Mittagessen ☐
- Tee ☐
- Wein ☐

Rahmenprogramm

- Damenprogramm ☐
- Programmgestaltung ☐
- Proben ☐
- Sonderdekoration ☐
- Tanzfläche ☐
- Tombola ☐

ABC der Seminarorganisation

A. Abrechnung der Hotelkosten ☐
Abrechnungsweise von Fahrtkosten, Übernachtung usw. ☐
Akustik überprüfen ☐
Anerkennungspreise für die Teilnehmer bereitstellen ☐
Anfertigung der Namens- und Tischschilder ☐
Anforderung der Beiträge von Teilnehmern ☐
Angebote an Veranstalter senden ☐
Anreiseroute ☐
Anschrift ☐
An- und Abreisetermine vermerken ☐
Aufmerksamkeiten an die Ehefrauen der Teilnehmer schicken ☐

B. Beleuchtung ☐
Belüftung ☐
Beschaffung notwendiger Unterlagen für die Seminarvorbereitung ☐

Besetztafel für Konferenzraum anbringen ☐
Bestätigung des Raumes zum genannten Seminartermin einholen ☐
Bestuhlung ☐
Bücheraufstellung und Literaturverzeichnis bereitstellen ☐
Bühnenbeleuchtung ☐

D. Diaprojektor ☐
Druck der Unterlagen vornehmen lassen ☐

E. Ehepartner der Teilnehmer gesondert ansprechen ☐
Einsatz von Hilfspersonal ☐
Elektrische Anschlüsse überprüfen ☐
Energieversorgung sicherstellen ☐
Erinnerungskarte an Teilnehmer erarbeiten ☐

F. Festlegung des Zeitplanes ☐
Filmprojektor bereitstellen ☐
Fotograf beauftragen ☐
Fremdgeräusche/-störungen überprüfen ☐

G. Genehmigung von Veranstalter einholen ☐
Größe des Raumes beachten ☐

H. Hinweisschilder anfertigen ☐

I. Inhalt der Einladungen konzipieren ☐

K. Kalkulation Seminarhotel ☐
Keine Kollision mit anderen Terminen ☐
Klärung der Essensfrage ☐
Klärung der Getränke ☐
Klärung des Pensionspreises ☐
Kleidung ☐
Klimaanlage überprüfen ☐

L. Lautsprecher überprüfen ☐
Leinwand bereitstellen ☐
Lichtverhältnisse prüfen ☐

M. Mappen zusammenstellen und bereithalten ☐
Mikrofon ☐
Mit Hotel Tischordnung und Technik abstimmen ☐
Mitzubringendes Material abchecken ☐
Modelle, Schaustücke, Großfotos ☐
Möglichkeiten für Freizeitgestaltung durchdenken ☐
Motivierung der Teilnehmer ☐

N. Nebenräume begutachten ☐

O. Organisation des Freizeitprogramms ☐
Organisation der Veranstaltung gesamt ☐

P. Parkmöglichkeiten erkunden ☐
Presseinformationen ☐
Programm erstellen ☐
Prospekte ☐
Protokollführer für das Seminar bestimmen ☐

R. Rednerpult ☐
Referenten und Institut ☐
Reservierung der Zimmer für die Teilnehmer vornehmen ☐

S. Schreibzeug kaufen ☐
Seminarmappen ☐
Seminarort ☐
Seminarraum ☐
Seminartermin ☐
Simultananlage ☐
Sitzordnung ☐
Störungen ☐

T. Tageslichtprojektor ☐
Tagungsstätte und -ort ☐
Technische Anlagen überprüfen ☐
Teilnehmerbestätigung ☐
Teilnehmerkreis und –zahl ☐
Teilnehmerliste an Hotel und Bestätigung ☐
Teilnehmerliste an Referenten senden ☐
Telefonnummern ☐
Termin für Teilnehmereinladung vermerken ☐
Tische/Stühle ☐
Tischordnung festlegen ☐

U. Urkunden anfertigen ☐
Urlaubstermine der Teilnehmer berücksichtigen ☐

V. Verantwortlichkeit der technischen Durchführung ☐
Verdunklung ☐
Verteilung der Betthupferl/Zimmerbriefe durch das Hotel ☐
Vorzubereitende Aufgaben durch Teilnehmer mit Terminangabe ☐

Z. Zeitplan erstellen ☐
Zeitplan an Hotel schicken ☐

Lehrtechniken durchdenken

Aktivierung der Teilnehmer
Alle Sinne der Teilnehmer ansprechen
Aufgaben auf verschiedene Instruktoren verteilen
Ausreichende Pausen
Beispiele bringen
Kontrolle über Stoffaufnahme
Konzentrierte Arbeit mit praktischem Nutzen
Leistungskurve beachten
Motivation der Teilnehmer
Nicht allzu unterschiedliche Teilnehmer zusammenfassen
Partnerschaft mit Teilnehmern

Positive und entspannende Kursatmosphäre
Prinzip: Sammeln, Ordnen, Ergänzen
Straff-elastische Seminarleitung
Tatsachen in konkreten Sachzusammenhang stellen
Teilnehmer selbst entdecken und erleben lassen
Verbindung aktiver Anschauungsmittel mit Eigentätigkeit der Teilnehmer
Wenig konkrete Dinge durch Veranschaulichung, Vergleich oder Symbol greifbar machen

Vor Ihrem Auftritt am Ort der Durchführung

Zeitliche Überprüfung
- Wann kommen die ersten Teilnehmer?
- Sind Kaffeepausen eingeplant, wie sieht die Restauration aus?
- Darf geraucht werden?
- Rechtzeitig am Ort des Geschehens eintreffen

Was müssen Sie mitbringen?
- Bringen Sie zu Ihrem Vortrag genügend Prospekte, Vorzeigmuster und ähnliches mit
- Halten Sie eine Kopie Ihres Manuskriptes bereit (falls das Original verlorengeht)
- Halten Sie genügend Schreibmaterial für Notizen bereit

Persönliches
- Achten Sie auf Ihre äußere Erscheinung
- Sammeln Sie sich vor Beginn der Rede
- Sie sollten von Anfang an Sicherheit ausstrahlen
- Checken Sie Ihr Äußeres, bevor Sie zum Rednerpult gehen, nicht erst auf dem Weg dorthin! Knöpfe zumachen, Krawatte geraderücken, Hose hochziehen usw.
- Gehen Sie langsam, aber zielsicher und selbstbewußt mit einem freundlichen Lächeln zum Rednerpult. Vermeiden Sie jedes Anzeichen von Hast.
- Benutzen Sie die Selbstmotivationsformel: Ich muß, ich will, ich kann!
- Mindestens eine halbe Stunde zum Besinnen einplanen
- Begrüßen Sie die ersten Teilnehmer möglichst mit Handschlag
- Beobachten Sie, wer wen kennt

Der Aufbau
- Lassen Sie keine Stühle leer stehen, sondern lassen Sie sie lieber entfernen, oder lassen Sie die Zuhörer nach vorn zusammenrücken, oft bleiben nämlich die ersten Reihen frei (Schüchternheit, Komplexe).
- Kann man Ihnen bei dem Transport schwerer Geräte behilflich sein?
- In Ruhe alles Erforderliche aufbauen
- Achten Sie auf eine ausreichende Belüftung
- Stellen und legen Sie alles Erforderliche handgerecht bereit

Technische Punkte
- Versuchen Sie zu ermitteln, ob Sie für die Raumverhältnisse zu leise oder zu laut sprechen und ob die Teilnehmer Sie auch verstehen können, denn das ist ja der Sinn der Sache
- Wie werden die technischen Hilfsmittel, besonders die elektrischen, angeschlossen?
- Ist eine Leinwand vorhanden?
- Sind genügend Verlängerungskabel vorrätig?
- Kann der Raum abgedunkelt werden?
- Steht ein Rednerpult zur Verfügung?
- Ist ein Tageslichtprojektor vorhanden?
- Überprüfen Sie noch einmal alle technischen Hilfsmittel
- Checken Sie kurz das Mikrofon

Räumlichkeiten
- Vor Beginn des Vortrages sollten Sie eine Stimmübung vornehmen, um die Resonanz auszuprobieren
- Wo können die Teilnehmer ihre Garderobe unterbringen?
- Machen Sie sich vertraut mit den Räumlichkeiten (Garderobe, Toilette)

Teilnehmer
- Versuchen Sie herauszufinden, ob die Gruppe einen „Leithammel“ hat
- Wie sind die Parkverhältnisse?
- Versuchen Sie vorab, einige Einzelheiten von und über die Teilnehmer zu erfahren. Prägen Sie sich einige Namen ein
- Lassen Sie die Teilnehmer selbst ihren Platz wählen
- Versuchen Sie, Kontakte zu knüpfen und knüpfen zu lassen

Richtig atmen muß gelernt sein

Atmungsvorgänge richtig verstehen – Eine bedeutsame Erkenntnis – Zu flaches Atmen – Atemtechnik zu Beginn und während des Vortrages – Übungen – Bauchatmung – Lungenkapazitätsübung – Vermehrte Sauerstoffzufuhr trainieren – Knowles-System oder Schulterblätterübung – Lesetest – Gruppentraining – Streichholztest – Gruppentraining – Kerzentest

„Im Atemholen sind zweierlei Gnaden:
Die Luft einziehen, sich entladen;
Jenes bedrängt, dieses erfrischt.
So wunderbar ist das Leben gemischt.
Du danke Gott, wenn er dich preßt,
Und dank ihm, wenn er dich wieder entläßt."

Goethe

Das nun folgende Kapitel beschäftigt sich mit dem Atmen. Es ist nur eine kurze Abhandlung dieses Bereichs, da es sehr gute Fachbücher zu diesem Thema gibt.

Daß das Wohlbefinden, die allgemeine körperliche und seelische Gesundheit, in hohem Maße vom richtigen Atmen abhängt, ist hinlänglich bekannt. Richtiges Atmen wird zum Beispiel ganz bewußt als eine therapeutische Maßnahme bei Blutdruckabweichungen oder bei einer chronischen Bronchitis eingesetzt. Die Liste der so mit gutem Erfolg behandelten Krankheiten ließe sich noch lange fortsetzen.

In früheren Zeiten, als die körperliche Arbeit mehr im Vordergrund stand als heute, haben die Menschen auch mehr allgemeine körperliche Bewegung gehabt und auch durch mehr Laufen automatisch tiefer und damit besser geatmet. In der Hast und Hektik unserer Tage haben wir die Fähigkeit zum natürlichen, gesunden rhythmischen Atmen weitgehend verloren. Statt dessen atmen wir oberflächlich und verkrampft. Der größte Teil der Industriebevölkerung leidet unter Atemfehlhaltung, die eigentlich einer ärztlich geleiteten Atemschulung bedarf. Der heutige Mensch sitzt tagsüber vorwiegend und ist dadurch zu einem Flachatmer geworden. Seine Atemzüge sind zu oberflächlich und nicht tief genug. Wir haben verlernt, richtig zu atmen, und müssen deshalb die Kunst des richtigen Atmens wieder neu erlernen. Beim Schlafen atmen wir merkwürdigerweise richtig, auch die Kleinkinder beherrschen noch die Kunst des richtigen Atmens.

Knowles, der eine Atemschule in England leitet, sagt: „Bei unserem Auto dulden wir keine verschmutzten Benzinleitungen, schadhafte Vergaser oder ähnliche Dinge, die die Motorleistung herabsetzen. Doch die verminderte Leistungsfähigkeit unserer Organe, die auf ungenügender Sauerstoffzufuhr beruht, nehmen wir ruhig hin. Sauerstoff aber ist für die Gesundheit und das Wohlbefinden unserer Milliarden von Zellen wesentlich. Atmen wir richtig, dann sind wir auch auf dem Wege, gesünder und natürlicher zu leben."

Atmungsvorgänge richtig verstehen

Gerade in unserer technisierten Welt, in der der Sauerstoffgehalt der Luft durch vielfältige Schadstoffe ohnehin schon wesentlich verringert ist, ist es sehr wichtig geworden, wenigstens diesen geringen Sauerstoffanteil durch richtiges Atmen optimal zu nutzen.

Zum richtigen Atmen gehört natürlich zunächst einmal, daß man die vier Atmungsarten kennt, nämlich:

1. die Brustatmung,
2. die Bauch- und Zwerchfellatmung,
3. die Flankenatmung,
4. die Tiefvollatmung.

Die Tiefvollatmung ist die erstrebenswerte Kombination der Brust-, Zwerchfell- und Flankenatmung. Diese Atmung ist voll, langsam, tief und rhythmisch.

Für die Rhetorik ist das richtige Atmen besonders wichtig. Es ist überhaupt die Voraussetzung zum Sprechen, gewissermaßen der Motor. Falsches Atmen bedeutet einen viel zu großen Kraftaufwand beim Sprechen. Deshalb müssen wir davon ausgehen, daß ohne richtiges Atmen auch kein richtiges Sprechen möglich ist.

Die Brustatmung ist nicht geeignet, ja man kann sie sogar als gesundheitsschädigend bezeichnen. Leider aber sind die meisten Menschen Brustatmer. Für das richtige Sprechen ist nur die Bauch- oder Zwerchfellatmung die richtige Art.

Eine bedeutsame Erkenntnis

Reden ist im Grunde genommen tönendes Ausatmen, denn wir sprechen in der Phase der Ausatmung. Die Hauptkunst liegt also nicht im Einatmen, sondern gerade umgekehrt, im Ausatmen. Das Problem liegt darin, daß bei flacher Atmung ein hoher Restbestand von verbrauchter Luft in den Lungen verbleibt. Nur wenn optimal ausgeatmet wird, können alle Restbestände exhaliert werden. Somit wird Platz geschaffen für neue, sauerstoffreiche Luft.

Obwohl das richtige Atmen und die Beherrschung der Atemtechnik für uns wichtig sind, führen die meisten Menschen keinerlei Atemtraining durch. Genauso wie vielen die eigentlich dringend nötigen Kniebeugen am Morgen schwerfallen. Die Beachtung und das Training der Atemtechnik können aber für jeden Menschen große Bedeutung für eine bessere Gesundheit, erhöhtes Wohlbefinden, gesünderes Aussehen, mehr Energie und Dynamik haben. Eine größere innere Ruhe wird erlangt, wie auch die Fähigkeit, sich besser zu entspannen.

Viele Redner haben anfangs große Schwierigkeiten mit der Atemtechnik. Manche sprechen einfach zu schnell – eines der Hauptprobleme vieler Redner. Andere verkrampfen sich durch die erhöhte Erregung; beides ist durch das Lampenfieber bedingt. Durch ständige Redeübungen lernt der Redner aber im Laufe der Zeit automatisch, die Atemtechnik besser zu beherrschen. Er braucht sich dann nicht mehr so bewußt Gedanken über den Ablauf der Atmung zu machen.

Zu flaches Atmen

Wie schon erwähnt, atmen die meisten Menschen zu flach, das heißt zu hektisch und nicht tief genug. Wer die Atemkunst richtig beherrscht, atmet langsamer, aber dafür tiefer. Das schnelle Schnappen nach Luft sollte vermieden werden.

Die meisten Menschen atmen 14- bis 18mal in der Minute flach ein und aus. Man sollte mit weniger Atemzügen auskommen, und nach einigem Training sollten etwa acht Atemzüge pro Minute erreicht werden. Die Lunge kann drei Liter Luft fassen – doch die meisten Menschen, vor allem Schreibtischarbeiter, nehmen mit jedem Atemzug nur etwa einen halben Liter auf. Das bedeutet, daß fünf Sechstel ihrer Lungenkapazität nicht genutzt werden. Ihre Zielsetzung sollte deshalb sein: tiefer und voller ein- und auszuatmen, mit weniger Zügen pro Minute auszukommen. Damit erreichen Sie folgende Vorteile: Sie fühlen sich wohler, Sie haben mehr Energie, Sie ermüden weniger schnell, Sie schlafen besser, Sie wachen rascher auf, Sie sprechen leichter.

Atemtechnik zu Beginn und während des Vortrages

Atmen Sie kurz vor Ihrem Vortrag tief aus, und gehen Sie mit festen Schritten zum Rednerpult oder zum Platz Ihres Vortrages. Bevor Sie Ihren Vortrag beginnen, ist es wichtig, nicht bewußt ein-, sondern auszuatmen. Wer dies zu Beginn nicht tut, hat, wie schon erwähnt, noch von dem vorigen Atemzug zuviel Luft in den

Lungen, also nicht genügend Platz für die neue, nunmehr besonders benötigte frische Luftzufuhr. Seine Stimme wirkt dadurch gepreßt, atemlos, hektisch. An diese so wichtige Regel denken leider nur wenige Redner.

Richtiges Atmen

Nützen Sie die Tiefvollatmung richtig aus, die sich aus der Kombination der

1. Brustatmung
2. Zwerchfellatmung
3. Flankenatmung

} Sauerstoffzufuhr Reserven durch Training besser nützen!

ergibt.

LUNGENKAPAZITÄT

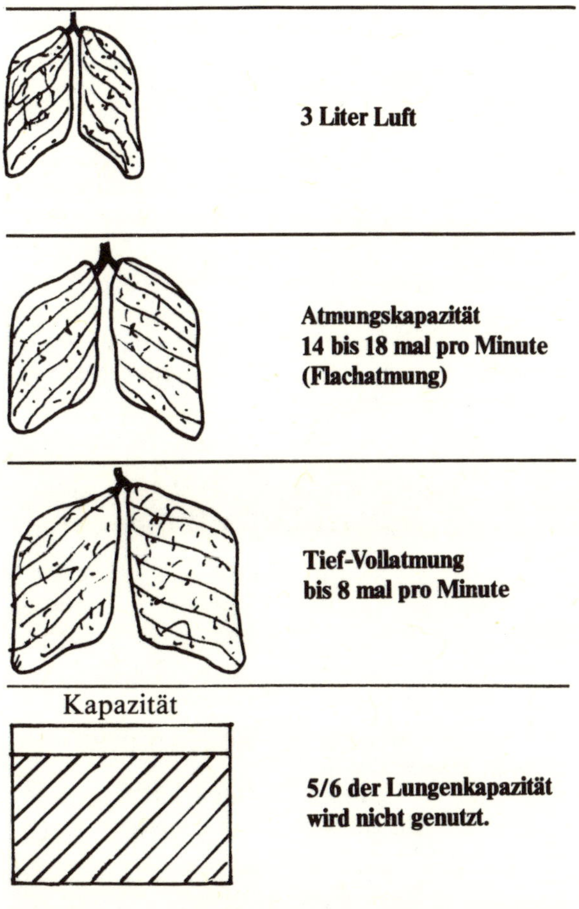

Diese Skizze zeigt Ihre Lungenkapazität. Die Gesamtkapazität beträgt drei Liter. Die Atmungskapazität eines Flachatmers liegt bei 14 bis 18 Atemzügen pro Minute. Jemand, der die Tiefvollatmung durchführt, kann die Anzahl der Atemzüge pro Minute auf acht bis zehn reduzieren. Fazit: Nur ein Sechstel der Lungenkapazität wird von den meisten Menschen ausgenutzt.

Einen Vortrag, ein Referat zu halten kostet eine Menge Luft. Sehr gute und nützliche Methoden, diesen Vorrat an Atemluft zu haben, empfehlen der Lungenfacharzt Franz Muhar und der Sprechpädagoge Prof. Horst Coblenzer, Wien, in ihrem Buch „Atem und Stimme“, Verlag Herold, München. Ein Beispiel daraus: Endungen stets besonders betonen. Dadurch atmen Sie danach automatisch richtig ein und aus.

Checkliste Atemtechnik

Atemtechnik wird jeden Tag angewendet

Bewußtere Einstellung zur Ein- und Ausatmung

Mehr Beachtung der Ausatmung, weil sie für den Abtransport der verbrauchten Luft sorgt

Bei Nervosität, Angst und Anspannungen versuchen, langsam einzuatmen, die Luft anzuhalten und langsam auszuatmen

Beachtung der Tatsache, daß nicht nur bewußt eingeatmet, sondern auch optimal ausgeatmet wird

Aktivierung der Bauch- und Zwerchfellatmung durch tägliches Training

Während eines Spazierganges bewußtes Ein- und Ausatmen üben. (Übrigens: Am Abend vor dem Vortrag unbedingt einen Spaziergang an der frischen Luft machen. Er bringt mehr als stundenlanges Grübeln.)

Versuchen Sie sich von einem Flach- zu einem Tiefatmer zu entwickeln

Beim Vorlesen und auch beim Sprechen bewußt die Endsilben betonen, um dadurch besser auszuatmen

Übungen

Entspannungsatmung

1. Stellen Sie sich aufrecht hin.
2. Lassen Sie die Schultern ganz locker fallen, und legen Sie die Hände auf die Bauchdecke.
3. Atmen Sie bei geschlossenem Mund langsam durch die Nase ein. Ganz tief – Sie müssen das Gefühl haben, den ganzen Bauch

mit Luft gefüllt zu haben. Der Leib muß sich dabei möglichst weit vorwölben.
4. Atmen Sie weiter ein, bis auch der Brustraum bis an die Schultern gefüllt zu sein scheint. (Falls Ihnen dies nicht gleich gelingt, unterbrechen Sie das Einatmen einen Augenblick, atmen Sie kurz aus und so lange weiter ein, bis es nicht mehr geht.)
5. Dann kommt der „Seufzerstopp“: Halten Sie kurze Zeit die Luft an, und lassen Sie sie dann langsam durch die Nase ausströmen.

Ob Sie es richtig gemacht haben, können Sie ganz leicht kontrollieren: Legen Sie die Innenflächen der Hände so auf den Rücken, daß sich die Fingerspitzen in Höhe der Lendenwirbel berühren. Wenn Sie die Atemtechnik gut beherrschen, müssen sich die Fingerspitzen beim Einatmen etwa vier Zentimeter weit voneinander entfernen.

Diese Übung wird ein paarmal wiederholt, bis man sich wieder wohlfühlt. Vorsicht: Durch das große Sauerstoffangebot können leicht Schwindelgefühle auftreten. Sie klingen sofort ab, wenn man zwischendurch in gewohnter Weise atmet.

Bauchatmung

Stellen Sie sich aufrecht hin, und entspannen Sie sich. Legen Sie die Innenseite Ihrer Hände flach auf den Bauch. Nehmen Sie dann einige Abschnitte dieses Buches und lesen Sie die Wörter laut und klar, und betonen Sie dabei die Endsilben. Sie werden merken, daß Ihr Bauch sich automatisch bei der besonderen Betonung bewegt und damit für die richtige Luftzufuhr gesorgt wird.

Lernen Sie bei der Bauchatmung folgenden Rhythmus befolgen:
1. Ausatmen, indem Sie den Bauch einziehen
2. Pause
3. Einatmen, indem Sie den Bauch vorwölben

Lungenkapazitätsübung

Öffnen Sie den Mund, und atmen Sie völlig aus. Jetzt die Lippen nach vorn wölben und noch einmal auspusten. Meistens finden Sie noch einen Rest, der Ihnen zeigt, daß Ihre vorherige Ausatmung noch nicht optimal war. Dieser Rest hätte die Hohlräume in der Lunge blockiert und damit entsprechend weniger frische, neue Luft hineingelassen. Versuchen Sie künftig bewußt, besser *aus*zuatmen, und die mannigfaltigen, schon beschriebenen Vorzüge werden sich bald bemerkbar machen.

Auf dieser Skizze sind zwei Phasen dargestellt, die das Ein- und Ausatmen als Übung aufzeigen.

Vermehrte Sauerstoffzufuhr trainieren

Phase 1	Ein	Aus
Beim Einatmen bis 4 zählen Beim Ausatmen bis 12 zählen	**4**	**12**
Phase 2 Beim Einatmen bis 7 zählen Beim Ausatmen bis 21 zählen	**7**	**21**
	Wiederholung	
Jede Teilübung ist dreimal zu wiederholen	**3**	**3**

Knowles-System (Das Beste aus Reader's Digest, April 1966)

Knowles-System oder Schulterblätterübung

Ziehen Sie die Schulterblätter so eng wie möglich zusammen. In der Regel drückt nämlich die Lunge mit ihrem Gewicht zu stark auf das Zwerchfell und hindert es dadurch daran, sich rhythmisch zu heben und zu senken.

Durch das Zusammenziehen der Schulterblätter weitet sich der Brustkorb.

Menschen mit einer schlechten Körperhaltung profitieren von dieser Übung ganz besonders.

Lesetest

Wenn Sie Ihre Atemkapazität prüfen wollen, atmen Sie tief ein, und lesen Sie dann einige Zeilen aus diesem Buch laut vor. Schauen Sie,

wie weit Sie mit einem Atemzug kommen. Notieren Sie das Ergebnis.
Versuchen Sie am nächsten Tag wieder mit einem Atemzug so viele Zeilen wie möglich zu lesen. Notieren Sie die Zahl der Zeilen, üben Sie täglich, und versuchen Sie, Ihre Leistung allmählich zu steigern.

Gruppentraining

Diese Übung kann zum Beispiel in Redetrainingsseminaren gruppenweise durchgeführt werden. Jeder Partner liest dem anderen den Text vor. Schnell wird hierdurch entdeckt, bei welchem Teilnehmer Atemtraining notwendig ist.

Streichholztest

Um Ihre Leistungsfähigkeit im Ausatmen zu beurteilen, holen Sie tief Luft, und probieren Sie bei weit geöffnetem Mund (also nicht mit gespitzten Lippen), ob Sie aus acht Zentimeter Entfernung ein Streichholz ausblasen können. Wenn nicht, müssen Sie Atemtraining machen.

Gruppentraining Kerzentest

Nehmen Sie außer Streichhölzern auch Kerzen zum Seminar mit, und stellen Sie sie auf Tellern auf. Stellen Sie dann jeweils drei Kerzen hintereinander, und lassen Sie jeden Teilnehmer versuchen, die Kerzen auszublasen.

Training der Übermittlungsinstrumente

Die wichtigsten Fehler beim Sprechen – Mundgymnastik – Atemtechnik – Basistraining: Buchstaben aussprechen – Schnellsprechübungen und Zungenbrecher – Sprechtechnische Übungen – Vokale – Sprechtechnische Übungen – Vortragstechnik – Sprechübung – Deutsche Sprechbildung – Vorlesetechnik – Vorleseübung: Massenmedien – „Mach mal Pause“, ein wichtiger Satz für jeden Redner – Pausentechniktraining – Ein lustiger Zungenbrecher – Sprechen und betonen Sie mit Gefühl – Gezielte und gekonnte Mimik, Gestik und Körperaussage beim Sprechen – Grundregeln der Körperhaltung – Training der Beschreibungsgestik – ABC der Trainingstips

Wer eine Rede, einen Vortrag oder eine Präsentation ausarbeiten möchte, muß folgende Punkte berücksichtigen:
Man muß eine präzise Zielsetzung haben und eine genaue Zuhöreranalyse vornehmen. Man muß Quellen und Fundgruben ausfindig machen, unter den technischen Hilfsmitteln eine Auswahl treffen, die geeignete Redeformel für die jeweilige Thematik finden, selbst eine positive Einstellung zur Redeaufgabe haben und vor dem Auftritt für eine gute Organisation sorgen.

Wer diese wichtigen Punkte der ersten Phase berücksichtigt hat, muß jetzt an die Bewältigung der zweiten Phase denken, nämlich an die gekonnte Übermittlung der Botschaft. Menschen zu führen, zu beeinflussen, sie zu motivieren und zu überzeugen ist keine leichte Aufgabe. Gerade deshalb muß der Redner sein ganzes Instrumentarium einsetzen, will er Erfolg haben.

Sie haben inzwischen schon erfahren, was ein Redner so alles beherrschen sollte und können muß. Und selbst ein geübter Redner muß ständig und kontinuierlich an sich und seinen rednerischen Fähigkeiten weiterarbeiten. Wie heißt es doch? „Klavierspielen ist leicht, man muß nur die richtigen Noten spielen können.“

Auch der Redner muß lernen, „die richtigen Noten zu spielen“, beim Reden, Vortragen und Präsentieren. Wer eine gute Rede ausarbeiten kann, ist deshalb noch lange kein guter Redner. Es ist schon ein langer Weg, bis man ein wirklich guter Redner ist. Und auch dann spielt der Faktor „Publikum“ mit seinen Einstellungen und Erwartungen noch immer eine unberechenbare Rolle. Natürlich wird ein geübter Rhetoriker hier einiges durch sein Können überspielen. Wir sehen, daß das ständige Training der rhetorischen Fähigkeiten eminent wichtig ist. Nicht nur das WAS ist maßgebend, sondern auch das WIE. „Reden“ bedarf des ständigen Trainings und Übens.

Bedeutung der Sprechtechnik

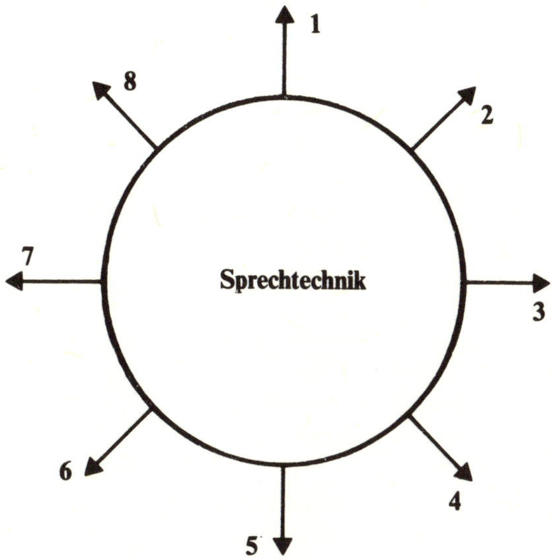

1. Reden und Sprechen

2. Diskutieren

3. Besprechen

4. Anordnen

5. Verhandeln

6. Verkaufen

7. Präsentieren

8. Beeinflußen

In Amerika und in anderen englischsprachigen Ländern wird schon den Schülern die Möglichkeit geboten, sich mit dem Reden zu beschäftigen. Dort gibt es zum Beispiel die Debattierklubs, Debating Societies genannt. In ihnen wird das Reden und Sprechen frühzeitig in spielerischer Form geübt und gelernt. Auch meine Redeanfänge begannen so, denn ich bin in Südafrika aufgewachsen.

Wir Schüler lernten dort frühzeitig miteinander zu sprechen und zu diskutieren. Aber wir lernten auch zuzuhören und vor allen Dingen, daß man die Meinung des anderen gelten lassen muß.

Im Berufsleben gibt es dann weitere Gelegenheiten, sich durch die internen und externen Vereinigungen und Organisationen in der Kunst der Rede zu üben. Weltweit verbreitete Organisationen wie Rotary-, Round-table-, Lion- und Toastmaster-Klubs sind entstanden, um das Gespräch und den Gedankenaustausch miteinander und füreinander zu fördern. Der Toastmaster Club hat sich das ausgezeichnete Motto: „Zuhören, Denken, Sprechen" gewählt. Wenn die Menschen sich allein durch diese drei Wörter etwas mehr leiten ließen, würde sich die tägliche Kommunikation wesentlich verbessern.

In Deutschland sind die Möglichkeiten, sich rhetorisch weiterzubilden, relativ begrenzt. Die Notwendigkeit und die Nützlichkeit der gekonnten Rhetorik und der Gesprächsführung wurden nicht genügend erkannt und deshalb auch nur verhältnismäßig wenig gefördert und gepflegt.

Viele Menschen quälen sich ein Leben lang mit Sprechangst und übergroßem Lampenfieber herum, weil ihnen nie jemand half, einmal ihre Hemmschwelle zu überschreiten.

Attilio Baumgarten schrieb kürzlich: „80 Prozent aller Deutschen kennen das Gefühl, das unseren Körper durcheinanderbringt – Angst."

Interessant ist folgende Aufstellung über die Dinge, die den Menschen Angst machen:

1.	Öffentlich reden	41%	7.	Tod	19%
2.	Große Höhen	32%	8.	Fliegen	18%
3.	Ungeziefer, Insekten	22%	9.	Einsamkeit	14%
4.	Geldsorgen	22%	10.	Hunde	11%
5.	Tiefes Wasser	22%	11.	Autos steuern/ Mitfahren	9%
6.	Krankheit/ Erbrechen	19%	12.	Dunkelheit	8%
			13.	Fahrstühle	8%
			14.	Rolltreppen	5%

(Aus: „The Book of Lists", William Morrow Inc., New York)

Hätten Sie gedacht, daß das öffentliche Reden an erster Stelle der Skala steht? Ich kenne kaum eine Fähigkeit, die den Menschen besser hilft, im Leben weiterzukommen, als gerade die, sich klar und deutlich vor einzelnen oder vor einer Gruppe ausdrücken zu können. Aus diesem Grunde möchten wir mit diesem Buch erreichen, daß auch schüchterne Menschen die ersten Schritte in das Reich der Rhetorik wagen.

Wir möchten erreichen, daß sich diese Menschen innerlich freier fühlen und dadurch weniger Hemmungen haben. Wir möchten Sie in die Lage versetzen, das sagen zu können, was Sie wirklich sagen wollen. Sie sollen durch Ihr rhetorisches Können mehr Zuversicht, mehr Mut zum Risiko erwerben – gleichzeitig wird Ihr Selbstvertrauen wachsen. „Wer nicht wagt, der nicht gewinnt", heißt das Motto.

In diesem Kapitel zeigen wir Ihnen einige Wege und Methoden, die Ihnen sagen, wie Sie Ihre Ausdrucksmittel besser nützen und aktivieren können. Zusätzlich zu diesen Übungen sind in dem Kapitel „Übungen für das Selbst- und Gruppentraining" entsprechende Anregungen gegeben.
Schauen Sie nun bitte folgende Auflistung an, und überlegen Sie selbst, wo Ihr Trainingsbedarf am größten ist.

Was muß trainiert werden? (Redetrainings-Bedarfs-Analyse)	Notizen
1. Ideen und Informationen	
2. Vortragsausarbeitung	
3. Sprechtechnik	
– Aussprache	
– Lautstärke	
– Stimmlage	
– Sprechtempo	
– Lautbildung	
– Atemtechnik	
– Pausentechnik	
4. Gestik – Grundregeln	
– Natürlichkeit	
– Passend zur Aussage	
– Körperhaltung	
5. Mimik – Grundregeln	
– Pointiert	
– Passend zur Person	
– Blickkontakt	
6. Sprache	
– Wortschatz	
– Kurze Sätze	
– Wortbilder	
7. Haltung	
– Der Weg zum Pult	
– Verhalten vor der Gruppe	
– Körpersprache	
8. Zuhörer	
– Zuhörerbezug	
– Rückkopplung	
– Rhetorische Fragen	
9. Selbstanalyse	
– Selbstkritik	
– Beurteilungskriterien	
10. Lampenfieber	
– Ergründung	
– Akzeptanz	
– Vorbereitung	
– Mut zum Durchbruch	

Nachdem Sie die Schwachstellenanalyse vorgenommen haben, wollen wir uns nun näher mit dem Training der Ausdrucksmittel beschäftigen.

Die wichtigsten Fehler beim Sprechen

Die allgemeinen Fehler der Redner wurden im Kapitel „Analyse der Hauptfehler aus der rhetorischen Praxis" aufgeführt. Hier nun die Hauptfehler, die in der Sprechtechnik bewußt oder unbewußt gemacht werden.

Akustik . . . . . Zu laut/zu leise
Akzentuierung . . Falsche Betonung
Atemtechnik . . . Falsche Beherrschung
Aussprache . . . . Zu unklar und zu undeutlich
Betonung . . . . Ungenügend
Dialektfärbung . . Zu stark
Explosivlaute . . . Zu wenig

Konsonanten . . .	Nicht deutlich genug
Mund	Nicht weit genug geöffnet
Mund und Kiefer . .	Bewegungsschwach
Pausentechnik . . .	Mangelhaft und wenig gekonnt
Redeunarten . . .	Zu viele „Äh“ und „Hm“
Sprachmelodie . .	Langweilig und uninteressant
Sprachrhythmus . .	Zu monoton oder abgehackt
Sprechtempo . . .	Zu schnell/zu langsam
Stimmbewegung . .	Wenig Höhen und Tiefen
Stimmfärbung . . .	Zu hell/zu dunkel
Stimmstärke . . .	Zuwenig/zuviel Stimmvolumen
Vokale	Schlechte Betonung
Wortendungen . .	Werden leicht verschluckt
Zähne	Müssen bei einigen Lauten sichtbar sein (bei „e“ zum Beispiel)
Zunge	Bewegungsarm

Bitte nehmen Sie mit einem Tonbandgerät folgenden Text auf. Oder arbeiten Sie im Seminar mit einem Videoaufzeichnungsgerät, und lesen Sie mit allen Ihnen zur Verfügung stehenden Ausdrucksmitteln folgenden Text laut, klar, deutlich, präzise und melodisch vor:

Der Osterspaziergang

Vom Eise befreit sind Strom und Bäche
durch des Frühlings holden, belebenden Blick,
im Tale grünet Hoffnungsglück;
der alte Winter in seiner Schwäche
zog sich in rauhe Berge zurück.
Von dorther sendet er, fliehend, nur
ohnmächtige Schauer körnigen Eises
in Streifen über die grünende Flur.
Aber die Sonne duldet kein Weißes,
überall regt sich Bildung und Streben,
alles will sie mit Farbe beleben;
doch an Blumen fehlt's im Revier;
sie nimmt geputzte Menschen dafür.
Kehre dich um, von diesen Höhen
nach der Stadt zurückzusehen.
Aus dem hohlen, finstern Tor
dringt ein buntes Gewimmel hervor.
Jeder sonnt sich heut so gern;
sie feiern die Auferstehung des Herrn,
denn sie sind selber auferstanden;
aus niedriger Häuser dumpfen Gemächern,
aus Handwerks- und Gewerbesbanden,
aus dem Druck von Giebeln und Dächern,
aus der Straßen quetschender Enge,
aus der Kirchen ehrwürdiger Nacht
sind sie alle ans Licht gebracht.
Sieh nur, sieh! wie behend sich die Menge
durch die Gärten und Felder zerschlägt,
wie der Fluß in Breite und Länge
so manchen lustigen Nachen bewegt,
und, bis zum Sinken überladen,
entfernt sich dieser letzte Kahn.
Selbst von des Berges fernen Pfaden
blinken uns farbige Kleider an.
Ich höre schon des Dorfs Getümmel,
hier ist des Volkes wahrer Himmel,
zufrieden jauchzet groß und klein;
hier bin ich Mensch, hier darf ich's sein!

(J. W. v. Goethe)

Nachdem Sie diesen Text aufgenommen haben, hören Sie das Band ab und führen bitte unter Berücksichtigung der Hauptfehler beim Sprechen einen Selbsttest durch, um so Ihre eigenen Schwachstellen aufzudecken.

Anregungen zum Sprechtraining

Ausdrucksform:	Training:
Akustik	1. Stimme dem Raum anpassen 2. Laut und leise sprechen
Akzentuierung	1. Texte lesen und Wörter besser betonen 2. Sprechplatten und Rundfunksprecher anhören und nachsprechen
Atemtechnik	1. Frühsport betreiben 2. Rhythmische Bewegungen 3. Atemtrainingsübungen machen 4. Bewußteres Aus- und Einatmen
Aussprache	1. Lesetrainingsübungen 2. Phonetische Übungen mit Tonbandkontrolle

Anregungen zum Sprechtraining Ausdrucksform:	Training:
Betonung	1. Lesetrainingsübungen 2. Texte mit Farbstift zwecks besserer Betonung der einzelnen Wörter markieren
Dialektfärbung	1. Sich selbst erst einmal akzeptieren 2. Sich der Vorteile und Nachteile bewußt werden
Explosivlaute	1. Lesetrainingsübungen 2. Leichte Übertreibung der Betonung der Explosivlaute
Konsonanten	1. Klar und deutlich aussprechen 2. Schnellsprechübungen 3. Täglich versuchen, „bewußter“ zu sprechen
Lippenbewegungen	Zwanzigmal BP, BP, BP . . . aussprechen
Mundbewegungen	1. Nicht „durch die Zähne“ sprechen, Lippen weit öffnen 2. Mundgymnastik täglich durchführen, indem Sie den Mund weit öffnen und Kaubewegungen vollziehen 3. Vor einem Spiegel die Mundstellung bei Konsonanten und Vokalen studieren

Anregungen zum Sprechtraining Ausdrucksform:	Training:
Pausentechnik	1. Pausen in der Rede erleichtern das Sprechen erheblich, deshalb: Text übertrieben langsam sprechen, Pausen durch Markierungshilfen im Text kennzeichnen 2. Erinnerungskarten anfertigen: Pausen beachten und verwenden
Redeunarten	1. Erkennen und Auflisten der Haupt-Redeunarten 2. Da die meisten Redeunarten sich optisch auswirken, vor dem Spiegel üben und versuchen, die festgestellten Unarten abzulegen. Für akustisch sich auswirkende Unarten (wie zum Beispiel Verlegenheitssilben äh und hm) Tonbandaufzeichnungen analysieren
Sprachmelodie	1. Tonbandkontrolle 2. Bewußt mit mehr Begeisterung und Temperament sprechen, um nicht ermüdend zu wirken
Sprachrhythmus	1. Sich darüber klarwerden, daß Silben verschieden lang und verschieden betont auszusprechen sind, um einen guten rhythmischen Klang zu ergeben 2. Beim Vortragen eines Gedichtes oder beim Vorlesen eines beliebigen Textes besonders auf diese Merkmale des Sprachrhythmus achten

Anregungen zum Sprechtraining Ausdrucksform:	Training:
Sprechtempo	1. Den gesamten Text nicht zu schnell herunterhaspeln 2. Aber auch darauf achten, daß nicht allzu langsam gesprochen wird (wirkt sonst auf den Zuhörer einschläfernd!) 3. Auf Pausen achten bei Punkten, Kommas und anderen Satzzeichen
Stimmbetonung	1. Langweiliges Sprechen vermeiden 2. Besonders wichtige Wörter mit leicht angehobener Stimme aussprechen 3. Nicht auf einer gleichbleibenden Ebene sprechen
Stimmbewegung	1. Auch hier mehr auf Höhen und Tiefen achten 2. Bewußt anstrengen und Übungen durchführen
Stimmfärbung	1. Weder zu hell noch zu dunkel sprechen Die Stimme sollte der Körpergröße angepaßt sein 2. Grundsätzlich in Ihrer Normallage sprechen und nicht zu schnell von der höheren auf eine tiefere Stimmlage umschalten. Bei einem zu raschen Wechsel der Tonhöhe (ohne Zwischenschaltung der Normallage) besteht die Gefahr, daß sich die Stimme überschlägt, und das wirkt hektisch, wenn nicht gar lächerlich

Anregungen zum Sprechtraining Ausdrucksform:	Training:
Stimmstärke	1. Lautes Sprechen üben 2. Versuchen Sie im Garten, im Wald, im Auto Sprechübungen durchzuführen, und versuchen Sie dabei, Ihr Stimmvolumen zu vergrößern
Vokalbetonung	Täglich entsprechende Vokalübungen durchführen
Wortendungen	Sprechen Sie bewußt und betont alle Endsilben aus
Zungenbewegungen	1. BRRRRRRRRRRRR üben 2. Zungengymnastik durchführen

Wer fleißig Sprechtraining macht, kann bald besser, leichter und müheloser sprechen als andere. Sprechtraining erfordert zwar viel Zeit, ist mitunter auch ein bißchen anstrengend, aber es lohnt sich immer.

Zusammenfassend kann man sagen: eine gute Aussprache ist für jeden Menschen wichtig. Versuchen Sie deshalb ab heute noch deutlicher, klarer und präziser zu sprechen, sowohl im privaten als auch im beruflichen Bereich.

Hören Sie sich einmal selbst ganz bewußt zu. Kontrollieren Sie Ihre Aussagen auch im Hinblick auf die vorher aufgedeckten Fehler. Hierbei werden Sie dann auch erkennen, ob Ihr Sprechtempo richtig angepaßt ist oder ob es im Hinblick auf eine bessere Verständlichkeit in der einen oder der anderen Richtung einer Korrektur bedarf.

Achten Sie auch besonders auf die deutliche Aussprache der Endsilben. Halten Sie stets bei Gesprächen einen guten Blickkontakt mit Ihrem Gegenüber, denn auch das gehört, im weiteren Sinne, zu einer guten Sprechtechnik.

Um das bisher Gesagte noch deutlicher zu machen, haben wir im folgenden die Hauptsprecharten visuell dargestellt:

Hauptsprecharten

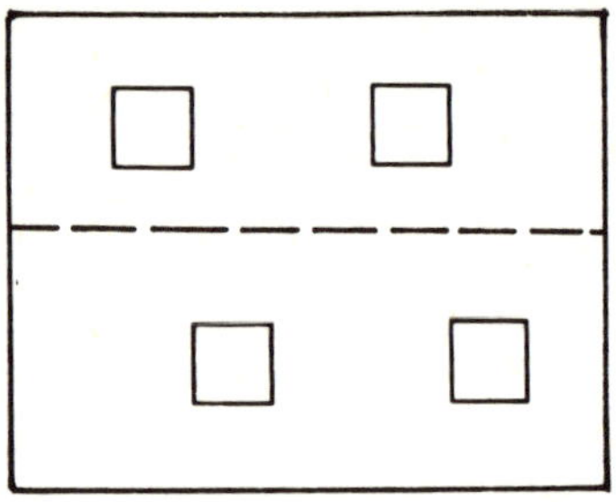

Stimme Lautbildung (betont)

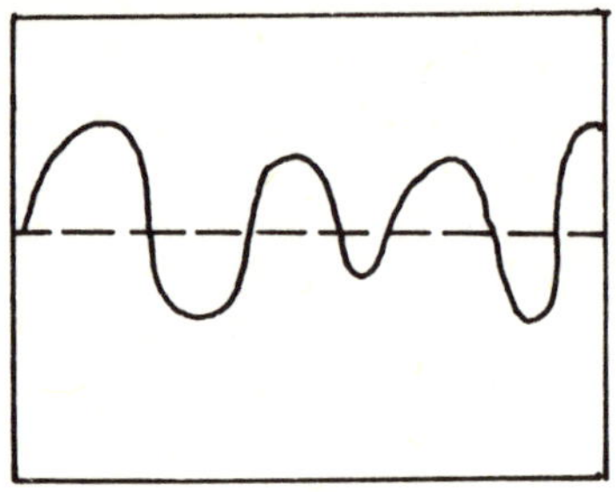

Dramaturgie Steigerung und Gefälle

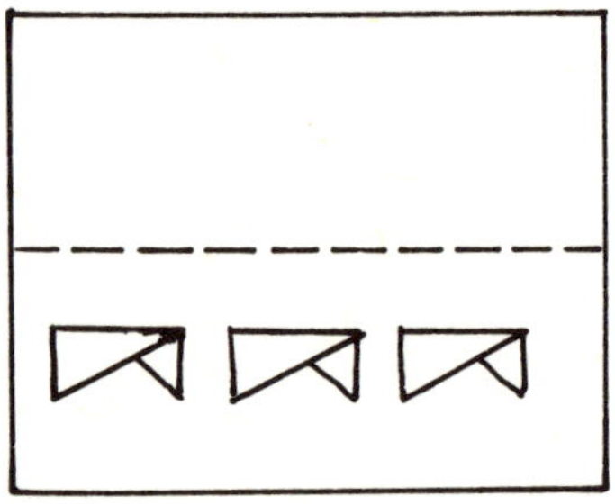

Stimme unbetont

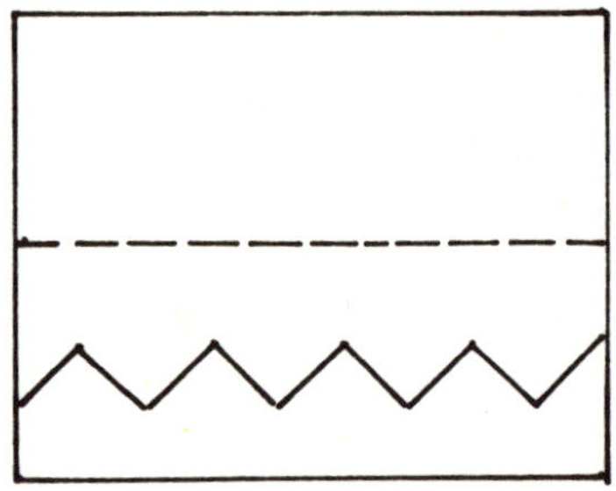

Atemtechnik zu flach

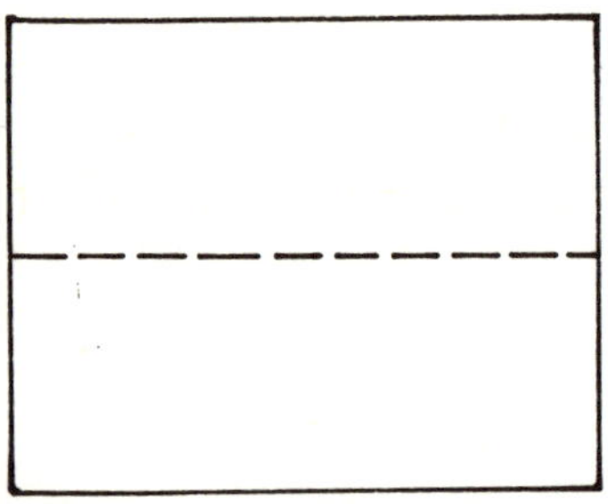

Redeunarten (Ähh . . .)

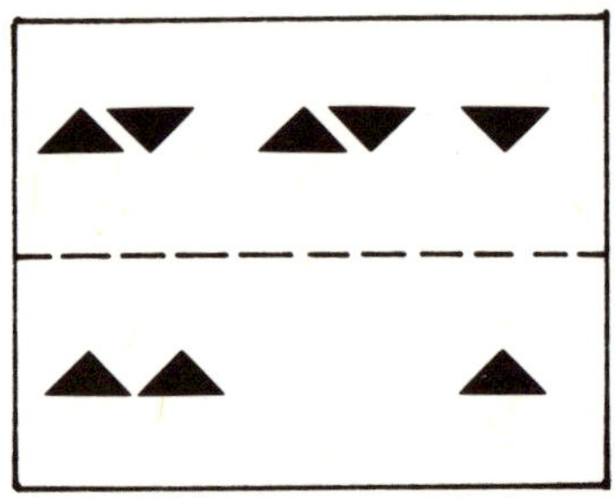

Atemtechnik unkontrolliert

Akzentuierung

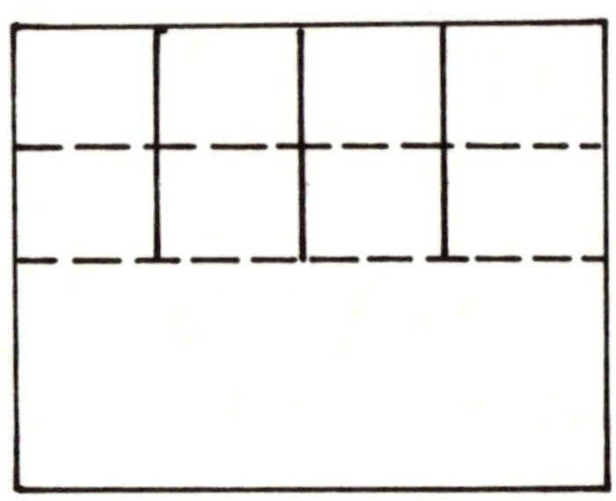

Sprechtempo und Pausen

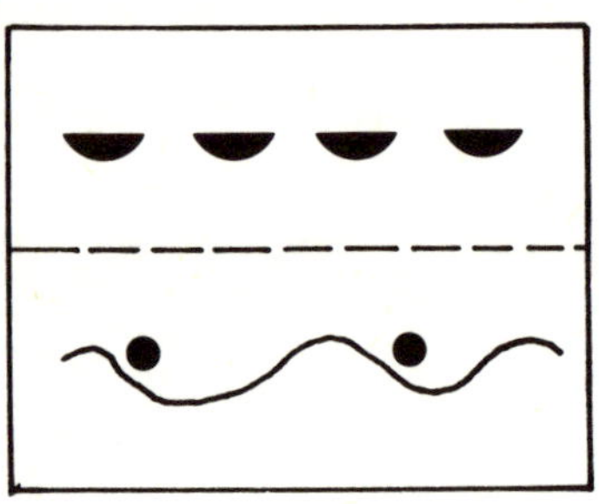

Stimmhärte hart - weich

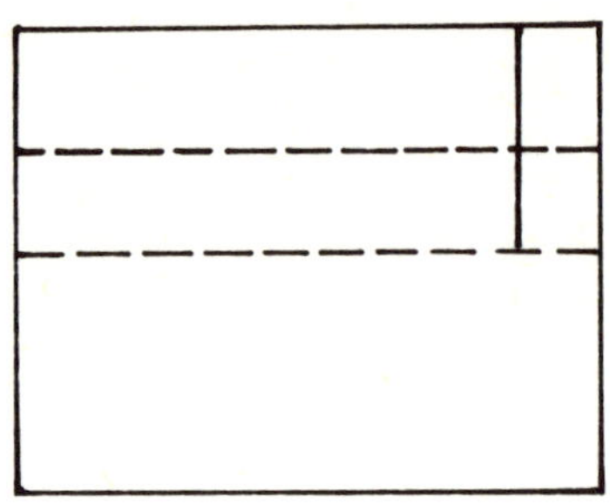

Sprechtempo schnell

Hauptsprecharten

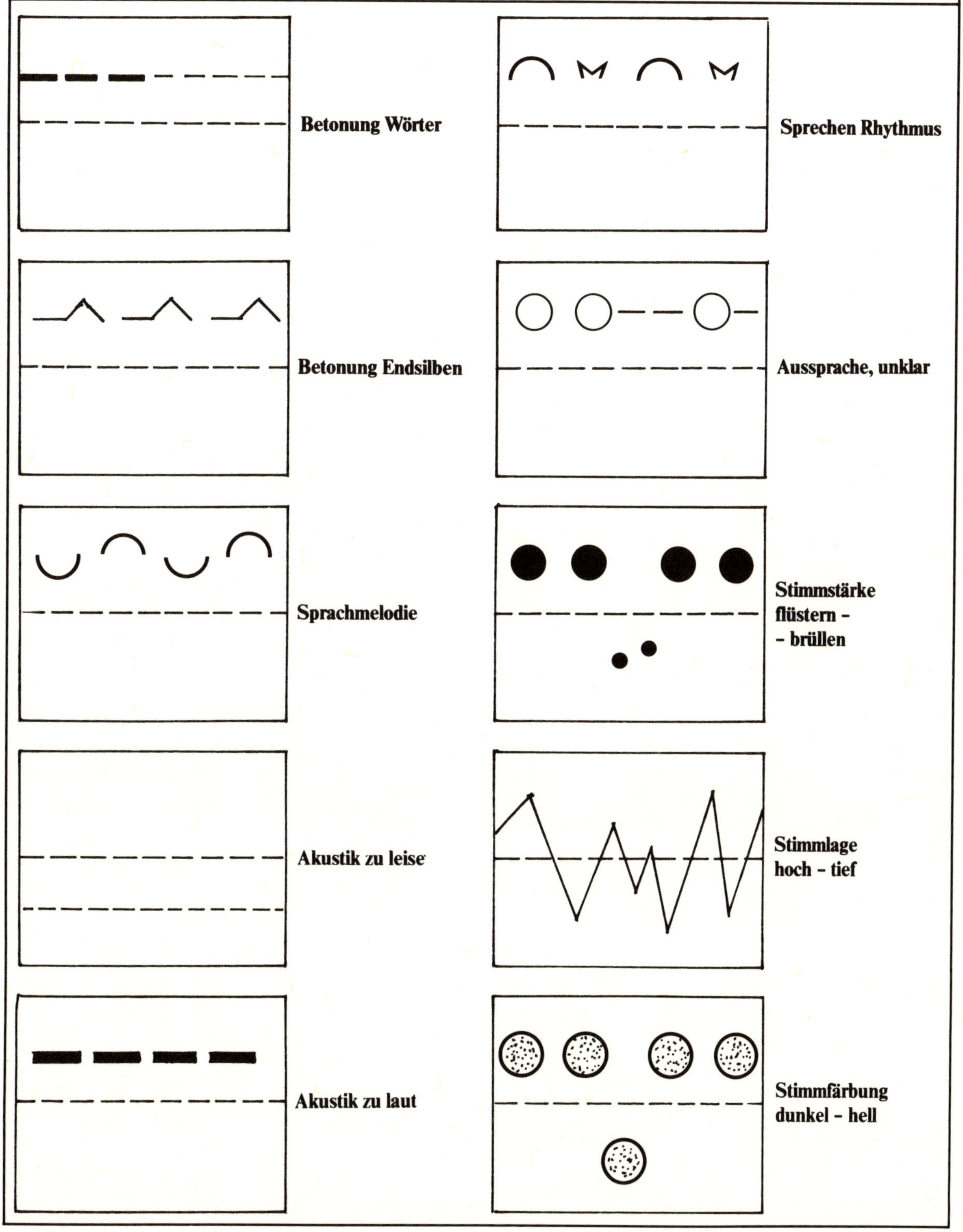

Nun folgen einige Trainingsübungen, die Ihnen helfen sollen, Ihre Sprechfertigkeit zu verbessern und zu steigern.

Mundgymnastik

Trainieren Sie zuerst Ihre Sprechwerkzeuge. Öffnen Sie bitte Ihren Mund so weit wie möglich, und machen Sie Kaubewegungen. Die Mundmuskulatur ist oft durch zuwenig Sprechübung erschlafft. Sehr viele Menschen sprechen deshalb nicht klar und deutlich, weil sie einfach nicht gelernt haben, ihren Mund beim Sprechen richtig zu öffnen. Diese Übung sollte mehrmals am Tage durchgeführt werden. Während einer Autofahrt zum Beispiel oder in der Badewanne. Machen Sie auch folgende Mundgymnastik:

BP, BP, BP, BP, BP, BP, BP
Lippenbewegungen
Zungenübungen
BRRRRRRRRRRRRRRRRRRRR
Brummübung
Phonetische Übungen

Im Seminar erzeugen diese Übungen stets sehr viel Heiterkeit. Und doch ist es wichtig, selbst die einfachsten Übungen regelmäßig durchzuführen. Die Praxis hat gezeigt, daß es nützlich ist, wenn Sie diese Übungen auch vor einem Vortrag, wenn Sie allein sein sollten, noch ein paarmal durchführen. Es erleichtert Ihnen, wie gesagt, das Sprechen.

Wer sich weiter in die Sprechschulung vertiefen möchte, sollte die „Sprachschulung und Redetechnik" von Michael Schiff, erschienen im Heyne Verlag, München, kaufen. Diese gute und interessante Kassette ist für das Selbsttraining geeignet.

Atemtechnik

Atemtechnik, das A und O des guten Sprechens. Entsprechende Übungen sind im Kapitel über Atemtechnik aufgeführt. Durch mangelhafte Kenntnis der Atemtechnik atmen viele Redner falsch und begehen dadurch viele Fehler beim Sprechen. Sie sprechen zum Beispiel zu schnell, zu abgehackt, mit falscher Resonanz, oft ohne jede Klangfarbe und Melodie. Die richtige Atemtechnik ist nicht leicht zu erlernen. Anregungen und Anleitungen aus Büchern alleine genügen nicht. Es ist wirklich zu empfehlen, sich Fachleuten anzuvertrauen und so die richtige Atemtechnik zu lernen. Mitunter werden hierzu auch Kurse angeboten.

Basistraining: Buchstaben aussprechen

Es folgen jetzt Übungen zur Verbesserung der Sprechtechnik. Die nun folgenden alphabetischen Buchstabenübungen können in vielen verschiedenen Variationen durchgeführt und geübt werden. Bitte beachten Sie dabei folgende Punkte:

1. Bevor Sie anfangen, atmen Sie bitte langsam ein und aus.
2. Sprechen Sie langsam, betont und konzentriert.
3. Bauen Sie bewußt mehrere Pausen ein. Auch das Nachatmen ist wichtig, weil Sie damit zugleich auch das langsamere Sprechen trainieren.
4. Beginnen Sie möglichst jeden Satz in etwas höherer Tonlage, weil die Stimme beim Sprechen anfangs automatisch leicht in die tieferen Lagen abrutscht.
5. Meiden Sie lautes Schreien – sprechen Sie in angenehmer und notwendiger Lautstärke, mit Klangfarbe, Rhythmus, Melodie sowie Höhen und Tiefen. Versuchen Sie, Ihre inzwischen selbst erkannten Fehler bewußt mit diesen Übungen auszumerzen.
6. Sprechen Sie zuerst die Doppelbuchstaben klar und deutlich auf gleicher Ebene und später weiter wie beschrieben im „Tonleitereffekt" aus.

Übungen zur Verbesserung der Sprechtechnik					
A	AA	AE	AI	AO	AU
B	BA	BE	BI	BO	BU
C	CA	CE	CI	CO	CU
D	DA	DE	DI	DO	DU
F	FA	FE	FI	FO	FU
G	GA	GE	GI	GO	GU
H	HA	HE	HI	HO	HU
J	JA	JE	JI	JO	JU
K	KA	KE	KI	KO	KU
L	LA	LE	LI	LO	LU

Übungen zur Verbesserung der Sprechtechnik					
M	MA	ME	MI	MO	MU
N	NA	NE	NI	NO	NU
P	PA	PE	PI	PO	PU
R	RA	RE	RI	RO	RU
S	SA	SE	SI	SO	SU
T	TA	TE	TI	TO	TU
V	VA	VE	VI	VO	VU
W	WA	WE	WI	WO	WU
Z	ZA	ZE	ZI	ZO	ZU

Übung: Doppelbuchstaben aussprechen nach dem Tonleitereffekt

Bitte setzen Sie diese Übung fort. Bei der Übung (a) sprechen Sie die Doppelbuchstaben im Sinne der Tonleiter nach oben:

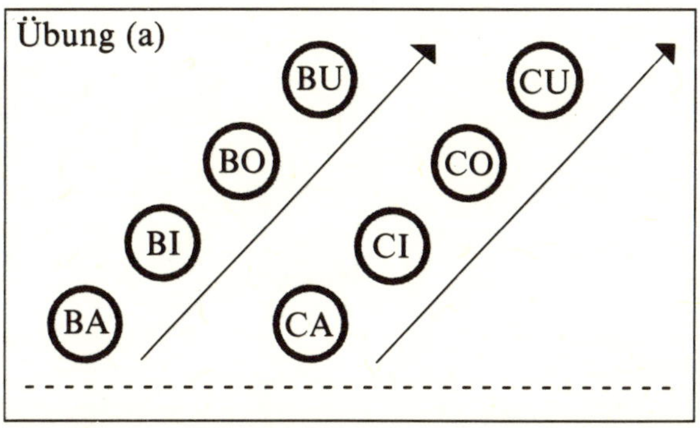

Bei der Übung (b) sprechen Sie die Buchstaben einmal im Sinne der Tonleiter nach oben und nach unten:

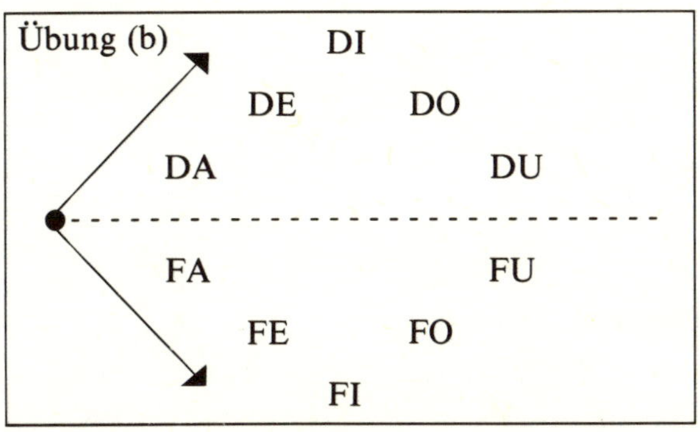

Hier nun weitere Buchstabenkombinationen, die Sie mit unterschiedlicher Betonung sprechen sollten. Dies ist eine sehr nützliche Übung, um Ihre Sprechfertigkeit zu trainieren.

A.				
BABE	BIBO	BOBU		
CACE	CICO	COCU		
DADE	DIDO	DODU		
FAFE	FIFO	FOFU		
GAGE	GIGO	GOGU		
HAHE	HIHO	HOHU		
JAJE	JIJO	JOJU		
KAKE	KIKO	KOKU		
LALE	LILO	LOLU		
B.				
MAME	MIMO	MOMU		
NANE	NINO	NONU		
PAPE	PIPO	POPU		
RARE	RIRO	RORU		
SASE	SISO	SOSU		
TATE	TITO	TOTU		
VAVE	VIVO	VOVU		
WAWE	WIWO	WOWU		
ZAZE	ZIZO	ZOZU		
C.				
BACA	BECE	BICI	BOCO	BUCU
DAFA	DEFE	DIFI	DOFO	DUFU
GAHA	GEHE	GIHI	GOHO	GUHU
JAKA	JEKE	JIKI	JOKO	JUKU
LAMA	LEME	LIMI	LOMO	LUMU
NAPA	NEPE	NIPI	NOPO	NUPU
RASA	RESE	RISI	ROSO	RUSU
TAVA	TEVE	TIVI	TOVO	TUVU
WAZA	WEZE	WIZI	WOZO	WUZU

Schnellsprechübungen und Zungenbrecher

Einige der hier aufgeführten Schnellsprechsätze kennen Sie sicher noch aus Ihrer Kinderzeit. Diese Sätze eignen sich sehr gut für eine kontinuierliche Sprechübung. Sprechen Sie die Sätze mit einem gewissen Tempo klar und möglichst gut verständlich aus.

Sie entdecken selbst schnell, wo Sie Schwierigkeiten haben. Diese Sprechschwierigkeiten sind von Person zu Person sehr unterschiedlich. Es ist schon gut und wichtig zu wissen, bei welchen Buchstaben und Wörtern Sie leicht stol-

Rhetorik

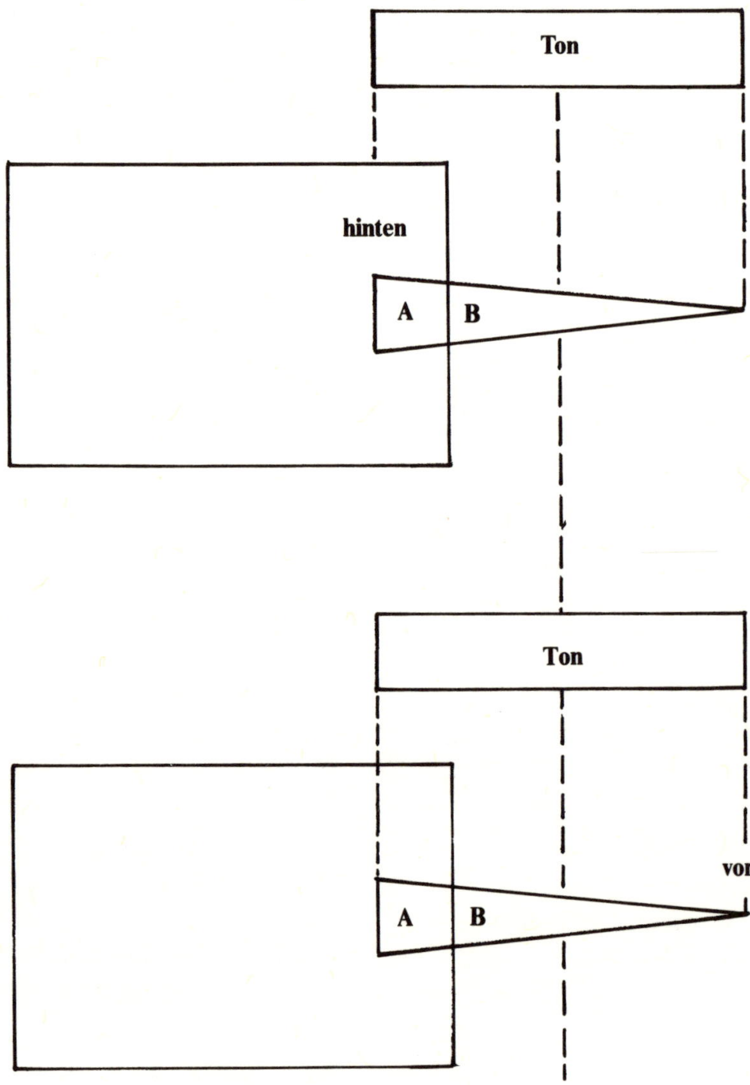

Bringen Sie Ihre Stimme nach vorn!

pern. Bei intensivem Training werden Sie erstaunt sein, wie schnell sich Ihre Sprechfähigkeit und -fertigkeit verbessert. Die Zunge gewinnt an Beweglichkeit.

Sprechen Sie bei allen Übungen möglichst vorne im Mund (siehe Skizze). Spielerisch lernt es sich leichter und besser.

Gesammelte Schnellsprechsätze

Auf dem Türmchen steht ein Würmchen mit dem Schirmchen unterm Ärmchen. Kommt ein Stürmchen, bläst das Würmchen mit dem Schirmchen unterm Ärmchen von dem Türmchen.

Bald blüht breitblättriger Wegerich; breitblättriger Wegerich blüht bald.

Blaukraut bleibt Blaukraut und Brautkleid bleibt Brautkleid.

Brauchbare Bierbrauersburschen brauen brausendes Braunbier.

Der Cottbusser Postkutscher putzt den Cottbusser Postkutschkasten.

Der fließende Fluß voller Floße mit flößenden Schiffern.

Der Leutnant von Leuthen befahl seinen Leuten, nicht eher zu läuten, bis der Leutnant von Leuthen seinen Leuten das Läuten befahl.

Der Zweck hat den Zweck, den Zweck zu bezwecken; wenn der Zweck seinen Zweck nicht bezweckt, hat der Zweck keinen Zweck.

Die Katze frißt den Spatz.

Die Katze tritt die Treppe krumm, die Treppe tritt die Katze krumm.

Ein krummer Krebs kroch über eine krumme Schraube.

Ein krummköpfiger, kürbisgroßer, grasgrüner grauer Karnickelkopf.

Ein stolzer Student stieß an einen spitzen Stein und stolperte.

Eine Krähe kratzt den Backtrog aus.

Es gibt nicht so viel Tag' im Jahr, als wie der Fuchs am Schwanz hat Haar.

Es kann vorkommen, daß die Nachkommen mit dem Einkommen nicht auskommen und daran umkommen.

Es saßen zwei zischende Schlangen zwischen zwei spitzen Steinen und zischten sich zuweilen an.

Es wollte ein Kätzchen Knoten kau'n, es kaut ein Kätzchen Knoten.

Es klapperten die Klapperschlangen, bis ihre Klappern schlapper klangen.

Esel essen Nesseln gern, Nesseln essen Esel gern.

Fetter Speck schmeckt der Schnecke schlecht, schlecht schmeckt der Schnecke fetter Speck.

Fischers Fritze fischt frische Fische.

Fritz-Franz Fräderich fragt nach Fritz-Frank Flederwisch.

Große Krebse krabbeln in dem Kober.

Helene hält helle Halbe in den Händen.

Hinkende Helden hauen helle Hellebarden mit Handschuhen.

Hinter Hansens Hühnerhaus hüpfen hundert Hasen raus.

In Baden-Baden baden Baden-Badener gern.

In Ulm, um Ulm und um Ulm herum.

Kaiser Karl kann keine Kartoffelklöße kochen.

Keine kleinen Kinder können Kirschkerne knacken, keine Kirschkerne können kleine Kinder knacken.

Kleiner Zwerg schießt schwarzes Schwein, schwarzes Schwein schießt kleiner Zwerg.

Koalition und Kanalisation.

Meister Müller, mahl mir eine Metze Mehl; meine Mutter muß mir morgen Milchmus machen.

Meßwechsel, Wachsmaske – Wachsmaske, Meßwechsel.

Nachbars Hund heißt Kunterbunt, Kunterbunt heißt Nachbars Hund.

Nichts ist fertig! Erst dann, wenn ich sag' fertig, dann ist fertig fertig.

Schneiders Schere schneidet schnell.

Sechsundzwanzig Stück sächsische Schuhzwekken.

Staunend stand ich am Gestade, stieß den Stock an einen Stein.

Thomas trank tausend Tassen Tee, tausend Tassen Tee trank Thomas.

Vor dem Scheibenschießschützenhaus schätzen Schützen Schießdistanzen.

Wegen der Wecken weckt der Wecker den Bäkker; er muß sich strecken, regen und recken wegen der Wecken. Rege, strecke, recke dich! Backe, Bäcker, Wecken für mich.

Wenn vor Fliegen Fliegen fliegen, fliegen Fliegen Fliegen nach.

Wer nichts weiß und weiß, daß er nichts weiß, weiß viel mehr als der, der nichts weiß und nicht weiß, daß er nichts weiß.

Wie oft ess' ich Essig, ess' ich Essig im Salat.

Wir Wiener Waschweiber würden weiße Wäsche waschen, wenn wir wüßten, wo warmes Wasser wäre.

Zinnoberrotes Flanell-Läppchen.
Zwischen zwei Zwetschgensteinen zwitschern zwei Schwalben.
Milch macht müde Männer munter.
Öffne mir, schleichender Schließer, das schlotternde Schloß.
König Kuno klaut Kaisers Kleider.

Weitere Schnellsprechübungen, die Sie kennen:

Sprechtechnische Übungen – Vokale

Spaltung – A
Als kam an Land an Maraba,
was war, was da an Land geschah?
Da traf gar klagbar Kakada,
das Maraba als Asaba.

Breitung – E
Den Menschen geben, der Ehre leben,
sehend erkennen den Zweck des Lebens,
Geschlechter bestehen, Geschlechter vergehen,
seliger denn Nehmen ist Geben.

Breitung – I
Spitzfindig ist die Liebe!
Sie minnt nicht immer blindlings;
wie sie sich listig zieret,
wirkt sie mit Witz nicht minder.

Rundung – O
Vom Dome frohlockt der Glocken Ton,
frohe Ostern ist kommen, des Hoffenden Lohn,
lohende Sonne auf rollenden Wolkenwogen,
volle Akkorde kommen gezogen.

Rundung – U
Und durch zukunftsdunklen Mund
wurde Brutus' Schuld nun kund:

(Aus: Der kleine Hey*)

Sprechtechnische Übungen

Nun folgen einige Auszüge aus Anzeigen verschiedener Firmen für Produkte und Dienstleistungen. Diese Texte wurden von erfahrenen Textern und Psychologen erarbeitet, um eine möglichst optimale Werbewirksamkeit zu erzielen. Diese Texte bieten sich für rhetorische Übungen an, um Sprechtempo, Klangmelodie, Suggestionskraft zu analysieren und zu trainieren.

Lesen Sie die Texte laut vor, verwenden Sie dabei ein Tonbandgerät, um anschließend Ihre Stimme überprüfen zu können. Die Übungen können im Stehen oder Sitzen durchgeführt werden. Üben Sie die richtige Betonung, um eine gute, werbewirksame Aussage zu erzielen.

Stielow kann Ihre Post nicht befördern – wohl aber fördern und beschleunigen. Denn wir befreien jede Postbearbeitung von umständlicher und teurer Handarbeit, entweder total auf unseren Poststraßen oder ganz gezielt in bestimmten Engpässen der ein- und ausgehenden Post. Verwenden Sie Stielow-Formulare für Ihre Postbearbeitung!

Was nutzt dem Handel die schönste Aktion, wenn die Verkaufsidee fehlt? Werbung ohne Verkaufsförderung ist halbherziges Verkaufen. Denn was die klassische Werbung vorbereitet, muß am POS umgesetzt werden: gezielt, aktuell, ideenreich.

DANKESCHÖN. Wir, die Liebold-Film, sind nun zehn Jahre alt. Und weil die Firma bei bester Gesundheit ist, wollen wir uns bei allen denen bedanken, mit denen wir diesen Erfolg teilen. Dankeschön an unsere Regisseure, Kameramänner, Bühnenarbeiter, Maskenbildner, Maler, Tischler, Zimmerleute, Bildhauer, Dekorateure, an unsere Produktionsleiter, Aufnahmeleiter, Telefonistinnen, Putzfrauen und Firmengründer.

Dank an Schauspieler, Modelle, Mimen, Stati-

*) mit Genehmigung des Musikverlages B. Schott's Söhne, Mainz

sten, Stuntmen, an Stylisten, Floristen, Architekten und Köche, an Polizisten und Amtmänner. Dank an Piloten, Kranführer, Zauberer und Dompteure, Tänzer, Jongleure, Chauffeure, an Trickleute und Hasardeure.
Dank an den Steuerberater und Dank an die Bank – verbindlichsten Dank an unsere Kunden, Klienten, Kreativen und Agenturen, die das alles verursachen und ermöglichen –, Dank zuerst und damit zum zweiten Mal, an alle diese Leute in der weiblichen Besetzung. Schönen Dank den Cutterinnen. Wir haben zusammen gute Arbeit geleistet – und freuen uns auf die nächste – bis dann – Ihre Liebold-Film.

Wir haben die Zeichen der (fehlenden) Zeit erkannt: Für zeitlose Führungskräfte die zeitsparende Zeitung (Handelsblatt).

Alles, was Sie brauchen, um in Aus- und Weiterbildung, Information und Kommunikation, Marketing und Vertrieb, Wissenschaft und Forschung, Überwachung und Sport schnell, sicher und effektiv zu arbeiten (Sony Videosysteme).

Typisch japanisch: unsere Gastfreundschaft. Die kleine Verbeugung und das freundliche Lächeln sind mehr als einstudierte Gesten: sie sind Ausdruck typisch japanischer Tugenden wie Höflichkeit und Gastfreundschaft. Unsere japanischen Mädchen lernen diese traditionelle Haltung Gästen gegenüber schon sehr früh. Sie werden also an Bord unserer Maschinen eine erstaunliche Entdeckung machen: die natürliche und gewinnende Höflichkeit und Gastfreundschaft unserer lächelnden Stewardessen. Aber das wird nicht das einzige angenehme Erlebnis bleiben. Es gibt nämlich viele Gründe, warum wir die viertgrößte internationale Fluggesellschaft geworden sind. So angenehm fliegen Sie auf japanisch! (Japan Air Lines).

Suchen Sie sich aus, wie schnell und wie bequem Sie nach Bahrain fliegen wollen. Bei uns haben Sie die Wahl (British Airways).

Wir geben Ihrem Fest den richtigen Schwung. Wir wollen, daß Ihre Gäste Freude am Feiern haben. Denn das größte Kompliment für den Gastgeber sind zufriedene Gäste . . . Wir liefern gelungene Veranstaltungen (LSG Party Service Lufthansa Service GmbH).

Schlafen Sie ein Stündchen länger, und kommen Sie ein Stündchen früher an (Avis, Rent-a-car-Service).

Aufsteigen im Beruf und oben bleiben. Der Weg heißt Weiterbildung. Schreiben Sie heute noch an ILS-Institut in Hamburg.

Wir vom HDI wollen, daß in Ihrem Produkt nicht der Wurm steckt. Produktfehler können auch noch nach Jahren böse Folgen haben: Verletzungen von Personen und Schäden an Sachen, zum Beispiel. Durch eigene Maßnahmen können Sie dieses Risiko in gewissem Umfang mildern. Wir beraten und unterstützen Sie dabei. Das verbleibende Risiko versichern wir. Falls ein Schaden eintritt, stehen wir Ihnen mit unserer langjährigen Erfahrung zur Seite.
Denn wir vom HDI haben sie in allen Sparten. Das macht uns zu einem der führenden Industrieversicherer (Haftpflichtverband der Deutschen Industrie V.a.G.).

Nutzen Sie durch uns die Vorteile der Öffentlichen Finanzhilfe. Die Deutsche Bank informiert Sie über Voraussetzungen, Möglichkeiten. Schreiben Sie an die Deutsche Bank.

Vortragstechnik

Lesen Sie das folgende Gedicht durch
Tragen Sie Pausenzeichen ein
Unterstreichen Sie wichtige Wörter, die betont werden müssen
Üben Sie Mimik und Gestik
Achten Sie auf Tempo und Eindringlichkeit
Bedenken Sie Höhen und Tiefen
Sehen Sie den Satz an, speichern Sie ihn im Gedächtnis, halten Sie Blickkontakt, dann sprechen Sie

Der Erlkönig

Wer reitet so spät durch Nacht und Wind?
Es ist der Vater mit seinem Kind;
Er hat den Knaben wohl in dem Arm,
Er faßt ihn sicher, er hält ihn warm.

„Mein Sohn, was birgst du so bang dein Gesicht?“ –
„Siehst, Vater, du den Erlkönig nicht?
Den Erlenkönig mit Kron und Schweif?“ –
„Mein Sohn, es ist ein Nebelstreif.“ –

„Du liebes Kind, komm, geh mit mir!
Gar schöne Spiele spiel ich mit dir;
Manch bunte Blumen sind an dem Strand,
Meine Mutter hat manch gülden Gewand.“ –

„Mein Vater, mein Vater, und hörest du nicht,
Was Erlenkönig mir leise verspricht?“ –
„Sei ruhig, bleibe ruhig, mein Kind;
In dürren Blättern säuselt der Wind.“ –

„Willst, feiner Knabe, du mit mir gehn?
Meine Töchter sollen dich warten schön;
Meine Töchter führen den nächtlichen Reihn
Und wiegen und tanzen und singen dich ein.“

„Mein Vater, mein Vater, und siehst du nicht dort
Erlkönigs Töchter am düstern Ort?“ –
„Mein Sohn, mein Sohn, ich seh es genau:
Es scheinen die alten Weiden so grau.“ –

„Ich liebe dich, mich reizt deine schöne Gestalt,
Und bist du nicht willig, so brauch ich Gewalt!“ –
„Mein Vater, mein Vater, jetzt faßt er mich an!
Erlkönig hat mir ein Leids getan!“ –

Dem Vater grauset's, er reitet geschwind,
Er hält in den Armen das ächzende Kind,
Erreicht den Hof mit Mühe und Not;
In seinen Armen das Kind war tot.

(J. W. v. Goethe)

Sprechübung

Die Lauteinteilung der deutschen Sprache sieht folgendermaßen aus:

Klanglaute
Vokale (a, e, i, o, u)
Nasale (m, n, ng)
Halbvokale, sogenannte Klinger (l, r)

Geräuschlaute
Stimmlose Reibe- oder Engenlaute (f, ch, sch)
Stimmlose Verschlußlaute (p, t, k)
Lautverbindungen (z, x, chs, cks, q)

Klanggeräuschlaute
Stimmhafte Reibe- oder Engenlaute (w, s, j)
Stimmhafte Verschlußlaute (b, d, g)

Wer sich mehr mit Sprechtraining beschäftigen will, kann sich mit einem Audio-Kassetten-Lehrprogramm von Michael Schiff weiterbilden: „Sprachschulung und Redetechnik“, Heyne Verlag. Dieses Kassetten-Lehrprogramm ist zum Selbsttraining der guten Aussprache und des wirkungsvollen Sprechens gedacht.

Ebenso sind die Kassettenprogramme der Arbeitsgemeinschaft Deutscher Sprechtechnik aus dem Horst Staniewski Verlag, Düsseldorf, Hebbelstraße, sehr zu empfehlen.

Deutsche Sprechbildung

Trägheit und eine zu starke Dialektfärbung sind Feinde der deutschen Sprache. Bei vielen Menschen ist das Sprechen altersmüde geworden. Bewußte Pflege der deutschen Sprache, von Jugend an bis ins Alter hinein, ist eine Aufgabe, die an jeden einzelnen gestellt ist. Weder die Muttersprache noch die Schreibung von Wörtern sind Maßstäbe für deren korrekte Aussprache. Jeder Sprechende verständigt sich nur durch seine Sprechgewohnheiten, die er aus seiner Umgebung übernimmt. So sind einer überregionalen Verständlichkeit durch sprechtechnische, landschaftliche und bildungsbedingte Einflüsse vielfach Grenzen gesetzt.

Im vorigen Jahrhundert wurden bereits Sprechregeln aufgestellt, die sich natürlich weiterentwickelten und dem heutigen gehobenen Sprechgebrauch angepaßt sind. Diese Regeln bilden die Grundlage der Sprecherziehung.

Durch die Entwicklung genormter und einfach zu handhabender Tonkassetten gibt Ihnen die „Arbeitsgemeinschaft Deutsche Sprechtechnik“ ein ideales Mittel an die Hand, die gehobene deutsche Sprechbildung auch außerhalb von Seminaren zu lernen und zu üben. 1973 erschienen die ersten Tonprogramme zur deutschen Sprechbildung auf Kassetten. Sie haben sich inzwischen tausendfach bewährt und stehen in der Wirkung persönlichen Seminaren nicht nach. Sie sind sogar vorteilhafter, da der „Sprecherzieher Tonkassette“ jederzeit aktionsbereit ist. Unermüdlich dienen sie Lehrenden wie Lernenden und sind für Einzel- und Gruppenarbeit gleich gut geeignet. Sie werden von Menschen aller Bildungsschichten eingesetzt, um zu klangreiner deutscher Aussprache ohne Nuscheln und ohne zu starke Dialektfärbung oder Sprechhemmungen zu gelangen.

Die Tonprogramme sind in Kunststoffstereofonie aufgenommen, die Kassetten können auf jedem handelsüblichen Recorder abgespielt werden.

Das Institut für Persönlichkeitsentfaltung in Deggendorf hat ebenfalls ein interessantes

Übungssystem als Kursus herausgebracht. Es ist von Tony Gaschler entwickelt worden, der es für besonders wichtig hält, mit dem ganzen Körper, mit Gefühl und Emotionen sprechen zu lernen. Natürlich kostet es anfangs Überwindung, diese Texte mit ganzer Hingabe zu sprechen. Wer sie allerdings mit der entsprechenden Mimik und Gestik übt, wird selbst bald die motivierende Wirkung spüren. Machen Sie einen Versuch.

Vorlesetechnik

Ein Redner sollte seinen Text niemals einfach „ableiern", sondern sich bemühen, so lebendig und abwechslungsreich zu sprechen, wie wenn ihm erst jetzt die Gedanken zu seiner Darbietung kämen. Die meisten Anfänger haben den Ehrgeiz, möglichst glatt zu sprechen, ohne sich verbessern zu müssen, förmlich wie eine Sprechmaschine. Dies wirkt aber unnatürlich und erzielt niemals die gewünschte Wirkung bei dem Zuhörer. Erfolg haben Sie nur, wenn Sie Mensch bleiben, ein kleines Verhaspeln oder ein Versprecher wird Ihnen wirklich nicht übelgenommen.

Vorleseübung: Massenmedien

„Vor hundert Jahren hielten sich nur wenige Menschen eine Zeitung!
Wenn sie eintraf,
versammelten sich Freunde und Bekannte,
um das Neueste aus aller Welt zu erfahren
und zu diskutieren.
Heute ist es ganz anders:
Wir leben in einer überinformierten Gesellschaft,
wo jeder jederzeit gewollt oder ungewollt
mit Informationen überflutet wird,
wo das Informiertwerden nicht mehr erfreulich ist,
sondern Gehetztwerden.
Wir wissen nicht mehr, wie wir mit dieser Lawine
an Informationen fertig werden sollen.
So, wie die Verhältnisse sich bei uns entwikkeln,
wird diese Belastung in Zukunft nicht kleiner,
sondern größer.
Nicht nur die fortwährende Belastung unseres Nervensystems

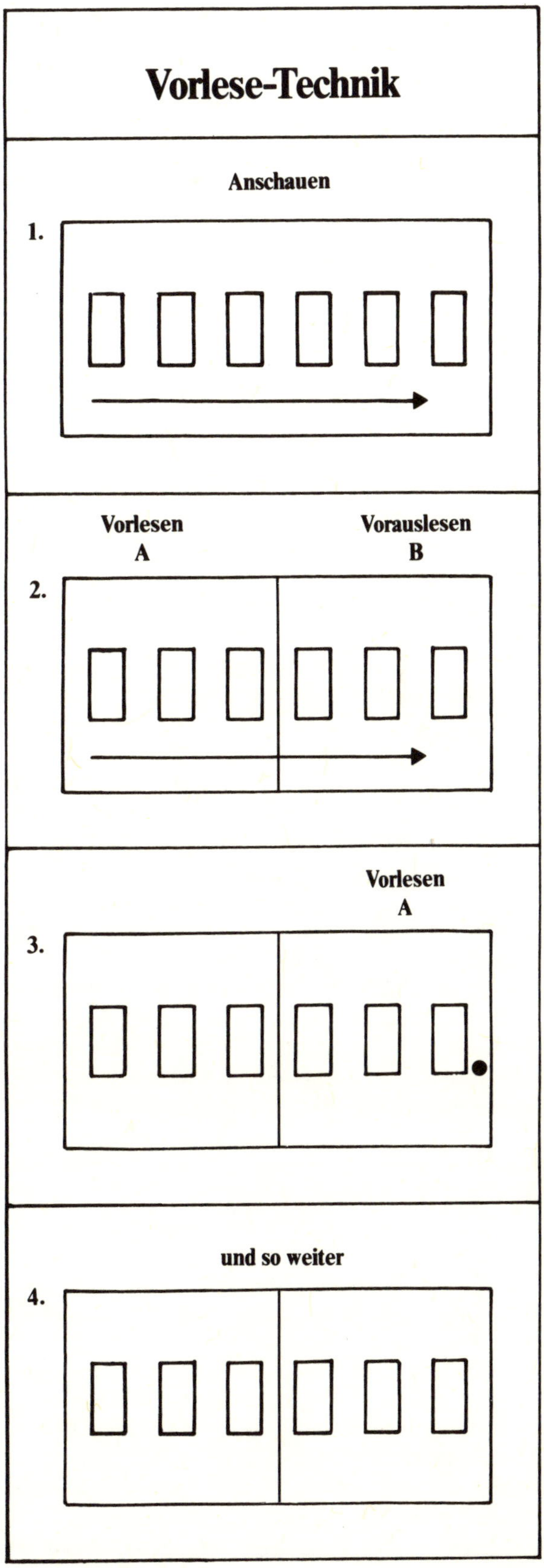

durch Reizüberflutung ist bedenklich,
noch gefährlicher ist die Blockierung
unseres Bewußtseins
und dessen Veränderung durch vorfabrizierte Meinungen.
Je schwerer es wird,
die Barrieren zwischen Mensch und Mensch zu überwinden,
desto rücksichtsloser werden die Versuche,
durch gewaltsame Kommunikation
positive und negative menschliche Beziehungen herzustellen.
So entwickelt sich die Sprache der Aggressivität.
Von öffentlichem Interesse und deshalb Gegenstand
der Publizistik ist immer weniger das,
was andere Menschen tatsächlich denken,
sagen, tun, fühlen und hoffen,
sondern eine bruchstückhafte,
überpointierte und vielfach diffamierende Darstellung.
Aus der ‚informierten Gesellschaft'
wird die ‚vergiftete Gesellschaft'."

(Karl Steinbuch: „Über die Zukunft unserer Gesellschaft")

„Mach mal Pause", ein wichtiger Satz für jeden Redner

Ungeübte Redner begehen immer wieder den Fehler, daß sie keine Pausen in ihrer Rede einbauen. Aber gerade das wie aus der Pistole geschossen Sprechen ist eine der Todsünden beim Vortragen. Warum nur fürchten viele Menschen die einfach notwendigen Pausen in ihren Darbietungen so sehr? Dabei bietet eine richtig plazierte Redepause etliche Vorteile:
Eine kurze Pause ermöglicht das Atemholen während der Rede.
Die Zuhörer haben mehr Zeit, auch gedanklich zu folgen.
Durch eine Pause hat der Redner die Möglichkeit, Blickkontakt zu seinen Zuhörern zu schaffen.
Pausen bieten die Möglichkeit, sich zwischendurch ein klein wenig zu entspannen. Man baut sie klugerweise deshalb nach einem Punkt oder nach einem abgehandelten Abschnitt ein.
Jeder Redner strahlt durch klug eingebaute Pausen mehr Ruhe und Sicherheit aus.
Er verliert nicht so schnell den roten Faden.
Die Pausen geben die Möglichkeit, auch während des Vortrages noch kurz dieses oder jenes überdenken zu können.
Mit der Beherrschung der Pausentechnik kann der Redner eine nachhaltigere Wirkung erzielen, wenn er sie zum Beispiel nach einem Höhepunkt, nach einer wichtigen Erklärung oder nach Nennung entscheidender Fakten, Überlegungen oder Rückschlüsse einbaut.

Schreiben Sie also auf Ihre Stichpunktkarten immer wieder den Hinweis: „Pausen!!!" Beherzigen Sie diese Notizen auch, und Sie werden bei Ihrem Publikum bedeutend besser ankommen.

Pausentechniktraining

Nehmen Sie sich einen Text vor, und markieren Sie die notwendigen Pausen mit einem Farbstift. So stellen Sie sie deutlich heraus. Hier folgt ein kurzes Beispiel, wie Sie lesen üben können unter besonderer Beachtung der Pausen:

Pausentechnik – Leseübung

Meine sehr verehrten Damen und Herren!
Pause
Ich darf Sie heute – Pause – recht herzlich in Wiesbaden begrüßen – Pause –
Als besonderen Gast dürfen wir heute – Pause – Herrn Professor Dr. Meier – Pause – vom Institut für Kernforschung – Pause – in Frankfurt am Main – Pause –
hier in unserer Mitte – Pause –
recht herzlich begrüßen. – Pause –
Als Schwerpunktthemen sind vorgesehen
– Pause – ... usw.
Sprechen Sie langsam, und bringen Sie nie zuviel Stoff auf einmal.

Ein lustiger Zungenbrecher

In den Seminaren flechten wir oft zur Auflokkerung einen Zungenbrecher ein. Das verursacht viel Heiterkeit und trägt dadurch zur Entspannung bei.

Die Erfahrung zeigt auf, daß es höchstens zwei von zehn schaffen, den untenstehenden Zungenbrecher richtig nachzusprechen. Hier nun der verflixte Satz, der später ohne Hinzuschauen schnell nachgesprochen werden sollte:
Meßwechsel/Wachsmaske/Wachsmaske/Meßwechsel ...

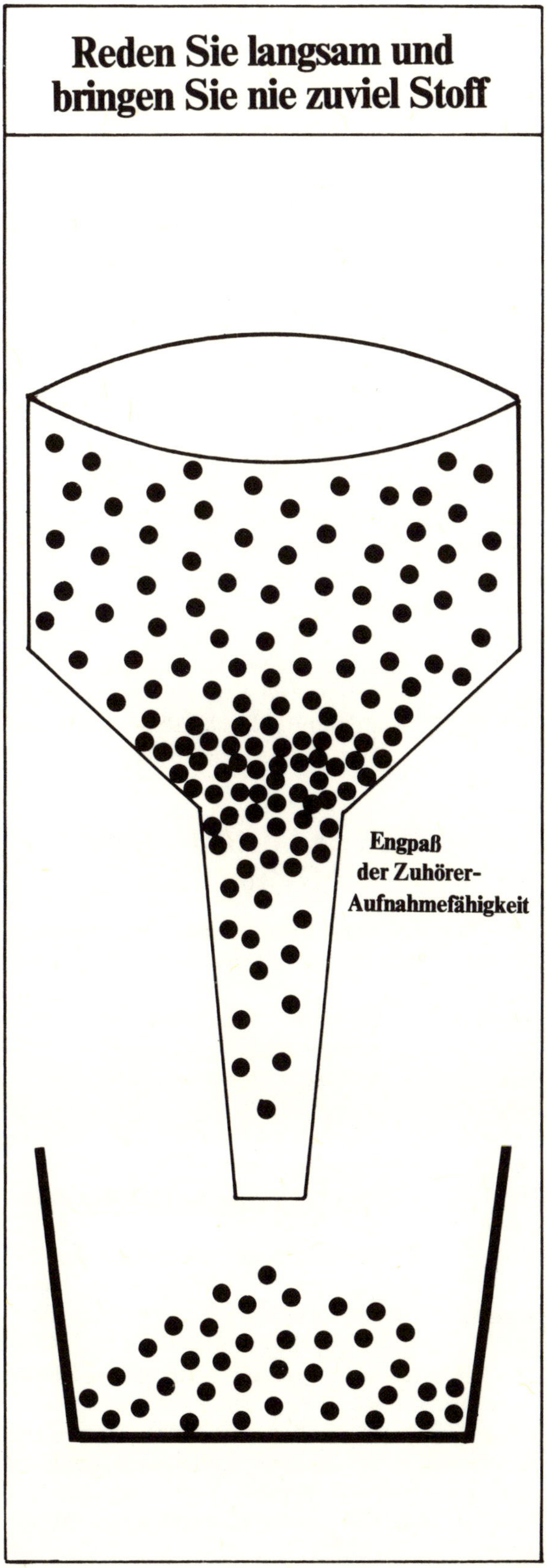

Die Problematik liegt bei diesem Satz darin, daß sich gewissermaßen ein Verschluß im Mund bildet, der das richtige Nachsprechen erschwert.

Der Klassiker unter den Büchern für Sprechtechnik ist nach wie vor „Der kleine Hey*) – Die Kunst des Sprechens“ von Fritz Reusch. Hier folgen deshalb daraus einige praktische Übungen:

Ä und e mit dem Anschluß des ch
Welch schlecht berechtigtes Vermächtnis
erwächst dem schwächlichen Gedächtnis!

Verächtlich schlecht der Knecht sich rächte:
der nächtlich nächst dem Pächter zechte.

Fächer, Bänder, Festgepränge,
selbstverständlich Männerschwärme!
Fächelnd, lächelnd längs den Sälen
schwärmt verächtliches Gedränge.

Sprechübung für den Vokal a
Barbara saß nah am Abhang,
sprach gar sangbar – zaghaft langsam.
Mannhaft kam alsdann am Waldrand
Abraham a Santa Clara!

Was hallt am Waldbach da?
Jagdklang schallt nah: Trara!

Lippen- und Zungenlaute
Lobpreiset, liebpredigt, ihr Boten.

Sprechübung mit au
Draußen haust der graue Klausner,
Baum und Strauch umlaubt die Klause
Auch das Laub rauscht auf der Au –
blauer Rauch schmaucht aus dem Hause,
Trauben lauschen aus dem Laube;
Kraut und Trauben zu verkaufen,
laufen abwärts schlaue Bauern.

Sprechübung mit ei
Mein Meister freit ein reizend Weib.
Er meint, es sei ein Zeitvertreib!
Allein, was treibt die kleine Maid,
den Greis zu frein in Eiligkeit?

Sprechübung mit dem Vokal i
Spitzfindig ist die Liebe!
Sie minnt nicht immer blindlings;
wie sie sich listig zieret,
wirkt sie mit Witz nicht minder.

*) Abdruck mit Genehmigung des Musikverlages B. Schott's Söhne, Mainz.

Sprechübung mit f, v und pf
Fischfrevler Franz fing frech
vorm Fußball fette Fünffingerfische.
Vier ficht'ne, feste Fischfässer
faßten vollauf den Fang –
viele freilich flitzten flott davon!

Sprechübung mit l
Lang lauscht Lilli – endlich lieblos lächelnd
lallt sie leise:
„Lautlos Lallaas, log dein Loblied! –
Lebe, liebe, leidlich löblich?
Lisple, lieblich, Liebeslassen;
lächeln ließ mich längst solch Liebleids Langweil!"

Sprechübung mit n – ng
Nun nahen neue Wonnen,
nun glänzt und grünt manch Land;
schneerein nun rinnen Bronnen
von nacktem Felsenrand,
Enzianen blühn daneben.

Von oben Sang schon klingt,
denn rings ein ahnend Leben
Lenznahn nun drängend bringt!

Endungen mit ngen, nken, ben, en, n, m
Bangen, verlangen
nach prangenden Wangen!
Von Hoffnungen trunken,
in Ahnung versunken,
wanken und schwanken,
dem Undank zanken,
stumm, bestürzt zum Sträfling starrend!

An- und Auslaut st
Bemoost wächst nächst dem Strom ein Stamm,
feststämmig stolz strebt sein Geäst
stromwärts und weist nach Ost und West.
Sonst nisten Stare stets im Stamm –
doch Sturm zerstörte Ast um Ast,
daß längst zerstob das Starennest.

sp, sch
Specht, Spatz, Sperber sprangen spornstreichs,
spottend Spangen, Sparren, Sprossen,
spät aus spitzgen Speichers Spalten
Speis' und Speck im Spinde spähend.

Folge von r und l
Zwar lockt gefährlicher Liebe Irrlicht,
aber löblich überlistet der lautere Tor,
Frevler Liebe Verleitung.
Leider läßt aber Lacher Lust
lieber Lob zierlich verlauten
für Klingsor, der lästerlich,
begehrlicher Liebe Verlockung erlegen.

Endsilben ern, ernd
Erzittern, gewittern,
schmettern erschütternde Schauer!
Kletternd und kauernd,
wandernd und lauernd,
wimmernd zähnklappernde Bauern!

Sprechübung mit r
Schwer heran braust Sturmeswetter,
dräuend rasselt Donners Grollen!
Sturm und Brandung rauschen rasend,
Erde selber schwer erschütternd,
Donner furchtbar überdröhnend!
Rastlos, sonder Fährt' und Richtschnur
irrt der Ritter durch der Berge
rauhen Gürtel.

Wer sich noch eingehender mit der Sprechtechnik beschäftigen möchte, dem sei empfohlen, sich das genannte Buch, dem diese Beispiele entnommen sind, zu besorgen.

Sprechen und betonen Sie mit Gefühl

Sprechen Sie zum Beispiel das Wort „eventuell" der Reihe nach mit folgender Gefühlsbetonung:

Bestimmt	ziemlich bestimmt, „eventuell komme ich"
Nachdenklich	vielleicht klappt es, zu 80 Prozent ist es sicher
Fragend	Sie sind sich selbst noch nicht so recht schlüssig
Humoristisch	Sie heben eine Augenbraue dabei
Unsicher	Sie sind selbst noch unsicher

Sprechen Sie jetzt die Frage: „Kommen Sie?" der Reihe nach durch. Selbstverständlich können Sie auch andere Wörter für diese Übung verwenden.

Fragend	Sie wollen eine Antwort erhalten
Ablehnend	Sie hoffen im voraus, daß er nicht kommt
Freudig	Sie zeigen, daß Sie sich wirklich freuen

Befehlend	Sie erteilen einen Befehl, der befolgt werden muß
Verärgert	Sie wollen gar nicht, daß er kommt

Gezielte und gekonnte Mimik, Gestik und Körperaussage beim Sprechen

Über diese drei Begriffe gäbe es sehr viel zu sagen, denn hier werden häufig grobe Fehler begangen. Zuhörer zu begeistern ist nicht leicht. Ein wichtiges Hilfsmittel ist dabei der richtige Einsatz von Mimik und Gestik. Aber Vorsicht! Ein Zuviel macht die Zuhörer nicht aufmerksam, sondern nervös. Ein Zuwenig läßt Sie langweilig und steif erscheinen. Gesichtsausdruck und Gesten sollten das Gesagte unterstreichen und untermalen.

Häufige Übungen vor einem Spiegel und eine kritische Selbstkontrolle in bezug auf die Übereinstimmung von Wort und Geste verhelfen Ihnen zu einem optimalen Redeerfolg. Sie müssen das Maß finden zwischen dem Zuviel und dem Zuwenig an Mimik und Gestik.

Auch in Rhetorikseminaren finden Sie Unterstützung. Das dort übliche Arbeiten mit Video hat viel dazu beigetragen, den blinden Fleck eines Menschen aufzuzeigen. Die Aktivierung der Ausdrucksmittel sollte ein wesentlicher Bestandteil Ihrer Rhetorikübungen sein. Wenn der gesamte Körper mitarbeitet und im Einsatz steht, wird automatisch die Effektivität gesteigert. Im folgenden sehen Sie eine erklärende Skizze.

Grundregeln der Mimik

Versuchen Sie, die Menschen freundlich anzuschauen. Lernen Sie, mit dem Gesicht zu sprechen. Achten Sie dabei besonders auf: Kopfhaltung, Stirn, Augenbrauen, Augen, Mund.

Analysieren und beobachten Sie Ihre Gesichtszüge im Spiegel oder mittels Videoaufzeichnungen. Die Zuhörer können Ihrem Mienenspiel sehr viel entnehmen. Vermeiden Sie aber in jedem Fall starke Übertreibungen.

Mimik und Gestik Grundaussagen

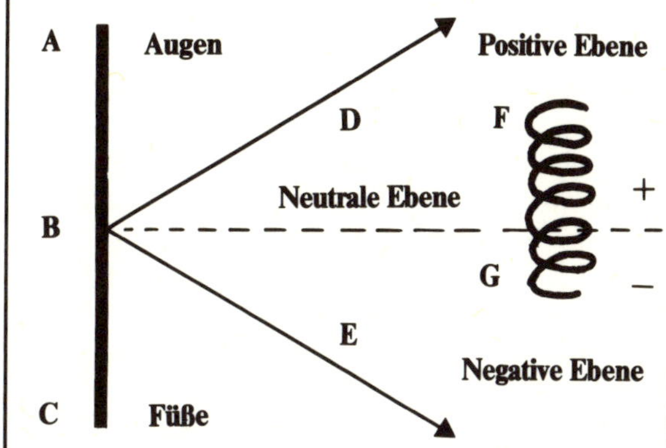

A – Kopf – Augen

B – Körper – Arme

C – Beine – Füße

D – Bejahende Gestik (nach oben)

E – Verneinende Gestik (nach unten)

F – G – Beschreibende Gestik

Grundregeln der Gestik

Achselzucken ist eine Aussage, die etwas in Frage stellt.

Die Arme nicht vor der Brust verschränken, da Sie mit dieser Haltung unter Umständen eine Barriere aufbauen.

Die Daumen in der Achselhöhle stellen Überlegenheit zur Schau.

Vermeiden Sie hastige und unruhige Bewegungen.

Halten Sie Ihre Ellenbogen stets in Körpernähe.

Schlagen Sie nicht mit der flachen Hand oder der Faust auf das Rednerpult, Sie wirken dadurch unbeherrscht oder sehr nervös.

Lassen Sie Ihre Arme locker an der Seite herunterhängen.

Halten Sie die Hände nicht hinter dem Rücken verborgen, stecken Sie sie auch nicht in die Hosen- oder Jackentasche.
Halten Sie beide Hände locker vor dem Bauch.
Gestikulieren Sie nur wenig, um so das Gesagte natürlich zu unterstreichen.
Eine beidhändige Gestik ist wirkungsvoller als eine einhändige.
Die Gestik muß gezielt und pointiert sein.
Sie muß natürlich wirken.
Bei einer guten Gestikulation verlieren Sie auch automatisch einen erheblichen Teil eventuell vorhandener Spannungen und Verkrampfungen.
Zwischen den einzelnen Gesten auch einmal die Ruhestellung einnehmen.
Sprechen und arbeiten Sie mit dem ganzen Körper.
Die Gestik muß mit Ihrer Aussage übereinstimmen.
Vorsicht vor Übertreibungen.
Manche Menschen fürchten sich vor dem Einsatz der Gestik. Gehören Sie auch zu ihnen? Diese Angst sollten Sie überwinden, schon um nicht langweilig und desinteressiert zu erscheinen.
Große Menschen sollten sparsamer gestikulieren als kleinere Menschen.
Norddeutsche sind häufig bewegungsneutraler als Süddeutsche.
Auf keinen Fall ziellos mit den Händen herumfuchteln.
Setzen Sie einmal die linke, einmal die rechte Hand ein.
Gestik mit nach oben gerichteten Händen ist bejahend.
Gestik mit nach unten gerichteten Händen ist verneinend.
Hände mit der Innenfläche nach innen gerichtet, in Richtung auf den eigenen Körper weisend, bedeuten Hinweis auf den eigenen Standpunkt.
Ständiges Händereiben bedeutet Nervosität oder auch Vorfreude.
Die Hand an der Nase bedeutet Nachdenklichkeit.
Die Hand am Mund bedeutet Zurückhaltung.
Die Hand an der Stirn bedeutet Überlegung, Nachdenklichkeit.
Die geschlossene Hand, die Faust wirkt drohend.
Setzen Sie auch die einzelnen Finger ein, zum Beispiel bei Aufzählungen: eins – zwei – drei.

Grundregeln der Körperhaltung

Zeigen Sie Ihrem Publikum nicht die „kalte Schulter".
Lassen Sie beim Stehen die Knie durchgedrückt.
Wippen Sie nicht auf den Füßen.
Knöpfen Sie Ihre Jacke schon im Sitzen zu, nicht erst wenn Sie am Rednerpult stehen.
Halten Sie den Körper möglichst still, nicht hin- und herschwanken.
Neigen Sie beim Ablesen des Manuskriptes den Kopf nicht zu tief über die Blätter. Sorgen Sie für eine genügend große Schrift oder – für eine bessere Brille.
Fuchteln Sie nicht mit dem Manuskript in der Luft herum.
Ist der Oberkörper leicht nach vorn gebeugt, signalisiert dies Entgegenkommen, Zuneigung, Respekt, Erheischen von Publikumsgunst.
Bei Nennung einer Person deuten Sie ruhig auf diese, jedoch nie mit dem Finger, sondern immer mit der ganzen Hand, Innenseite nach oben.
Stützen Sie sich nicht auf das Rednerpult.
Gehen Sie mit ruhigem, sicherem und festem Schritt und mit Begeisterung zum Rednerpult.
Sollten Sie beim Sprechen sitzen, dann wickeln Sie Ihre Beine nicht um die Stuhlbeine.
Beim Sprechen dürfen Sie nie an sich selbst herumtasten.
Wenn Sie stehen, sollten Sie die Füße nicht zu dicht nebeneinanderstellen, Sie verlieren sonst leicht die Balance.
Bei der Arbeit mit Stichpunktkarten: diese ruhig in der Hand halten, nach der Verwendung einfach beiseite legen und gelassen nach der nächsten greifen.

Üben Sie die folgenden Sätze mit der entsprechenden Mimik und Gestik vor einem Spiegel oder in einem Seminar:
Es gibt was Feines!
Wie bitte, mein Kind?
Oh, wie kalt!
Hallo, wer kommt denn da?
Du bist so hübsch!
Ich will dich nie wiedersehen!
Kommst du heute abend?
Das ist eine feine Sache!
Der Fisch, den ich gefangen habe, war so groß . . .

Ich hatte einen platten Reifen unterwegs!
Als ich dann spät nach Hause kam, sagte meine Frau: . . .
Nein, nein, so geht es wirklich nicht!
Ich bin das nicht gewesen!
Kommen Sie doch einfach alle mit!
Dann gab ich den Start frei!
Sie hatte überall Schmuck an sich hängen.
Halt, was soll das?
Immer rechts halten!
Das ist mir ganz egal!
Sie tragen alle Hüte.

Gestik, Mimik und Körperhaltung zur Unterstreichung der textlichen Aussage

Text	Ton	Haltung	Mimik	Gestik	Hände links und rechts	
Guten Tag	höher	etwas nach vorn geneigt	freundlich	Hand nach Beobachtung und Gefühl ausstrekken		X
Wie geht es Ihnen?	höher	hinschauend, interessiert	Blickkontakt	Arme locker halten	X	X
Kann ich bitte Herrn Müller sprechen? (beim Empfang)	Mittellage	etwas nach vorn geneigt – bittend, zurückhaltend	freundlich und fragend	offene rechte oder linke Hand locker vor dem Körper		X
Kommen Sie mit?	höher	halb gehend seitlich gerichtet	freundlich, Kopf kurz in Laufrichtung bewegen	kurze, auffordernde Bewegung		X
Bleiben Sie lieber da!	tiefer	Körper weggedreht in Laufrichtung	Blickkontakt	abwinkend, mit der Handfläche nach unten	X	
Wir wollen heute fünf Punkte im Vortrag behandeln	höher	aufrecht, Frontalsicht	begeisternd und lebendig	ein Arm angewinkelt und klar ersichtlich fünf Finger (siehe Skizze)	X	
Der erste Punkt ist . .	Mittellage	etwas zum Publikum geneigt und Hand vorgestreckt	seriös und sachlich, neutral	Rechten Zeigefinger zur linken Hand bewegen und deren Daumen berühren	X	X

Praxistip: Entwickeln Sie selbst weitere Übungen

Training der Beschreibungsgestik

Lesen Sie die folgende Geschichte laut vor, und setzen Sie dabei die entsprechende Mimik und Gestik ein.
Machen Sie weite Bewegungen dabei, und versuchen Sie mit viel Begeisterung zu sprechen.

Bauen Sie ein Haus
Unsere Stadtwohnung war so klein.
Die Fenster, die Zimmer,
alles war viel zu eng.
Wir hatten eins, zwei, drei, vier Kinder,
die tobten ständig herum:
einmal waren sie hier, dann dort.
Wir wurden beinahe wahnsinnig.
So beschlossen wir, ein Haus zu bauen.
Wir besichtigten viele Grundstücke:
große, kleine, mit Aussicht, ohne Aussicht,
im Tal, am Hang und manche oben am Berg.
Wir kauften uns das Grundstück ganz oben auf dem Berg.
Von dort hatten wir eine wunderschöne Aussicht:
nach Norden,
nach Süden,
nach Osten
und nach Westen.
Morgens hatten wir die Sonne im Osten,
abends ging sie dann, nachdem sie im Süden den Tag über war, im Westen unter.
Überall hatten wir Sonne!
Wir haben viele verschiedene Arbeiten durchgeführt,
geschuftet und geschuftet.
So ging es Monat um Monat.
Dann haben wir die Karren mit Erde, Torf und Sand geschoben,
einmal hierhin,
einmal dorthin.
Wir bauten und bauten.
Erst waren die Mauern so niedrig,
doch dann wuchsen sie höher und höher.
Bald war die Dachrinne erreicht.
Dann wurde der Dachstuhl für ein großes Walmdach hochgezogen.
Wir arbeiteten und arbeiteten.
Das Dach wurde gedeckt mit vielen, vielen Pfannen.
Es gab noch viel zu tun:
wir pflanzten Bäume,
säten den Rasen,
bauten den Zaun.
Heute wohnen wir im Haus,
sind glücklich und zufrieden.
Oben auf dem Berg,
auf dem Platz
an der Sonne.

Entwickeln Sie selbst derartige phantasie- und bewegungsvolle Übungen für die folgenden Themen „Ich regle den Verkehr“, „Ich lasse einen Drachen steigen“, „Ich steure ein Flugzeug“. Vielleicht macht Ihnen diese Übungsart so viel Freude, daß Sie noch weitere Themen finden.

Die fünf wichtigsten Punkte

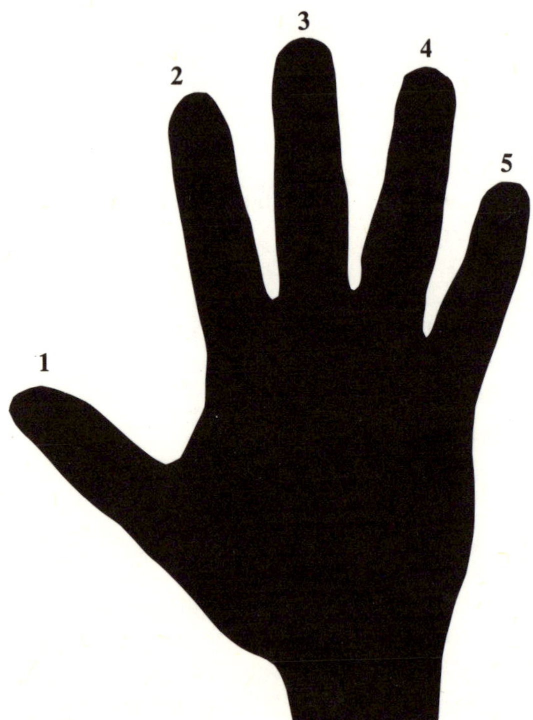

1–5 die Kernaussage

Wörter sind wichtig, der Ton macht die Musik, aber die visuelle Aussage ist am wichtigsten. Deshalb üben Sie sich ständig darin, Ihre Ausdrucksmittel zu verbessern. Ihre Untermalung mit Gestik, Mimik und Körperhaltung muß präzise, eindeutig und gekonnt sein. Die Mühe, die Sie hier investieren, um die nonverbale Sprache zu verbessern, lohnt sich und bringt Ihnen den gewünschten Erfolg.

Vervollständigen Sie die folgenden Sätze:

Das Geschäftsjahr 1980 war für die Firma ABC erfolgreich und schloß mit einem guten ....
Im Rahmen dieses Projektes ....
Beide Wege sind mit Erfolg beschritten worden, allerdings ....

Die ersten fünf Monate dieses Jahres brachten für ABC einen ....
Lassen Sie mich anschließend noch ....
Weil spektakuläre Etatgewinne vorerst ausblieben, ...
Unter den Warengruppen reagierten ....
Die Preispolitik war ....
Mangelnde Flexibilität in der Produktion kann
Kreativität und Innovation ist heute ....
Die Vertriebswege zeigen auf, daß ....

Regen Sie Ihre schöpferische Tätigkeit an durch ....
Versuchen Sie Ihr Unterbewußtsein zu ....
Die Handschrift hängt untrennbar mit ....
Sprechen Sie über Gesundheit, Wohlstand und Glück ....
Versuchen Sie nicht, aus Mangel an ....

Folgende Sätze können den Partner schnell und leicht brüskieren, negativ stimmen oder Fehlreaktionen auslösen. Es ist sehr wichtig, daß wir versuchen, positiv zu formulieren. Bitte suchen Sie für folgende Sätze positiv klingende Formulierungen:

Da haben Sie sich falsch ausgedrückt!

....

Ja, aber das stimmt doch gar nicht!

....

Das kann ich absolut nicht verstehen!

....

Davon haben Sie doch keine Ahnung!

....

Das sehen Sie völlig falsch!

....

Aber das versteht sich doch von selbst!

....

So einen Unsinn habe ich lange nicht gehört!

....

So etwas können Sie doch nicht sagen!

....

S o lasse ich mich nicht behandeln!

....

Ich bin grundsätzlich dagegen!

....

Da lügen Sie!

....

Was wollen Sie denn d a m i t sagen?

....

Das glaubt doch kein Mensch!

....

Lassen Sie mich doch damit in Ruhe, und machen Sie, was Sie wollen!

....

ABC der Trainingstips

Atemübungen
Machen Sie so oft wie möglich Atemübungen in frischer Luft. Atmen Sie dabei tief und kräftig!

Buchstaben
Lesen Sie Buchstaben und Buchstabenkombinationen laut im Zeitlupentempo. Beobachten Sie kritisch und aufmerksam Fernseh- und Rundfunksprecher.

Bücher
Lesen Sie gute Bücher! Verschlingen Sie aber den Inhalt nicht, sondern achten Sie besonders auf die Sprache. Scheuen Sie sich nicht, sich in einer Buchhandlung oder Bibliothek beraten zu lassen.

Gedichte
Lesen Sie Gedichte, lernen Sie sie auswendig. Sie haben dann nebenbei den Gewinn, Ihr Gedächtnis zu trainieren.

Konsonanten
Sprechen Sie Konsonanten, Geräuschlaute und Endungen betont aus. Sie dürfen Konsonanten und Explosivlaute ruhig übertreiben.

Literatur
Lesen Sie die einschlägige Literatur, unter anderem Christiansen, Gerathewohl, Lemmermann, Reiners. Gute Literatur laut und langsam lesen, um ein Gefühl für Rhythmus zu entwickeln.

Märchen
Lesen Sie sie zu Hause oder im Freundeskreis vor, erzählen Sie Ihren Kindern Märchen.

Menschliches Interesse
Legen Sie menschliches Interesse in Ihre Gespräche, reden Sie nicht wie ein Schulmeister.

Mund
Bei Sprechübungen den Mund unnatürlich weit öffnen und mit dem Spiegel kontrollieren.

„Mülleimerliste"
Legen Sie sich eine „Mülleimerliste" von Wörtern an, die Sie ab heute nicht mehr gebrauchen wollen. Zum Beispiel: Klasse, sagenhaft, Spitze usw.

Pause
Machen Sie nach jedem Satz eine ganz kurze Pause.

Redensarten
Verwenden Sie keine allgemeinen und abgedroschenen Redensarten.

Stimme
Wechseln Sie nicht zu häufig in die oberen Stimmregionen, sprechen Sie lieber mit Ihrer Normalstimme

Theater
Gehen Sie ab und zu einmal ins Theater.

Tonbandgerät
Üben Sie mit dem Tonbandgerät. Gespräche mit Kollegen, Lesen von Prosatexten, Sprechen von Dramen mit verteilten Rollen – diese Übungen eignen sich besonders gut, um sich zu starke Dialektfärbung und Artikulationsfehler abzugewöhnen.

Vorträge
Hören Sie sich gute Vorträge und Predigten an.

Zahnreihen
Beide Zahnreihen sind bei den Vokalen „e" und „i" beim Sprechen sichtbar zu machen.

Zuhören
Üben Sie sich in der Kunst des Zuhörens.

An Hand des folgenden Bogens können Sie Ihre Rednerfähigkeiten selbst analysieren. Benoten Sie sich selbst.

Selbstanalyse Ihrer Rednerfähigkeiten	1	2	3	4	5	6
Begeisterungsfähigkeit						
Erfahrungen						
Entsprechende Übungen						
Geistige Wendigkeit						
Gute Aussprache						
Gute Gestik						
Gute Mimik						
Humor/Schlagfertigkeit						
Hochdeutsch						
Ideen						
Informationen						
Konzentration						
Logisches Denken						
Phantasie						
Positives Denken						
Selbstsicherheit						
Selbstvertrauen						
Schöpferisches Denken						
Zeit zum Ausarbeiten						
Zuhörerpsychologie						
Wortschatz						

Benotung: 1 = sehr gut, 2 = gut, 3 = befriedigend, 4 = ausreichend, 5 = mangelhaft, 6 = ungenügend

Gedächtnistraining für die Redepraxis

Warum soll man sich Namen merken? – Wann und wo kann man in Verlegenheit kommen? – Ein gutes Namen- und Gruppengedächtnis macht sich auch im Privatleben bezahlt – Einige Gründe, warum man Namen nicht behalten kann – Was muß man tun, um sich Namen besser merken zu können? – Was Sie künftig beachten sollten – Einige Tips, wie man Namen behält – Einige Assoziationsbeispiele – Wie behalte ich Namen einer Personengruppe? – Auch Ihr Name ist eine Kontaktbrücke – Übungen – Die Mnemotechnik

Es gibt kein schlechtes Gedächtnis – nur ein untrainiertes! Eine wichtige Botschaft für alle, die sich im Privatleben, in Beruf und Gesellschaft oft in der peinlichen Situation befinden, einen Namen vergessen zu haben.

Schluß damit! Arbeiten Sie dieses Kapitel gewissenhaft durch, und Sie werden erstaunt sein, wie schnell und leicht man sein Gedächtnis, seine Aufmerksamkeit und seine Konzentration verbessern und steigern kann. Diese neuen Fähigkeiten werden Ihnen viel Freude, Erfolg und Anerkennung bringen.

Warum soll man sich Namen merken?

Jeder Mensch hört seinen eigenen Namen gern. Wenn Sie die Namen vieler Menschen kennen, werden Sie zwangsläufig sicherer im Auftreten. Sie vermeiden peinliche Situationen, wenn Sie Namen besser behalten können, wenn Sie Menschen mit ihrem Namen ansprechen, gewinnen Sie Aufmerksamkeit und Sympathie. Gesprächspartner und Zuhörer erwarten einfach, daß sie mit dem Namen angesprochen werden. Sie selbst haben mehr Spaß und Freude am Umgang mit Menschen und gewinnen mehr Anerkennung.

Bewußtes Namentraining ist gleichzeitig ein gutes Mittel für das Training Ihres Gedächtnisses. Namentraining bedeutet aber zugleich auch, daß Sie Ihre Beobachtungsgabe trainieren. Außerdem gewinnen Sie neue Freunde und Bekannte.

Der Einsatz ist lächerlich gering – der Gewinn dafür außergewöhnlich hoch.

Berufliche Notwendigkeit
Der Name ist für jeden ein wichtiges Hilfsmittel, ganz besonders jedoch für einen Verkäufer. Jeder, der mit Menschen zu tun hat, muß sich Namen merken können.
Wenn Sie den Namen vor der Vorstellung schon kennen, gewinnen Sie schneller die Aufmerksamkeit des Gesprächspartners.
Wer viele Menschen kennt und über Beziehungen verfügt, ist erfolgreicher.

Für Sie wichtige Menschen erwarten von vornherein, daß Sie sie mit Namen und Titel ansprechen.
Vor allem Führungskräfte müssen die Fähigkeit besitzen, Namen behalten zu können.
Gute Verkäufer, Repräsentanten, Handelsvertreter und Kontaktmenschen bemühen sich ständig, ihre Fähigkeit, Namen zu behalten, weiter zu trainieren.
Jeder V. I. P. (Very Important Person) erwartet, daß man ihn mit seinem Namen anspricht.
Den Kunden mit dem Namen anzusprechen gehört heute zum Service.

Wann und wo kann man in Verlegenheit kommen?

Privat
- Bei Feiern
- Am Telefon
- Bei Einladungen
- Vor Bekannten
- Während einer Vorstellung
- Nach einer Vorstellung

Beruflich
- Beim Erzählen
- In Seminaren
- Bei Konferenzen
- Vor Kollegen
- Beim Korrespondieren
- Beim Kontaktgespräch
- In einer Versammlung
- Beim Ausrichten einer Botschaft
- Bei allen Verkaufsgesprächen

Ein gutes Namen- und Gruppengedächtnis macht sich auch im Privatleben bezahlt

Sie machen sich beliebt und gewinnen neue Bekannte.
Ohne Kenntnis des Namens ist es schwierig, einen echten Kontakt herzustellen.
Der Name ist immer die erste Brücke zur Freundschaft.
Wenn Sie plötzlich jemanden vorstellen müssen, vermeiden Sie peinliche Situationen.
Durch die Anwendung der Merktechnik steigern Sie auch automatisch das allgemeine Gedächtnis.
Wer sich im Namentraining übt, eignet sich wichtige Kunstgriffe in der Menschenführung an.
Gute Gesellschafter müssen Namen behalten können.
Wer Namen behalten kann, erspart sich viel Zeit.

Einige Gründe, warum man Namen nicht behalten kann

Aus Faulheit
Aus Desinteresse
Mangelnder Wille und fehlendes Training
Unfähigkeit, sich auf Namen zu konzentrieren
Unfähigkeit, richtig hinzuhören
Man hat den Namen nicht richtig verstanden
Aus Angst, den Namen falsch auszusprechen
Der Vorgestellte ist für einen bedeutungslos
Aus Angst, sich zu blamieren, wenn man nochmals nach dem Namen fragt
Fehlende Kenntnis der Mnemotechnik und der Assoziationsmethoden
Fehlende Übung, Vorstellungskraft und Phantasie
Ungenügende Motivation, kein zwingender Beweggrund vorhanden
Bei Konferenzen, weil es eben zu viele Namen sind, die man sich auf einmal merken muß
Man hofft, sich später noch mit dem Namen beschäftigen zu können.

Kennen Sie die BIAWA-Formel?
B eobachtung
I nteresse
A nalyse
W iederholung
A ssoziieren

Was muß man tun, um sich Namen besser merken zu können?

Grundsätzliches:
Übung macht den Meister!
Fordern Sie sich selber heraus.
Glauben Sie jetzt schon an Ihren Erfolg.
Verschaffen Sie sich ein wichtiges Motiv.
Fangen Sie heute schon mit dem Namengedächtnistraining an.
Machen Sie sich bewußt, welche Vorteile Ihnen ein gutes Namengedächtnis im Berufs- und Privatleben bringen wird.
Denken Sie immer daran: das Gedächtnis ist wie ein Muskel – es muß trainiert werden!

Haben Sie Geduld, und die Erfolge werden sich einstellen.
Wenn Sie Ihr Namengedächtnis ab heute trainieren, werden Sie sich bald vorteilhaft von anderen unterscheiden.
Sie müssen dem, das Sie sich merken wollen, eine tiefere Bedeutung geben.
Namen, die für einen wichtig sind, werden leichter behalten.

Was Sie künftig beachten sollten

Flüchten Sie sich nicht in folgende Ausreden:
Ich vergesse Namen immer wieder.
Ich habe sowieso ein schlechtes Gedächtnis.
Warum soll ich mich anstrengen, ich kann den Namen doch nachlesen.
Mit dem Alter läßt das Gedächtnis eben nach.

Sagen Sie sich vielmehr:
Ein gutes Namengedächtnis ist nur eine Trainingssache, und ich fange heute damit an.
Ab heute werde ich mir bewußt Namen merken.
Ich muß Namen behalten.
Ich will Namen behalten.
ICH KANN NAMEN BEHALTEN.
Bei einer Vorstellung werde ich von jetzt ab sehr aufmerksam zuhören, und wenn ich den Namen nicht verstanden habe, werde ich NIEMALS ANGST HABEN ZU FRAGEN.
Es lohnt sich, ein Namen- und Adressenarchiv anzulegen.

Einige Tips, wie man Namen behält

Das Allerwichtigste ist, den Namen richtig zu verstehen. Leider kennt jeder seinen eigenen Namen so gut, daß er ihn oft schnell und undeutlich ausspricht. Deshalb dürfen Sie sich nicht scheuen, nochmals nachzufragen, wenn Sie unsicher sind. Wenn Sie den Namen immer noch nicht verstanden haben, bitten Sie um Buchstabierung. Menschen haben es nicht ungern, wenn man sich mit ihrem Namen beschäftigt – also keine Angst!

Wiederholen Sie nun im Gespräch den Namen Ihres Gesprächspartners in den nächsten Minuten so oft wie möglich, Wiederholung vertieft die Haftwirkung. Wenn möglich, versuchen Sie auch den Vornamen zu erfahren, denn der ganze Name ist oft leichter zu behalten. Schreiben Sie den Namen auf, sobald Sie irgendeine Möglichkeit dazu haben. „Schwarz auf weiß" verstärkt sich die Haftwirkung noch mehr. Sprechen Sie eventuell über die Bedeutung des Namens oder den Wohnort des Namensträgers, reden Sie mit ihm über seinen Beruf.

Zweiter Schritt: Namen magnetisieren
Nachdem Sie den Namen im Ohr haben, geht es darum, die Haftwirkung und Vertiefung zu erzielen. Konzentrieren Sie sich ganz speziell auf die Person. Achten Sie auf: Aussehen, Größe, Gewicht, Gesicht, Stimme, Mimik, Gestik, Bewegung oder andere Merkmale.

Machen Sie sich ein geistiges Bild, und wiederholen Sie den Namen für sich allein – Wiederholung vertieft die Haftwirkung!

Denken Sie über die Bedeutung des Namens nach, verwenden Sie Eselsbrücken und Assoziationsmittel, verschaffen Sie sich alle nützlichen Anhaltspunkte und Erinnerungsmöglichkeiten, Sie müssen üben und immer wieder üben, und bald stellt sich der Erfolg automatisch ein.

System der Magnetisierung
Namen können besser im Gehirn verankert werden, wenn Sie sie im Geiste sehen. Je mehr Sie in Ihrer Vorstellung übertreiben und je absurder oder humoristischer die Ideen und Vorstellungen sind, desto stärker prägt sich der Name ein, desto sicherer werden Sie ihn behalten.

Sie müssen viel Phantasie, Einbildungskraft und Originalität für das bildliche Sehen, das Geheimnis der Gedächtniskünstler und Mnemotechniker, aufbringen, doch wenn Sie diese Technik üben und fortführen, werden Sie infolge dieser fotografischen Aufnahme in Ihrem Gedächtnis sehr viele Namen behalten und nur wenige wieder vergessen.

Das Interessante und Phänomenale an den Assoziationen, die man bildet, ist, daß man diese Bilder und Namenserinnerungen meistens ganz mühelos und spontan bei Bedarf zurückrufen kann. Das bildliche Sehen im Geiste ist besonders wichtig, wenn man mehrere Namen bei Konferenzen behalten muß. Durch eine gedankliche Skizze der Teilnehmer ist es möglich, sofort fünfzehn und mehr Teilnehmer in Erinnerung zu bringen, über mehrere Wochen, Monate und auch Jahre hin. Schauen Sie sich als Hilfestellung einmal die folgenden Assoziationsbeispiele an.

Einige Assoziationsbeispiele

Herr Oelreich: Sehen Sie einen Oelscheich aus Arabien, der oben auf einem Oelturm sitzt. Er sagt: „Ich bin durch OEL REICH geworden."

Frau Holthaus: Stellen Sie sich ein Holzhaus im Schwarzwald vor, und Frau Holthaus schaut aus der Tür.

Herr Hacker: Herr Hacker ist Förster von Beruf und hat zusammen mit Frau Holthaus einen Baum hinter ihrem Haus abgehackt. Nun, abgespannt, sitzt er auf dem Baumstamm, der Hakker.

Herr Gutknecht: Denken Sie an einen guten Knecht, der schon graue Haare hat. Er geht gebückt und steht kurz vor dem Lebensabend. Der gute Knecht – Herr Gutknecht!

Herr Pongratz: Ganz schön schwierig, nicht wahr? Aber manchmal behält man gerade die schwierigen Namen besser. Der Name Pong erinnert an Pingpong. Ja, da haben wir es schon. Wir müssen uns vorstellen, daß wir mit ihm Pingpong spielen. Übertreiben Sie ruhig alle Vorstellungsbilder, so sind sie leichter zu behalten. Der Pingpongball in diesem Fall ist so groß wie ein Fußball.

Herr Diessenbacher: Nun, hier bleiben uns nicht viele Möglichkeiten. Eventuell – Diesen–Bach? Sehen Sie bildlich, wie er an einem Bach spazierengeht und auf einmal auf einem Stein ausrutscht und nun im Bach liegt.

Herr Buchner: Herr Buchner. Das erinnert an Buch. Er arbeitet in einem Verlag und steht hinter einer Maschine. Herr Buch . . . ner.

Herr Techert: Herr Techert, wie Techniker. Herr Techert arbeitet bei der NASA in Houston. Er ist verantwortlich für die Technik.

Herr Backhaus: Herr Backhaus, wie Bäcker. Aus seinem Backhaus kommt Herr Backhaus mit einem Sack Mehl auf dem Rücken.

Herr Schenk: Herr Schenk erinnert doch an Geschenk. Sie sehen, wie Herr Schenk vor Ihnen steht, mit einem Geschenk.

Herr König: Herr König, ein würdiger Herr. Auf seinem Kopf sitzt eine Krone aus purem Gold.

Herr Kessel: Herr Kessel hat es gut. Er ist im Winter auf Urlaub und läuft gern Ski. Wir sehen, wie er in einem Liftsessel sitzt, der Herr Kessel. Wenn Sie diesen Mann wiedersehen, müssen Sie dieses Vorstellungsbild mit dem Reim aktivieren, und Sie werden auf den Namen „Kessel" kommen.

Herr Zander: Herr Zander erinnert uns an den Zander (Fisch). Dieser Zander schwimmt im Lokal im Fischbassin herum.

Herr Ihnen: Der Name Ihnen reimt sich gut auf Bienen. Über seinem Kopf können Sie einen Bienenschwarm sehen.

Herr Ott: Herr Ott hat zu Hause einen Otter. Er ist Tierfreund.

Herr Sanders: Stellen Sie sich Herrn Sanders an der Nordsee vor, wie er mit seinem Sohn im Sand spielt.

Herr Hesse: Herr Hesse wohnt in Hessen. Stellen Sie sich ein Schild vor mit dem Namen: Hessen.

Herr Heidemann: Herr Heidemann stammt aus der Heide. Ein Heidemann!

Herr Scholz: Da denkt jeder an Bubi Scholz, den berühmten Boxer. Sehen Sie Ihr Gegenüber mit Boxhandschuhen.

Herr Kulimann: Der bekannte Schauspieler heißt Kulenkampff, kurz Kuli genannt. Unseren Herrn Kulimann sehen wir nun als

	Quizmaster auf dem Bildschirm.
Frau Jung:	Denken Sie an eine alte Frau! (Kontrastwirkung).
Herr Heinrich:	Denken Sie an den Vornamen oder an Hein und ich.
Herr Hammerich:	Großer Hammer, kleines Ich (Humor).
Herr Koch:	Viele Köche verderben den Brei! (Volksmund)
Herr Küthe:	Denken Sie einfach an Tüte (Reim).
Herr Kolthof:	Denken Sie an einen Mann mit Colt – er ist aber nicht gefährlich.
Herr Lipski:	Heißt Lipski, riskiert aber niemals eine große Lippe.
Herr Reinhard:	„Mein Name ist Reinhard – rein und hart – ich bin Ihr Mann für Sauberkeit" (Assoziation).
Herr Reinartz:	Denken Sie an einen reinen Arzt (bildliche Darstellung).
Herr Seifert:	„Mein Name ist Seifert, denken Sie an Seife, aber glauben Sie mir, ich habe noch niemanden eingeseift."
Herr Sieverling:	„Mein Name ist Sieverling, bei mir geht alles flink."

Anmerkung:
Die aufgeführten Beispiele beziehen sich auf keine bestimmten Personen, sondern dienen nur der Verdeutlichung der Assoziationstechnik.

Wie behalte ich Namen einer Personengruppe?

Auch hier beachten Sie bitte die beschriebenen Grundregeln.
Gruppennamen zu behalten ist schwieriger, jedoch nur eine Sache der Übung und Praxis.
Versuchen Sie, wenn möglich, vor Beginn der Konferenz eine Namen- oder Anwesenheitsliste zu bekommen.
Beschäftigen Sie sich mit den Namen. Machen Sie eine grobe Einteilung der Namen nach: Berufen, Tiernamen, Namen aus dem Pflanzenreich usw.
Versuchen Sie vor Beginn der Konferenz mit einigen Teilnehmern ins Gespräch zu kommen.
Haben Sie keine Hemmungen, jemanden nach den Namen anderer Teilnehmer zu fragen.
Zeichnen Sie während der Konferenz eine Skizze von der Sitzordnung der Teilnehmer.
Fehlende Namen können Sie später nachtragen.
Unterhalten Sie sich in den Pausen, und stellen Sie sich und andere vor.
Wiederholen Sie die Namen der Diskussionsteilnehmer so oft wie möglich in der Diskussion.
Zwingen Sie sich, den Namen bei der Verabschiedung zu wiederholen.

Gruppennamen behalten durch:

Beobachten
Analysieren
Klassifizieren
Wiederholen
Geistige Visualisierung
Geistige Wiederholung

Beobachtung **Analysieren**

Stein
Schuster Wilhelm
Kayser Neumann
Peter Schmidt
Schmidtmann Bachhof
Fritz König
Herzog
Schulze
Weber

Klassifizierung	**Wiederholung**
Adel:	Der Adel besteht aus:
Kayser	Kayser
König	König
Herzog	Herzog
Vornamen:	Sie haben die Vornamen:
Peter	Peter
Fritz	Fritz
Wilhelm	Wilhelm
Berufe:	Im Schloß sind folgende Berufe vertreten:
Schuster	Schuster
Schmidt	Schmidt
Weber	Weber
Buchstabe S:	Es folgen 3 SSSSSSS:
Stein	Stein
Schmidtmann	Schmidtmann
Schulze	Schulze

Geistige Visualisierung

Vornamen Adel

Berufe

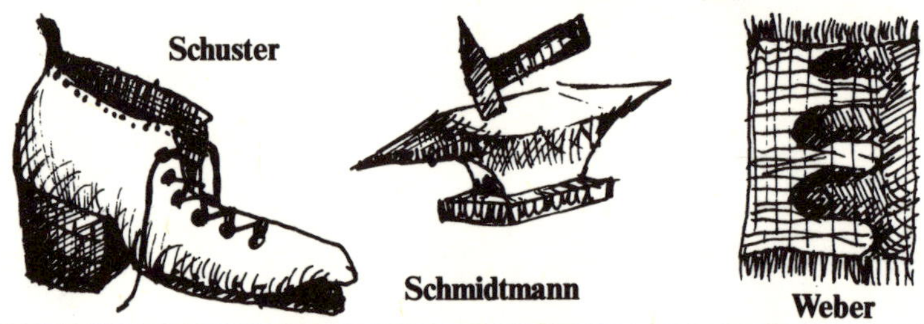

3 S

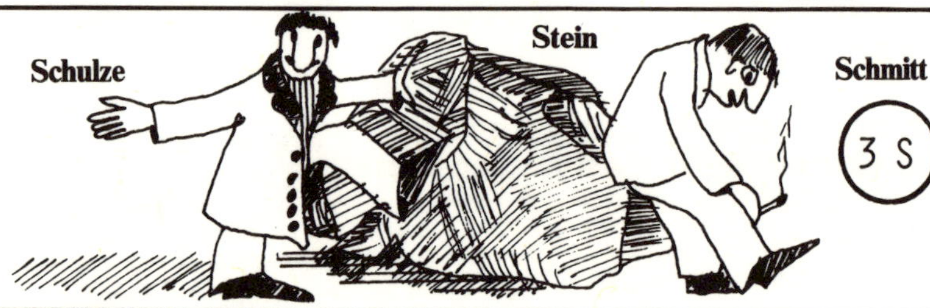

Neue Herren

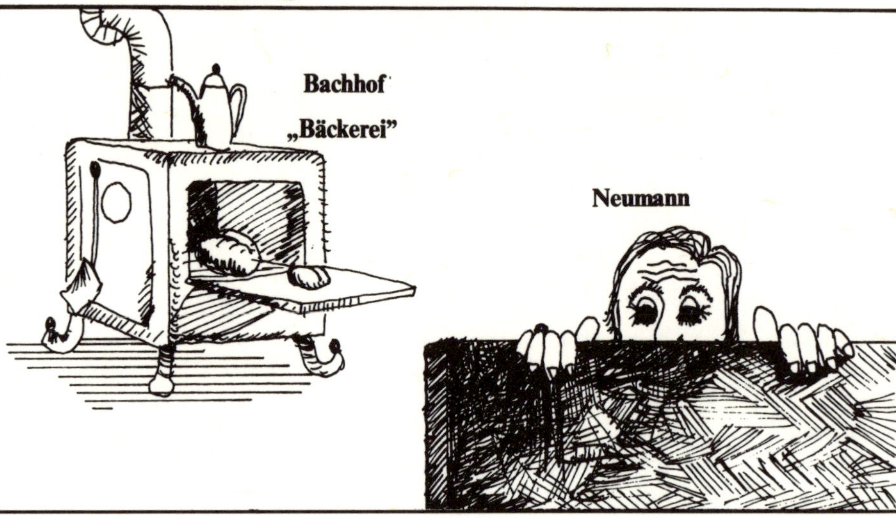

Neue Teilnehmer:	Neu sind die Herren:
Neumann	Neumann
Bachhof	Bachhof

Auch Ihr Name ist eine Kontaktbrücke

Tips für die eigene Vorstellung
Sprechen Sie Ihren Namen deutlich und langsam aus.
Schauen Sie Ihrem Gesprächspartner konzentriert und freundlich ins Gesicht.
Wenn Sie glauben, daß der Name nicht verstanden worden ist, dann buchstabieren Sie ihn.
Geben Sie Ihrem Gesprächspartner „Erinnerungshilfen" (Bedeutung des Namens, Reim, humorvolle Redewendung, Assoziations- und magnetische Beispiele).
Vielleicht hat Ihr Name eine besondere Bedeutung, dann nennen Sie sie.
Bringen Sie Beruf, Wohnort, Familie und Firma als Assoziationshilfsmittel ins Gespräch.
Überreichen Sie eine Visitenkarte, oder schreiben Sie den Namen auf.
Wiederholen und nennen Sie Ihren Namen unauffällig möglichst während der Unterhaltung.
Beispiel: „Mein Chef sagte, Herr Skipanski, Sie kommen doch morgen um elf Uhr zur Konferenz?"
Nennen Sie zusammen mit Ihrem Namen immer eine positive Assoziation und keine negative, wie viele Menschen es tun (sogar erstaunlich viele!).
Beispiel: „Mein Name ist Winter, aber denken Sie lieber an den bald kommenden Sommer!"

Positivieren Sie Ihren Namen bei der Vorstellung
Eine positive Assoziation ist viel vorteilhafter als eine negative.
Besonders Verkäufer kämpfen immer darum, Aufmerksamkeit zu gewinnen. Der Name ist die erste Kontaktbrücke.
Jeder sollte sich eine gute Vorstellungstechnik für seinen Namen erarbeiten. Wichtig ist immer die Haftwirkung.

Hier nun einige fiktive Beispiele:

Herr Stemmann:	„Mein Name ist Stemmann, aber so stark bin ich nicht" (Kontrast).
Herr Albath:	„Mein Name ist Albath, denken Sie an Barth" (mit einer Handbewegung den Bart streichen).
Herr Breuer:	„Sicherlich kennen Sie das Tanzpaar Breuer."
Herr Gabriel:	„Ich heiße Gabriel – bin aber kein Engel" (Humor).
Herr Ganze:	„Ich gehe aber nicht immer aufs Ganze!"

Wo und wie kann man sich über Namen informieren?
Telefonische Auskunft vor dem Besuch
Studium der Kundenkartei
Anfrage bei Empfangsdame, Sekretärin, Portier, Hausmeister, Pförtner usw.
Anfrage beim Personal im Geschäft
Namenliste anfordern
Hotelliste
Tischnachbar
Konferenz- und Schulungsleiter
Teilnehmer oder Kollegen
Die Beschaffung von Vorinformationen lohnt sich immer – insbesondere für die, die verkaufen müssen –, und jeder muß sich doch letzten Endes positiv verkaufen!

Zusammenfassung	
Phase	Technik
1	Namentraining bringt Ihnen Gewinn und Anerkennung
2	Fester Entschluß, Namen künftig besser behalten zu wollen
3	Hören Sie bewußter auf Namen
4	Wenn Sie den Namen nicht verstanden haben, dann fragen Sie noch einmal danach
5	Namen wiederholen und einprägen
6	Analysieren, visualisieren und einprägen
7	Merkmale finden und assoziieren

Zusammenfassung	
Phase	Technik
8	Geistiges Durchdenken und verbale Wiederholung
9	Wenn möglich, schriftlich notieren
10	**MERKSATZ:** Tägliches Training trimmt Tüchtige!

Übungen

Namen-ABC
Schreiben Sie mehrere Namen auf, die Ihnen zu jedem Buchstaben einfallen. Nehmen Sie sich 30 Minuten Zeit.
Beispiel: A . . . Abel – Abraham – Axel
B . . . Biermann – Brockmann – Bertram

Schnelltest
Schreiben Sie Namen auf, die sonst als Vornamen bekannt sind:
Herr Heinz, Herr Fritz, Herr Peter, Herr Hermann

Namenreime
Erarbeiten Sie einige Reime für folgende Namen:
Weiß – Tempel – Schneller – Fleckner – Bandholz – Kreft – Kapons – Johannsen – Smith – Daum – Kahrass – Nagel

Teleübung für Lustige
Erarbeiten Sie sich aus dem Telefonbuch eine Liste von Namen, die mit „. . . mann" enden.

Fremdnamen
Schreiben Sie zehn ausländische Namen auf, die Sie kennen.

Gesichtszüge
Versuchen Sie, die Gesichtszüge einer Ihnen bekannten Person in allen Einzelheiten zu beschreiben.

Gruppenspiel
Der erste beginnt mit einem Namen mit A, der zweite wiederholt diesen Namen und fügt einen weiteren hinzu, der mit B beginnt usw.

Namenklassifizierung
Betrachten Sie bitte intensiv folgende Namen einige Minuten lang, und entdecken Sie die vier Kategorien der einzelnen Namen:
Smith, Weiß, Sommer, Andrew, Winter, Heinz, Braun, Peters, Wilson, Rot, Herbst, Friedrichs.
Decken Sie die Namen vollständig ab, und schreiben Sie sie aus dem Gedächtnis auf.

Konferenzteilnehmer
Die Herren: Heinemann, Stoltenberg, Seidel, Kubitzki, Barth, Buchmann, Lang, Klump, Geyer, Meyer, Danzberger sitzen an einem Konferenztisch. Bitte betrachten Sie die Liste eine Minute lang, und versuchen Sie dann die Namen vollständig aufzuschreiben.

Beobachtungstest
Wenn Sie mit mehreren Menschen zusammensitzen, schicken Sie einen Herrn kurz aus dem Zimmer. Die Anwesenden müssen dann auf einem Bogen Papier folgende Punkte, den Hinausgeschickten betreffend, aus dem Gedächtnis aufschreiben:

Größe in Zentimetern
Gewicht in etwa
Kopfform
Augenfarbe
Krawatte
Schmuck
Kleidung
Zigarettenmarke usw.

Wer über die beste Beobachtungsgabe verfügt, wird die höchste Punktzahl erreichen!
Wählen Sie vorher einen Spielleiter.

Die Mnemotechnik

Mit der Kettenmethode können Sie leichter den roten Faden behalten. In vielen Situationen und bei vielen Gelegenheiten erwartet man einfach von Ihnen, daß Sie Ihre Rede völlig frei halten, ohne Stichpunktkarten, ohne Manuskript. Dabei ist natürlich die große Gefahr, daß Sie den roten Faden verlieren. Um dies zu verhindern, hat sich die Kettenmethode als Gedächtnishilfe sehr gut bewährt. Sie arbeiten Ihren Vortrag schriftlich aus und unterstreichen dann einige Kernideen, die Sie als Schlüsselwörter für die Gedankenkette verwenden.

Ein kleiner Test:

Versuchen Sie bitte, spontan folgende Gegenstände und Begriffe zu behalten:

1. eine Schule
2. ein weißer Tisch
3. eine Stehlampe
4. gelber Mercedes
5. Streichhölzer
6. Krügerrand-Goldmünze
7. Weihnachtsbaum
8. eine schwarze Uhr
9. eine Aufschrift: „Viel Erfolg"
10. „Auf Wiedersehen"

Diese zehn Begriffe zu behalten ist gar nicht so leicht, wenn man es ohne eine bestimmte Technik versucht.

Eine größere Haftwirkung erzielen Sie, wenn Sie die sogenannte Kettenmethode in Anwendung bringen, und zwar so:

1. Schauen Sie sich die einzelnen Wörter an, und versuchen Sie, sich die Begriffe bildlich vorzustellen.
2. Versuchen Sie, die Gegenstände gedanklich zu übertreiben (plastisch sehen, grelle Farben, ungewöhnliche Größe der Gegenstände).
3. Versuchen Sie dann, diese Bilder in Form einer Bilderkette aneinanderzureihen. Übertreiben Sie auch diese Bilder in Form und Farbe. Je grotesker die Übertreibung ist, desto leichter können Sie die Gegenstände behalten und memorieren.
4. Schließen Sie jetzt die Augen, und versuchen Sie, die Gegenstände als zusammenhängende Kette zu sehen. Zunächst hört sich das kompliziert an – nur etwas Geduld, Sie werden erstaunt sein, wie leicht man durch diese Gedankenkettenmethode Gegenstände behalten kann.

In unserem Beispiel könnte das praktisch so aussehen:

Denken Sie an Ihre Schulzeit zurück! Rufen Sie sich ein besonderes Klassenzimmer in Erinnerung! Sehen Sie dieses Klassenzimmer so, wie es einst war, wirklich vor Ihrem geistigen Auge? Sie müssen es ganz genau erkennen!

In diesem Klassenzimmer steht nun ganz vorn, auf einer Erhöhung, ein weißer Tisch! Auf diesem Tisch sehen Sie nun eine große, moderne, aus Holz gefertigte Stehlampe, die mit einem riesigen roten Schirm versehen ist.

Nun stellen Sie sich bitte vor, daß plötzlich ein gelber Mercedes durch das Klassenzimmer fährt; er kommt zur Tür hereingefahren, die natürlich splittert, Holzteile fliegen herum, Backsteine fallen aus der Mauer zu Boden, Staub wirbelt auf. Zugegeben, dieses Geschehen ist mehr als absurd und unglaubwürdig, aber: je verrückter, ja alberner die Vorstellung ist, desto größer ist die Haftwirkung! Somit haben wir schon vier Gegenstände, die Schule, den weißen Tisch, die Stehlampe mit dem roten Schirm und den gelben Mercedes memoriert.

Unser nächster Gegenstand, den wir behalten wollen, ist: Streichhölzer. Sie liegen vorn auf dem Aschenbecher des Mercedes, der inzwischen natürlich zum Stehen gekommen ist. Die Streichhölzer befinden sich alle noch in der aufgezogenen Streichholzschachtel, die, wie gesagt, auf dem herausgezogenen Aschenbecher abgelegt wurde. Jedoch, während Sie noch hinschauen, fangen sie plötzlich, wie von Geisterhand entzündet, zu brennen an, lichterloh! Sie fallen auf den Boden des Wagens, und während Sie das Feuer rasch mit dem Schuh auszutreten versuchen, sehen Sie ein Goldstück, einen Krügerrand, neben Ihrem Fuß aufblitzen. Es funkelt wie neu! Sie schließen die Autotür, gehen um den Wagen herum und öffnen den Kofferraum mit dem Wagenschlüssel. Und was sehen Sie nun dort im Kofferraum? Einen Weihnachtsbaum, komplett geschmückt, sogar elektrische Kerzen sind daran befestigt.

Also, fassen wir noch einmal die aufgeführten Gegenstände kurz zusammen: Schule – weißer Tisch – rote Stehlampe – gelber Mercedes – Streichhölzer – Krügerrand-Goldstück – Weihnachtsbaum. Haben Sie diese Gegenstände alle gesehen, während der jetzigen Aufzählung?

Dann geht es weiter; jetzt kommt die Uhr, die wir gedanklich festhalten müssen. Sie schauen im Klassenzimmer herum und stellen fest, daß vor Ihnen, an der einen Wand des Klassenzimmers, eine große schwarze Uhr hängt. Es sind keine Ziffern zu sehen, sondern nur ein Papierüberkleber mit schwarzen Buchstaben mit folgendem Text: „Viel Erfolg." Die Schrift verläuft von links unten nach rechts oben. In der rechten Ecke des Zimmers sehen Sie plötzlich ein Hängeschild, weiß mit roter Inschrift: „Auf Wiedersehen."

Damit haben wir alle Gegenstände mittels der Kettenmethode hintereinandergereiht. Versuchen Sie nun, diese Gegenstände alle auswendig aufzuzählen ... Klappte es schon?

Also: Wir haben erstens eine Schule, darin steht ein ... weißer Tisch. Auf diesem Tisch steht eine Stehlampe aus Holz mit einem großen roten Schirm ... Und was kam dann? ... Ja, es war doch ein Mercedes, nicht wahr, erinnern Sie sich noch an dessen Farbe? Im Mercedes sahen wir die Streichhölzer, die plötzlich Feuer fingen und auf den Boden des Wagens fielen. Dort fanden wir das Krügerrand-Goldstück.

Was machten wir dann? – Ja, wir gingen um den Wagen herum und öffneten den Kofferraum. Dort fanden wir einen geschmückten Weihnachtsbaum. Wir schauten uns dann im Klassenzimmer um und sahen eine schwarze Uhr an der Wand hängen. Welche Aufschrift war auf ihr zu erkennen? Ja, das Zifferblatt war mit einem Papierstreifen diagonal überklebt, und dieser trug die Aufschrift „Viel Erfolg". Zur rechten Seite hing schließlich das Schild mit den Worten „Auf Wiedersehen" in roter Farbe.

Diese Gegenstände haben Sie nun gespeichert, und erfahrungsgemäß können Sie diese Gegenstände auch eine längere Zeit behalten. Wenn Sie sich nun einen Vortrag leichter und schneller einprägen wollen, dann können Sie diese Kettenmethode analog verwenden. Sie suchen sich die Schlüsselideen bzw. -wörter heraus, die Sie dann, während des Vortrages, gedanklich-bildlich vor sich sehen und entsprechend verbal behandeln.

Zum Beispiel:

Schlüsselwort:	Redestichpunkte:
1. Schule/ Klassenzimmer	Einweihung der Schule
2. Weißer Tisch	Die Tische wurden von der Volksbank gespendet
3. Stehlampe	Die Schule soll eine Stätte der Weisheit, des Erkennens und des Wissens werden
4. Mercedes	Kinder müssen morgens zur Schule gehen
5. Streichhölzer	Vorsicht beim Überqueren der Straße
6. Krügerrand-Goldmünze	Ein Menschenleben kann man nicht mit Geld bezahlen
7. Weihnachtsbaum	Wir wünschen Kindern, Lehrern und Eltern viel Freude
8. Die Uhr mit Inschrift	Wir wünschen allen Beteiligten
9. „Viel Erfolg"	viel Erfolg
10. „Auf Wiedersehen"	Schlußappell, Auf Wiedersehen und alles Gute für Sie alle!

Sie werden nun mit Leichtigkeit alle Schlüsselwörter, die Sie in dieser Weise in Ihrem Gedächtnis verankern, aus dem Stegreif wiederholen können.

Übungen für das Selbst- und Gruppentraining

Kunst der Vergleiche – Die richtige Beschreibung – Blickkontakt zur Gruppe – „Kutschersitz“ zur Entspannung – Das Vorstellungsinterview – Brainstormingkonferenz – Konzentrationstraining – Konzentration und Schnelligkeit trainieren – Redebeurteilung – Wie man einen Redner vorstellt – Gruppensprecherrolle – Die Schaustückrede – Stichpunktkonzept für eine Dreiminutenrede – Standpunkttraining – Definitionsübung – Die Dreiminutenrede – Streitgespräch – Die richtige Betonung beim Lesen – „Äh“-Kontrollübung – Stimmkraftübung – Korkenübung – Phrasen und Lieblingswörter – Mit einem Flip-Chart arbeiten – Unterrichtstechnik – Pingpong-Verkaufsgespräche – Synonymtraining – Mimik und Gestik – Definitionsübung – Zusammenfassung eines Gesprächsinhalts oder eines Referats – Reden mit Mimik und Gestik – Sätze vervollständigen

Wer seine rhetorischen Fähigkeiten verbessern und ausbauen will, muß ständig üben, sei es durch Selbsttraining zu Hause oder in Rhetorikseminaren. Auf den folgenden Seiten sind mehrere Übungen aus der Praxis für die Praxis aufgezeichnet, die Sie selbst durchführen oder, falls Sie Rhetoriktrainer sind, in Seminaren als Redetrainingsübungen einsetzen können.

Wegen der besseren Übersichtlichkeit haben wir alle Übungen für das Selbst- und für ein Gruppentraining in einem Kapitel zusammengefaßt. Weil unserer Meinung nach in vielen Rhetorikbüchern die Übungen ein klein wenig zu kurz kommen, haben wir ganz bewußt diesem Bereich mehr Beachtung geschenkt. Reden lernt man nun einmal am besten durch die Praxis und durch Redetrainingsübungen. Die Übungen umfassen verschiedene Disziplinen. Sie sind alle in der Paxis erprobt und sollen dem einzelnen zu Hause oder der Gruppe im Seminar dienen. Vor allem zeigen Ihnen diese Übungen aber auch, was Sie bei einem eventuellen Seminarbesuch erwartet.

Kunst der Vergleiche

Lernziel
Bekannte Vergleiche besser kennenlernen und spontaner anwenden können.
Auflistung verschiedener Vergleiche. (Hiermit wollen wir die Phantasie trainieren.)

Hilfsmittel
Keine

Durchführung
Lesen Sie jedem Teilnehmer drei Vergleiche

vor, die spontan ergänzt werden müssen. Beispiel:
Trainer: so groß wie . . . .
Seminarist: ein Fußballplatz
Trainer: so hoch wie . . . .
Seminarist: ein zweistöckiges Haus
Trainer: so wichtig wie . . . .
Seminarist: das Zähneputzen
Trainer: so schnell wie . . . .
Seminarist: ein Leopard
Trainer: so überzeugend wie . . . .
Seminarist: Billy Graham

Wichtige Erkenntnis
Zu Anfang verläuft diese Übung meist sehr stockend. Aber sie ist eine sehr gute Übung zum schnelleren Denken. Passende Vergleiche zu finden ist anfangs nicht leicht.

Die richtige Beschreibung

Lernziel
Kunstgegenstände, Orte, Personen usw. besser zu beschreiben.

Lernsituation
Individuelle Ausarbeitung zu Hause
Im Seminartraining

Hilfsmittel
Papier/Schreibmaterial

Durchführung
Die Teilnehmer haben 30 Minuten Zeit, um zunächst schriftlich ein Bild, einen Ort, eine Person, einen Gegenstand, eine Situation oder ähnliches zu beschreiben.
Danach tragen sie die Ausarbeitung persönlich vor.

Wichtige Erkenntnisse
Wir müssen lernen, schnell zu denken und Aussagen zuhörerorientiert zu formulieren.
Eine eingehende Beschäftigung mit dem Gegenstand oder der Person ist wichtig.
Durch Übung und Training wird diese Fähigkeit weiterentwickelt.

Blickkontakt zur Gruppe

Lernziel
Die Angst vor den vielen fremden Augen reduzieren. Gewöhnung daran, daß viele Augenpaare auf die eigene Person gerichtet sind.
Übung: Den Blick kreisen lassen, alle Teilnehmer und Zuhörer immer wieder anschauen.

Lernsituation
Vor einer Gruppe

Hilfsmittel
Keine

Durchführung
Bitten Sie einzelne Teilnehmer, nach vorn zu kommen und sich vor die Gruppe zu stellen.
Bitten Sie den „Schüler", alle Anwesenden bewußt anzuschauen.

Wichtige Erkenntnis
Übende gewöhnen sich schnell an die Blicke der Zuhörer. Sie verlieren die Furcht, vor einer Gruppe stehen zu müssen, sitzend haben übrigens manche Menschen weniger Angst. Vielleicht sollten Sie deshalb die Übung im Sitzen beginnen.

„Kutschersitz" zur Entspannung

Lernziel
Zwischendurch kann und sollte man sich einmal kurz entspannen. Es fördert die Aufnahmefähigkeit ungemein. Auch im Alltag ein praktisches Hilfsmittel.

Lernsituation
Kann zu Hause praktiziert werden, aber auch im Büro oder unterwegs.

Hilfsmittel
Ein Stuhl mit Rückenlehne, ruhige Umgebung

Durchführung
Setzen Sie sich aufrecht auf den Stuhl. Stellen Sie die Füße parallel zueinander auf den Boden. Lassen Sie Ihre Arme einfach locker nach unten hängen.
Lassen Sie den Oberkörper in sich zusammenfallen. Neigen Sie den Kopf auf die Brust. Schließen Sie die Augen, und versuchen Sie, an gar nichts zu denken.
Diese Übung kann beliebig lange durchgeführt werden. Aber schon zwei Minuten wirken entspannend.

Wichtige Erkenntnis
Kurze Entspannungsübungen während des Tages wirken Wunder. Man sollte lernen, auch bei Konferenzen, Tagungen, Sitzungen viel gelöster und entspannter zu sitzen.

Das Vorstellungsinterview

Lernziel
Den Seminarnachbarn besser kennenlernen, die eigenen Befragungstechniken verbessern. Intensiveres Zuhören, das Gesagte wiedergeben können.

Lernsituation
Im Seminartraining

Hilfsmittel
Keine

Durchführung
Jeder Teilnehmer muß ein Interviewgespräch mit seinem Nachbarn führen und folgende Punkte ansprechen:

Vor- und Nachname
Wohnort
Familienstand
Hobbys und Interessen
Bei welcher Firma tätig
Aufgabenbereich
Hauptprobleme beim Sprechen
Seminarerwartungen

Der Interviewer hält die Antworten schriftlich in Stichpunkten fest. Dann stellt jeder Interviewer seinen Nachbarn den übrigen Teilnehmern vor. Es geht so lange weiter, bis auch der letzte Nachbar den Teilnehmern vorgestellt wurde.

Wichtige Erkenntnisse
Die Teilnehmer lernen sich gegenseitig besser und schneller kennen.
Wichtige Techniken werden geübt und trainiert.
Sie schaffen im Seminar frühzeitig einen engeren Kontakt unter den Teilnehmern.
Teilnehmer üben sich bereits von Beginn des Seminars an in der Kunst der Rhetorik.

Brainstormingkonferenz

Lernziel
Wie man neue Ideen und deren Verwendungszwecke entwickelt.

Lernsituation
Im Seminartraining

Hilfsmittel
Eine Zitrone

Durchführung
Halten Sie eine echte Zitrone vor der Gruppe hoch.
Bitten Sie die Teilnehmer, stichpunktartig in zwei Minuten so viele Verwendungsmöglichkeiten wie möglich für diese Zitrone zu notieren.
Ein Teilnehmer notiert diese Punkte wie zum Beispiel: im Kuchen, als Vitamingetränk, zu Fisch usw. Meistens kommen 15 bis 30 Verwendungsmöglichkeiten zusammen.
Es darf keine Kritik geübt werden.

Wichtige Erkenntnis
Sie können zeigen, wie viele Ideen man in kürzester Zeit entwickeln kann, wenn Kritik ausgeschaltet ist.
Diese Methode kann man auch verwenden, wenn man Ideen für Vorträge entwickeln möchte.
Diese Methode der Ideenfindung läßt sich in jedem Bereich nützlich und gewinnbringend einsetzen.

Konzentrationstraining I

Lernziel
Aufmunterung der Gruppe
Konzentrationstraining

Lernsituation
Im Seminartraining

Hilfsmittel
Keine

Durchführung
Bitten Sie den ersten Teilnehmer, eine Blume mit dem Anfangsbuchstaben A zu nennen, zum Beispiel Aster. Der zweite Teilnehmer nennt eine Blume mit B, zum Beispiel Begonie, und muß dann die Blumen seiner Vorgänger wiederholen: Aster, Begonie . . . usw.

Wichtige Erkenntnis
Eine gute Aufmunterung, besonders nach dem Mittagessen.
Sie können dieses Spiel natürlich auch mit Nennung von alkoholischen Getränken durchführen, vielleicht haben einige Teilnehmer dann mehr Spaß dabei, aber auch andere Begriffe eignen sich natürlich.

Konzentrationstraining II

Lernziel
Gedankentraining
Konzentrationstraining
Koordinierung von Gedanken und Gestik

Lernsituation
Privat
Seminargruppe

Hilfsmittel
Keine

Durchführung
Stellen Sie sich bequem hin, lassen Sie die Arme locker am Körper herunterhängen.
Buchstabieren Sie nun Ihren Vor- und Nachnamen ohne Verwendung von den bekannten postalischen Buchstabenbegriffen, Sie müssen ganz neue Begriffe verwenden, also zum Beispiel statt „Anton" „Arbeit", statt „Berta" „Beamter", statt „Cäsar" „Cicero", statt „Dora" „Dichter", statt „Emil" „Ethik" usw.
Während des Buchstabierens müssen Sie bei Konsonanten Ihre Arme horizontal zum Boden strecken und bei Vokalen die Arme senkrecht über den Kopf halten. Zum Beispiel: Name SCHULZE

S	wie Sahnetorte	– Arme horizontal
C	wie Caligula	– Arme horizontal
H	wie Hummel	– Arme horizontal
U	wie Untertan	– Arme senkrecht in die Höhe
L	wie Lausbub	– Arme horizontal
Z	wie Zündholz	– Arme horizontal
E	wie Esel	– Arme senkrecht in die Höhe

Die Schwierigkeit liegt hierbei in der Koordinierung der geistigen und körperlichen Ausdrücke.

Wichtige Erkenntnis
Man merkt, daß die postalischen Begriffe sehr tief im Bewußtsein verankert sind und immer wieder gern genannt werden. Es bedarf einiger Anstrengung, sie nicht zu verwenden.
Eine interessante Übung, um die Gruppe aufzulockern!

Konzentration und Schnelligkeit trainieren

Lernziel
Förderung der Gemeinsamkeit in einer Gruppe

Lernsituation
Zu Hause oder im Seminar

Hilfsmittel
Papier, Kugelschreiber

Durchführung
Schreiben Sie nach dem Startzeichen innerhalb von drei Minuten alle Autoteile auf, die Ihnen einfallen. Nach dem Stoppzeichen übergeben Sie diesen Bogen Ihrem Nachbarn, der die genannten Teile zählt. Wer die meisten Teile aufgeführt hat, ist Sieger.

Wichtige Erkenntnis
Kurze Auflockerungsspiele in den Seminaren sind wichtig, sie können zwischendurch oder nach dem Mittagessen durchgeführt werden.
Diese Übung kann natürlich mit vielen anderen Gegenständen durchgeführt werden, wie zum Beispiel die Verwendungsmöglichkeiten einer Büroklammer. Hierbei wird die Phantasie besonders angeregt.

Redebeurteilung

Lernziel
Schulung der Fähigkeit, Redeschwächen und Fehler zu erkennen sowie eine Analyse der Stärken des Redners vorzunehmen.

Lernsituation
Rhetorikseminar

Hilfsmittel
Trainingsanalysebogen

Durchführung
Bitten Sie einzelne Teilnehmer auf Grund des Arbeitsbogens den jeweils letzten Redner zu beurteilen und seine Benotung mit kurzer Begründung vorzulesen. Es soll deutlich werden, was der Vorredner gut und was er schlecht gemacht hat.

Wichtige Erkenntnisse
Es ist notwendig, genau aufzupassen.
Man muß bei seiner Beurteilung fair und objektiv sein.
Die Empfindlichkeit vieler Menschen, sogar gegenüber objektiver Kritik, kann abgebaut werden.
Die Beurteilung des einzelnen stimmt häufig mit der Meinung der ganzen Gruppe überein.

Wie man einen Redner vorstellt

Lernziel
Einen Redner richtig vorstellen

Lernsituation
Seminarübung

Hilfsmittel
Ein Stuhl

Durchführung
Lassen Sie die Teilnehmer zunächst Redethemen erarbeiten. Lassen Sie die Teilnehmer sich in Zweiergruppen gegenseitig vorstellen und befragen, worüber sie sprechen wollen. Die Teilnehmer unterhalten sich also miteinander und erhalten auf diese Weise zusätzliche Informationen über den Referenten und das Referat. Derjenige, der mit der ersten Vorstellung beginnt, tritt dann vor die Gruppe oder hinter das Rednerpult. Der Referent nimmt links vom Rednerpult Platz. Die Formel: R – Referat; I – Interesse wecken; R – Redner vorstellen" wird zugrunde gelegt.

Wichtige Erkenntnis
80 Prozent aller Referenten werden falsch vorgestellt. Die Vorstellung eines Redners ist aber deshalb so wichtig, weil sie den Referenten sozusagen in den Sattel hebt. Viele schauen den Referenten bei der Namensnennung an. Das ist falsch! Das Publikum sollte angesehen werden.
Diese Übungen sollten übrigens unbedingt mit Videogerät aufgenommen und später analysiert werden.

Gruppensprecherrolle

Lernziel
In der Gruppe besser zuhören.
Wichtige und unwichtige Punkte unterscheiden lernen.
Entscheidungen der Gruppe wahrnehmen.

Lernsituation
Bei Gruppenarbeiten

Hilfsmittel
Keine

Durchführung
Bilden Sie eine oder zwei Gruppen, lassen Sie die Gruppen je einen Gruppensprecher wählen.
Ein Thema wird zur Diskussion gestellt oder eine Ausarbeitung vorgenommen.
Lassen Sie den Gruppensprecher vor der Gesamtgruppe auftreten, und bitten Sie ihn, kurz und sachlich zu berichten.
Sie können ihn noch kurz persönlich zur Seite nehmen, um ihm Tips und Hinweise zu seiner Darbietung zu geben.

Wichtige Erkenntnisse
Sehr oft wird der erste Sprecher auch als Gruppensprecher gewählt.
Der gewählte Gruppensprecher wird durch seine Ernennung motiviert.
Eine Übung, die die Berichterstattung trainiert.

Die Schaustückrede

Lernziel
Gegenstände, die man während des Sprechens vorzeigen kann, erleichtern den Vortrag.

Lernsituation
Durchführung in Seminaren

Hilfsmittel
Jeder Teilnehmer muß ein geeignetes Schaustück zum Seminar mitbringen, zum Beispiel: Fotoapparat, Angelrute, Diktiergerät, Aktenkoffer mit Zahlenschloß usw.

Durchführung
Die Teilnehmer referieren zwei bis drei Minuten und zeigen dabei das Schaustück.

Wichtige Erkenntnis
Es ist nicht immer leicht, eine genaue Erklärung zu geben. Hilfsmittel, die vorgezeigt werden, reduzieren das Lampenfieber, weil sie einem das Gefühl geben, daß die Blicke sich mehr auf das Objekt richten.

Stichpunktkonzept für eine Dreiminutenrede

Lernziel
In 30 Minuten einen Stichpunktzettel zu entwickeln.

Lernsituation
Zu Hause
Im Seminartraining

Hilfsmittel
Karteikarten im DIN-A5-Format

Themenliste
Begrüßungsrede, Geburtstagsrede, Damenrede, Einweihung eines Betriebes, Gründung eines Schachvereins, Hochzeitsrede, Richtfestrede, Dankesrede, Seminarabschlußrede usw.

Durchführung
Der einzelne Teilnehmer tritt vor die Gruppe, hält seine Rede, während die Zeit gestoppt

wird; zum Schluß werden an die besten Redner Preise verteilt.

Wichtige Erkenntnisse
Die meisten Teilnehmer überschreiten die Redezeit.
Durch kleine Schritte lernen die Redner immer besser, die vorgegebene Redezeit einzuhalten.
Es ist manchmal leichter, zehn Minuten zu sprechen als nur drei Minuten, weil man eine ganz exakte Rededisposition ausarbeiten muß.

Standpunkttraining

Lernziel
Seinen Standpunkt besser verteidigen zu können.

Lernsituation
Seminarübung für vier Teilnehmer

Hilfsmittel
Keine

Durchführung
Wählen Sie vier Teilnehmer aus der Gruppe aus, und teilen Sie ihnen folgende Rollen zu: Arzt – Versicherungsagent – Pastor – Rechtsanwalt. Die Teilnehmer sollen sich in folgende Situation versetzen: Sie befinden sich in einem Heißluftballon, der über die Schweiz hinwegschwebt. Plötzlich wird entdeckt, daß der Ballon ein Loch hat, aus dem die Luft langsam entweicht. Deshalb muß Ballast abgeworfen werden, das heißt, ein Teilnehmer muß freiwillig bereit sein, hinauszuspringen. Wer soll das sein? Jeder argumentiert für seinen Berufsstand, warum er im Ballon bleiben muß, um zu überleben. Jeder der Teilnehmer argumentiert zwei bis drei Minuten. Die Teilnehmer können sich auch untereinander verbinden und so zum Beispiel gemeinsam gegen einen oder auch zwei der Teilnehmer ankämpfen. Diese Übung löst meistens viel Heiterkeit aus. Die Gruppe entscheidet zum Schluß, wer am besten argumentiert hat.

Wichtige Erkenntnisse
Diese Übung läßt sich sehr gut zwischendurch einbauen, wenn die Aufmerksamkeit der Gruppe nachläßt.
Sie können anstatt Berufsrollen auch Produktrollen verteilen: Firmenhauptprodukte, die abgeworfen werden müssen.
Das Verhalten in der Gruppe ist auch recht interessant. Sie sehen, wer zu wem hält.

Definitionsübung

Lernziel
Klare und präzise Formulierungen

Lernsituation
Privat und im Seminar

Hilfsmittel
Tonbandgerät

Durchführung
Definieren Sie kurz und knapp aus dem Stegreif das Aussehen und die Verwendungszwecke folgender Gegenstände: Vase, Kochlöffel, Auto, Kamin usw.
Nehmen Sie diese Rede auf Tonband auf, und beschränken Sie deren Dauer auf eine Minute.

Wichtige Erkenntnis
Die Teilnehmer erkennen, wie schwierig es ist, sich genau und allgemein verständlich auszudrücken.

Die Dreiminutenrede

Lernziel
Rhetorische Fähigkeiten, Vortragsgestaltung und -durchführung werden geübt.

Lernsituation
Zu Hause in Form von Selbstgesprächen; Seminartraining

Hilfsmittel
Bitten Sie die Teilnehmer, am Vorabend oder während des Seminars eine Dreiminutenrede auszuarbeiten und vorzutragen.

Durchführung
Verteilen Sie entsprechende DIN-A5-Karten, so daß mit Stichwörtern gearbeitet wird. Wenn Sie wollen, lassen Sie ruhig einige Teilnehmer auch mit einem Manuskript arbeiten, um die unterschiedliche Methodik aufzuzeigen. Wählen Sie einen Zeitstopper, der nach zwei Minuten Redezeit seine Hand hebt, um dem Redner zu signalisieren, daß ihm noch eine Minute zur Verfügung steht.
Lassen Sie die Teilnehmer – möglichst freiwillig – nach vorn kommen.
Verteilen Sie Plus-Minus-Arbeitsbögen, so daß

die Teilnehmer stichpunktartige Beurteilungen vornehmen können (zum Beispiel: guter Einstieg, kurze Sätze, Anschaulichkeit, guter Schluß usw. – siehe Redebeurteilungsbogen).

Wichtige Erkenntnisse
Die Teilnehmer lernen zunächst einmal Zeitgefühl zu entwickeln. Drei Minuten sind schnell um!
Die Redner lernen zwangsläufig, sich kurz zu fassen, gleichzeitig gewinnen sie immer mehr Selbstvertrauen.

Streitgespräch

Lernziel
Rhetorische und dialektische Auseinandersetzung

Lernsituation
Seminargruppen

Hilfsmittel
Zwei Stühle, ein Tonbandgerät auf dem Tisch

Durchführung
Stellen Sie ein kontroverses Thema zur Diskussion, lassen Sie die Teilnehmer ihre Pro- und Kontra-Standpunkte erläutern.
Die Zuschauer führen Plus-Minus-Aufzeichnungen, um später die Diskussion und die Standpunkte beurteilen zu können.

Wichtige Erkenntnis
Man lernt die Kunst des Zuhörens, wird mit der Anwendung der Fragetechnik besser vertraut und entwickelt seine dialektischen und logischen Überzeugungsargumente.

Die richtige Betonung beim Lesen

Lernziel
Vorlesen mit der richtigen Betonung

Lernsituation
Kann im Selbststudium geübt werden, aber auch interessante Seminarübung

Hilfsmittel
Texte aus Zeitungen, Fachbüchern, firmenbezogenen Rundschreiben und ähnliches

Durchführung
Verteilen Sie entsprechende Vorlesetexte.
Bitten Sie die Teilnehmer, diese Texte in folgender Weise zu markieren:

Pausen	–	senkrechter Strich
zu betonende Wörter	–	unterstreichen
Stimme anheben	–	Pfeil nach oben
Stimme senken	–	Pfeil nach unten

Lassen Sie dann die Teilnehmer einzeln oder in Zweiergruppen den Text vor der Gruppe vorlesen. Achten Sie darauf, daß die Teilnehmer nicht zu schnell lesen und zwischendurch versuchen, mit dem Publikum einen gewissen Blickkontakt zu halten. Dies ist nur zu erreichen, indem, wie eben gesagt, nicht zu schnell gelesen und in den Pausen kurz der Blick vom Text weg auf die Zuhörer gerichtet wird.

Wichtige Erkenntnis
Die meisten lesen zu schnell vor, darunter leidet die Atemtechnik; Aussprache und Artikulation werden undeutlich. Durch zu schnelles Vortragen geht außerdem der Blickkontakt verloren. Die Zuhörer können den gebotenen Stoff nicht so schnell verarbeiten.

„Äh“-Kontrollübung

Lernziel
Erkennen und Abstellen von Störlauten und Redeunarten

Lernsituation
Durchführung in Rhetorikseminaren

Hilfsmittel
Keine

Durchführung
Lassen Sie die Teilnehmer sich im Seminarraum in zwei Reihen aufstellen, mit rund zwei Metern Abstand zueinander, so daß die Teilnehmer sich anschauen.
Die Teilnehmer nennen sich gegenseitig in Zickzackform Gegenstände für eine Zweiminutenrede, zum Beispiel Lampe, Krawatte, Kleidung, Camping.
Der Trainer stoppt die Zeit und führt Regie.
Die Teilnehmer einer jeden Gruppe notieren, wie oft Störlaute, wie „Äh“ oder „Hm“, während eines Teilnehmervortrages vorkommen.

Wichtige Erkenntnis
Seminaristen sind selbst sehr erstaunt, wie oft sie diese Störlaute verwenden. Die meisten sind sich gar nicht bewußt, daß sie diesen Fehler machen, und dazu noch so häufig.
Eine nützliche Übung, die schon frühzeitig im

Seminar eingebaut werden kann. Übrigens: Zeitkontrolle kann auch ein brennendes Streichholz sein.

Stimmkraftübung

Lernziel
Stimmresonanz kräftigen

Lernsituation
Kann zu Hause durchgeführt werden

Hilfsmittel
Ein ruhiger Raum

Durchführung
Legen Sie sich auf den Rücken.
Klopfen Sie mit den Händen auf die Brust, und äußern Sie einen Summton.

Wichtige Erkenntnis
Mit fortschreitender Übung kräftigen Sie Ihre Stimme.

Korkenübung

Lernziel
Bessere und klarere Aussprache

Lernsituation
Privat und in Seminaren

Hilfsmittel
Flaschenkorken

Durchführung
Einen Korken zwischen den Zähnen halten.
Mit dieser Behinderung nun einen Text vorlesen.

Wichtige Erkenntnis
Nach dieser Übung kann man leichter vorlesen, präziser und artikulierter sprechen.

Phrasen und Lieblingswörter

Lernziel
Ständig verwendete Phrasen und Lieblingswörter aufspüren und sie im Training abbauen.

Lernsituation
Rhetorikseminar

Hilfsmittel
Schreibblock und Stift

Durchführung
Bitten Sie die Teilnehmer, während des Seminars darauf zu achten, wer wiederholt Phrasen, bestimmte Trendwörter, Lieblingsausdrücke usw. verwendet. Zum Beispiel: Das ist ja Spitze; dufte! usw. Diese Wörter oder Redewendungen sollten notiert werden.

Wichtige Erkenntnis
Es gibt kaum einen Menschen, der diese Eigenart nicht hat.

Mit einem Flip-Chart arbeiten

Lernziel
Richtige Arbeitsweise
Übung des Blickkontakts zum Publikum
Richtige Erklärungen vornehmen

Lernsituation
Training im Seminar
Zeichnungsübungen können zu Hause vorgenommen werden.

Hilfsmittel
Flip-Chart mit ausreichend vielen Blättern
Farbige Stifte

Durchführung
Lassen Sie ein Lehrgespräch durchführen. Wichtige erarbeitete Punkte werden hintereinander auf dem Chart aufgelistet, die Teilnehmer schreiben mit.

Wichtige Erkenntnisse
Der Übende erkennt, wie oft und leicht er zur Tafel anstatt zum Publikum spricht. Durch die Visualisierung machen die Teilnehmer lebhafter mit. Vorgefertigte Charts können immer wieder verwendet werden.

Unterrichtstechnik

Lernziel
Man lernt, wie schwer es ist, einem anderen Menschen etwas beizubringen.

Lernsituation
Rhetorikseminare

Hilfsmittel
Zwei Stühle
Videokamera

Durchführung
Wählen Sie zwei Teilnehmer, die über etwas schauspielerisches Talent verfügen, und bitten Sie sie, ein Rollenspiel durchzuführen. Der eine ist der Fahrlehrer, der andere ist sein Schüler. Der Fahrlehrer soll dem Schüler das Autofah-

ren beibringen. Während der Lehrer klare, deutliche, exakte Anweisungen geben soll, wobei er davon ausgehen muß, daß der Schüler noch nie hinter dem Steuerrad gesessen hat, soll der Schüler exakte Fragen stellen, wenn er die Anweisungen nicht verstanden hat.
Die Fahrstunde wird mit einer Videokamera aufgenommen und später vor der Gruppe rückgespielt und analysiert.

Wichtige Erkenntnisse
Wir glauben häufig, daß der andere uns verstanden hat, obwohl das längst nicht immer der Fall ist. Einfache Vorgänge, die uns in Fleisch und Blut übergegangen sind, können wir anderen oft nur schlecht erklären, ohne dabei selbst schnell ungeduldig zu werden.
Bei der Erklärung werden meistens viel zu viele Details auf einmal gebracht. Es gibt wenig Rückmeldungen, ob der Schüler das Gesagte auch verstanden hat.
Diese Übung ist sehr amüsant und dient damit der Aufheiterung und Auflockerung der Seminaratmosphäre.

Pingpong-Verkaufsgespräche

Lernziel
Spontaneität und rhetorisches Geschick in der Beantwortung von Fragen entwickeln.
Durch genaues Zuhören das Gesagte aufnehmen und entsprechend mit einer zweckgebundenen Darstellung beantworten.

Lernsituation
In den meisten Seminaren sitzen die Teilnehmer an Tischen, die in U-Form aufgestellt sind. Lassen Sie die eine Seite den Kunden spielen und die andere Seite den Verkäufer. Die dritte Gruppe am Kopfende kann beobachten.

Hilfsmittel
Keine

Durchführung
Zunächst legt der Seminarleiter das Thema fest, um das es im Kundenverkaufsgespräch gehen soll. Ein Teilnehmer der Gruppe A beginnt dann etwa so: „Guten Tag, ich bin von der Firma ABC, mein Name ist Y. – Ich weiß, daß Sie wenig Zeit haben, deshalb werde ich mich kurz fassen . . .“
Aus Gruppe B kommt die Zwischenfrage: „Ja, worum geht es, bitte?“
Das Gespräch wird in Zickzackform zwischen den beiden Gruppen geführt. Es kommt darauf an, zweckdienlich zu fragen und zu antworten.

Wichtige Erkenntnisse
Die mangelnde Schlagfertigkeit und die mangelnde Bereitschaft zuzuhören werden offensichtlich.
Flexibilität in der Gesprächsführung wird trainiert. Die Risiken der Gesprächsführung werden auf die ganze Gruppe verteilt und nicht nur auf zwei, die vorn ein Verkaufsgespräch halten.
Diese Übung macht viel Spaß, und die Teilnehmer beteiligen sich gern daran. Natürlich sind Pingpong-Gespräche über jedes beliebige Thema möglich.

Synonymtraining

Lernziel
Ausbau und Erweiterung des Wortschatzes
Flexibilität in der Ausdrucksweise

Lernsituation
Zu Hause und in Seminaren

Hilfsmittel
Keine

Durchführung
Zunächst werden Wörter aus dem allgemeinen Sprachschatz genannt, dann werden entsprechende Synonyme für diese Wörter gesucht. Zum Beispiel:

abzahlen: Synonyme: in Raten zahlen, auf Abschlag zahlen, „abstottern“ usw.
in Betracht: Synonyme: im Hinblick, was . . . anbelangt, in Hinsicht . . . usw.
also: Synonyme: daher, darum, somit, infolgedessen usw.

Wichtige Erkenntnis
Durch mangelnde Übung ist unser Wortschatz oft beschränkt. Durch Synonymtraining kann man seinen Wortschatz aber in kürzester Zeit beträchtlich erweitern.

Mimik und Gestik

Lernziel
Überwindung der Redescheu
Gezielter Einsatz von Mimik und Gestik

Lernsituation
Im Seminarraum

Hilfsmittel
Keine

Durchführung
Die Teilnehmer sollen sich hintereinander aufstellen, dann sollen sie einzeln nach vorn kommen und folgenden Satz sprechen:
„Es kommt nicht darauf an, *was* man sagt, sondern *wie* man es sagt."

Wichtige Erkenntnis
Die Teilnehmer lernen allmählich durch diese Übung, vor einer Gruppe zu sprechen. In spielerischer Form üben sie die richtige Betonung und eine gezielte Gestik. Steigern Sie diese Übung mit anderen und schwierigeren Sätzen!

Definitionsübung

Lernziel
Begriffe mit ähnlicher oder verwandter Bedeutung zu unterscheiden.

Lernsituation
Im Rhetorikseminar

Hilfsmittel
Verschiedene Gegenstände

Durchführung
Nennen Sie verschiedene Wortpaare, und bitten Sie einzelne Teilnehmer, den jeweiligen Unterschied in einer Einminutenrede zu definieren, zum Beispiel:

Lampe – Licht	Stuhl – Sessel
Bild – Rahmen	Schrank – Vitrine
Pullover – Overall	Leinen – Nylon

Wichtige Erkenntnis
Die klare Unterscheidung der Wortbedeutungen ist gar nicht so leicht. Die Teilnehmer lernen, die Bedeutungen der Wörter klarer zu erkennen und zu unterscheiden.

Zusammenfassung eines Gesprächsinhalts oder eines Referats

Lernziel
Zuhörertraining
Wiedergabe

Lernsituation
Selbst- und Seminartraining

Hilfsmittel
Zwei Stühle, ein Tisch

Durchführung
Nennen Sie ein Diskussionsthema. Der eine Redner beginnt nun seinen Standpunkt etwa zwei Minuten lang zu erläutern. Der andere Teilnehmer hört aufmerksam zu. Sobald der erste Redner zu Ende gesprochen hat, muß der andere, der die Zuhörerrolle spielte, die Kernaussagen kurz wiederholen.
Nun spricht der Redner, der zuerst zugehört hat, zwei Minuten lang zum gleichen oder auch zu einem anderen Thema, und der vorherige Redner muß nun die Wiederholung des Gesagten vornehmen.

Wichtige Erkenntnisse
Das aktive Zuhören wird trainiert. Die Teilnehmer erkennen, wie schwierig es ist, exakt zuzuhören, um Kernaussagen wiederholen zu können.

Reden mit Mimik und Gestik

Lernziel
Ausdruckstraining

Lernsituation
Rhetorikseminar

Hilfsmittel
Keine

Durchführung
Die Teilnehmer sollen sich vorstellen, sie seien ein Museumsführer, ein Fußballtrainer, ein Fischverkäufer, ein Auktionator, ein Sportredakteur oder ähnliches.
Jeder Redner hat 15 Minuten Zeit, sich in seine Rolle hineinzudenken und seinem „Beruf" entsprechend einen Vortrag vorzubereiten. Ziel ist, betont stark mit Mimik und Gestik und guter Betonung in der Stimme vorzutragen.

Wichtige Erkenntnis
Durch die Anwendung von Mimik und Gestik überwinden die Teilnehmer leichter ihr Lampenfieber.

Sätze vervollständigen

Lernziel
Übung der freien Rede – Beenden begonnener Sätze.
Schlagfertigkeitsübung: aus dem Stegreif spontan zu antworten.

Geistestraining

Lernsituation
Seminargruppen

Hilfsmittel
Keine

Durchführung
Der Seminarleiter liest Satzanfänge vor, die von den Teilnehmern spontan ergänzt werden müssen. Zum Beispiel: „Im Rahmen dieses Projektes . . .“

Wichtige Erkenntnis
Der Trainer kann frühzeitig erkennen, wessen Schlagfertigkeit noch trainiert werden muß, natürlich sieht er auch, wer in dieser Hinsicht überdurchschnittlich begabt ist.

Durchführung von Rede, Vortrag und Präsentation

Grundsätzliche Gedanken zu Ihrem Auftritt – Eine wichtige Technik ist die Pausentechnik – Finden Sie den richtigen Ton – Denken Sie auch an Ihre menschliche Ausstrahlung – Gewinnen Sie Vertrauen, Glaubwürdigkeit und Sympathie – Analyse der Rednerfehler – Achten Sie auf einen guten Redeeinstieg – Der Ton macht die Musik – Die Fakten und Daten kommen in den Hauptteil – Unterschätzen Sie den Wert der Psychologie nicht – Niemals die Kleinigkeiten vergessen

Die wichtigste Phase eines Vortrags ist selbstverständlich die eigentliche Rede-, Vortrags- oder Präsentationsphase. Der Erfolg wird sehr davon abhängen, wie gut Sie sich vorbereitet haben. Aber auch Ihre persönliche Einstellung zum Thema und zu den Zuhörern ist wichtig. Schließlich kommt noch ein weiteres Kriterium hinzu, nämlich die Übermittlung des Vortrages. Die wenigsten Zuhörer können ermessen, wieviel Arbeit und Zeitaufwand es gekostet hat, den Vortrag erfolgreich über die Bühne zu bringen. Wenn man trotz vorangegangener Anstrengungen dann beim Publikum auf keine Resonanz stößt, ist das natürlich eine große Enttäuschung.

Aus diesem Grunde wollen wir Ihnen eine Auflistung der wichtigsten Punkte geben, die zu einem Gelingen beitragen. Diese „Checkliste für den Rednerauftritt" ist in verschiedene Schritte aufgeteilt. Vor seinem Auftritt sollte ein Redner diese Liste sicherheitshalber noch einmal kurz überfliegen, um sich das Wichtigste in Erinnerung zu bringen. Die Mißachtung von nur einem oder zweien dieser Punkte kann über Erfolg oder Mißerfolg entscheiden.

Kleine Checkliste für den Rednerauftritt

Punkte, die beachtet werden müssen, bitte ankreuzen!

Körpereinsatz
- Mimik ☐
- Gestik ☐
- Blickkontakt ☐
- Dynamik ☐
- Begeisterung ☐

Körperhaltung
- Entgegenkommend, flexibel ☐

Redestil
- Redeeinstieg ☐
- Redehauptteil ☐
- Roter Faden ☐
- Sympathiesätze ☐
- Stichwortkonzept ☐
- Freie Rede ☐
- Kurze Sätze ☐
- Beispiele und Analogien ☐
- Wortwahl ☐
- Visualisierung ☐
- Botschaft ☐

Kleine Checkliste für den Rednerauftritt Punkte, die beachtet werden müssen, bitte ankreuzen!	
Dynamik	□
Begeisterung	□
Pausen	□
Rhetorische Fragen	□
Humor und Schlagfertigkeit	□
Locker und entspannt	□
Zusammenfassung	□
Redeappell	□
Unterlagen	□
Schluß	□
Zeiteinhaltung	□
Dank	□
Selbstkontrolle	□
Stimmgebrauch	
Atemtechnik	□
Stimmlage	□
Klangfarbe	□
Rhythmus	□
Stimmstärke	□
Stimmführung	□
Stimmelodie	□
Artikulation	□
Betonung	□
Aussprechen der Endsilben	□
Aussprache, allgemein, klar und deutlich	□
Akzentuierung	□
Pausentechnik	□
Vermeiden von Verlegenheitslauten	□
Richtiges Redetempo	□
Zuhörerbezug	
Einfühlungsvermögen	□
Kontakt	□
Redepsychologie	□
Beachtung der Rückkopplungssignale	□
Inhaltsflexibilität	□

Grundsätzliche Gedanken zu Ihrem Auftritt

Rund 80 Prozent aller Redner, vor allem natürlich ungeübte, neigen dazu, zu schnell zu sprechen. Es ist wahrscheinlich eine gewisse Nervosität, die sie dazu veranlaßt. Sie versuchen, den Auftritt so schnell wie möglich hinter sich zu bringen. Nach dem Motto: Wenn ich schnell rede, habe ich es eher geschafft! „Geschafft" aber ist eher das Publikum, denn eine zu schnell gehaltene Rede ist nicht leicht oder gar nicht zu verstehen. Das verärgert die Zuhörer. Es ist viel vorteilhafter, wenn der Referent langsam, deutlich, klar und präzise, ohne jegliche Hektik spricht. Ich weiß, wie schwer es für einen ungeübten Redner ist, ruhig und gelassen zu sprechen. Deshalb sollte man ständig mit Hilfe eines Tonbandes üben, um die Sprechgeschwindigkeit zu kontrollieren. Natürlich trägt die Praxis viel dazu bei, sich das richtige Sprechtempo anzugewöhnen. Es hat sich oft schon bewährt, auf dem Manuskript oder auf den Stichpunktkarten oben den Vermerk zu machen: „Langsamer sprechen!!!" Ebenso wichtig aber ist die Pausentechnik, die Sie sich vor Beginn Ihres Vortrags noch einmal kurz in Erinnerung bringen sollten.

Eine wichtige Technik ist die Pausentechnik

Eine schwere Rednersünde ist es, ein Manuskript herunterzuleiern, ohne Pausen einzulegen. Es ist dann meist für die Zuhörer kaum möglich, das Gesagte zu verfolgen. Nach kürzester Zeit schalten sie automatisch geistig ab, und die Haftwirkung ist äußerst gering.

Dieses pausenlose, monotone Reden kann eine Angewohnheit sein. Vielleicht aber ist es auch ein Zeichen von großem Lampenfieber. Wer bewußt zwischen den Sätzen Pausen einlegt, erleichtert das Zuhören sowie auch sich selbst das Darbieten. Ein Sprecher, der pausenlos redet, wird sehr bald merken, daß er Schwierigkeiten mit der Atemtechnik hat. Kurze Pausen einzufügen bringt also sowohl dem Redner als auch dem Zuhörer Vorteile. Bei abgelesenem Text, den Zuhörer später wiederholen mußten, konnten wir immer wieder feststellen, daß ein Text, der länger als drei Zeilen war, nicht mehr wiederholt werden konnte. Mangelnde Pausentechnik ist, wie gesagt, ein schwerwiegender Fehler.

Die Pausentechnik ist besonders wichtig für den Anfänger, der noch nicht in der Lage ist, die stimmlichen Nuancen voll einzusetzen. Durch Pausen unterbricht der Redner die Eintönigkeit der Rede. Auch die Zuhörer ermüden nicht so schnell. Mit richtig plazierten Pausen kann man die Wirkung seines Vortrags wesentlich erhöhen. Bei geübten Rednern können wir immer wieder feststellen, daß sie gerade die Pausentechnik besonders gut beherrschen.

Finden Sie den richtigen Ton

Wenn Sie in einem großen Saal sprechen und ein Zuhörer ruft von hinten: „Lauter bitte!“, müssen Sie dann eigentlich höher oder tiefer sprechen? Überlegen Sie einmal. Die Antwort lautet: höher!

Versuchen Sie es einmal, und sagen Sie „Guten Morgen“, einmal hoch, einmal etwas tiefer. Sie werden merken, daß die höhere Stimmlage lauter klingt und besser verstanden wird. Also: Heben Sie Ihre Stimme, wenn Sie eine größere Phonzahl erreichen wollen oder müssen.

Achten Sie auch darauf, daß Sie nicht zu monoton sprechen. Sie sollten sich immer bewußt sein, daß Sie Ihre Stimme wie ein Musikinstrument beherrschen können. Nichts, aber auch gar nichts wirkt einschläfernder auf Ihre Zuhörer als eine immer gleichbleibende Tonlage. Auch Sie haben Höhen und Tiefen zur Verfügung, und Sie können damit Ihrer Sprechweise Lebendigkeit verleihen.

Denken Sie auch an Ihre menschliche Ausstrahlung

Treten Sie immer natürlich auf, und stellen Sie Ihre persönliche Note in den Vordergrund. Warum vergessen das so viele Redner? Liegt es am Lampenfieber, oder ist es etwa eine gewisse Arroganz?

Eigentlich freut sich fast jeder Zuhörer, daß nicht er selbst dort vorn, vor der Gruppe, stehen muß. Die meisten haben Sie deshalb schon auf Ihrer Seite. Sie können ruhig auf eine allzu große Perfektion verzichten. Kleine menschliche Schwächen, Fehler und geringfügige Pannen werden selten tragisch genommen. Sie rufen eher eine gewisse Heiterkeit hervor und tragen damit zur Entspannung der Atmosphäre bei, die dann für alle Beteiligten wohltuend ist.

Der Perfektionist wird es niemals leicht haben, denn er wirkt – ohne es vielleicht wirklich zu sein – verkrampft, steif und unnatürlich. Vielleicht ist er sogar durch seine ständige Selbstbeobachtung so sehr mit seiner eigenen Person beschäftigt, daß er sich mit der Mentalität seiner Zuhörer gar nicht auseinandersetzen kann.

Folgendes sollten Sie vor und während Ihres Vortrags beachten:

Der Weg zum Rednerpult
Knöpfen Sie Ihre Jacke zu, bevor Sie vor dem Publikum stehen.
Laufen Sie nicht zu schnell nach vorn, Hast ist nicht angebracht.
Atmen Sie langsam aus und ein, während Sie zum Pult gehen.
Vermeiden Sie eine zu selbstsichere Haltung – Bescheidenheit kommt besser an.
Sprechen Sie nicht sofort nach einem anderen Redner, legen Sie eine kleine Zwischenpause ein. Der gedankliche Übergang von einem zum anderen Redner erfolgt sonst zu schnell. Eine Pause erfreut nicht nur die Zuhörer, sondern ist auch für Sie selbst recht nützlich.
Lassen Sie sich möglichst von einem anderen nach der RIR-Formel vorstellen.

Der erste Eindruck
Treten Sie freundlich und höflich auf.
Fangen Sie erst an zu sprechen, wenn Ruhe im Raum herrscht.
Ruhe bewahren, und nochmals Ruhe bewahren!

Der erste Satz
Atmen Sie immer langsam aus, bevor Sie zu reden beginnen.
Der erste Satz, wie schon öfter erwähnt, ist wichtig.
Stellen Sie durch Blickkontakt fest, ob Sie auch von allen verstanden werden.
Der erste Satz kann auch mit einer visuellen Darbietung gekoppelt sein.

Wie kann ich meine Zuhörer entspannen?
Wer seine Zuhörer entspannt, ist selbst entspannt.
Wer seine Rede allzu ernst durchführt, wird auch ein ernstes Publikum vorfinden.
Eine kleine Auflockerung erleichtert das Sprechen und das Zuhören
Viele Zuhörer warten förmlich auf eine Gelegenheit zum Schmunzeln.
Signalisieren Sie frühzeitig, welchen Rednertyp Sie darstellen.

Wichtige Sympathiesätze
Versuchen Sie von Anfang an, Ihre Zuhörer zu gewinnen.
Überlegen Sie, welche Sympathiesätze Sie ver-

wenden können, zum Beispiel positive Kommentare über die Stadt, in der die Darbietung stattfindet oder Lob und Anerkennung sowie ehrliche Komplimente an die Zuhörer.
Neigen Sie Ihren Körper in Richtung des Publikums.

Einfühlungsvermögen
Versetzen Sie sich stets in die Lage der Zuhörer.
Erspüren Sie die Stimmungslage Ihrer Zuhörer.
Es ist nicht gut, mit einem Witz anzufangen, wenn Ihre Zuhörer – vielleicht unter dem Eindruck des Vorredners – verhältnismäßig gesammelt und ernst sind.
Ihre Vortragsart muß in jedem Fall dem Zuhörerkreis angepaßt sein.

Zuhörererwartungen berücksichtigen
Überlegen Sie, ob die Analyse der Zuhörererwartungen, die Sie vor Beginn Ihres Vortrages erarbeitet haben, nunmehr mit dem Ist-Zustand übereinstimmt.
Bringen Sie Ihre Darbietung in zuhörergerechter Form.
Sprechen Sie die Zuhörer in den Pausen an, und berücksichtigen Sie die dann eventuell geäußerten Wünsche nach Möglichkeit im weiteren Verlauf Ihrer Darbietung.

Kurze, knappe Darstellung
Erleichtern Sie die Verständlichkeit durch Visualisierung.
Bilder erleichtern das Aufnehmen des Gebotenen.
Bringen Sie kurze Wiederholungen der wichtigsten Aussagen.

Mit Engagement und Begeisterung vortragen
Bedenken Sie immer wieder, daß Zuhören eine sehr anstrengende Arbeit ist.
Bringen Sie viel Begeisterung und Engagement in Ihre Rede. Jeder soll das Gefühl haben, daß Sie den einzelnen persönlich ansprechen.
Versuchen Sie, die Zuhörer wirklich mitzureißen. Je mehr Sie sich selbst verausgaben, desto mehr machen die Zuhörer auch mit.
Verschaffen Sie sich einen Namen als interessanter Redner.

Humor und Schlagfertigkeit
Bringen Sie humoristische Einblendungen, aber achten Sie darauf, daß Sie keinen Witz, keinen Gag versehentlich wiederholen.
Wenn Sie schlagfertig sind, ist das eine feine Sache. Aber achten Sie darauf, daß der Bogen nicht überspannt wird und Sie im Eifer des Gefechtes vielleicht jemanden bloßstellen oder blamieren.

Verständlich, klar und deutlich sprechen
Sprechen Sie raumangepaßt.
Beachten Sie die Grundregeln und Hinweise in dem Kapitel „Sprechtechnik".

Wichtige Fakten und Daten visualisieren
Bringen Sie so oft wie möglich visuelle Darbietungen.
Statistisches Material sollten Sie in schriftlicher Form an die Zuhörer verteilen, damit sie es schwarz auf weiß besitzen und so besser verfolgen können.
Verwenden Sie Folien und Transparente.

Untermalung durch Mimik, Gestik und Körpersprache
Sprechen Sie mit dem Gesicht.
Untermalen Sie mit entsprechend pointierter Gestik Ihre Aussagen.
Verbale und nonverbale Ausdrucksmittel müssen genau übereinstimmen.
Je größer die Teilnehmerzahl, desto genauer müssen Ihre Ausdrucksmittel gewählt werden.
Vermeiden Sie jegliche Übertreibung.

Achten Sie stets auf Blickkontakt
Der wichtigste Kontakt ist der Blickkontakt.
Die meisten Redner berücksichtigen die Bedeutung dieses Faktors nicht genügend.
Durch einen guten Blickkontakt erhalten Sie die für Sie so wichtigen Rückkopplungssignale Ihrer Zuhörer, denn die Zuhörer, obwohl sie nichts sagen, sprechen mit dem Referenten.
Schauen Sie alle Teilnehmer gleichmäßig an, und bevorzugen Sie keinen einzelnen, Höhergestellte, Vorgesetzte, eine einzelne Dame usw.

Der Schlußsatz muß sitzen
Wie das alte Sprichwort sagt: Ende gut – alles gut!
Ein schlechter Schluß kann den besten Vortrag ruinieren.
Halten Sie einen gut ausgearbeiteten Schlußsatz parat – überlassen Sie diesen niemals dem Zufall.
Beachten Sie die gesondert aufgeführten Regeln über Schlußsätze.

Gewinnen Sie Vertrauen, Glaubwürdigkeit und Sympathie

Die Gunst des Publikums zu erheischen haben nicht nur die Redner der Antike immer wieder versucht, sondern auch heute noch ist es das Hauptanliegen eines jeden Vortragenden. Wer die Sympathie des Publikums haben will, muß zunächst sein Vertrauen gewinnen.

Das Vertrauen muß aufgebaut und gepflegt werden. Jeder wird seine eigene Methode haben, dieses Ziel zu erreichen. Hier einige Tips, die Ihnen dabei helfen können:

Ausstrahlung
Mut zur Wahrheit
Absolute Ehrlichkeit
Begeisterung und Dynamik

Freundlichkeit
Freundliches Gesicht
Fähigkeit, zu lächeln – notfalls über sich selbst!

Glaubwürdigkeit
Aussagen belegen
Praxisbeispiele bringen
Referenzen nachweisen
Sachlichkeit an den Tag legen

Hilfsbereitschaft
Sich anderen gegenüber immer hilfreich zeigen
Entgegenkommen zeigen
Knigges Regeln beachten

Humor
„Humor ist, wenn man trotzdem lacht!"
Schlagfertig auf Einwürfe reagieren
Den richtigen Witz oder Gag zur richtigen Zeit am richtigen Ort einsetzen
Bei kleinen Pannen und persönlichen Fehlern: Lachen Sie ruhig über sich selbst!

Kleidung
Der Situation angepaßt
Sauber und korrekt
Der Mode angepaßt

Natürlichkeit
Alles an Ihnen muß echt und ungekünstelt wirken
Niemals versuchen, die Kopie eines anderen zu sein
Keine Superlative verwenden, die wirken niemals natürlich

Vertrauen
Irrtümer oder Versehen Ihrerseits stets sofort zugeben
Übertreibungen vermeiden
Keine Versprechungen machen, die nachher nicht eingehalten werden (zum Beispiel: kurze Wiederholung ankündigen und dann weitschweifige Ausführungen folgen lassen)

Wahrhaftigkeit
Fragen ehrlich beantworten, auch wenn es manchmal ein wenig unangenehm ist
Keine unbelegbaren Behauptungen aufstellen, unerfüllbare Zusagen machen, keine leeren Phrasen dreschen
„Lügen haben kurze Beine" – deshalb immer schön bei der Wahrheit bleiben

Analyse der Rednerfehler

Ausarbeitung
Es wird nicht genügend mit Stichpunkten gearbeitet
Mangelnde Vorinformation über den Zuhörerkreis
Störfaktoren werden zeitlich nicht einkalkuliert

Organisation
Hilfsmittel sind nicht optimal eingeplant
Vor Beginn des Vortrags keine Zeit für kurze persönliche Kontaktgespräche mit den Zuhörern eingeplant
Nicht genügend Arbeitsunterlagen für die Zuhörer bereit
Licht- und Belüftungsverhältnisse im Vortragsraum nicht vorher erkundet
Technische Hilfsmittel nicht vor Beginn des Vortrags überprüft

Auftritt und Haltung
Mangel an Begeisterung
Fehlender oder mangelhafter Blickkontakt
Zu starrer Blick an einen bestimmten Punkt im Raum
Unkontrollierte Gestik
Hände in der Hosen- oder Jackentasche
Sie klammern sich am Pult fest
Zu unruhiges Verhalten, zum Beispiel hin und her schaukeln des Körpers
Arrogantes und überheblich wirkendes Auftreten
Sie zeigen Langeweile oder Desinteresse
Falsche Einführung in das Thema

Sprechen
Zu viele Wiederholungen
Falsches Redetempo
Kopieren anderer Redner
Allgemein schlechte Redetechnik
Keine Höhen und Tiefen und keine Modulation in der Stimme
Sie sprechen zu unartikuliert, zu undeutlich
Sie sprechen nicht mit einer der Raumgröße angepaßten Phonzahl
Sie verschlucken Endungen, Buchstaben oder Silben
Zu viele Verlegenheitslaute, wie „äh"
Sie überspielen ein eventuelles Steckenbleiben nicht genügend
Sie sprechen, wenn nur eine Dame im Auditorium anwesend ist, diese zu häufig an
Schlechte oder falsche Betonung einzelner Wörter
Falsche Anwendung von Fremdwörtern

Zuhörerbezug
Zuwenig Visualisierungen
Zuwenig Beispiele und Auflockerungen
Zuwenig Pausen zwischengeschaltet
Sie achten zuwenig auf die Zuhörererwartungen und -wünsche
Sie gehen nicht genug auf Zwischenrufe und Einwände ein
Sie erkennen gewisse Ermüdungserscheinungen im Publikum nicht früh genug
Sie stellen zu hohe Ansprüche an das geistige Niveau der Zuhörer
Sie sprechen nicht die Sprache der Zuhörer
Sie erklären fachspezifische Ausdrücke nicht genau genug
Sie reden über die Köpfe der Zuhörer hinweg
Sie machen unangebrachte Witze auf Kosten anderer

Manuskript
Zu viele Fremdideen – zuwenig eigenes Gedankengut
Zu schwer verständliche Formulierungen
Zu lange Sätze
Keine klare Gliederung
Zu fachspezifisch und detailliert
Das Manuskript ist zu eng und klein beschrieben
Wichtige Aussagen und einzelne Wörter besonderer Bedeutung sind nicht farblich markiert
Es fehlt der rote Faden
Mangelnde Skizzen und Diagramme
Zu großes Stoffangebot
Sie weichen zu weit vom Thema ab
Fehlender oder schlechter Schlußappell
Fehlende Übersicht am Ende des Vortrags, keine Zusammenfassung

Vortrag
Sie zeigen Ihr Lampenfieber zu deutlich
Sie konzentrieren sich zuwenig auf die zu übermittelnde Botschaft, beschäftigen sich zu sehr mit den eigenen Problemen
Zu lautes Umblättern der Manuskriptblätter
Sie lesen das Manuskript ab, statt wenigstens zwischendurch einmal frei zu sprechen
Der Präsentation fehlt es an Auflockerungen mit Gags, Anekdoten, Visualisierungen usw.
Sie beginnen den Vortrag mit einer Entschuldigung
Sie fangen schon an zu sprechen, obwohl noch keine Ruhe im Raum herrscht
Sie haben Begrüßungsschwierigkeiten
Ihr Vortrag wirkt allzu perfekt und darum steril
Fehlende Anwendung rhetorischer Fragen
Sie entfernen sich während des Sprechens zu weit vom Mikrofon
Ungenügender Einsatz der nonverbalen Aussage, der Körpersprache
Es fehlen Techniken, die Zuhörer zwischendurch zu entspannen

Persönliche Mängel
Unkontrolliertes Mienenspiel, sarkastisch, zu ernst, ewig lächelnd, Stirn in Falten gezogen, hängende Mundwinkel usw.
Sie hämmern mit den Händen auf das Pult
Sie wirken unausgeschlafen, nervös, gestreßt
Sie lassen sich durch Zu- und Zwischenrufe zu schnell aus der Ruhe und dem Konzept bringen
Es fehlt an Dynamik
Sie tragen zu gelangweilt vor
Sie haben verschiedene Unarten an sich, wie beispielsweise sich am Ohr kratzen, am Bart zupfen, auf die Lippen beißen, mit den Manschettenknöpfen oder der Krawatte spielen usw.

Achten Sie auf einen guten Redeeinstieg

Das Auftreten
Bevor Sie zu sprechen beginnen, schauen Sie alle Zuhörer freundlich an, lassen Sie dabei

Ihren Blick in alle Richtungen, bis in die letzte Reihe hinten, schweifen.
Bleiben Sie einen halben Meter vom Rednerpult entfernt stehen. Übrigens ist dieses nicht dazu gedacht, sich daran festzuklammern.
Wenn Sie sich hinter dem Pult stehend bewegen wollen, dann bitte nicht von links nach rechts, sondern höchstens von vorn nach hinten. Besser aber: Stehen Sie möglichst still hinter dem Pult.
Zum richtigen Stehen gehört, daß Sie aufrecht stehen, die Knie durchgedrückt halten, die Füße leicht auseinander stellen, die Fußspitzen im Winkel von 45 Grad nach außen richten.

Der Anfang
Die richtige Begrüßung bereitet manchmal Schwierigkeiten.
Hier einige Vorschläge:
„Meine Damen und Herren"
„Sehr verehrte Damen und Herren"
„Liebe Kollegen (Freunde, Mitarbeiter . . .)"
(Höhergestellte sollten natürlich zuerst und namentlich angesprochen werden.)
Kündigen Sie bei einer längeren Veranstaltung die Anzahl und die Dauer der eingeplanten Pausen frühzeitig an.
Vor Beginn des Vortrags sollte man versuchen, die Zuhörer zu entspannen. Gemeinsame Testaufgaben, Gruppenarbeiten usw. verhelfen Ihnen dazu.
Wer seine Zuhörer schon am Anfang einmal zum Lachen bringt, entspannt sie und sich selbst.
Beginnen Sie Ihren Vortrag nie mit einer Entschuldigung.
Lassen Sie den Applaus für Ihren Vorredner erst verstummen, bevor Sie selbst beginnen.
Eine einzelne Dame in der Gruppe hat es nicht immer gern, wenn man ihr zuviel Aufmerksamkeit schenkt, indem man sie laufend allzu direkt anspricht und anschaut.
Vergessen Sie nicht den Dank für die Möglichkeit, hier sprechen zu dürfen.

Praxistips
Legen Sie eine Uhr auf das Rednerpult, damit Sie Ihre Redezeit nicht überziehen.
Sprechen Sie nicht über die Köpfe der Zuhörer hinweg.
Bei Diskussionen, Seminaren usw. ist es manchmal eine gute Strategie, den Teilnehmern anzukündigen, wie Sie vorgehen wollen, um damit deren Zustimmung für Ihre Vorgehensweise einzuholen.
Denken Sie nicht an Ihre eigenen Unzulänglichkeiten, sondern ausschließlich an die zu übermittelnde Botschaft.

Die Phase der Informationsübermittlung

Manuskript
Wenn Sie vom Manuskript ablesen, achten Sie auf folgende Punkte:
a) Pausen
b) Atmen
c) Betonung
d) Höhen und Tiefen
e) Mimik
f) Gestik
g) Zuhörerrückkopplung

Fachvorträge
Seien Sie nicht zu fachspezifisch, tragen Sie nicht zu detailliert vor.
Erklären Sie die unumgänglich notwendigen Fremd- und Fachwörter.
Verwenden Sie möglichst viele Skizzen und Diagramme zur besseren Veranschaulichung.

Regeln
Vermeiden Sie langweilige Wiederholungen.
Achten Sie auf eine gute Pausentechnik.
Verwenden Sie möglichst wenig Schlag- und Modewörter.
Wecken Sie die Neugierde, die Aufmerksamkeit und die Gefühle der Zuhörer, dann sind sie aufnahmefähiger für das, was Sie ihnen zu bieten haben.
Verwenden Sie einfache und kurze Sätze.
Berichten Sie einige eigene, zum Thema passende Erlebnisse.
Achten Sie während der Rede stets auf die optimale Atemtechnik.

Ratschläge
Flechten Sie rhetorische Fragen ein.
Wer frei vorträgt, wird leichter sprechen.
Blenden Sie so viele Gags und Einblendungen visueller Art wie möglich ein.
Bauen Sie eventuell auch einmal eine kleine Denksportaufgabe ein.
Springen Sie nicht ohne entsprechende Überleitung von einem Thema zum anderen.

Allgemeines
Es kommt stets darauf an, **wie** man etwas sagt:

Das „WIE“ ist oftmals entscheidender als das „WAS“.
Wer seinen Vortrag ausschließlich ablesen muß, schickt ihn besser mit der Post an die Teilnehmer, dann brauchen diese nicht erst zu kommen!
Seien Sie nicht zu akademisch und dozierend.

Der Ton macht die Musik

Die Stimme
Artikulieren Sie richtig, vermeiden Sie jede Monotonie in Ihrer Sprechweise.
Betonen Sie die Konsonanten und Endungen.

Fehlerquellen
Vermeiden Sie unbedingt Abweichungen von der deutschen Grammatik!
Sprechen Sie nicht über die Köpfe der Teilnehmer hinweg.
Siedeln Sie das Thema nicht „zu hoch“ an.

Regeln
Legen Sie genügend Sprechpausen zur richtigen Zeit und an der richtigen Stelle ein.
Vermeiden Sie Füllwörter und Verlegenheitssilben.
Achten Sie auf eine klare und deutliche Aussprache.
Sprechen Sie präzise, sachlich und eindringlich.

Ratschläge
Niemals zu schnell sprechen.
Achten Sie auf Ihre Stimmfarbe (hoch – tief – melodisch) ebenso wie auf das richtige Sprechtempo (schnell – langsam, rhythmisch – abgehackt).

Allgemeines
Sie sollten sich immer bewußt sein, daß Sie Ihre Stimme wie ein Musikinstrument beherrschen können. Nichts wirkt einschläfernder auf die Zuhörer als eine gleichbleibende Tonlage.
Zitat: „Schone dich nicht! Setze alle Kräfte ein! Sprich laut und deutlich, aber schreie nicht! Sprich sinngemäß, gefühlvoll, innig; hole aus jedem Wort heraus, was in ihm liegt.“ (Quelle unbekannt)

Mimik, Gestik und Körpersprache
Gezielt, präzise und exakt anbringen.
„Was du deiner Zeit Großes und Wichtiges zu sagen hast, es wird sie nicht treffen, wenn du sie nicht wirklich und leibhaftig anredest.“ (Demosthenes)

Das Gesicht spricht mit
Manche Redner schauen bei dem Vortrag an die Decke oder auf einen ganz bestimmten Punkt im Raum. Das ist grundfalsch.
Halten Sie ständigen Blickkontakt.
Zeigen Sie ein freundliches Lächeln, aber Achtung: nicht ständig, sonst wird es zum Grinsen.
Handgesten einsetzen – aber richtig!
Wenn Sie die Hände hinter dem Rücken verborgen halten, fesseln Sie sich selbst.
Wenn Sie mit dem Finger deuten, dann vielleicht um eine Aufzählung: eins, zwei, drei . . . zu unterstreichen, niemals aber sollte er sich belehrend oder gar in Richtung eines Menschen in die Luft strecken.
Bei der Gestikulation mit den Händen unterscheidet man drei Aussagebereiche:
1. Hände unterhalb der Gürtellinie: negative Aussage
2. Hände zwischen Gürtellinie und Brusthöhe: neutrale Aussage
3. Hände oberhalb der Brust: positive Aussage

Die Fakten und Daten kommen in den Hauptteil

Vorgehensweise
Bringen Sie Beweise! Das Kausalitätsgesetz bewährt sich.
Demonstrieren Sie optimal.

Botschaftsempfänger
Achten Sie auf genügend Höhepunkte in Ihrem Vortrag.
Behandeln Sie Zwischenrufe möglichst mit Humor.
Behandeln Sie alle Anwesenden gleich, schauen Sie einen etwa anwesenden Höhergestellten nicht ständig an.

Wie man „ankommt“
Wahren Sie stets Ihre eigene, persönliche Note, seien Sie nie die Kopie eines anderen!
Versuchen Sie, während des Vortrags menschliche Wärme auszustrahlen.

Wichtige Regeln
Verwenden Sie, so oft es geht, die Demonstrationstechnik.
Bringen Sie Dynamik in Ihren Vortrag, denn

die Aufmerksamkeit läßt während des Zuhörens immer wieder etwas nach und bedarf dann einer Aufmunterung.
Bringen Sie viele Beispiele und Erlebnisse.
Wollen Sie lauter sprechen, müssen Sie höher sprechen.

Praxistips
Je überzeugender vorgegangen wird, desto überzeugender wird alles.
Lassen Sie Ihre Zuhörer etwas sehen!
Blättern Sie die Manuskriptblätter nicht um. Besser ist es, sie einfach beiseite zu legen.
Nehmen Sie kleine Pannen nicht zu tragisch. Manchmal führen sie zu ein wenig Heiterkeit und tragen damit zur Entspannung der Atmosphäre bei.
Nutzen Sie die Macht der Pausen.
Flechten Sie Gags ein, ein lustiges Bild; nennen Sie ein treffendes Zitat, und setzen Sie Transparentfolien ein.
Nervöse Redner helfen sich immer wieder mit der Technik, stets Vorzeigemuster parat zu haben, falls sie einmal nach einem Strohhalm greifen müssen.

Allgemeines
Versuchen Sie nach der Devise „Locker vom Hocker" zu arbeiten.

Stellen Sie den Zuhörer in den Mittelpunkt
Sprechen Sie niemals zu lange, hören Sie stets auf, bevor Ihre Zuhörerschaft es wünscht. Haben Sie Ihre Zuhörer bereits zwei- bis dreimal ermüdet, so kommen Sie in den Ruf, langweilig zu reden, und den werden Sie nicht so schnell wieder los.

Was zur Vorbereitung gehört
Besorgen Sie sich rechtzeitig genügende Informationen über Ihren Zuhörerkreis.

Alltagserfahrung
Der Vortrag muß unbedingt teilnehmerorientiert sein.
Bedenken Sie die Zuhörererwartungen.
Begegnen Sie allen Störungen mit möglichst viel Humor und Schlagfertigkeit.
Es sollten sich stets sehr viele Ihrer Zuhörer angesprochen fühlen.
Sorgen Sie zur Entspannung für Auflockerungsübungen.
Einwände von seiten der Zuhörer bedeuten Interesse; ebenso wenn die Zuhörer sich Notizen machen.

Reißen Sie Ihr Publikum mit!
Zuhörer sind gar nicht so kritisch, wie Sie vielleicht denken.

Fehler, die man vermeiden soll
Kritisieren Sie niemals einen einzelnen vor der Gruppe.
Überschätzen Sie nicht die Speicherkapazität des menschlichen Gehirns.

Wichtige Regeln
Halten Sie genügend Auflockerungen bereit, um das Interesse der Zuhörer wachzuhalten.
Vermeiden Sie Einzelgespräche mit Dauerrednern in der Gruppe, die meistens mit ihrem Wissen prahlen wollen.
Motivieren Sie Ihre Zuhörer.
Sprechen Sie gelegentlich einen Teilnehmer namentlich an.
Sprechen Sie möglichst oft in der Sie- oder in der Wir-Form.
Beachten Sie die Haltung Ihrer Zuhörer, ist sie interessiert, gelangweilt, ent- oder angespannt?
Auch bei der Arbeit am Flip-Chart immer wieder zum Publikum schauen.
Nutzen Sie die bekannte, optimale Lern- und Leistungskurve.

Praxistips
Lob und Anerkennung gegenüber den Zuhörern machen sich immer bezahlt.
Lassen Sie bei Diskussionen auch die Meinung anderer gelten. Aber achten Sie darauf, daß unter den Diskussionsteilnehmern kein Sarkasmus aufkommt.
Wenn Sie bei Ihren Zuhörern Ermüdungserscheinungen bemerken, wie zum Beispiel verstohlenes Auf-die-Uhr-Blicken, Zum-Fenster-Hinausschauen, An-die-Decke-Starren usw., schalten Sie eine Übung ein, die die Aktivität aller Beteiligten erfordert.

Allgemeines:
Stellen Sie den Zuhörer stets in den Mittelpunkt.

Ende gut – alles gut
Bringen Sie zum Schluß Ihres Vortrages eine kurze Zusammenfassung des Stoffes.
Die Krönung des Vortrages sollte ein Appell an die Zuhörer sein.
Die letzten Sätze einer Rede sollten immer auswendig gesprochen werden.

Praxistips
Halten Sie genau Ihre Redezeit ein – nach

Ihnen wollen vielleicht auch noch andere drankommen.
Verwenden Sie zum Schluß einen Höhepunkt Ihrer Rede, und kommen Sie damit wie mit einem Paukenschlag zum Ende.
Beim interessantesten Punkt aufzuhören ist bekanntlich schwer, aber gut!
Sagen Sie vor allem niemals: „Ich komme nun zum Schluß“, wenn Sie dann noch minutenlang weiterreden.

Allgemeines
Der Schluß einer Rede kann unter anderem folgendes sein:
Ein Appell an die Zuhörer, verbunden mit einer These Ihres Vortrages
Die Wiederholung eines besonders aussagekräftigen, markanten Satzes Ihrer Rede
Ein Rat, wie die Zuhörer das Erfahrene in die Praxis umsetzen können
Die Anregung zu einer Diskussion

Unterschätzen Sie den Wert der Psychologie nicht

Persönliche Einstellung
Sollten Sie einmal steckenbleiben, so ist das kein Grund zur Panik. Fassen Sie einfach das zuletzt Gesagte noch einmal zusammen.
Sie müssen durchaus nicht nur reines Hochdeutsch sprechen. Eine leicht mundartliche Färbung hat oft ihren eigenen Reiz.
Seien Sie nicht allzu perfekt. Perfektionisten wirken – ohne es wirklich sein zu müssen – verkrampft.
Mangelndes Engagement ist sofort erkennbar, deshalb sollte es selbstverständlich sein, den Stoff mit Leib und Seele vorzutragen.
Glauben Sie immer an Ihren Erfolg – weisen Sie jeden Gedanken an einen möglichen Mißerfolg weit von sich.

Der Empfänger
Nutzen Sie die Pausen für kurze, persönliche Gespräche.
Sprechen Sie dabei besonders die ablehnenden, desinteressierten und ebenfalls die schüchternen Teilnehmer an.
Berücksichtigen Sie, soweit wie möglich, die Erwartungen und Wünsche Ihrer Zuhörer.

Wichtige Regeln
Seien Sie vorsichtig mit Witzen: nicht jeder kommt an.
Ihre Komplimente müssen aufrichtig gemeint sein – bringen Sie sie begeistert und spontan.
Zeigen Sie den Zuhörern, daß es Ihnen Freude macht, diesen Vortrag zu halten.

Praxistips
Verschleiern Sie niemals Ihre Inkompetenz in einer bestimmten Angelegenheit oder einen von Ihnen gemachten Fehler.
Geben Sie eine Panne oder einen Irrtum offen und ehrlich zu.
In fast jeder Gruppe befindet sich ein sogenannter „Kopfnicker“. Schauen Sie diesen ruhig einmal mehr an.

Allgemeines
Bedenken Sie, die Menschen sehen uns nicht wie wir sind, sondern wie wir erscheinen. Deshalb achten Sie auf Ihr Äußeres.

Niemals die Kleinigkeiten vergessen

Persönliches
Sprechen Sie stets die Sprache Ihrer Zuhörer.
Seien Sie immer zuvorkommend, hilfsbereit und höflich.
Sie sollten weder zu betont salopp noch zu offiziell gekleidet sein.
Vermeiden Sie grundsätzlich Themen, die Sie nicht beherrschen.

Der Empfänger
Gleichgültig ob Rede, Vortrag, Präsentation, Konferenz, Seminar: es sollte immer auch eine menschliche Begegnung sein.

Wichtige Regeln
Müssen Sie einen Referenten vorstellen, ist es wichtig, daß Sie sich vorher mit ihm unterhalten. Versuchen Sie dabei Informationen von ihm zu erhalten, so daß Sie ihn optimal vorstellen können. Erfragen Sie seine

1. Titel,
2. Leistungen,
3. Verdienste,
4. die Form, in der er vorgestellt zu werden wünscht.

Praxistips
Lachen verbindet die Zuhörer untereinander und mit dem Referenten.
Grafiken, Tabellen, Zahlen, Namen, grafische Darstellungen und ähnliches sollten auf Flip-

Charts oder mit Hilfe des Tageslichtprojektors visualisiert werden.
Kleben Sie nie an Ihrem Manuskript.

Allgemeines

Halten Sie Ihre Präsentation so verständlich wie möglich, ohne Verwendung von für die Zuhörer unverständlichen Fachausdrücken. Müssen Sie solche verwenden, dann erklären Sie sie entsprechend.
Grenzen Sie Ihre Thematik genau ein, und halten Sie Ihre Redezeit auf die Minute pünktlich ein.

Einblendungen, Gags und humoristische Einlagen

NASA-Weltraumübung – Verloren auf hoher See – Der A-Test – Wie man beim Formulieren unschlagbar wird – Nette Geschichten zum Vorlesen oder Erzählen – Lustige, schlagfertige Formulierungen – Einige lustige Definitionen und Einblendungen – Zusammenfassung

Die Zuhörer wollen unterhalten werden. Ein Redner sollte niemals vergessen, daß Zuhören keine leichte Tätigkeit ist. Gute Redner haben deshalb immer etwas parat, um die Aufmerksamkeit der Zuhörer zu fesseln oder zu steigern. Sei es nun gleich zu Beginn des Vortrags oder

Zuhörer-Aufmerksamkeits-Skizze

Phase	Teilnehmer	Rededauer in Minuten	Zuhörer-Aufmerksamkeit	Gedanken-Spaziergang
I		0 - 15	Anfang 100 %	–
II		15 - 30	80 %	20 %
III		30 - 45	60 %	40 %
IV		45 - 60	40 %	60 %
V		60 - 75	20 %	80 %
VI		90 - 105	Schluß 80 %	20 %

zwischendurch einmal zur Aufmunterung, wenn der Redner spürt, daß die Aufnahmefähigkeit nachläßt.

Vortragende, die immer wieder neue Ideen, Episoden, Anekdoten, humorvolle Geschichten, Begebenheiten, Einblendungen und Gags einstreuen, werden immer wieder gern gehört.

Während eines jeden Vortrags durchläuft die Aufmerksamkeitskurve Höhen und Tiefen (siehe Skizze). Eine nachlassende Aufmerksamkeit kann ein geübter Redner auf Grund des Blickkontaktes zu den Zuhörern schon an deren Haltung schnell erkennen. Während eines Vortrags, bei dem die Zuhörer eine längere Zeit passiv sitzen müssen, muß der Redner schon einiges bringen, um seine Zuhörer zu fesseln. In der Seminararbeit kann dagegen die Aktivität durch Lehrgespräche aufrechterhalten werden.

Die Aufmerksamkeit der Zuhörer

Phase 1: Während der ersten 15 Minuten hören alle zu, die Aufmerksamkeit liegt bei 100 Prozent.

Phase 2: Die Aufmerksamkeit sinkt. 20 Prozent der Zuhörer gehen mit ihren Gedanken schon spazieren.

Phase 3: Nach 30 Minuten steigen weitere 20 Prozent der Teilnehmer gedanklich aus.

Phase 4: Jetzt haben schon 60 Prozent der Zuhörer aufgegeben, und die Aufmerksamkeit sinkt auf 40 Prozent ab.

Phase 5: Der Redner merkt es nicht einmal, daß 80 Prozent der Teilnehmer gar nicht mehr mitmachen.

Phase 6: Und nun, nach über 90 Minuten Vortrag, sagt der Redner zum Glück: „Vielen Dank für Ihre Aufmerksamkeit“, und 80 Prozent der Teilnehmer hören den Schluß aufmerksam an. Nur die 20 Prozent, die den gesamten Vortrag bis dahin verfolgt haben, schalten jetzt vor Zuhör-Erschöpfung ab.

Die Aufmerksamkeit der einzelnen Zuhörer wird natürlich immer von Person zu Person unterschiedlich sein. Es ist äußerst schwierig, konkrete Ratschläge dafür zu geben, wie man die Aufmerksamkeit der Zuhörer ständig aufrechterhält. Mein Ratschlag ist der, ständig auf der Suche nach interessantem Material der verschiedensten Kategorien zu sein. Einiges kann man natürlich auch durch die eigene Kreativität konzipieren und erarbeiten. Gute Ideen kann man überall erhalten, sei es nun aus Zeitschriften, aus der Fachpresse, aus einer Zitatensammlung oder aus Abbildungen. Fangen Sie an zu suchen, und wenn Sie wirklich aufmerksam dabei sind, dann werden Sie immer einiges Brauchbare finden.

Wie Sie sicher längst selbst erkannt haben, ist der Einstieg einer Rede, eines Vortrags oder einer Präsentation am schwierigsten. Haben Sie schon darüber nachgedacht, weshalb dies so ist? Versetzen Sie sich einen Augenblick in die Lage des Zuhörers, bevor die Veranstaltung beginnt und auch während der ersten Vortragsminuten. Sehen Sie einmal die Veranstaltung aus seiner Sicht. Jeder Zuhörer hatte seine eigenen, von den anderen völlig verschiedenen Erlebnisse, Freuden, Schwierigkeiten und Probleme bevor er zum Vortrag kam. Vielleicht sind das freudige Ereignisse zu Hause oder im Büro, die seine Gedanken noch beschäftigen, vielleicht aber auch Schwierigkeiten und Probleme. Vielleicht steht der Zuhörer unter allgemeinem Streß und unter Anspannung, vielleicht hat er die Veranstaltung nur unter Schwierigkeiten erreicht, weil die öffentlichen Verkehrsmittel Verspätung hatten, er keinen Parkplatz für seinen Wagen fand, Umleitungen oder Staus ihn am rechtzeitigen Erscheinen hinderten.

Auch bei der Veranstaltung selbst lenken die Zuhörer viele Dinge ab: die neue, ihnen vielleicht unbekannte Umgebung, die fremden Menschen, die vielleicht aus den verschiedensten sozialen Bereichen und gesellschaftlichen Schichten, aus verschiedenen Altersgruppen und unterschiedlichen Positionen kommen. Persönliche Überlegungen bezüglich des Sitzplatzes, seines Sitznachbarn usw. lenken den Zuhörer ebenso ab wie Mitmenschen, die durch ihr Verhalten auf andere vielleicht störend wirken, indem sie mit Bonbonpapier rascheln oder anderweitig unbewußt für Unruhe sorgen.

Dieses und vieles andere beschäftigt jeden Zuhörer. Seine Gedanken kreisen in diesem Stadium noch in der Hauptsache um ihn selbst. Zur Gruppe besteht noch kein Kontakt und zum Referenten natürlich auch nicht. Es sei denn, der Referent ist schon von früher her bekannt oder er hat sich bereits persönlich etwas um die Zuhörer bemüht und vor Beginn des Vortrags einige Kontakte geknüpft. Es ist ungeheuer wichtig, daß der Organisator, der Redner oder der Seminarleiter frühzeitig versuchen, eine homogene Gruppe zu schaffen.

Weil gerade das so wichtig ist, hier nun einige Regeln:
Versuchen Sie alles, um die Zuhörer oder die Gruppe so schnell wie möglich zu entspannen.
Versuchen Sie das Eis durch humorvolle Bemerkungen oder visuelle Einblendungen zu brechen.
Schaffen Sie die Möglichkeit, daß sich die Teilnehmer, falls der Kreis nicht zu groß ist, sobald wie möglich kennenlernen (Vorstellung beim rechten und linken Nachbarn zum Beispiel).
Versuchen Sie frühzeitig, gemeinsame Aktivitäten zu entwickeln.

Soll der Vortrag erfolgreich verlaufen, dann ist es wichtig, daß die Teilnehmer ihre persönliche Welt ausschalten, sie gewissermaßen mit dem Mantel in der Garderobe ablegen.

Auch bei einem Seminar ist der Anfang besonders schwierig. Vergehen doch Stunden, ehe die Gruppe eine Einheit bildet. Zum Schluß sagen dann die Teilnehmer aber eigentlich immer: „Schade, daß wir jetzt auseinandergehen!" Durch gemeinsame Erlebnisse innerhalb der Gruppe wächst das Gruppen- und Gemeinsamkeitsgefühl. Wenn Sie selbst ein Seminar leiten, versuchen Sie, die dynamischen Gruppenprozesse bereits frühzeitig zu steuern. Besonders gut haben sich folgende Übungen in der Seminararbeit bewährt:
NASA-Weltraumübung
Verloren auf hoher See
Der A-Test

NASA-Weltraumübung

Diese Übung können Sie gut anwenden, wenn Sie Kontakt zur Gruppe schaffen, das Verhalten der Teilnehmer innerhalb der Gruppe beobachten oder einfach das Seminar auflockern wollen. Verteilen Sie an alle Seminarteilnehmer Blätter, auf denen der folgende Text steht:

Ihre Überlebenschance hängt davon ab, ob Sie in diesem Spiel die richtigen Ausrüstungsgegenstände für eine Mondexpedition auswählen können.

Ihre Aufgabe besteht darin, die nachstehend aufgeführten Gegenstände in eine Rangordnung zu bringen. Setzen Sie den Gegenstand, den Sie für den Marsch zum Mutterschiff am wichtigsten halten, auf den 1. Rangplatz der Liste, den zweitwichtigsten an die 2. Stelle und so fort. Der unwichtigste Gegenstand erhält den Rangplatz 15.

Der Spielleiter bildet (je nach der Zahl der Anwesenden) Teams von vier bis sechs Personen. Die Mitglieder dieser Teams sollen zunächst jeder für sich, also unbeeinflußt von den übrigen Teammitgliedern, ihre persönliche Rangskala der Ausrüstungsgegenstände aufstellen (Zeit: etwa 15 Minuten). Anschließend muß jedes Team eine gemeinsame Gruppen-Rangskala erstellen, wobei die aufgeführten Spielregeln beachtet werden sollen.

Es kommt darauf an, die richtige Lösung zu finden. Das Spiel wurde von einem Expertenteam der NASA entwickelt!

AUSRÜSTUNGSGEGENSTÄNDE

GEGENSTÄNDE	RANGPLATZ	
	Einzelwertung	Teamwertung
Streichhölzer		
Lebensmittelkonzentrat		
50 Fuß Nylonseil		
Fallschirmseide		
Tragbares Heizgerät		
Zwei 0,45-Kaliber-Pistolen		
Trockenmilch		
Zwei 100-Pfund-Tanks Sauerstoff		
Stellar-Atlas (Mondkonstellation)		
Sich selbst aufblasendes Lebensrettungsfloß		
Magnetkompaß		
Fünf Gallonen Wasser		
Signalleuchtkugeln		
Erste-Hilfe-Koffer mit Injektionsnadeln		
Mit Sonnenenergie angetriebener UKW-Sender/Empfänger		

Bitte nach Wichtigkeit ausfüllen 1–15

Die richtige Lösung kann so aussehen:

1. Zwei 100-Pfund-Tanks Sauerstoff – zum Atmen notwendig
2. Fünf Gallonen Wasser – ersetzt Flüssigkeitsverlust, der durch Schwitzen entsteht
3. Stellar-Atlas – eines der wichtigsten Hilfsmittel, um Richtungen zu bestimmen
4. Lebensmittelkonzentrat – täglicher Nahrungsmittelbedarf
5. Mit Sonnenenergie angetriebener UKW-Sender/Empfänger – Notsignalsender; vielleicht ist Kommunikation mit dem Mutterschiff möglich
6. 50 Fuß Nylonseil – nützlich, um Verletzte zu leiten und zum Klettern
7. Erste-Hilfe-Koffer mit Injektionsnadeln – wertvolle Medikamente für Krankheitsfälle und Verwundungen
8. Fallschirmseide – Sonnenschutz
9. Sich selbst aufblasendes Lebensrettungsfloß – (CO_2-Flaschen zum Aufblasen des Floßes) als Antrieb zum Überwinden von Klüften usw.
10. Signalleuchtkugeln – Notsignal, wenn man in Sichtweite ist
11. Zwei 0,45-Kaliber-Pistolen – mit ihnen könnten Antriebsversuche gemacht werden
12. Trockenmilch – Nahrung, mit Wasser gemischt trinkbar
13. Tragbares Heizgerät – nur auf der dunklen Seite des Mondes notwendig
14. Magnetkompaß – wahrscheinlich kein polarisiertes Magnetfeld auf dem Mond, daher nutzlos
15. Streichhölzer – kein Nutzen auf dem Mond

Verloren auf hoher See

Ein ganz ähnliches Spiel ist „Verloren auf hoher See". Stellen Sie sich vor, Sie treiben auf einer Privatyacht im Pazifik. Ein großer Teil der Yacht und ihres Inhalts sind durch ein Feuer unbekannter Ursache zerstört worden. Jetzt droht die Yacht zu sinken. Ihre geographische Lage ist unklar, weil entscheidende Navigationsinstrumente gestört sind und weil Sie und die Besatzung durch den Versuch, das Feuer unter Kontrolle zu bringen, abgelenkt wurden. Ihre genaueste Schätzung ist, daß Sie sich ungefähr 1500 Kilometer südsüdwestlich der nächstgelegenen Insel befinden.

Unten finden Sie eine Liste mit 15 intakten, unbeschädigten Gegenständen. Zusätzlich zu diesen Sachen verfügen Sie über ein Schlauchboot mit Rudern, das ausreicht, um Sie, die Besatzung und sämtliche unten aufgeführten Gegenstände fortzubewegen. Der ganze Inhalt in den Hosentaschen der Leute an Bord besteht aus einem Päckchen Zigaretten, mehreren Schachteln Streichhölzern und fünf Zehnmarkscheinen.

Ihre Aufgabe ist es, die 15 Gegenstände in der Rangfolge ihrer Wichtigkeit für Ihr Überleben zu ordnen.

Liste der Gegenstände

___ ___ Sextant

___ ___ Rasierspiegel

___ ___ 20-Liter-Behälter mit Wasser

___ ___ Moskitonetz

___ ___ Eine Kiste mit Eßrationen

___ ___ Seekarte des Stillen Ozeans

___ ___ Sitzkissen (von der Küstenwache empfohlenes Schwimmhilfsmittel)

___ ___ 10-Liter-Behälter mit Öl-Benzin-Gemisch

___ ___ Kleines Transistorradio

___ ___ Abwehrmittel gegen Haie

___ ___ 2 Quadratmeter undurchsichtige Plastikfolie

___ ___ 1 Liter 80prozentiger Rum

___ ___ 5 Meter Nylonseil

___ ___ 2 Tafeln Schokolade

___ ___ Angelgerät

Lösung:

1. Rasierspiegel – denn damit kann man Signale an Hilfsunternehmen aus der Luft geben, was für Schiffbrüchige das allerwichtigste ist.
2. 10-Liter-Behälter mit Öl-Benzin-Gemisch – ebenfalls entscheidend zur Aussendung

von Signalen. Das Gemisch schwimmt auf der Wasseroberfläche und könnte mit einem Zehnmarkschein und einem Streichholz entzündet werden – selbstverständlich außerhalb des Rettungsbootes!

3. 20-Liter-Behälter mit Wasser – nötig, denn Seewasser ist ungenießbar wegen des Salzgehaltes.
4. Eine Kiste mit Eßrationen – liefert die Hauptnahrung.
5. 2 Quadratmeter undurchsichtige Plastikfolie – wichtig, um Regenwasser zu sammeln und um sich vor der Witterung (starke Sonneneinstrahlung!) zu schützen.
6. 2 Tafeln Schokolade – eine Nahrungsreserve.
7. Angelgerät – rangiert nach der Schokolade, weil ein Spatz in der Hand besser ist als eine Taube auf dem Dach, und es gibt keine Garantie, daß Sie einen Fisch fangen.
8. 5 Meter Nylonseil – kann benutzt werden, um Ausrüstungsgegenstände zusammenzubinden, damit sie nicht über Bord fallen.
9. Schwimmendes Sitzkissen – könnte als Rettungshilfe benutzt werden, falls jemand über Bord fällt.
10. Abwehrmittel gegen Haie – Nutzen offensichtlich!
11. 1 Liter 80prozentiger Rum – kann bei Verletzungen als antiseptisches Mittel gebraucht werden; sonst ziemlich wertlos; Einnahme verursacht Dehydration des Körpers, erzeugt also Durst.
12. Kleines Transistorradio – ziemlich wertlos, da es über keinen Sender verfügt.
13. Seekarten des Stillen Ozeans – ohne zusätzliche Navigationsinstrumente wertlos – es ist ziemlich egal, wo Sie sich befinden; wichtig ist, wo die Rettungsmannschaften sind!
14. Moskitonetz – es gibt keine Mücken mitten auf dem Stillen Ozean.
15. Sextant – ohne Tabellen und Zeitmesser nutzlos.

Die logische Erklärung, warum die Signalisierungshilfsmittel vor den Nahrungsmitteln rangieren, besteht darin, daß es ohne Signalisierungshilfen praktisch keine Chance gibt, aufgespürt und gerettet zu werden. Die meisten Schiffbrüchigen werden während der ersten 36 Stunden gerettet, und es ist möglich, eine solche Zeitspanne ohne Nahrung und Wasser zu überleben.

Der A-Test

Diese Übung können Sie sowohl zu Beginn eines Seminars als auch zwischendurch verwenden. Sinn und Zweck ist aufzuzeigen, daß wir in der Hektik des Alltags viele Anweisungen einfach überlesen. Machen Sie die Probe aufs Exempel, indem Sie den Test sofort selbst durchführen.

Aufgabe: Befolgen Sie genau die nachstehenden Anweisungen. Es ist nicht gestattet, zu sprechen oder Fragen zu stellen. Schauen Sie nur auf Ihren eigenen Testbogen. Sprechen Sie kein Wort, und bleiben Sie still sitzen, wenn Sie fertig sind.

1. Lesen Sie alle Anweisungen durch, bevor Sie irgend etwas tun. Gehen Sie sorgfältig und bedacht vor.
2. Schreiben Sie Ihren Namen in die obere rechte Ecke des Testbogens.
3. Ziehen Sie einen Kreis um das Wort „Namen“ unter Punkt 2.
4. Zeichnen Sie vier kleine Quadrate in die obere linke Ecke dieses Testbogens.
5. Setzen Sie in jedes dieser vier Quadrate ein kleines x.
6. Ziehen Sie jetzt noch um jedes Quadrat einen Kreis.
7. Setzen Sie Ihre Unterschrift in die untere rechte Ecke des Testbogens.
8. Ziehen Sie einen Kreis um jedes Wort der Anweisung 7.
9. Setzen Sie ein großes X in die untere linke Ecke des Testbogens.
10. Ziehen Sie ein Dreieck um dieses X.
11. Multiplizieren Sie auf der Rückseite dieses Blattes 1234 mit 5678.
12. Zeichnen Sie ein Rechteck um das Wort „Testbogen“ in Anweisung 2.
13. Wenn Sie die Anweisungen bis hierher genau gelesen haben, dann notieren Sie in dem leeren Raum unter dieser Anweisung „Habe ich getan“.
14. Addieren Sie auf der Rückseite dieses Blattes zu dem Ergebnis aus Anweisung 11 die Differenz zwischen 5678 und 1234.
15. Ziehen Sie einen Kreis um das Resultat aus Anweisung 14, und zeichnen Sie ein Quadrat um diesen Kreis.
16. Lesen Sie jetzt noch einmal aufmerksam die Anweisung 1.

17. Nachdem Sie bis hierher alles sorgfältig gelesen haben, führen Sie nur die Anweisung 2 aus.

Sie haben sicherlich schon geschmunzelt! In der Anweisung 1 steht: „Lesen Sie alle Anweisungen durch, bevor Sie irgend etwas tun ...“, und das wird meistens übersehen! Wenn Sie die Anweisungen richtig befolgt und den Testbogen richtig ausgefüllt haben, dann trägt er lediglich in der rechten oberen Ecke Ihren Namen!

Ideen für Einleitungen
Buchstaben- und Zahlensalat?
Es ist sehr wichtig, vielleicht sogar das wichtigste, bei einer Rede einen guten Einstieg zu haben. Deshalb sind hier kleine Gags und Hilfsmittel nützlich. Auf der folgenden Skizze finden Sie ein Durcheinander von Buchstaben und Zahlen. Diese können Sie zum Beispiel auf ein Transparent zeichnen und es mit folgender Frage aufleuchten lassen:
„Was sehen Sie vor sich?“

Antwort: Ein System ist zu erkennen, und zwar: Jeder erste Buchstabe befindet sich auf der linken, jeder zweite auf der rechten Seite. Ebenso sind die Zahlen in die linke Hälfte (ungerade) und in die rechte Hälfte (gerade) eingetragen!

Wie man beim Formulieren unschlagbar wird

Dieser nicht ganz ernst gemeinte Vorschlag stammt von Philipp Broughton, einem Beamten im US-Gesundheitsdienst. Jahrelang hatte er sich durch das etymologische Dickicht geschlagen, bis er auf eine bombensichere Methode stieß, Frustration in Befriedigung zu wandeln. Das „automatische Schnellformuliersystem“ stützt sich auf eine Liste von dreißig sorgfältig ausgesuchten Schlüsselwörtern:

Spalte 1	Spalte 2	Spalte 3
0. konzentrierte	0. Führungs-	0. -struktur
1. integrierte	1. Organisations-	1. -flexibilität
2. permanente	2. Identifikations-	2. -ebene
3. systematisierte	3. Drittgenerations-	3. -tendenz
4. progressive	4. Koalitions-	4. -programmierung
5. funktionelle	5. Fluktuations-	5. -konzeption
6. orientierte	6. Übergangs-	6. -phase
7. synchrone	7. Wachstums-	7. -potenz
8. qualifizierte	8. Aktions-	8. -problematik
9. ambivalente	9. Interpretations-	9. -kontingenz

Die Handhabung ist denkbar einfach. Denken Sie sich eine beliebige dreistellige Zahl, und suchen Sie die entsprechenden Wörter in jeder Spalte. Die Nummer 257 zum Beispiel ergibt: „permanente Fluktuationspotenz“, ein Ausdruck, der jedem Bericht eine entschiedene, von Fachwissen geprägte Autorität verleiht! „Keiner wird im entferntesten wissen, wovon Sie reden“, sagt Broughton, „aber entscheidend ist, daß niemand wagen wird, es zuzugeben.“

Nette Geschichten zum Vorlesen oder Erzählen

Sie werden es immer und überall wieder bestätigt finden, daß die Menschen gern lachen. Nach einer trockenen Materie oder nach langen fachlichen Ausführungen brauchen die Menschen etwas zur Auflockerung. Nun ist aber nicht jeder Vortragende von Natur aus lustig und humorvoll. Auch sind viele Redner viel zu ernst in ihrer Aussage. Dadurch wird unter den Zuhörern eine Atmosphäre geschaffen, in der sich niemand zu äußern wagt.

Redner, die mit dem Publikum sprechen und es verstehen, eine angenehme, aufgelockerte Stimmung zu schaffen, kommen deshalb viel besser an. Zuhörer wollen und müssen zwischendurch zur Entspannung kommen, sie wollen mitarbeiten, sich auch eventuell mit eigenen Kommentaren beteiligen. Besonders angenehm wird es empfunden, wenn die Zuhörer auch einmal zwischendurch so richtig von Herzen lachen können. Der Referent muß, will er erfolgreich sein, als Hauptakteur eine solch positive Atmosphäre schaffen.

Heitere Geschichten erzählen oder auch vorlesen kann jeder. Gerade diese Art der Auflokkerung erweist sich mitunter als äußerst nützlich. Und hier finden Sie nun einige geeignete Geschichten:

Alles über den Wertsack

Nach der ersten Lektüre des folgenden Textes, den wir in den „Mitteilungen der Arbeitsgemeinschaft junger Erzieher" abgedruckt fanden, wurden rege Zweifel in uns wach, ob es sich dabei in der Tat – wie behauptet – um eine amtliche Verlautbarung der Deutschen Bundespost handelt. Rückfragen bei der Oberpostdirektion München brachten uns indessen Gewißheit, daß hier kein Satiriker, sondern ein ernster Vorschriftenverfasser am Werke war.

Unter der Überschrift „Was jeder Postangehörige wissen sollte" lesen wir: „In Dienstanfängerkreisen kommen immer wieder Verwechslungen der Begriffe ‚Wertsack', ‚Wertbeutel', ‚Versackbeutel' und ‚Wertpaketsack' vor. Um diesem Übel abzuhelfen, ist das folgende Merkblatt dem § 49 der ADA vorzuheften.

Der Wertsack ist ein Beutel, der auf Grund seiner besonderen Verwendung im Postförderungsdienst nicht Wertbeutel, sondern Wertsack genannt wird, weil sein Inhalt aus mehreren Wertbeuteln besteht, die in den Wertsack nicht verbeutelt, sondern versackt werden.

Das ändert aber nichts an der Tatsache, daß die zur Bezeichnung des Wertsackes verwendete Wertbeutelfahne auch bei einem Wertsack mit Wertbeutelfahne bezeichnet wird und nicht mit Wertsackfahne, Wertsackbeutelfahne oder Wertbeutelsackfahne.

Sollte es sich bei der Inhaltsfeststellung eines Wertsackes herausstellen, daß ein in einem Wertsack versackter Versackbeutel statt im Wertsack in einen der im Wertsack versackten Wertbeutel hätte versackt werden müssen, so ist die in Frage kommende Versackstelle unverzüglich zu benachrichtigen.

Nach seiner Entleerung wird der Wertsack wieder zu einem Beutel, und er ist auch bei der Beutelzählung nicht als Sack, sondern als Beutel zu zählen.

Bei einem im Ladezettel mit dem Vermerk ‚Wertsack' eingetragenen Beutel handelt es sich jedoch nicht um einen Wertsack, sondern um einen Wertpaketsack, weil ein Wertsack im Ladezettel nicht als solcher bezeichnet wird, sondern lediglich durch den Vermerk ‚versackt' darauf hingewiesen wird, daß es sich bei dem versackten Wertbeutel um einen Wertsack und nicht um einen ausdrücklich mit ‚Wertsack' bezeichneten Wertpaketsack handelt.

Verwechslungen sind insofern im übrigen ausgeschlossen, als jeder Postangehörige weiß, daß ein mit Wertsack bezeichneter Beutel kein Wertsack, sondern ein Wertpaketsack ist."

Nachtgebet einer Sekretärin

Herr, ich bitte dich um die Geduld, die Hiob hatte, um den Takt eines Hoteldirektors, um die Würde einer Königin, um die Freundlichkeit eines Hündchens, um den Sex-Appeal eines Filmstars oder zumindest eines Handlungsreisenden und um die Gabe einer Wahrsagerin!

Bitte, verleih mir die Kraft, aus einem hingebrummelten Diktat ein stilistisches Meisterwerk zu schaffen, und die Fähigkeit, den rechten Brief zur rechten Zeit zu finden, ohne zu wissen, um was es sich handelt!

Gib mir die Kraft, daß es mir gelingt, meinen Chef an Verabredungen zu erinnern, von denen er mir nichts gesagt hat, und alle künftigen geschäftlichen Termine so zu legen, daß sie nicht mit seinen künftigen privaten Verabredungen kollidieren, die er überhaupt noch nicht getroffen hat.

Gib mir die Kraft, aus meinen Rippen oder zur Not aus meinem Handgelenk Briefmarken und Klebstoff zu zaubern, Zigaretten und Bindfaden, Landkarten und Briefumschläge in den ausgefallensten Größen!

Herr, laß mich auf der Stelle Angesicht oder Stimme eines jeglichen Besuchers oder Anrufers erkennen! Laß mich genau Bescheid wissen über die geschäftlichen Verbindungen dieses Mannes, seine politischen und religiösen Ansichten und über den Kredit, den er bei Freund und Feind genießt, obwohl ich ihn nie zuvor gesehen oder gesprochen habe.

Und um noch eines bitte ich dich: Laß mich den Schreibtisch meines Chefs in Ordnung halten und trotzdem keinen von seinen vielen hundert Schmierzetteln verlegen! Herr, gib mir die Kraft, meinen Chef zu ertragen, denn seine Sünden sind seine Tugenden, und seine Tugenden sind seine Sünden. Ein Jahr an der Schreibmaschine ist wie tausend Jahre, und tausend Chefs sind wie ein Chef.

Und dann schlief die Sekretärin glücklich ein.

(Aus „Christ und Welt")

Ratschläge für einen schlechten Redner

Fang nie mit dem Anfang an, sondern immer drei Meilen vor dem Anfang! Etwa so:

„Meine Damen und Herren! Bevor ich zum Thema des heutigen Abends komme, lassen Sie mich Ihnen kurz ..." Hier hast du schon so ziemlich alles, was einen schönen Anfang ausmacht: eine steife Anrede; den Anfang vor dem Anfang; die Ankündigung, daß und was du zu sprechen beabsichtigst, und das Wörtchen kurz. So gewinnst du im Nu die Herzen und die Ohren der Zuhörer.

Denn das hat der Zuhörer gern: daß er deine Rede wie ein schweres Schulpensum aufbekommt; daß du mit dem drohst, was du sagen wirst, sagst und schon gesagt hast. Immer schön umständlich.

Sprich nicht frei – das macht einen so unruhigen Eindruck. Am besten ist es: du liest deine Rede ab. Das ist sicher, zuverlässig, auch freut sich jedermann, wenn der lesende Redner nach jedem Viertelsatz mißtrauisch hochblickt, ob auch noch alle da sind.

Wenn du gar nicht hören kannst, was man dir so freundlich rät, und du willst durchaus und durchum frei sprechen ... du Laie! Du lächerlicher Cicero! Nimm dir doch ein Beispiel an unseren professionellen Rednern, an den Reichstagsabgeordneten – hast du die schon mal frei sprechen hören? Die schreiben sich sicherlich zu Hause auf, wenn sie „Hört! Hört!" rufen ..., ja also, wenn du denn frei sprechen mußt: Sprich wie du schreibst. Und ich weiß, wie du schreibst. Sprich mit langen, langen Sätzen – solchen, bei denen du, der du dich zu Hause, wo du ja die Ruhe, deren du so sehr benötigst, deiner Kinder ungeachtet, hast, vorbereitet, genau weißt, wie das Ende ist, die Nebensätze schön ineinandergeschachtelt, so daß der Hörer, ungeduldig auf seinem Sitz hin und her träumend, sich in einem Kolleg wähnend, in dem er früher so gern geschlummert hat, auf das Ende solcher Periode wartet ... nun, ich habe dir eben ein Beispiel gegeben. So mußt du sprechen.

Fang immer bei den alten Römern an, und gib stets, wovon du auch sprichst, die geschichtlichen Hintergründe der Sache. Das ist nicht nur deutsch – das tun alle Brillenmenschen. Ich habe einmal an der Sorbonne einen chinesischen Studenten sprechen hören, der sprach glatt und gut französisch, aber er begann zu allgemeiner Freude so:

„Lassen Sie mich Ihnen in aller Kürze die Entwicklungsgeschichte meiner chinesischen Heimat seit dem Jahre 2000 vor Christi Geburt ..."

Er blickte ganz erstaunt auf, weil die Leute so lachten. So mußt du das auch machen. Du hast ganz recht: man versteht es ja sonst nicht, wer kann denn das alles verstehen, ohne die geschichtlichen Hintergründe ... sehr richtig! Die sind doch nicht in deinen Vortrag gekommen, um lebendiges Leben zu hören, sondern das, was sie auch in den Büchern nachschlagen können ... sehr richtig! Immer gib ihm Historie, immer gib ihm.

Kümmere dich nicht darum, ob die Wellen, die von dir ins Publikum laufen, auch zurückkommen – das sind Kinkerlitzchen. Sprich unbekümmert um die Wirkung, um die Leute, um die Luft im Saale; immer sprich, mein Guter. Gott wird es dir lohnen.

Du mußt alles in die Nebensätze legen. Sag nie: „Die Steuern sind zu hoch." Das ist zu einfach. Sag: „Ich möchte zu dem, was ich soeben gesagt habe, noch kurz bemerken, daß mir die Steuern bei weitem ...", so heißt das.

Trink den Leuten ab und zu ein Glas Wasser vor – man sieht das so gern.

Wenn du einen Witz machst, lach vorher, damit man weiß, wo die Pointe ist.

Eine Rede ist, wie könnte es anders sein, ein Monolog. Weil doch nur einer spricht. Du brauchst auch nach vierzehn Jahren öffentlicher Rednerei noch nicht zu wissen, daß eine Rede nicht nur ein Dialog, sondern ein Orchesterstück ist: eine stumme Masse spricht nämlich ununterbrochen mit. Und das mußt du hören. Nein, das brauchst du nicht zu hören. Sprich nur, lies nur, donnere nur, geschichtele nur.

Zu dem, was ich soeben über die Technik der Rede gesagt habe, möchte ich noch kurz bemerken, daß viel Statistik eine Rede immer sehr hebt. Das beruhigt ungemein, und da jeder imstande ist, zehn verschiedene Zahlen mühelos zu behalten, so macht das viel Spaß.

Kündige den Schluß deiner Rede lang vorher an, damit die Hörer vor Freude nicht einen Schlaganfall bekommen (Paul Lindau hat einmal einen dieser gefürchteten Hochzeitstoaste so angefangen: „Ich komme zum Schluß"). Kündige den Schluß an, und dann beginne deine Rede von vorn und rede noch eine halbe Stunde. Dies kann man mehrere Male wiederholen.

Du mußt dir nicht nur eine Disposition machen, du mußt sie den Leuten auch vortragen – das würzt die Rede.

Sprich nie unter anderthalb Stunden, sonst lohnt es gar nicht, erst anzufangen.

Wenn einer spricht, müssen die anderen zuhören – das ist deine Gelegenheit! Mißbrauche sie!

(Kurt Tucholsky)

Der Verkaufsförderer und sein Sohn

Ein Vater und sein achtjähriger Sohn saßen vor dem Fernseher. Im Programm: Clementine, Frau Sommer, der Weiße Riese und all die anderen fröhlichen Glücksbringer.

„Hast du das gemacht?"

„Nein."

„Das finde ich auch nicht gut."

„Hast du denn d a s da gemacht? Was, auch nicht? Ich denke, du arbeitest für die!"

„Ja, weißt du, Söhnchen, das schon, aber wir machen die Verkaufsförderung für diese Firmen."

Und nun entwickelte sich ein Dialog, der den Vater fast dazu brachte, seinen Beruf als Verkaufsförderungsberater aufzugeben. Weil er eben keine Filme fürs Fernsehen machte, weil die schönen Anzeigen in den Illustrierten nicht von ihm waren und die bunten Plakate auf der Straße auch nicht. Er erklärte seinem Sohn, daß er Verkaufsunterlagen und Verkäuferwettbewerbe konzipiere, Handelsaktionen entwickle, Displays usw.

Allein, sein Ansehen konnte er vor seinem Sohn nicht mehr retten, es war dahin! Viel schlimmer noch. Es passierte das, was noch kein Kunde geschafft hatte: der Sohn zerstörte Vaters Selbstbewußtsein vollends.

„Ach so, du machst also die Plakate, wo draufsteht – Zugreifen. 12 Flaschen nur DM 11,98?"

Was sollte Vater da noch erwidern, von wegen Verkaufsförderung als strategisches und taktisches Kurz- und Langfrist-Marketinginstrument – er war eben mit seiner Arbeit nicht im Fernsehen.

Plötzlich leuchteten Vaters Augen auf, ein neuer Spot, eine Aktion, die sie zusammen mit einer richtigen Werbeagentur gemacht hatten.

„Da, da – das ist von uns!"

„Der Film?"

„Nein, nicht der Film, den hat die Werbeagentur gemacht. Wir haben die Aktion mit den Rückenetiketten auf den Flaschen gemacht. Toll, was!?"

„Was steht denn da drauf?"

„Na ja, Rezepte, ein Angebot für Gläser, etwas über die Firma. Eben auf jeder Flasche eine kleine Information mit Bild."

„Ja, ja, ganz schön. Aber hätten das nicht wenigstens Abziehbilder mit Asterix und Obelix sein können?"

Was sollte der Vater da noch sagen über Zielgruppe, technische Realisierbarkeit usw.? Söhnchen mußte sowieso schon lange ins Bett.

Vater starrte noch eine Zeitlang in den Fernseher. „Der Nachrichtensprecher", dachte er, „der hat's gut. Braucht die Nachrichten nicht zu erfinden und ist trotzdem im Fernsehen!"

(Von: Roger Gerhold, anbiet-technik, Essen)

Flirt auf einer Parkbank – soziopsychologisch

Bei einer Exkursion in die noch relativ heile Pflanzenwelt eines kommunalen Parks, die ich kürzlich als Äquivalent gegen progressive Umweltverschmutzung unternahm, visualisierte sich unerwartet auf einer Parkbank die optimale Realisation der mir adäquaten Partnerin. Eine Affekthandlung war geboten, und also institutionalisierte ich mich auf der gleichen Bank, als Alibifunktion beziehungsreich einen Curriculum-Entwurf studierend. Reaktionsmangel seitens der Zielgruppenvertreterin schien Kontaktscheu zu signalisieren; doch im

Verlauf des von mir projektioniert eingeleiteten Sozialisationsprozesses ergab sich eine verbale Kommunikationsmöglichkeit zur Versuchsperson, die indessen offensichtlich unter Edukationsdefiziten autoritärer und faschistoider Herkunft litt. So begegnete meine Hinterfragung unterbewußten Störfaktoren, die zu Frustration und Artikulationsblockade führten. Ich bemühte mich, durch vorsichtige globale Sensibilisierung, der Praktikantin die soziopolitologische Irrelevanz sexueller Tabus evident zu machen, stieß aber auf verkrustete hierarchistische Strukturen in der Mentalität meiner Partnerin, die aufzubrechen einen längeren antipaternalistischen Lernprozeß zu bedingen schien. Hierfür bot ich mich zu kritischer Begleitung und Erfolgskontrolle an, konnte aber bei den vorherrschenden inhumanen Mechanismen keinerlei Motivation zu Mobilität und Flexibilität erreichen, so daß ich mich in meiner Ohnmachtssituation darauf beschränken mußte, ein approximatives Kollektivbewußtsein zu initiieren, um vielleicht später aus dieser Randgruppenposition heraus Impulse gegen repressionsbedingte Reflexe in Richtung über das Problembewußtsein ein Gefühlspotential aktivieren zu können. Immerhin gelang es mir auf der Basis von Terminvereinbarungen, eine futurologische Projektion einzubringen, die zunächst nur auf ein integriertes Meinungsbild abzuheben brauchte; und Gabi sagte beim Abschied: „Bernd, du bist irre kreativ!"
(Aus: Das baugerüst, März 1973)

Der Herr Redakteur
Hat das Blatt viele Anzeigen, beklagen sich die Leser wegen Stoffmangel. Hat es wenig Anzeigen, so sagt man, es sei nichts wert. Läßt sich der Redakteur auf der Gasse sehen, dann heißt es, er bummelt herum. Arbeitet er fleißig im Hause, ist er ein fauler Mensch, der sich um keine Neuigkeiten kümmert. Nimmt er einen langatmigen Bericht nicht auf, so macht er sich Feinde; nimmt er ihn auf, dann heißt es, der bringe jeden Quatsch.

Bringt er eine interessante Nachricht, die auch in einem anderen, vielleicht größeren Blatt steht, so hat er sie gewiß abgeschrieben. Unterläßt er mal, Erwähnung von einer belanglosen Lokalnotiz zu tun, so versteht er es nicht, die lokalen Interessen zu wahren.

Unterdrückt der Redakteur peinliche Nachrichten aus gutmütigem Herzen, so sagt man, er sei feige und bevorzuge gewisse Klassen. Bringt er aber den Bericht, dann gibt es Krawall mit den betreffenden Familien und deren Freunden. Nennt er in einem Bericht über eine Gerichtsverhandlung auf Bitten der Angeklagten Namen nicht, so läßt er sich bestechen. Nennt er die Namen, so begeht er eine Gemeinheit.

Macht er einen Witz, ist er bissig, anmaßend und unverschämt. Bleibt er mit seiner Schreiberei im Schatten kühler Denkungsart, dann ist er ledern und langweilig. Gebraucht er eine scharfe Schreibweise, dann ist er klotzig und grob, schreibt er gemäßigt und zahm, dann ist der Redakteur zu rücksichtsvoll. Deckt er Mißstände auf, ist er ein Revolverjournalist. Unterläßt er es, infolge übler Erfahrungen und des Undankes der Welt, für andere die Kastanien aus dem Feuer zu holen, so ist er ein Reptil, ein elender Lohnschreiber, der für „Höheres kein Interesse hat".

Dieses Klagelied eines Journalisten erschien vor fast sechzig Jahren im „Lindauer Tageblatt".

Geschichten berühmter Menschen kommen meistens besonders gut an. Ich denke dabei zum Beispiel an Mark Twain, der uns sehr nette Episoden und Anekdoten schenkte. Auch der sehr oft zitierte C. Northcote Parkinson findet großen Anklang durch seine interessanten Beobachtungen.
Hier eine kleine Auswahl davon:
Professor C. Northcote Parkinson über:

Öffentliche Reden (Auszüge)
„. . . Für alle nichtberufsmäßigen Redner besteht die Kunst in peinlichem Vorbereiten und lässigem Vortragen . . ."

„. . . Der springende Punkt ist, daß der Redner nicht von eigenen Emotionen ausgeht, die er ausdrücken möchte, sondern von einem ganz bestimmten Auditorium, daß er beeinflussen will. Also beginnt er bei dem Auditorium und kommt erst dann auf die eigene Person. Dabei fragt er sich zunächst, welches Thema alle Anwesenden, Frauen wie Männer, interessiert. Die Antwort ist gewöhnlich einfach: sie interessieren sich vorwiegend für sich selbst. Daher seine Aufgabe, in den ersten drei Minuten auf irgend etwas anspielen, das ihnen allen gemeinsam ist, den Schwerpunkt auf das legen, was als ihr wichtigster gemeinsamer Nenner erscheint . . ."

„. . . Auch wenn die Anwesenden hauptsächlich an sich selber interessiert sind, hören sie gern Anekdoten zum Gruseln oder zum Schmunzeln . . .“

„. . . Dann gehen Sie über zu der Wiederholung, aber mit anderen Worten, indem Sie nämlich alles Negative ins Positive verkehren. Wenn Sie vorher sagten: ‚Kein Licht darf brennend zurückgelassen werden‘, dann sagen Sie jetzt, daß der letzte die Verantwortung hat, alle Lichter auszuschalten . . .“

„. . . Ein Witz hat nur einen Sinn, wenn er das, worauf es dem Vortragenden besonders ankommt, unterstreicht. Die Geschichte, die Sie gestern im Rotary-Klub hörten, ist darum fast immer verfehlt. Bringen Sie statt dessen einen Witz, der genau die Sache trifft. Dabei müssen Sie immer voraussetzen, daß eine komische Geschichte das einzige ist, was jeder behalten und weitererzählen wird. Denn jeder schmückt sich gern mit dem Ruf, ein Witzbold zu sein . . .“

Die Gefängnispredigt
Ein junger Geistlicher sollte vor den Insassen eines Gefängnisses predigen. Als er in den Saal kam und unter den kalten, abweisenden Blikken der Gefangenen den Mittelgang entlangging, wurde ihm bewußt, daß salbungsvolle Reden und Andachtsübungen hier kaum das richtige waren.

Mit klopfendem Herzen überlegte er, was er diesen Männern sagen sollte. Als er die Stufen zum Podium hinaufstieg und dabei ein Gebet um Erleuchtung zum Himmel schickte, stolperte er und fiel hin.

Tosendes Gelächter erschütterte den Gefängnissaal. Doch der Geistliche erhob sich mit strahlendem Gesicht, eilte ans Rednerpult und rief:

„Männer, genau das ist es, weswegen ich hierher gekommen bin – um euch zu sagen, daß ein Mensch fallen und wieder aufstehen kann!“

Lustige, schlagfertige Formulierungen

Während eines Rhetorikseminars für die Hauptabteilungsleiter der Industrie- und Handelskammer in Hannover sagte mir ein Teilnehmer, daß er lustige und schlagfertige Formulierungen sammelt. Diese verwendet er dann bei der Erarbeitung von Vorträgen. Er überreichte mir eine Liste mit den folgenden lustigen Formulierungen:

Wir kennen zwar die Aufgabe nicht, aber wir bringen das Doppelte!

Bei uns kann jeder werden, was er will – ob er will oder nicht!

Wir wissen zwar nicht, was wir wollen, aber das mit ganzer Kraft.

Wo wir sind, klappt nichts – aber wir können nicht überall sein.

Jeder macht, was er will – keiner macht, was er soll – aber alle machen mit.

Damit immer mehr immer weniger tun können, müssen immer weniger immer mehr tun.

Wir arbeiten Hand in Hand – was die eine nicht schafft, läßt die andere liegen.

Jeder wird so lange befördert, bis er mit Sicherheit unwirksam ist.

Operative Hektik ersetzt geistige Windstille.

Der Mensch steht im Mittelpunkt und somit allen im Weg.

Die Hauptsache, es geht vorwärts – die Richtung ist egal.

Wir suchen Menschen, die bereit sind, unten anzufangen . . . und auch dort zu bleiben.

Einige lustige Definitionen und Einblendungen

Spezialisten . . .
. . . wußten am Anfang . . . über wenig recht viel, dann über weniger noch mehr, heute über ganz wenig verdammt viel. Dereinst werden sie über nichts alles wissen!

Wissenschaftliche Beschreibung des Tatbestandes, daß jemand Mist gebaut hat:
Die voluminöse Expansion subterrarer Agrarprodukte steht in reziproker Relation zur intelligenten Kapazität ihres Produzenten.

Was ist ein Stammtisch?
Ein Stammtisch ist in einem bestimmten Lokal ein bestimmter Tisch mit einer bestimmten Ecke, an dem an bestimmten Tagen bestimmte Gäste zur bestimmten Stunde auf ihren bestimmten Stühlen Platz nehmen, um dort bei einer bestimmten Menge eines bestimmten Getränkes über bestimmte Themen zu sprechen, um dann zur bestimmten Stunde mit einem bestimmten Quantum bestimmt nach Hause zu

gehen – wo sie von einer bestimmten Person mit einem bestimmten Gegenstand bestimmt erwartet werden. – Das stimmt bestimmt!

Bäume, Bäume, nichts als Bäume und dazwischen Zwischenräume und in jedem Zwischenraum, man glaubt es kaum, noch ein Baum!

Theorie ist, wenn man alles weiß und nichts funktioniert. Praxis ist, wenn alles funktioniert und keiner weiß, warum.

„Alles verboten"
Aufzeichnung einer Dreijährigen – die Erfahrungen eines Tages:
5.00 Uhr: Ausgeschlafen, im Bettchen gespielt und gesungen. Papa dadurch geweckt, er hat fürchterlich geschimpft. – Wenn Papa noch schläft, ist Singen verboten.
6.30 Uhr: Am Frühstückstisch gesessen und versehentlich Tasse mit Kakao umgestoßen. Tischtuch schmutzig, Papas Hose befleckt. Mutti war wütend. – Versehentlich Tasse umstoßen ist verboten.
7.00 Uhr: Auf dem Boden gesessen und aus Langeweile mit Buntstiften die Wände bemalt. Haue gekriegt. – Wände bemalen ist verboten.
9.20 Uhr: Mit Hund herumgetobt. Am Schwanz und an den Ohren gezogen. Hund hat gejault, Mutti geschimpft. – Hund am Schwanz ziehen ist verboten.
10.50 Uhr: Tüte mit Bonbons entdeckt; alle aufgegessen. Mutti ist explodiert. – Heimlich Bonbons essen ist verboten.
13.00 Uhr: Mittagessen ausgespuckt, hat nicht geschmeckt. Eine gelatscht gekriegt. – Mittagessen ausspucken ist verboten.
14.15 Uhr: Mit Ball im Wohnzimmer gespielt. Vase umgekippt, kaputt. Noch eine gelatscht gekriegt. – Ball spielen ist im Wohnzimmer strengstens verboten.
16.10 Uhr: Müde gewesen, hingelegt und eingeschlafen. Wieder aufgewacht, weil Papa gesungen hat. Bei meinem Papa beschwert – rausgeflogen. Papa darf singen – aber beschweren ist verboten.
16.40 Uhr: In der Ecke gesessen, nachgedacht und festgestellt, daß fast alles verboten ist. Mutti und Papa haben mich komisch angesehen. Nachdenken ist sicher auch verboten.

Der zehnjährige Bub
Auf einer Landstraße in Oberbayern bemühte sich ein Kraftfahrer vergeblich, den Motor seines Autos wieder in Gang zu bringen. Ein zehnjähriger Bub, der des Weges kam, schaffte es sofort. Der Autofahrer gab ihm ein Trinkgeld und fragte, warum er denn nicht in der Schule sei. Der Junge erzählte, in seiner Dorfschule werde der Schulrat erwartet, darum habe der Lehrer ihn nach Hause geschickt, denn er als Dümmster der Klasse sollte nicht auffallen.
Der Kraftfahrer war ... der Schulrat!

Gedankensplitter:
Unter Arbeitsteilung versteht man den Vorgang, bei dem drei Leute in drei Stunden dasselbe leisten, was bisher ein Mann in einer Stunde geschafft hat. (Cyril Parkinson)

Wer immer schön brav Tag für Tag seine acht Stunden arbeitet, bringt es am Ende vielleicht dazu, der Boß zu werden, der dann zwölf oder mehr Stunden am Tag arbeitet.
Die Statistik ist wie eine Laterne im Hafen, die einem betrunkenen Seemann eher als Halt denn als Erleuchtung dient. (Ein englischer Bankkaufmann)

Es gäbe einen Weg, sämtliche Wirtschaftsprobleme zu lösen. Man müßte die Selbstgefälligkeit steuerpflichtig machen. (Jacques Tati)

Zusammenfassung

Manche Menschen sind, wie wir schon eingangs dieses Kapitels sagten, schlagfertiger als andere. Eine schlagfertige Antwort ist gut, darf aber nie dazu führen, Ressentiments in der Gruppe entstehen zu lassen. Aus unverhofften Situationen im Alltag ergeben sich oft von selbst schlagfertige Antworten, die man sammeln sollte. Wer sich für diese Thematik weiterhin interessiert, sollte das Buch „Die schlagfertige Antwort" von Maximilian Weller, Gustav Lübbe Verlag, lesen. Es ist ein Trainingsbuch mit 600 Beispielen und Anekdoten, zusammengestellt unter Mitarbeit von Dr. Grete Keienburg-Weller. In diesem Buch werden unter anderem folgende goldene Regeln der Schlagfertigkeit aufgeführt:
Bereiten Sie sich auf eine Unterhaltung vor. Sehr oft kennt man die Lieblingsargumente der Gesprächspartner und kann sich im voraus eine schlagfertige Antwort überlegen.
Hören Sie aufmerksam zu. Nur wenn Sie genau

mitbekommen, was Ihr Gesprächspartner sagt, können Sie treffend reagieren.
Denken Sie daran, daß einige Wörter mehrere Bedeutungen haben. Versuchen Sie, immer die passende Bedeutung zu verwenden.
Versuchen Sie eine logische Folgerung aus einer Behauptung Ihres Gesprächspartners zu ziehen.
Beobachten Sie Rede- und Antworttechniken bei anderen schlagfertigen Leuten.
Machen Sie eine kritische Nachbereitung: Was hätte ich auf diese oder jene Äußerung erwidern können?
Erweitern Sie Ihren Wortschatz! Nur wenn Sie über einen umfangreichen Vorrat an Wörtern verfügen, haben Sie zu jeder Gelegenheit das treffende Wort parat. Je größer Ihr Wortschatz, um so mehr Möglichkeiten stehen Ihnen zur Verfügung.
Führen Sie ungeniert Selbstgespräche. Das aktiviert Ihre Redefähigkeit und Ihren Wortschatz.
Malen Sie sich verschiedene Gesprächs- und Redesituationen mit möglichst schlagfertigen Antworten aus. Das übt nicht nur Ihre Schlagfertigkeit, sondern auch Ihre Phantasie.
Studieren Sie die vielen Beispiele, die in dem Buch „Die schlagfertige Antwort“ von Maximilian Weller aufgeführt sind. Viele dieser schlagfertigen Antworten lassen sich, abgewandelt, auf andere Situationen übertragen.

Kritische Kontrolle und Selbstanalyse nach dem Auftritt

Die Schnellbeurteilung – ABC-Checkliste für die Selbstanalyse nach dem Vortrag – Seminargruppen-Beurteilungsbogen – Die Intensivbeurteilung – Beurteilen Sie Ihre Stimme – Checkliste einiger Hauptfehler – Checkliste für die Selbstanalyse

Ein geübter Redner merkt meistens schon selbst, ob sein Vortrag gelungen, ob der Funke übergesprungen ist. Bereits während des Vortrages kann der geübte Redner vieles an den Augen der Zuhörer ablesen, auch aus der Sitzhaltung und aus manchen anderen Indizien kann er so einiges entnehmen. Die nonverbale Sprache der Zuhörer zeigt dem erfahrenen Redner vieles auf.

Der weniger geübte Redner erkennt dies alles weniger deutlich. Deshalb ist dringend zu raten, daß sich der Vortragende einer kritischen Kontrolle und Selbstanalyse nach dem Auftritt unterzieht. Wer sich dabei gewissenhaft prüft, wird seine Fehler erkennen! Das ist wichtig, denn nur wer weiß, welche Fehler er macht, kann diese auch korrigieren.

Es folgen einige wichtige Fragen, die Sie sich stellen sollten, und Beurteilungsbögen, an Hand derer Sie eine kritische Analyse durchführen können.

Die Schnellbeurteilung

Natürlich werden Sie als Redner von Ihren Zuhörern streng beobachtet und beurteilt. Aus diesem Grunde sollten Sie schon eine vorangehende Selbstbeurteilung vornehmen. Je kritischer Sie hier mit sich selber sind, desto weniger müssen Sie sich dann vor der späteren Beurteilung durch Ihre Zuhörer fürchten.

	gut	durch-schnitt-lich	mäßig
Arbeitseifer			
Charme			
Dialekt			
Eignung zum Redner			
Erfolgswille			
Fachliche Fähigkeit			
Humor			
Kontaktfähigkeit			
Schlagfertigkeit			
Sicherheit			
Umgangsformen			
Zuverlässigkeit			

ABC-Checkliste für die Selbstanalyse nach dem Vortrag

	ja	nein
Ist mir ein sicherer **Abgang** gelungen?		
War meine **Aktivität** ausreichend?		
Habe ich zuviel **angeboten**?		
War meine **Aussprache** deutlich?		
Wurden genügend **Beispiele** gebracht?		
Habe ich genügend **Blickkontakt** gehalten?		
War meine **Darbietung** verständlich?		
War mein **Einstieg** zufriedenstellend?		
War meine äußere **Erscheinung** korrekt?		
Habe ich große **Fehler** begangen?		
Habe ich zu viele **Fremdwörter** verwendet?		
Wirkte ich **gehemmt**?		
War die **Geschwindigkeit** der Aussagenfolge zu groß?		
Stimmten meine **Gesten** mit dem gesprochenen Wort überein?		
War eine gute **Haftwirkung** vorhanden?		
War der **Hauptteil** des Vortrags gut gegliedert und aufgebaut?		
Habe ich genügend technische **Hilfsmittel** eingesetzt?		
Habe ich genügend neue **Informationen** geboten?		
War der **Inhalt** meiner Rede informativ?		
War meine **Körperhaltung** in Ordnung?		
War meine **Lautbildung** korrekt?		
Klebte ich zu sehr am **Manuskript**?		

ABC-Checkliste für die Selbstanalyse nach dem Vortrag

	ja	nein
Stimmte meine **Mimik** mit dem gesprochenen Wort überein?		
War meine **Modulation** genügend ausgeprägt?		
Habe ich genügend **Pausen** eingehalten?		
War die **Redelautstärke** dem Raum angepaßt?		
Hatte ich das richtige **Redetempo**?		
War der **rote Faden** stets zu erkennen?		
Waren meine **Sätze** verständlich?		
War mein **Schluß** gut?		
Strahlte ich genügend **Sicherheit** aus?		
Hat es mir **Spaß** gemacht, vorzutragen?		
Konnte ich ein **Steckenbleiben** überspielen?		
Wirkte ich **sympathisch**?		
Beherrschte ich das **Thema**?		
Interessierte die **Thematik** die Zuhörer?		
Wirkte ich **überheblich**?		
Wirkte ich **überzeugend**?		
Wirkte ich **unruhig**?		
Gibt es noch irgendwelche **Verbesserungsmöglichkeiten**?		
War die **Visualisierung** ausreichend?		
War meine **Vorbereitung** ausreichend?		
War der **Vortrag** lebendig genug?		
Konnte man den **Vortrag** gut verfolgen?		
Habe ich die **Zeit** eingehalten?		
Habe ich **Zwischenfragen** gekonnt beantwortet?		
Bin ich genügend auf die **Zuhörer** eingegangen?		

Die Intensivbeurteilung

(Für das Verhandeln und Verkaufen)

Hauptkriterien	Kriterienvertiefung		Allgemeines
1. **Haltung**			
– Kopf	aufrecht	nach vorne	arrogant
– Schultern	gerade	nach vorne	schief
– Bewegung	dynamisch	normal	arm
– Schritt	dynamisch	normal	müde
– Armbewegung	interessant	normal	müde
2. **Kleidung**			
– Allgemein	schlicht	modisch	adrett
	sauber	abgetragen	abgestimmt
– Schuhe	passend/unpassend	modisch	sauber
3. **Gesicht**			
– Mimik	ausdrucksvoll	ausdrucksarm	gelangweilt
– Augenkontakt	gut/freundlich/direkt	starr	ruhig/kontaktlos
– Lächeln	freundlich	künstlich	verkrampft
4. **Sprache**			
– Tempo	normal	zu schnell	zu langsam
– Modulation	ausgeprägt	normal	flach
– Stimmlage	normal	zu hoch	zu tief
– Wortschatz	reich	ausreichend	arm
– Pausentechnik	gut	zu kurz	zu lang
– Stimmstärke	normal	zu laut	zu leise
– Dialekt	hochdeutsch	anklingend	stark
– Aussprache	klar	undeutlich	Silben verschluckt
5. **Ausstrahlung**			
– Allgemein	Optimismus	Pessimismus	Melancholie
	Sympathie	introvertiert	extrovertiert
	dynamisch	energisch	kontaktlos
	lustlos	begeistert	Realist

Hauptkriterien	Kriterienvertiefung		Allgemeines
6. **Auffassungs-vermögen** – Geistige Beweglichkeit – Merkfähigkeit	schnell gut	normal normal	langsam muß trainiert werden
7. **Ideenreichtum**	viele realistisch	normal unpraktikabel	wenig unüberlegt
8. **Mitarbeit**	sehr rege	Durchschnitt	wenig
9. **Kontaktfähigkeit**	überbetont	normal	arm
10. **Anpassungsfähigkeit**	zu stark	normal	zu wenig
11. **Emotionen**	sensibel empfindlich unsicher unterschätzt sich	dickfellig robust selbstbewußt überschätzt sich	labil nervös ziellos
12. **Vitalität/Lebenskraft**	stark zielbewußt	normal ziellos	arm gesund
13. **Arbeitsweise**	logisch unlogisch systematisch	rationell unrationell ruhig unsystematisch	 langsam
14. **Führungseigenschaften**	nicht vorhanden latent motivationsstark	förderungswürdig Fortbildungsbereitschaft kann begeistern	lernwillig Vorbild Menschenführer verkäuferisches Geschick
15. **Verkäuferische Fähigkeiten** Argumentation	geschliffen logisch präzise konzentriert unlogisch unpräzise schwach langatmig unkonzentriert	gezielt klar überzeugend unklar ungezielt zerrissen	sicher verständlich unverständlich unsicher nervös

Hinweis für den Trainer: Kriterienvertiefungspunkte ankreuzen

Seminargruppen-Beurteilungsbogen

RHETORIKSEMINAR – REDEANALYSE								
	A	B	C	D	E	F	G	H
Äußeres								
Haltung								
Einleitung								
Augenkontakt								
Wortschatz								
Deutlichkeit								
Tempo								
Stimme								
Mimik								
Gestik								
Gliederung								
Substanz								
Motivation								
Hilfsmittel								
Zeit								
Abschluß								
Total								

Bemerkungen: 3 = sehr gut, 2 = gut, 1 = mittelmäßig
A–H = die einzelnen Teilnehmer

Datum: Ort:

Beurteilen Sie Ihre Stimme

Wir wissen aus Erfahrung, daß in den Volksweisheiten immer eine Portion Wahrheit steckt. Nicht von ungefähr kommt daher auch die Redensart: „Der Ton macht die Musik."

Die Stimme gibt vielfach Auskunft über die Stimmung, in der sich der Mensch gerade befindet. Ein Mensch, der sich über etwas gefreut hat, wird die Freude auch in seiner Stimme erkennbar machen. Er wird lauter, schneller und höher sprechen. Eigene Begeisterung wird sich ebenfalls in der Stimme äußern, der Redner wird mitreißend vortragen. Der Mensch dagegen, der Trauer empfindet, wird normalerweise leise, langsam und tiefer sprechen.

In Amerika hat Dr. Albert Mehrabian, Professor für Psychologie, erst kürzlich Forschungsergebnisse veröffentlicht, wonach das gesprochene Wort nur eine Wirkung von sieben Prozent erzielt. Dagegen kommt die Stimme, der Tonfall, auf 38 Prozent. Die nonverbale Sprache, die Mimik und Gestik also, erlangt sogar den größten Anteil, nämlich 55 Prozent. Aus diesen Erkenntnissen können Sie ersehen, wie wichtig es ist, Ihre Stimme und Ihren Tonfall einer Selbstbeurteilung zu unterziehen.

Wenn Sie sich selbst nach jedem Seminar kritisch und ehrlich beurteilen, dann werden Sie aus Ihren Fehlern lernen und durch weitere Übungen in der Alltagspraxis immer besser werden.

Beurteilungsbogen für Ihre Stimme

	positiv	negativ
Stimmlage (Modulation)	voluminös tief voll	zu hoch zu tief zu dünn
Stimmlicher Klang	mitreißend begeistert klar faszinierend	keine Emotionen müde, matt ohne Gefühl apathisch
Sprechmelodie	gute Betonung Satzzeichen werden stimmlich erkennbar Hervorhebung einzelner Wörter	monoton keine Höhen und Tiefen schneidend
Lautstärke	dem Gesprochenen angepaßt, jeweils lauter oder	gleichbleibend zu laut zu leise

	positiv	negativ
	leiser einschmeichelnd	zu hart
Sprechtempo	unterschiedlich dem Gesagten angepaßt rhythmisch	zu schnell zu langsam gleichbleibend abgehackt

Checkliste einiger Hauptfehler

Thematik	ja	nein	manchmal
Persönliche Fehler			
Mangelnde Vorbereitungszeit			
Mangelnde Beherrschung der Thematik			
Unnötiges Lampenfieber vor dem Auftritt			
Vortrag wirkte auswendig gelernt			
Erschien langweilig und uninteressant			
Mangelnder Wortschatz verursachte Schwierigkeiten beim Sprechen			
Zielsetzung			
Mangelnde Zuhörerinformationen			
Zu viele Fremdideen und -gedanken			
Zuhöreranalyse			
Den Teilnehmererwartungen wurde nicht entsprochen			
Ausarbeitung			
Vortrag wurde vorher nicht mit Bekannten oder Freunden besprochen			
Störfaktoren bei der Ausarbeitung			
Wichtige Redeformen wurden nicht beachtet			
Zuviel Stoff wurde angeboten			
Das Karteivortragssystem wurde nicht angewandt			

Thematik	ja	nein	manchmal
Organisation			
Zu kurze Vorbereitungszeit			
Falsche Manuskriptgestaltung im allgemeinen			
Teilnehmernamen wurden nicht behalten			
Anfang			
Schlechter Redeeinstieg, der erste Satz ging unter			
Keine Gespräche mit einzelnen Zuhörern vor dem Vortrag zum Aufwärmen			
Hauptteil			
Es fehlte an prägnanten und kurzgehaltenen Aussagesätzen			
Auftreten			
Die Thematik war verfehlt			
Zu lange und zu komplizierte Sätze			
Zuviel Schmalz in der Rede			
Zu technische Darstellung			
Mangelnde Visualisierung			
Es fehlte an Auflockerungen und Humor (Gags, Storys, Witze usw.)			
Wichtige Sätze/Wörter wurden auf dem Manuskript nicht unterstrichen			
Zuwenig persönliche Ausstrahlung			
Zu steife Körperhaltung			
Wußte nicht, wohin mit den Händen			
Festhalten am Pult			
Unnötiges Schaukeln mit dem Körper			
Schlechte Angewohnheiten			
Schlechte Mimik und Gestik			
Zu monotone Ausdrucksweise			
Falsches Redetempo			
Mangelhafte Pausentechnik			
Umblättern der Manuskriptblätter, anstatt sie beiseite zu schieben (Publikum zählte mit)			

Thematik	ja	nein	manch-mal
Allzu perfekte Darbietung			
Blickkontakt war nicht vorhanden			
Das Publikum wurde nicht genügend mitgerissen			
Bildete zu viele Neben- anstatt Hauptsätze			
War in der Aussage zu unentschlossen: „Ich würde sagen . . .“, „Ich würde meinen . . .“			
Sprach zu sehr in der Passivform: „Es wird gebeten, daß Sie zur Konferenz erscheinen,“ anstatt: „Ich bitte Sie, zur Tagung zu erscheinen“			
Zuhörer			
Der Vortrag war zu kurz oder zu lang			
Es fehlten Arbeitsunterlagen für die Zuhörer			
Erkannte die Ermüdungserscheinungen der Zuhörer nicht			
Bezog die Zuhörer nicht genügend in den Vortrag ein			
Verwandte viel zu oft das unpersönliche „man“, anstatt „Sie“. Beispiel: „Man sollte . . .“, besser: „Sie sollten . . .“			
Weitere Fehler			
Fehlende Technik, die Zuhörer zu entspannen			
Einwände wurden nicht richtig beantwortet			
Verwandte veraltete, traditionsgebundene Formulierungen, zum Beispiel: unter Zuhilfenahme von . . . (besser: mit Hilfe von . . .) oder: mit Ausnahme von . . . (besser: außer . . .)			
Arbeitete zuviel mit Modewörtern (sagenhaft, Klasse!, frustrierend usw.)			

Thematik	ja	nein	manch-mal
Psychologische Aspekte			
Sprach über die Köpfe der Zuhörer hinweg			
Hatte Hemmungen wegen der Dialektfärbung			
Schluß			
Es fehlte eine Zusammenfassung			
Es fehlte ein guter Schlußappell			
Es fehlte der Dank an die Zuhörer			

Checkliste für die Selbstanalyse

	ja	nein
Habe ich falsche oder mißverständliche Aussagen gemacht?		
Habe ich optimal geantwortet?		
Habe ich das richtige Sprechtempo gehabt?		
Wie war meine Stimmausstrahlung?		
Wie war meine Körpersprache, Mimik und Gestik?		
Habe ich genügend Beispiele gebracht?		
Konnten die Teilnehmer meinem Vortrag folgen?		
Habe ich die Kernideen und die Zielsetzungen genügend unterstrichen?		
Habe ich persönlich gewonnen oder verloren?		
War mein Manuskript zu lang oder kurz?		
Habe ich Freunde gewonnen – oder mir Feinde gemacht?		
Fühlte ich mich in dem Rahmen wohl?		

	ja	nein
Wie war meine technische Vorbereitung? Hatte ich technische Pannen, die ich hätte vermeiden können? Waren alle Hilfsmittel griffbereit?		

	ja	nein
War die Vorstellungsphase – die Einleitung – der Einstieg gut? Hatte ich Blickkontakt? Habe ich die Teilnehmer genügend begeistert, informiert und überzeugt?		

Verkaufsrhetorik in der Wirtschaft

Warum Verkaufsrhetoriktraining? – Was ist ein Kunde? – Philosophie der Einwände und Analyse der Haupteinwände – Einwände der Kunden – Allgemeine Hinweise für die Behandlung von Einwänden – Einige rhetorische Abfang- und Zustimmungsformulierungen – Kleines ABC für die rhetorische Gesprächsführung – Ja-Formulierungen – Brief an „Seine Exzellenz", den Verkäufer – 175 Ideen für besseres Verhandeln und Verkaufen – Einige Verkaufsformeln

Ein wichtiger Bereich der Rhetorik ist die Verkaufsrhetorik. Tagtäglich werden Tausende von Gesprächen zwischen Einkäufern und Verkäufern geführt. Manche mit gutem, andere mit weniger gutem Erfolg. Viele Herren der Geschäftsleitungen ahnen gar nicht, wie viele Gespräche aus Unkenntnis und mangelndem Training zum Scheitern verurteilt sind, da sie völlig unqualifiziert geführt werden. Deshalb ist die Aus- und Weiterbildung der Verkäufer im Unternehmen sehr wichtig und bedeutsam.

Warum Verkaufsrhetoriktraining?

Spezialisten in Verkaufsrhetorik werden nicht geboren, sondern ausgebildet.

Der Kontaktverkäufer wird immer mehr zum Problemlöser und Partnerschaftsverkäufer.

Eine Versachlichung der Verhandlungsführung steht mehr und mehr im Vordergrund.

Was man wissen sollte

Verkaufsrhetorik bedeutet auf lange Sicht keine Umsatzverluste, sondern Gewinn.

Verkaufsrhetorikausbildung kostet keine Zeit, aber man lernt, Zeit zu gewinnen.

Man sollte bedenken: Wer einmal ein Referat gehalten hat, ist noch längst kein Redner.

Verkäufer lehnen im allgemeinen heute nicht mehr – wie früher – Rhetoriktraining ab, sondern begrüßen diese Weiterbildungsmöglichkeit.

Allgemeine Vorteile

Verkaufsrhetoriktraining bietet ein Gesprächsforum für Innen- und Außendienst.

Allgemeines Wissen wird durch selektives Lernen ergänzt.

Verkaufsrhetoriktraining ist eine Arena für geistiges Ringen. Die Einzelleistung wird herausgefordert.

Latente Talente werden oft entdeckt und geweckt.

Fähigkeiten und Schwächen werden im Training schnell erkannt.

Rentabilität, also mehr Können, bringt zwangsläufig mehr Umsatz.

Feedback

Bessere Verständigung durch eine bessere Ausdrucksweise zwischen dem Kunden und dem Außendienst.

Praktische und nützliche Verbesserungsvorschläge können optimal vorgebracht und weitergeleitet werden.

Bessere Beseitigung von Mißständen und Problemen im Außendienst.

Zusammenarbeit mit Rhetoriktrainern ist ein gutes Barometer für Beurteilungsfragen der Vorgesetzten.

Firmen-Public-Relations

Rhetorikausbildung gewährleistet besseres Verhandeln Ihres Außendienstes.

In Rhetorik gut ausgebildete Verkäufer tragen zur Imageprofilierung der Firma bei.

Gezielte Rhetorikausbildung und Imagepflege sind wichtig für die Anwerbung neuer Verkäufer.

Aus- und Weiterbildung sind anerkannte soziale Leistungen.

Kontrollmöglichkeiten

Abtastmöglichkeiten der geistigen Einstellung zur Firma.

Möglichkeiten der Korrektur- und Beratungsgespräche.

Aufdeckung und Erkennen von negativen Stimmungen.

Vorteile für den Vorgesetzten

Das Verkaufsrhetoriktraining bringt neue Impulse.

Rhetoriktraining weckt den Teamgeist.

Der Mitarbeiter verfügt über neue Selbsterkenntnisse und bessere Sprechfähigkeiten.

Neue Ideen und praktische Übungen befruchten die Arbeit.

Effektivität

Ein Rhetoriktraining steigert zwangsläufig das Arbeitsinteresse.

Viele Verkäufer brennen darauf, ihre neuen Ideen zu realisieren.

Ausbildungsinvestitionen können die Loyalität fördern.

Rhetorisches Können gibt dem Verkäufer mehr Sicherheit.

Methodik

Professionelle Rhetoriktrainer bauen Teilnehmer richtig auf.

Im modernen Trainingszentrum können technische Hilfsmittel und neueste pädagogische Erkenntnisse eingesetzt werden.

Gute Trainer verwenden geschickte und psychologische Motivationsmittel.

Eine Visualisierung des Ausbildungsstoffes erhöht die Haftwirkung.

Trainingsmöglichkeiten

Verkäufer erarbeiten neue Problemlösungen und deren Vortragsmöglichkeiten.

Wissensvermittlung beruht auf neuen Erkenntnissen.

Durch das Verkaufsrhetoriktraining können Teilnehmer gewonnen und begeistert werden.

Rhetoriktrainer stehen für Korrektur und Beratung zur Verfügung.

Im Training können die Teilnehmer ruhig Fehler machen – im Gegensatz zur Arbeit im Außendienst.

Trainingsnachwirkungen

Ein im Verkaufsrhetoriktraining geschulter Verkäufer führt eher Selbstkontrollen durch.

Verkaufsrhetoriktraining spornt die eigene Weiterbildung an.

Informierte Verkäufer haben mehr Verständnis für hausinterne Gesichtspunkte.

Verkaufsrhetoriktraining ist eine Hilfe auf dem Weg zur Persönlichkeitsentfaltung und -profilierung.

Rhetorisch und psychologisch trainierte Verkäufer haben eine empfindliche Antenne für Kundenaussagen – verbale wie nichtverbale. Ihre Beobachtungsgabe und ihr Einfühlungsvermögen veranlaßt sie, nicht schnell, sondern richtig zu antworten. In unserer Zeit, in der sich die Produkte immer ähnlicher werden, ist die Persönlichkeit des Verkäufers der einzig ausschlaggebende Punkt. Nur durch ständiges Training können die negativen – und somit unklugen – Formulierungen ausgemerzt werden.

Hier folgen nun einige Betrachtungen darüber, welche rhetorischen Beantwortungsmöglichkeiten es auf Kundeneinwände gibt. So, wie wir den Zuhörer immer in den Mittelpunkt stellen, müssen wir es auch mit dem Kunden halten, der ja den Ausschlag geben soll. In vielen Büros Deutschlands ist diese so treffende Aussage über Kunden vorzufinden:

Was ist ein Kunde?

Ein Kunde ist die wichtigste Persönlichkeit für unsere Firma; gleichgültig, ob sie persönlich anwesend ist oder sich außerhalb unseres Hauses befindet.

Ein Kunde hängt nicht von uns ab, sondern

wir von ihm – das ist nichts Neues, wird aber viel zuwenig beachtet!

Ein Kunde ist nicht die Unterbrechung unserer Arbeit, er ist der Zweck.

Ein Kunde ist ein wesentlicher Teil unseres geschäftlichen Daseins und damit indirekt Teilhaber unserer Firma.

Ein Kunde ist kein kalter Rechenfaktor, er ist ein Mensch aus Fleisch und Blut, mit Gefühl und Empfindungen, genau wie auch wir sie haben.

Ein Kunde ist kein Streitobjekt, an dem man seine Tüchtigkeit beweist. Noch nie gewann jemand einen Streit mit einem Kunden.

Ein Kunde ist ein Partner, der uns seine Wünsche mitteilt. Unsere Aufgabe ist es, diese Wünsche für ihn und uns reell zu erfüllen.

Philosophie der Einwände und Analyse der Haupteinwände

Trotz allem Wohlwollen dem Kunden gegenüber haben wir tagtäglich mit vorgebrachten Einwänden von ihm zu rechnen, gleichgültig, ob sie zu Recht oder zu Unrecht vorgebracht werden. Diese müssen dann analysiert werden. Sehen wir uns einmal den Komplex der Einwände und deren Behandlung näher an!

Kundeneinwände bieten die Möglichkeiten für eine Klarstellung.

Kundeneinwände bieten eine Diskussionsplattform.

Kundeneinwände fordern den Verkäufer heraus.

Kundeneinwände dienen als Kompaß für die Gesprächsführung.

Kundeneinwände werden oft nur als allgemeiner Vorwand in den Raum gestellt.

Kundeneinwände sind Leuchttürme auf dem Weg zum Auftrag.

Kundeneinwände sind Fragen an den Verkäufer, warum der Kunde kaufen soll.

Kundeneinwände sind die Hürden eines Verkaufssportlers.

Gegen die Person – Persönlichkeitsbarriere

Ich mag ihn nicht	Er ist mir unsympathisch

Gegen die soziale Einstufung

Er ist Arbeiter Er ist Vertreter Er ist katholisch/evangelisch	Er gehört der ... Partei an Er hat reiche Eltern Er ist Ausländer

Gegen die Firma

Imagephilosophie Ich unterstütze keine ausländischen Firmen Das sind Halsabschneider	Die liefern die Ware unpünktlich Die Firma erledigt selten Reklamationen Die Firma ist zu teuer

Zur Kundensituation

Keine Zeit	Andere Bezugsquellen
Kein Geld	Andere Pläne
Kein Interesse	Andere Lieferanten
Kein Bedarf	Andere Verbindungen

Interesselosigkeit

Kennt die Ware nicht	Angebot von keiner Bedeutung

Marktverhältnisse

Zu teuer im Moment Will abwarten Konkurrenzeinwirkung Billigere Bezugsquellen	Größere Rabattvorteile Werbeintensität Verbraucher-Nachfrage-Situation

Imagepflege

Frühere Enttäuschung Kein Vertrauen Keine Kundenvorteile	Keine sonstigen Vergünstigungen Keine Produktinformationsmöglichkeiten Unterschiedliche Persönlichkeitsstrukturen

Subjektive Einwände

Keine Lust Verärgerung	Andere Prioritäten Angst vor Entscheidungen

Einwände der Kunden

Viele Kunden bringen den angebotenen Produkten gegenüber Einwände vor. Die Einwände lassen sich in zwei Gruppen teilen, in subjektive und in objektive Einwände. **Subjektiven Einwänden** können Sie folgendermaßen begegnen:

Überhören

Mit Humor begegnen

Einwände umkehren

Einwand selbst beantworten lassen durch Fragen

Erkennen Sie als Verkäufer den echten Einwand
Beantwortung verschieben
Einwand selbst wiederholen
„Wenn ich Sie richtig verstanden habe ...“
Beantworten Sie den Einwand mit „Warum?“
Erkennen Sie, wann es sich nur um eine Ausrede handelt
Verwenden Sie die Vorwegmethode
Erzählen Sie eine dazu passende Story
Kategorische Verneinung
Einwand entkräften (Ja-aber-Methode – besser: ja, und ...)

Objektiven Einwänden begegnen Sie so:
Interessiert Zuhören
Ausreden lassen
Einzelheiten notieren
Tatbestand zugeben und kommentieren
Vorwegnehmen (bei der Gesprächseröffnung)
Lassen Sie den Kunden den Einwand selbst beantworten
Geben Sie den Fehler oder Mangel zu
Umkehrung des Einwandes – Verwendung der Formulierung „... gerade deshalb ...“
Plus-Minus-Methode anwenden
Überspringen des Einwandes
Abschwächungsmethode (oder Bagatellisierungsmethode)
Berechnungsmethode
Zersetzungsmethode
Einsatz von Humor und Schlagfertigkeit
Demonstrationsmethode
Erörterung mit Papier und Bleistift
Analyse mit grafischen Methoden
Überspielung des Einwandes mit einer neuen Idee
Vorzeigen von Referenzen
Suggestionsmethode
Herausforderungsmethode

Allgemeine Hinweise für die Behandlung von Einwänden

Versuchen Sie, die Wahrheit zu ergründen.
Vergessen Sie nicht: es ist besser, einen Auftrag zu verlieren, als einen Kunden.
Bemühen Sie sich, sich mit dem Kundenproblem zu identifizieren.
Bestätigen Sie dem Kunden, daß seine Ansicht richtig ist.
Versuchen Sie, den Einwand so gut wie möglich zu entkräften.
Appellieren Sie an Verkaufserwägungen.
Ergründen Sie die Reklamationsbeeinflusser.
Stellen Sie fest, worauf der Kunde hinauswill.
Haben Sie Verständnis für Kundenemotionen.
Machen Sie keine Versprechungen, die Sie nicht halten können.
Versprechen Sie dem Kunden eine genaue Untersuchung.
Nehmen Sie vor allem jeden echten Kundeneinwand ernst.

Wir wollen uns nun kurz mit Wortformulierungen beschäftigen, die wir bei Praxisgesprächen verwenden können, denn ein Teil der Verkaufsrhetorik besteht darin, daß wir Kundeneinwänden mit einer optimalen Beantwortung begegnen.

Meistens wiederholen sich ja die hauptsächlichen Einwände mit kleineren Abweichungen von Branche zu Branche. Hier zeigen wir deshalb einige Formulierungen zur Einwandbehandlung auf:

Einige rhetorische Einwandformulierungen:

Verkaufe Eigenmarken

Gerade deshalb sollten Sie Alternativen anbieten ...
Sie haben sicher schon die Erfahrung gemacht, daß Sie von Eigenmarken allein nicht leben können. Eigenmarken werden durch Markenartikel erst aufgewertet.
Sie stimmen mir doch sicher zu, daß sich ein ABC-Qualitätsprodukt mit hohem Bekanntheitsgrad weit schneller umschlägt; deshalb sollten Sie am schnellen und dauerhaften Gewinn interessiert sein und ABC-Produkte führen.
Durch das Markenprodukt wird aber der Preisvorteil der Eigenmarke erst unterstrichen.
Auch andere Unternehmen, wie zum Beispiel XYZ, verkaufen zusätzlich Markenartikel, um ihren Kunden eben ein möglichst breit gefächertes Sortiment anzubieten.
Erarbeiten Sie weitere Formulierungen aus Ihrer Praxis:

Übung:

1. ....

2. ....

3. ....

Bedeutung der Gesprächsführung

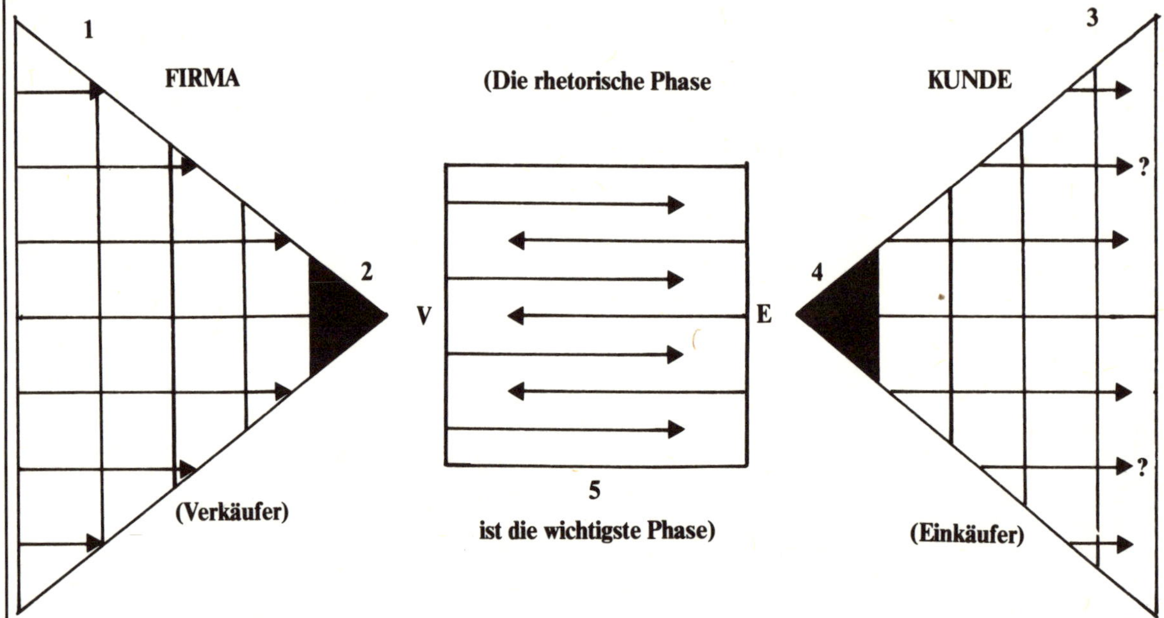

1. Gesamte Firmenaktivitäten und Leistungen ihres Angebotes
2. Firmen-Verkäufer im Außendienst
3. Der Kunde als potentieller Abnehmer Ihrer Produkte
4. Der Haupt-Einkäufer
5. Kommunikationsphase zwischen Verkäufer und Einkäufer.
Das gesprochene Wort Verbal und Non-Verbal bestimmen den Verkaufserfolg der gesamten Firma.
Ist der Verkäufer genügend rhetorisch ausgebildet?

Außendienst-Großhandel überlastet

Interessanten Angeboten gegenüber war Ihr eigener Außendienst schon immer aufgeschlossen.
Darf ich dann vielleicht am nächsten Freitag Ihrem Außendienst unsere neue Aktion präsentieren?
Darf ich fragen, was Sie denn zur Zeit forcieren?
Von........... Angeboten war doch Ihr Außendienst immer sehr eingenommen.
Die Aktion, die wir heute vorstellen, ist problemlos, zeitsparend und bringt zusätzlichen Gewinn. Sie sollten sie nicht versäumen!
Wie wir wissen, ist Ihr Außendienst wegen des problemlosen Verkaufs unserer Produkte immer bereit, diese zu forcieren.

Übung:

1. ....

2. ....

3. ....

Kunde will abwarten

Warum wollen Sie erst abwarten? Unser Angebot ist aktuell und sicherlich auch für Sie interessant.
Länger warten bedeutet Umsatzverlust, wenn Sie sich aber heute noch entscheiden, haben Sie die gleichen Chancen wie Ihre Kollegen.

Machen Sie doch mit, dann haben Sie sofort einen Vorsprung gegenüber der Konkurrenz.
Finden Sie denn das Angebot nicht interessant? Vielleicht sollten wir die Lieferung per nächsten 15. notieren?

Übung:
1. ....
2. ....
3. ....

Wir führen schon ähnliche Produkte
ABC bietet Ihnen ein komplettes Programm – nützen Sie diesen Vorteil.
Sicherlich, das kann ich gut verstehen, dennoch wäre es für Sie ein Vorteil, ABC zu führen.
Vieles aus einer Hand erspart Ihnen Zeit und Geld, und Sie straffen automatisch Ihr Sortiment.
Möchten Sie Ihren Umschlag und Gewinn nicht durch eine Zweitplazierung erhöhen?
Sie stimmen mir doch sicher zu, daß ein komplettes Programm aus einer Hand enorme Vorteile bringt. Nur eine Bestellung, nur ein Angebot und nur einen Lagerplatz!

Übung:
1. ....
2. ....
3. ....

Wir haben Einkaufsstopp
Darf ich fragen, für wie lange?
Schade, wir haben ein interessantes, zeitlich begrenztes Angebot – wollen Sie das nicht doch nutzen?
Gilt das für alle Produkte?
Aber doch sicher nicht für Produkte, die Ihnen fehlen? Erlauben Sie, daß wir einmal kurz unsere Liste durchgehen?
Könnten Sie aber dadurch nicht mit dem einen oder anderen Artikel in einen Engpaß geraten?

Übung:
1. ....
2. ....
3. ....

Schleppender Absatz
Setzen Sie doch einmal neue Aktivitäten ein.
Wollen wir ein gemeinsames Angebot ausarbeiten?
Woran könnte das liegen? Wollen wir einmal zusammen kurz durchgehen, worin die Ursache liegt?
Und was halten Sie von dem folgenden Absatzvorschlag?
Lassen Sie uns versuchen, gemeinsam eine Lösung zu finden, um neue Verkaufsaktivitäten zu schaffen.
Grund genug, gemeinsam nach der Lösung dieses Problems zu suchen. Fangen wir gleich an...

Übung:
1. ....
2. ....
3. ....

Sie können doch nicht liefern!
Sie haben schon recht, aber wie Sie wissen, kann bei einem solch großen Sortiment schon ab und zu einmal ein Artikel ausgehen.
Ja, das stimmt, aber es ist wohl nicht zu vermeiden, daß bei dem einen oder anderen Artikel einmal ein Engpaß durch die große Nachfrage entsteht. Den größten Teil Ihrer Bestellung konnten wir aber doch immer fristgerecht ausliefern!
Lieferverzögerungen können überall einmal auftreten, deshalb ist eine frühzeitige Disposition immer von Vorteil.
Das war in der Vergangenheit. Heute kann ich Sie beruhigen: unser Lager ist voll auf diese anlaufende Aktion vorbereitet und eingestellt.

Übung:
1. ....
2. ....
3. ....

Lager voll
Haben Sie denn schon interessante Angebote nach draußen gegeben?
Welche Produkte sind davon betroffen? Vielleicht kann ich Ihnen für diese eine besondere Absatzhilfe geben.
Wie könnten wir da zusammen eine Abhilfe schaffen?

Übung:
1. ....
2. ....
3. ....

Andere Prioritäten

Wollen Sie wirklich auf dieses gute Geschäft verzichten?

Darf ich fragen, was Sie in dieser Richtung vorhaben?

Mein Kompliment, Sie gehen wirklich mit der Zeit! Aber vielleicht kann ich Ihnen dabei sogar noch ein wenig behilflich sein?

Da unsere Aktion in diese Jahreszeit paßt, wäre es doch überlegenswert, ob Sie Ihre Aktivitäten nicht doch noch mit unserem Angebot koppeln können.

Übung:

1. ....
2. ....
3. ....

Reklamationen

Ich kümmere mich noch heute persönlich darum.

Es ist unser Wunsch, zufriedene Kunden zu haben. Wir finden bestimmt eine für Sie zufriedenstellende Lösung.

Ich werde umgehend der Sache nachgehen und Sie unverzüglich über den Verlauf informieren.

Wir haben unsere Kunden in ähnlich gelagerten Fällen noch immer zufriedenstellen können, und es wird uns auch in diesem Fall gelingen ...

Geben Sie mir nur einige Tage Zeit, und Sie werden zufrieden sein.

Übung:

1. ....
2. ....
3. ....

Mitbewerber ist besser

In welchen Produkten, wenn ich fragen darf?

Worin liegt Ihrer Meinung nach der Vorteil bei unserer Konkurrenz? (Dabei den Mitbewerber loben, aber gleichzeitig auch eigene Vorteile aufzählen!)

Gewiß hat er gute Produkte, aber kennen Sie unser neuestes ...?

Übung:

1. ....
2. ....
3. ....

Handelsspanne zu gering

Haben Sie denn viele Produkte, bei denen Sie eine stets gleichbleibende Handelsspanne haben?

Lassen Sie uns noch einmal die Handelsspanne durchrechnen und sie mit denen anderer Artikel vergleichen ...

Übung:

1. ....
2. ....
3. ....

Einige rhetorische Abfang- und Zustimmungsformulierungen

Die Erfahrung zeigt immer wieder, daß die „Ja-aber“-Formulierung längst nicht in jedem Fall klug ist. Die Ja-aber-Formulierung gibt dem Kunden nur bedingt recht: durch die Negierung, die durch das Wort „aber“ kommt.

Besser sind folgende Formulierungen:

Sie haben recht, allerdings ...

Ihren Standpunkt kann ich gut verstehen, deshalb wollen wir ...

Wenn ich Sie richtig verstanden habe, wollen Sie ...

Vielen Dank für Ihren Hinweis, wir werden ...

Sicher, Sie haben recht, allerdings ...

Haben Sie bei Ihrer Überlegung daran gedacht, daß ...

Sie überlegen sehr fachmännisch, allerdings ist nicht zu übersehen, daß ...

Ich kann Sie gut verstehen, allerdings finden wir ...

Sie haben recht, in diesem Fall, obwohl ...

Ich würde in Ihrem Fall ähnlich handeln ...

Sie sehen die Situation richtig, jedoch ...

Vielen Dank für Ihren Hinweis ...

Sie haben die Angelegenheit genau durchdacht, obwohl man ...

Wenn Sie „zu teuer“ sagen, vergleichen Sie doch sicher mit einem anderen Produkt, darf ich fragen mit welchem?

Kaufmännisch gesehen, haben Sie bestimmt recht, indessen ...

Ihre Verärgerung kann ich gut nachfühlen, und deshalb ...

Übung:

Arbeiten Sie weitere kundenorientierte Abfang- und Zustimmungsformulierungen aus.

Kleines ABC für die rhetorische Gesprächsführung

Allerdings
Allerdings, da haben Sie recht, nur sollten Sie berücksichtigen ...

Anregung
Wir danken Ihnen sehr für Ihre diesbezügliche Anregung und ...

Ansicht
Ihre Ansicht zeigt, wie genau Sie überlegen ...

Argumente
Ihre Argumente stimmen genau, jedoch ...
Das ist ein gutes Argument, was Sie da bringen, allerdings ...

Auffassung
Ich kann Ihre Auffassung verstehen, indessen ...

Bedenken
Sicher mag das zuerst so erscheinen, aber bitte bedenken Sie ...
Ihre Bedenken sind berechtigt, jedoch ...

Befürchtung
Ich verstehe Ihre Befürchtung, kann Ihnen aber erklären ...

Begründung
Darf ich um eine Begründung Ihres Einwandes bitten, denn ...

Beruhigen
Ich kann Sie hierüber wirklich beruhigen, denn ...

Beziehen
Beziehen Sie sich damit auf diesen ... oder jenen Fall?

Einwand
Ihr Einwand ist durchaus berechtigt, und darum ...
Wie ist Ihr Einwand genauer zu verstehen? Meinen Sie, daß ...

Erfahrung
Wir haben diese Erfahrung eigentlich noch nicht gemacht, aber ...
Ja, gewiß, aber Sie wissen doch sicher aus Ihrer eigenen Erfahrung ...

Erwähnen
Nun ja, aber ich vergaß wohl zu erwähnen ...

Fachmännisch
Sie überlegen wirklich sehr fachmännisch, jedoch ...

Fall
Vielleicht, aber in Ihrem Falle sollten Sie bedenken, daß ...

Frage
Sie stellen eine interessante Frage, die ich wie folgt beantworte ...
Sie werfen eine etwas schwierig zu beantwortende Frage auf, dennoch ...
Darf ich eine Gegenfrage stellen?

Gelegentlich
Gewiß, das hörte ich auch schon gelegentlich, allerdings ...

Gerade deshalb
Das Bessere ist der Feind des Guten, gerade deshalb sollten sie ...

Hinweisen
In diesem Zusammenhang möchte ich aber besonders darauf hinweisen ...
Danke, daß Sie mich darauf hinweisen, daß ..., ich werde ...
Ihre Überlegung ist sicher richtig, trotzdem möchte ich darauf hinweisen ...

Informieren
Sie sind insofern richtig informiert, als ..., übersehen aber ...
Sie sind wirklich gut informiert, aber Sie vergessen ...

Kaufmännisch
Kaufmännisch gesehen, mögen Sie recht haben, indessen ...

Medaille
Aber bitte bedenken Sie, jede Medaille hat doch zwei Seiten!

Meinung
Auf diese irrige Meinung bin ich schon öfter gestoßen: ...
Sie stehen mit dieser Meinung nicht allein da, aber ...
Ich akzeptiere Ihre Meinung, jedoch ...

Mißverständnis
Liegt hier nicht ein kleines Mißverständnis vor, weil ...

Nachteil
Selbstverständlich haben Sie recht, aber in diesem Fall ist der kleine Nachteil doch in Kauf zu nehmen.
Warum, glauben Sie, daß es ein Nachteil ist?

Praxis
Ich vermutete auch am Anfang meiner Praxis, daß ..., jedoch heute ...
Es kommt doch nur darauf an, welche Ergebnisse die Praxis zeigt ...
Gestatten Sie, daß ich Ihre Frage gleich aus der Praxis her beantworte!
Problem
Ich versuche, nunmehr das Problem einmal mit Ihren Augen zu sehen ...
Punkt
Das ist ein Punkt, auf den ich gerade zu sprechen kommen wollte!

Recht haben
Sie haben sicher recht, allerdings müßten Sie auch daran denken, ...
In diesem Fall haben Sie recht, aber ...
Reklamation
Sicherlich ist Ihre Reklamation berechtigt, aus diesem Grund ...
Richtig verstehen
Wenn ich Sie richtig verstanden habe, ...

Seiten
Jedes Ding hat zwei Seiten, aber in Ihrem Fall zählt doch ...
Sicht
Gewiß, aus Ihrer speziellen Sicht mag das stimmen, aber ...
Standpunkt
Wir verstehen zwar durchaus Ihren Standpunkt, müssen aber ...

Teuer
Wenn Sie teuer sagen, dann vergleichen Sie sicher mit ..., aber ...

Verärgerung
Ihre Verärgerung kann ich gut verstehen, deshalb möchte ich ...

Wichtig
Was ist Ihnen wichtiger? Dies ... oder das ...
Wunsch
Für Ihren Wunsch haben wir Verständnis, wir versuchen auch immer, Ihre Wünsche zu erfüllen, aber hier ...

Zugeben
Zugegeben, Sie haben hierin völlig recht, trotzdem ...

Zusammenhang
In diesem Zusammenhang möchte ich aber besonders darauf hinweisen ...
Zustimmung
Ich stimme Ihnen in diesem Punkt wirklich zu, aber ...

Ja-Formulierungen

Eine Technik, die noch immer viel zuwenig praktiziert wird, ist die „Ja“-Technik. Es ist sehr wichtig, daß wir uns mit dieser Technik ein wenig näher befassen!
Gute Redner bringen den Partner dazu, mit JA zu antworten!

Die Alltagspraxis zeigt immer wieder, daß wir die Möglichkeiten nicht genügend anwenden, den Gesprächspartner in ebendiese Positivstimmung bzw. -einstellung zu versetzen. Kluge Rhetoriker versuchen deshalb in erhöhtem Maße, weniger Behauptungen aufzustellen, als sehr viel mehr mit der Fragetechnik zu operieren und diese so zu gestalten, daß ihr Gegenüber zwangsläufig mit einem JA antworten muß. In besonderem Maß gilt diese Technik natürlich für das Verkaufsgespräch. Hier nun einige Formulierungen für ein Verkaufsgespräch, die sicherlich mit einem „Ja“ beantwortet werden:
Wären Sie an einem wirklich guten Zusatzgeschäft interessiert?
Die letzte Aktion war doch für Sie recht erfolgreich, wie mir berichtet wurde, nicht wahr?
Wäre dieses interessante Angebot für Sie nicht lukrativ?
Wäre es kein Vorteil, wenn wir Ihnen ...
Wollen Sie Ihre Transportkosten nicht um fünf Prozent senken?
Wollen Sie diesen guten Trend nicht fortsetzen?
Ist für Sie der Gewinnaspekt nicht besonders wichtig?
Wären Sie bereit, mich kurz anzuhören, wenn ich Ihnen einen wirklich gewinnversprechenden Vorschlag unterbreiten könnte?
Es ist doch richtig, daß jetzt eine besonders große Nachfrage nach diesem Artikel besteht?
Möchten Sie heute kein interessantes Zusatzgeschäft abschließen?
Sie wollen doch zufriedene Kunden, nicht wahr?

Übung:
Suchen Sie selbst weitere Ja-Formulierungen für ein Verkaufsgespräch.

Das kundenorientierte und partnerschaftliche Verhandeln und Verkaufen wird in Zukunft eine noch bedeutendere Rolle spielen. Einen geborenen Verkäufer gibt es nicht, er muß ausgebildet werden. Die achtziger Jahre verlangen den erfahrenen Verkäufer, der rhetorisch und psychologisch trainiert ist. Die Bedeutung seiner Arbeit an der Verkaufsfront, an der Tausende von Verhandlungen geführt werden, wird oft unterschätzt.

Vielleicht sollten wir uns einmal die Gedanken eines Briefes durch den Kopf gehen lassen, den ein Unternehmen an seine Herren im Außendienst verschickte.

Brief an „Seine Exzellenz", den Verkäufer

Verkäufer sind die wichtigste Antriebskraft in der modernen Wirtschaft, sie sind die nimmermüden Garanten für Wachstum und Wohlstand. Sie bewegen mehr Geld als alle Nabobs der Welt zusammengenommen, sie machen Besuche zu den ungeeignetsten Zeiten, stehen öfter in Opposition und im Regen, stellen mehr wesentliche Fragen, geben mehr Auskünfte, werden mit mehr Unbequemlichkeiten fertig als die Masse der übrigen in der Wirtschaft tätigen Menschen.

Verkäufer bringen mehr Freude, verursachen mehr Irrtümer, kolportieren mehr Nachrichten, korrigieren mehr Fehler und hören mehr Beschwerden, gleichen mehr Differenzen aus und verschwenden mehr Kraft und Nerven, ohne ihre Ruhe zu verlieren, als irgendeine andere Gruppe von Menschen.

Verkäufer werden individuell und kollektiv abwechselnd in den Himmel gehoben und verdammt, man diskutiert über sie auf Vertriebstagungen, bei kulturellen Veranstaltungen, hinter verschlossenen Türen, in Herren- und Damenzimmern, in Bars und an anderen Orten, von ebenso vielen Standpunkten aus und mit derselben Heftigkeit wie in den Schlagzeilen seriöser und anderer Zeitungen.

Verkäufer verkaufen und führen dadurch mehr neue Waren ein, disponieren über mehr alte Waren, veranlassen dadurch das Beladen von mehr Waggons, das Löschen von mehr Schiffen, das Bewegen von mehr Lastwagen, das Entwerfen von mehr Plänen und das Laufen von mehr Fließbändern als alle anderen Geschöpfe dieser Erde.

Fürwahr, meine Freunde: Verkäufer halten die Räder der Wirtschaft und den Geist der Menschen in Bewegung. Mehr kann von keinem Menschen gesagt werden. Deshalb sei vorsichtig, wenn du jemanden einen „Verkäufer" nennst, es sei denn, du willst ihm schmeicheln.

175 Ideen für besseres Verhandeln und Verkaufen

Verhandeln und verkaufen Sie noch mit Argumenten und Methoden von gestern? Die ökonomische Situation, die Märkte, die Bedürfnisse, die Einkaufsmethoden, auch die Gesprächspartner sowie die Verhandlungstechniken ändern sich ständig. Deshalb müssen Sie in gewissen Abständen Ihre Situation und Vorgehensweise überprüfen. Sie müssen neue Prioritäten und Gewichtung setzen, um nicht ins Hintertreffen zu geraten. Das gesprochene Wort wird immer im Mittelpunkt stehen. Allerdings sind viele Bausteine notwendig, um ein positives Ergebnis zu erzielen. Hier haben wir für Sie einige Ideen für erfolgreiches Verhandeln und Verkaufen aufgeführt. Bitte überprüfen Sie, welche für Ihre Verhandlung und für Ihre Verkaufstätigkeit wichtig sind.

Zielsetzung, bevor Sie verhandeln
Kennen Sie die Ziele Ihrer Firma genau?
Welche kurz-, mittel- und langfristigen Ziele müssen erreicht werden?
Welche potentiellen Kunden gilt es zu gewinnen?
Welche persönlichen Ziele wollen Sie im Rahmen Ihrer Tätigkeit erreichen?
Sehen Sie täglich Ihre Ziele im Geiste vor sich?
Denken Sie jeden Tag mit Papier und Bleistift?
Bedenken Sie, es ist niemals zu spät für einen neuen Anfang!

Ausdauer führt zum Erfolg
Ausdauer, Erfolgswille und Energie sind wichtige Voraussetzungen für den Verkaufserfolg.
Besuchen Sie täglich nur einen Kunden mehr, so verkaufen Sie auf längere Sicht mehr.

Bedenken Sie immer: „Richtig machen bringt Ihnen den Erfolg!“
Serviceleistungen für den Kunden machen sich letzten Endes immer bezahlt.
Scheuen Sie keinen Umweg und keinen Mehraufwand, um den Kunden zu befriedigen, es lohnt sich!
Erledigen Sie immer nur eine Sache auf einmal. (Faule wollen alles auf einmal machen.)
Arbeiten Sie mit viel Schwung und Begeisterung.

Überprüfen Sie Ihr Basiswissen
Bedenken Sie: Einen geborenen Verkäufer gibt es nicht.
Kennen Sie die von Ihnen vorgestellten Produkte genau und deren Vorteile für den Kunden? Oder lassen Sie lieber nur einen Prospekt da?
Besuchen Sie wieder einmal ein Rhetorikseminar, um neuen Mut und Schwung zu erhalten.
Nehmen Sie die Branchenfachzeitschriften im Auto mit, und lesen Sie sie während einer kleinen Wartepause.
Notieren Sie sich alle Fragen, die Sie beim Kunden nicht auf Anhieb beantworten konnten.
Erstellen Sie eine Kartei mit den häufigsten Einwänden, und erarbeiten Sie neue Antworten.
Fragen Sie sich, welches Allgemeinwissen Sie für Ihre jetzige Tätigkeit benötigen.
Analysieren Sie Ihren Wissensstand ehrlich, und beseitigen Sie die Lücken so schnell wie möglich.

Planen Sie Ihre Arbeit
Einige kommen allerdings vor lauter Planung gar nicht zur Arbeit!
Wie sieht mein Bezirk aus?
Was benötige ich an Arbeitsmaterial?
Erstellen Sie eine Prüfliste über Ihre wichtigsten Zeitdiebe.
Erstellen Sie am Wochenende einen Zeitplan für die kommende Woche.
Erstellen Sie eine allgemeine Planungscheckliste.
Fragen Sie sich: „Was habe ich bis jetzt bei der Planung zuwenig berücksichtigt?“
Wissen Sie, daß die größte und häufigste Verkäufersünde die mangelnde Planung ist?
Fünfzehn Minuten Denken kann Stunden einsparen!
Arbeiten Sie nach der Devise: „Mehr Zeit zum Denken nehmen und dadurch rationeller arbeiten und mehr Zeit haben für die wichtigen Aufgaben.“

Kennen Sie Ihre Kunden wirklich?
Die Vorausinformation ist sehr wichtig.
Das hervorragende Informationssystem des Herrn Rothschild verhalf diesem zu seinen großen Erfolgen an der Börse.
Welche neuen Informationsquellen gibt es für Sie zu erschließen?
Was sollten Sie beim Kunden oder im Geschäft besser und genauer beobachten?
Welche Eigenheiten und Gewohnheiten haben meine Kunden?
Worauf achten einige meiner Kunden ganz besonders?
Was kann ich dem Kunden mitbringen, und wie kann ich ihm einen Dienst erweisen?
Erstellen Sie nicht nur eine Firmenkartei, sondern auch eine Personenkartei über Ihre Kunden.
Worauf spricht der Kunde besonders an?
Fragen Sie sich: Wer entscheidet wirklich über den Einkauf meiner Produkte oder über die Dienstleistungen?

Vertiefen Sie Ihren Kontakt durch Takt und Sympathie
Auch heute ist nicht immer nur der Preis ausschlaggebend.
Viele Verkäufer verlieren durch falsches Verhalten Kunden; welche Regeln sollten Sie beachten?
Problemlöser sind immer gern gesehen, und Sie vertiefen so den Kontakt zu Ihren Kunden.
Überlegen Sie kurz, was taktlose Verkäufer falsch machen, und lernen Sie daraus.
Verhandeln Sie niemals zwischen Tür und Angel.
Vermeiden Sie Übertreibungen, und halten Sie Ihre Versprechungen immer ein.
Erobern Sie Herzen durch Höflichkeit.
Fassen Sie sich bei der Gesprächsführung kurz.
Reden Sie weniger, zeigen Sie dafür mehr, und hören Sie besser zu.
Stellen Sie mehr Fragen – es lohnt sich.

Verhandlungseinleitung
Für den Routineverkäufer hat der Kunde natürlich oft keine Zeit.
Verwenden Sie immer wieder neue Türöffner in Form von kleinen Geschenken und Gags.

Seien Sie anders, heben Sie sich klar und deutlich, aber positiv von Ihren Kollegen ab.
Entwickeln Sie neue Ideen für die so wichtige Kontaktphase.
Verwenden Sie möglichst oft optische Hilfsmittel bei der Präsentation.
Geben Sie dem Kunden die Ware, Prospekte usw. schnell in die Hand, und nennen Sie Fakten.
Stellen Sie dann gleichzeitig entsprechende Fragen.
Halten Sie immer schriftliche Angebote bereit.
Untermalen Sie Ihr Gespräch mit Mimik und Gestik.

Versachlichen Sie die Gesprächsführung
Erst reden, wenn der Kunde wirklich zuhört.
Nennen Sie kurz und bündig die wichtigsten Kundenvorteile Ihres Produktes.
Argumentieren Sie mit Papier und Bleistift.
Nützen Sie viele Beweise und Referenzen aus.
Setzen Sie Sales-folders, Handbücher und Fotos ein.
Hinterlassen Sie Muster, Argumente und Hilfsmittel für das Einkaufsgremium oder für Auftragsbeeinflusser.
Beziehen Sie hinzukommende Mitarbeiter ins Gespräch ein.
Analysieren Sie Ihren Kunden genau, und kommen Sie seiner Mentalität entgegen.
Beachten Sie den Augenkontakt, und sprechen Sie klar, deutlich und sachbezogen.

Kunden denken „Was habe ich davon?"
Notieren Sie die Nutzen Ihrer Produkte erneut auf Argumentationskarten.
Nennen Sie sämtliche Serviceleistungen oder Vergünstigungen für den Kunden.
Denken Sie auch an die persönlichen Wünsche Ihres Gesprächspartners.
Bedenken Sie immer wieder die Kaufmotive.
Kunden haben heute mehr denn je Angst davor, Fehler beim Einkauf zu machen. Deshalb vermitteln Sie dem Kunden ein Gefühl von Sicherheit.
Machen Sie es dem Kunden leicht zu kaufen: „Sie haben keine Mühe damit, das mache ich schon!"
Malen Sie Wortbilder – sprechen Sie bildhaft.
Fordern Sie den Kunden ruhig zum Wettbewerb heraus.
Bringen Sie dem Kunden Hilfsmittel, um ihm seine Arbeit zu erleichtern: Ideen, Tips, Hinweise usw.
Sammeln Sie fachbezogene Ausschnitte aus Fachzeitschriften oder von anderen Quellen.

Verhandeln Sie geschickt
Kundenbefragungen ergaben folgendes: „Die meisten Verkäufer reden zuviel und hören selten gut zu."
Wenn der Kunde zum Beispiel sagt: „Schreiben Sie bitte zehn Stück auf", sagen manche vor lauter Eifer: „Moment mal, ich bin mit meinem Verkaufsgespräch noch gar nicht fertig!"
Überlegen wir einmal kurz, warum Verkäufer nicht zuhören?
Zuhören heißt auch, ab und zu einmal mit dem Kopf zustimmend zu nicken.
Entwickeln Sie einige neue Frageformulierungen.
Beginnen Sie Ihr Gespräch mit Informationsfragen – Sie gewinnen Sympathie und Zeit dadurch.
Fallen Sie dem Kunden nie ins Wort.
Sagen Sie lieber: Ja, sicher . . . anstatt: Ja, aber .
Durch Fragen können Sie Zeit gewinnen, um sich eine neue Strategie auszudenken.

Einwände rhetorisch gut beantworten
Sammeln Sie eine Woche lang konsequent alle Einwände gegen Ihre Firma und die Produkte.
Durchdenken Sie diese in Ruhe, und erarbeiten Sie gute Lösungs- bzw. Beantwortungsmethoden.
Nehmen Sie Kundeneinwände ernst, und, falls erforderlich, berichten Sie Ihrem Chef, Ihrer Firma davon.
Studieren Sie wieder einmal die 25 Standardtechniken für die richtige Einwandbehandlung.
Analysieren Sie immer sofort, ob die Einwände objektiv oder subjektiv sind, und antworten Sie entsprechend.
Üben Sie so oft wie möglich mit dem Tonband oder einer Videoanlage, um so psychologische Fehlerquellen zu erkennen und zu vermeiden.
Wo und wie spielen heute die Marktverhältnisse eine neue Rolle im Gespräch?
Notieren Sie alle Fälle, bei denen Sie gekonnte Formulierungen mit Erfolg anwendeten.
Vergessen Sie nie, daß die Kunden, die Einwände bringen, besser sind als die Kunden, die gar nichts sagen!

Vertrauen und Glaubwürdigkeit gewinnen ist wichtig

„Manche Leute kann man manchmal bluffen, aber nicht alle Leute immer!"
Das Partnerschaftsverhältnis zwischen Kunden und Verkäufer wird heute immer wichtiger.
Erstreben Sie Dauerkunden mit hohem Volumen, bei denen sich der Einsatz lohnt.
Verwenden Sie dann und wann ruhig die Technik des Understatements.
Versuchen Sie den Kunden, der vielleicht über viele Jahre hinweg durch Verkäufer enttäuscht wurde, zu verstehen.
Durch Vermeidung von Superlativen gewinnen Sie eher Glaubwürdigkeit.
Die Wahrheit hat schon manchen Auftrag gerettet!
Bedenken Sie immer: „Es ist besser, einen Auftrag zu verlieren, als einen Kunden."

Besitzwunsch wecken

Die Bereitschaft einzukaufen verhärtet sich heute immer mehr.
Das Verhältnis von Preis, Menge und Qualität muß stimmen.
Die besten Argumente allein verkaufen nicht, sondern oft sind es die latenten Wünsche, Ideen und Vorstellungen, die den Erfolg bringen.
Ergründen Sie diese, und schildern Sie gekonnt die Vorteile der Produkte.
Faktoren wie schnelle Lieferung, reeller Service, marktgerechte Preise und Hilfestellung sowie Partnerschaftsbestrebungen entscheiden häufig mit.
Überdenken Sie, was Ihre Kunden hauptsächlich von Ihrer Firma, von den Produkten und von Ihnen erwarten.
Verkaufserfahrung bestätigt immer wieder, daß es oft die unbedeutenden Nebenleistungen sind, die für den Kauf ausschlaggebend waren.

Machen Sie frühzeitig Angebotsvorschläge

Niemals den Auftrag zerreden.
Anhand der Körpersprache sollten Sie frühzeitig beachten, wann Sie Vorschläge unterbreiten können.
Verwenden Sie die Alternativmethode (... dies oder das ...?).
Fragen Sie nicht „ob", sondern „welches" (Wheeler).
Oder fragen Sie: „Grün oder lieber blau?"
Oder: „Wünschen Sie die Ware sofort oder erst Ende der Woche?"
Überlegen Sie genau, in welcher Form Ihr Angebotsvorschlag unterbreitet werden sollte – schriftlich oder mündlich?
Seien Sie ganz konkret und definitiv in Ihren Aussagen.
Bieten Sie zuerst immer eine größere Menge an, um den idealen Auftrag zu erhalten.
Vermitteln Sie dem Kunden immer das Gefühl, daß er sich richtig entschieden hat.
Erwähnen Sie niemals die Mitbewerber als Vergleichsobjekt – es ist gefährlich!

Frühzeitig Kontrollfragen stellen und Zustimmung erzielen

Bedenken Sie immer: „Wer fragt, der führt das Gespräch."
Testen Sie seismographisch, durch Kontrollfragen, ob Sie schon abschlußsicher sind. Beispiel: „Gefällt Ihnen die attraktive Aufmachung?" – „Der Preis ist für Sie sicherlich wichtig?" – „Möchten Sie die Spar- oder die Normaldose?"
Wenn Sie Fragen stellen, erfahren Sie schneller, was der Kunde denkt.
Durchdenken Sie, welche Kontrollfragen Sie für Ihre Produkte oder Dienstleistungen stellen können.
Beobachten Sie alle Kaufsignale durch die Beachtung der Mimik und Gestik Ihres Gegenübers.
Bringen Sie den Kunden zum Ja-Sagen. Viele Jas führen zum Auftrag!
Vorsicht, wer zu schnell abschließt, verliert leicht den Auftrag – deshalb erst einmal kleine Zustimmungsantworten erzielen.

Abschlußtechniken beherrschen

Vergessen Sie nie, die Verkäufer werden bezahlt, damit durch ihre Aufträge die Kassen klingeln und sich die Fabrikräder drehen.
Verkäufer müssen dem Kunden helfen, möglichst bald eine Entscheidung zu treffen.
Der Auftrag muß frühzeitig auf dem Tisch liegen. (Nicht erst im entscheidenden Moment in Ihrer Tasche nach dem entsprechenden Formular wühlen!)
Verhandeln Sie nach Möglichkeit immer dort, wo es ruhig ist und wo auch eine Gelegenheit zum Unterschreiben besteht.
Beginnen Sie mit dem Artikel, von dem Sie wissen, daß Sie ihn am leichtesten verkaufen können.
Vermeiden Sie Gesprächspausen, während der Kunde unterschreibt.

Kundendienst

Nicht nur der Hineinverkauf ist wichtig, sondern auch der Abverkauf und die Verbraucherberatung.

Die Produkte werden immer zahlreicher und die Absatzchancen immer geringer.

Kleine Dienstleistungen für den Kunden kosten Zeit und Mühe, machen sich aber stets bezahlt!

Überlegen Sie genau, welche Leistungen Sie dem Kunden als Wettbewerbsvorsprung anbieten können.

Senden Sie auch Vorschläge an Ihre Zentrale, in denen Sie mitteilen, wie Sie ihr behilflich sein könnten.

Displaymittel und Verkaufsförderungshilfen müssen immer praxisnah und verwendungsfähig sein.

Hinterlassen Sie Bestellkarten, Ihren Namen und Adresse, Preislisten usw., so daß der Kunde Sie bei Bedarf erreichen kann.

Gespräch günstig beenden

Verstehen Sie es, einen eleganten Abgang zu finden?

Nach der Auftragserteilung sollten Sie den Kunden bald verlassen.

Wer noch zu lange beim Kunden herumsteht, muß mitunter unangenehme Fragen beantworten. Außerdem stehlen Sie dem Kunden – völlig unnötig – weitere Zeit.

Bedanken Sie sich verbindlich und herzlich für den Auftrag, vermeiden Sie aber übergebührliche Dankesbezeigungen. Das könnte den Kunden stutzig machen.

Vergessen Sie niemals, die Einkaufsbeeinflusser kennenzulernen und ihnen natürlich auch beim Abschied die Hand zu geben. (Mancher Lehrling ist schon zum Einkäufer avanciert.)

Versichern Sie dem Kunden zum Schluß noch einmal, daß er richtig entschieden beziehungsweise gekauft hat.

Benutzen Sie jetzt die Zeit, um gleich einen neuen Termin beim Kunden zu erhalten.

Die einfachste Verabschiedung ist: „Auf Wiedersehen und alles Gute für Sie!"

Verhandlung überprüfen

Halt! Nicht sofort zum nächsten Kunden rasen – besser: erst einmal im Auto kurz überlegen:

Warum hat der Kunde eigentlich nichts gekauft?

Warum hat er nicht mehr geordert?

Was habe ich falsch gemacht?

Analysieren Sie kurz gedanklich den Verlauf des Verkaufsgesprächs, und überlegen Sie zum Beispiel: habe ich zuwenig Fragen gestellt?

Notieren Sie Ihre diesbezüglichen Ideen und Beobachtungen auf Ihrer Karteikarte.

Hatten Sie sich auf den Kunden genügend vorbereitet?

Welche neuen Informationen benötigt der Kunde?

Welche Konkurrenzbeobachtungen können Sie Ihrer Firma melden?

Womit könnten Sie dem Kunden das nächste Mal eine Freude bereiten?

Was haben Sie aus diesem Kundenbesuch persönlich und auch geschäftlich gelernt?

Lernen Sie aus der Praxis für die Praxis – für I h r e Praxis!

Morgen besser verhandeln!

Als Erfolgreicher müssen Sie die Gabe besitzen, immer wieder Mut zum Weiterkämpfen zu schöpfen!

Sie müssen sich die Frage vorlegen: Lohnt es sich, diesen Kunden weiterhin zu besuchen? Oder soll ich dafür lieber anderen Kunden mehr Zeit widmen?

Welche Artikel muß ich mehr forcieren, um meine Soll-Zahlen zu erreichen?

Wie kann ich meine Arbeit generell noch besser rationalisieren?

Verkaufe ich unternehmer- und kostenbewußt?

Bedenken Sie stets: Der Verkäufer hat die längste Lehre – er lernt nie aus!

Arbeiten Sie immer nach der Devise: Ich will – ich muß – ich KANN!

Auf dem folgenden Arbeitsbogen sehen Sie die wichtigsten Fehler der Verkäufer aufgelistet. Kreuzen Sie an, was auf Sie selbst zutrifft, lernen Sie aus Ihren Fehlern:

Checkliste einiger Hauptfehler der Verkäufer

	Ja	Nein
Unklare Zielvorstellungen	( )	( )
Zuwenig Informationen über den Kunden/Markt eingeholt	( )	( )
Mangelndes Fachwissen, unsicheres Auftreten	( )	( )
Ungenügende Vorbereitung auf Gespräche (Zeitmangel)	( )	( )
Falsche Terminwahl, Termine/Besuche nicht einhalten	( )	( )
Ungepflegtes Äußeres, unvorteilhafte Bekleidung	( )	( )
Mangelhafte Rhetorik und mangelnde Gestik	( )	( )
Fehlende Ausdauer, mangelnde Geduld	( )	( )
Mangelhaftes Demonstrationsmaterial	( )	( )
Mangelnde Argumentationstechnik	( )	( )
Mit falschen Fragen das Gespräch eröffnet	( )	( )
Den Gesprächspartner mit einem Redeschwall überschüttet	( )	( )
Den Gesprächspartner nicht ausreden lassen	( )	( )
Mangelndes aktives Zuhören	( )	( )
Fehlender Blickkontakt beim Gespräch	( )	( )
Falsche oder ungeschickte Fragestellung	( )	( )
Zuwenig Fragen gestellt und gestellte Fragen nicht beantwortet	( )	( )
Plumpe Vertraulichkeit, Indiskretionen	( )	( )
Andere Gesprächsteilnehmer nicht berücksichtigt	( )	( )
Zuwenig Informationen übermittelt	( )	( )
Kein Interesse im Gespräch geweckt	( )	( )
Keine Problemlösung angeboten	( )	( )
Zu viele Probleme auf einmal angesprochen	( )	( )
Verwendung von zu vielen Spezialausdrücken, Abkürzungen und Fremdwörtern	( )	( )
Nicht in der Sprache des Partners gesprochen	( )	( )
Zu viele Widersprüche	( )	( )
Den Partner gedrängt , zuviel versprochen	( )	( )
Fehler oder Schwächen des Partners aufgedeckt	( )	( )
Wettbewerb schlechtgemacht oder kritisiert	( )	( )
Überheblichkeit, alles besser gewußt	( )	( )
Arroganz und Hochnäsigkeit (unbewußt)	( )	( )
Gespräche nicht im logischen, sachlichen Stil geführt	( )	( )
Kaufinteresse nicht verstanden	( )	( )
Kaufabsicht nicht registriert (durch Zerreden)	( )	( )
Nicht genügend auf Kundeneinwände eingegangen	( )	( )
Falsche Beurteilung des Gesprächspartners	( )	( )
Negatives Verhalten bei Mißerfolg	( )	( )
Dank nach Kaufabschluß vergessen	( )	( )
Reklamationen nicht richtig bearbeitet	( )	( )
Versprechen nicht eingehalten	( )	( )

Datum	
Bogen Nummer	

Besuchsvorbereitung - Gesprächsplan und Ergebnisbogen

Besuchsinformationen	Notizen	Versprechungen
Name		
Firma		
Adresse		
Telefon		
Kontakte		
Sonstiges		

Besprechungspunkte	Ergebnisse	Besprechungspunkte	Ergebnisse
1		6	
2		7	
3		8	
4		9	
5		10	

Einige Verkaufsformeln

Die 4-W-Formel
W – Was will ich erreichen?
W – Wie muß ich argumentieren?
W – Welche Einwände habe ich zu erwarten?
W – Wie kann ich diese Einwände widerlegen?

Verhandlungsvorbereitung
1. Was ist?
2. Was soll sein?
3. Wie erreiche ich es?
4. Was benötige ich?
5. Wie und wo erfahre ich es?
6. Wie bringe ich es an?
7. Warum bringe ich es an?

ISABA-Formel
I – Ist-Zustand
S – Soll-Zustand
A – Angebot
B – Beweisführung
A – Abschluß
(Weitere Formeln „20 Stufen zum Verkaufserfolg“ vom gleichen Verfasser)

Rhetorik am Telefon

Einige Tips für eine freundliche Behandlung der Anrufer – Der Einsatz des Telefons nimmt an Bedeutung zu – Fähigkeitsanalyse-ABC für Telefonmitarbeiter – Rhetorische Formulierungen für die Reklamationsbehandlung – Analyse der Hauptfehler der Telefonistinnen und Telefonisten – Rhetorisch-psychologische Hinweise – Checkliste für eine gute Einwandbehandlung am Telefon

Es verwundert einen immer wieder, wie stiefmütterlich oft die Telefonzentralen in Firmen und Hotels behandelt werden. Da werden enorme Summen in die Entwicklung neuer Produkte, in den Firmenausbau oder in die Werbung gesteckt, nur an die strenge Auswahl und die gute Ausbildung der Mitarbeiter der Telefonzentrale wird allzu selten gedacht.

Dabei ist das Telefon gewissermaßen die Brücke zwischen der Firma, dem Hotel, dem Gast und dem Kunden. Die Telefonzentrale ist die erste Visitenkarte jedes Unternehmens. Schon oft hat man sich gefragt, wieviel Ansehen, Umsätze und Gewinn durch eine schlecht ausgebildete Kraft an diesem Platz verlorengegangen sind. Aber schon die Auswahl, die getroffen wird bei der Einstellung der Mitarbeiter der Zentrale, zeigt, als wie unwichtig dieser Platz immer noch betrachtet wird. Oft werden in diesem Tätigkeitsbereich Menschen eingestellt, die über keinerlei Allgemeinbildung verfügen, keinerlei Umgangsformen besitzen und deshalb routinemäßig, monoton und leider oft primitiv und unhöflich diese wichtige Aufgabe ausführen.

Wie oft wird es auch Ihnen schon passiert sein, daß Sie den Hörer verärgert auf die Gabel legten, weil Sie von der Telefonzentrale unfreundlich abgefertigt wurden. Da wurde gar nicht zugehört, wen man eigentlich sprechen wollte, oft wurde einfach weiterverbunden, ohne wenigstens „einen Moment, bitte, ich verbinde Sie“ oder etwas Ähnliches zu sagen. Mitunter wird man bis zu fünfmal gefragt, wen man sprechen möchte. Ich habe mich jedenfalls schon sehr oft gefragt, ob der Chef eines Unternehmens eigentlich weiß, wie schlecht die Visitenkarte seiner Firma ist.

Dabei ist es doch so einfach, mit den richtig ausgesuchten Zentralemitarbeitern ein gutes und repräsentatives Aushängeschild zu haben. Auch hier macht übrigens der Ton die Musik, deshalb sollte bei der Auswahl auf eine sympathische Stimme Wert gelegt werden.

Firmen, die die Mitarbeiter dieses Arbeitsplatzes nach diesem Gesichtspunkt auswählen und auch auf deren ständige Weiterbildung achten, werden sicher mehr Erfolg haben als die Firmen, die diesem Arbeitsplatz nur eine geringe Bedeutung beimessen.

Einige Tips für eine freundliche Behandlung der Anrufer

Nach dem deutlich gesprochenen Firmennamen sollte der Anrufer mit einem freundlichen „Guten Tag“ begrüßt werden. Der Name des Anrufers, falls noch nicht genannt, sollte erbeten werden, dabei bitte langsam und klar sprechen.

Den Anrufer möglichst nicht beim Sprechen unterbrechen. Nötige Notizen sofort und schnell vornehmen, schließlich kostet das Gespräch den Anrufer Geld. Gewünschte Bestellungen und Übermittlungen freundlich wiederholen. Bei momentan unerfüllbaren Wünschen den Rückruf erbitten. Zum Schluß für den Anruf danken.

Der Einsatz des Telefons nimmt an Bedeutung zu

Es ist klar zu erkennen, daß die Bedeutung des Telefons ständig zunimmt. Immer mehr Firmen, Institute und Akademien suchen Referenten, die die Telefonrhetorik beherrschen und in Seminaren entsprechende Trainingsprogramme durchführen. Dieser Trend wird sich in Zukunft noch mehr verstärken. Folgende Gründe mögen aufzeigen, warum die Bedeutung des Telefonierens in zunehmendem Maße wächst:

Im Administrationsbereich
Engpässe in den Schreibbüros
Überlastung der Sekretärin
Beim Telefonieren bekommen Sie einen sofortigen Kontakt mit dem Partner.
Beim Telefongespräch können Sie die persönliche Beziehung ausbauen.
Beim Telefongespräch bekommen Sie eine sofortige Antwort.
Die Stimme am Telefon sagt sehr viel mehr aus als das geschriebene Wort.

Im Verkaufsbereich
Steigende Vertriebskosten, Auto- und Benzinkosten usw.
Wachsende Sortimente und weniger Zeit beim Verhandlungsgespräch reduzieren die Chancen des Außendienstmitarbeiters.
Zunehmende Wartezeiten bei Einkäufern von Zentralen und zunehmend limitierte Besuchstage (-zeiten) für Vertreter und Repräsentanten.
Die regelmäßige Telefonbetreuung einer Telefonverkäuferin – sie ruft jede Woche zur selben Zeit an – bringt ein System und eine Kontinuität in ein Abfragegeschäft. Der Kundenpartner kann schon vorher Bestand aufnehmen, und die Telefonverkäuferin kann das Sortiment in wenigen Minuten ansprechen und Sonderangebote anbieten. Der Verkäufer hat nicht immer Zeit, das ganze Sortiment anzubieten, und verkauft hauptsächlich nur das Kernprodukt.

Reklamationsbehandlung
Verärgerte Kunden wollen sofort ihr Problem an der entsprechenden Stelle klären.
Firmen haben erkannt, daß zufriedene Kunden die Basis für künftige Geschäfte sind.
Briefliche Reklamationen dauern meistens zu lange.
Großfirmen, insbesondere Versandhäuser, haben erkannt, daß die Reklamationsabteilung von ausschlaggebender Bedeutung ist, und führen deshalb regelmäßig Kundenberaterkurse für Telefonrhetorik durch.

Fähigkeitsanalyse-ABC für Telefonmitarbeiter

Nachstehend finden Sie einige wichtige Voraussetzungen, die ein Telefonmitarbeiter, besonders in der Reklamationsabteilung, erfüllen sollte:

Auffassungsgabe
Der geschickte Telefonmitarbeiter muß Zusammenhänge sehr schnell erkennen. Er muß die Mentalität des Anrufers, seinen Grad der Verärgerung erspüren. Er muß erkennen, aus welchem Teil Deutschlands der Anrufer stammt, er muß schnell ermitteln, worum es geht, muß rasch zum Kern der Sache kommen, vor allem aber muß er Mittel und Wege kennen, wie der Anrufer so rasch wie möglich zufriedengestellt werden kann.

Ausdauer
Im Vergleich mit vielen anderen Berufen ist immer wieder zu erkennen, daß Mitarbeiter im Telefondienst sehr viel Ausdauer besitzen müssen. Es ist eine sehr anstrengende Aufgabe, zu der viel Engagement, Erfolgswille, Beständigkeit und Bereitschaft nötig sind.

Ausgeglichenheit
Leicht erregbare Menschen, die schnell die Fassung verlieren, sind für diese Art Tätigkeit nicht geeignet. Ein gleichmäßiges Temperament, innere Harmonie und ein zufriedenes Wesen sind wichtig.

Aussprache, deutliche
Eine amerikanische Untersuchung einiger Psychologen zeigte, daß der Aussage des Wortes nur 7 Prozent Bedeutung zukommen, wogegen die stimmliche Intonation bereits 55 Prozent ausmacht.

Dialektfärbung braucht kein Nachteil zu sein, aber die Aussprache muß klar und deutlich sein. In Telefonrhetorikseminaren werden durch Stimmtraining, Analyse und Korrektur Hilfen geboten und dadurch den Seminarteilnehmern wirklich geholfen.

Beherrschung
Wie leicht können die Emotionen angesprochen werden, vor allem von Menschen, die Kundenaussagen bei Reklamationen allzu persönlich nehmen. Wie leicht kann man manchmal aus der Haut fahren, eine allzu menschliche Eigenschaft. Manche können sich allerdings besser beherrschen als andere. Wie schnell kann eine unbeherrschte Aussage der Firma Schwierigkeiten verursachen.

Belastbarkeit
Beim Telefondienst gibt es immer Zeiten der Hochsaison. Hier muß rasch gearbeitet werden, und oft müssen Überstunden in Kauf genommen werden. Hier braucht man belastbare Menschen, die in der Lage sind, ständig gedanklich richtig und psychologisch formulieren zu können, dies alles auch noch rhetorisch.

Denken, logisches
Menschen, die am Telefon arbeiten, müssen einen logischen Verstand haben. Sie müssen blitzschnell die Sachlage übersehen, um entsprechend reagieren zu können. Eine ganz wichtige Voraussetzung.

Diplomatie
In einem großen Hotel in Düsseldorf steht an der Rezeption ein englischer Ausspruch, der in der Übersetzung etwa wie folgt lautet: „Diplomatie ist die Kunst, jemandem in so netter und charmanter Weise zu sagen, daß er zur Hölle gehen soll, daß der Angesprochene sich sogar auf die Reise freut."

Diplomatie ist schwer erlernbar, aber sie ist in jedem Fall eine wichtige Voraussetzung.

Einfühlungsvermögen
Es gibt eine Haupteigenschaft, die man am Telefon aufweisen sollte, und zwar das Einfühlungsvermögen. Dieses ist gerade am Telefon so wichtig, weil man sich sofort in die Lage des anderen versetzen muß.

Fähigkeit zuzuhören
Die rhetorische Praxis zeigt immer wieder, daß eines der Hauptprobleme in der Kommunikation der Menschen von heute das mangelhafte Zuhören ist. Gerade am Telefon wird man gezwungenermaßen genötigt zuzuhören; den Telefonpartner ausreden zu lassen und ihn nicht ständig zu unterbrechen ist eine sehr wichtige und dringend zu trainierende Eigenschaft. Viel weniger Mißverständnisse würden aufkommen, wenn beim Telefonieren besser zugehört würde.

Flexibilität
Hier kann man sich nicht an Vorschriften und Paragraphen halten. Flexibilität im Denken, Agieren und die Hilfsbereitschaft, die Fähigkeit, Sachlagen richtig zu erkennen und Problemlösungen zu finden, sind wichtig.

Formulierkunst
Es kommt nicht immer nur darauf an, was man sagt, sondern auch darauf, wie man es sagt. Die rhetorische Formulierkunst gewinnt heute, wie schon mehrfach aufgezeigt, immer mehr an Bedeutung. Gute Redewendungen auf immer wiederkehrende Standardeinwände können entwickelt und trainiert werden. Nicht die Schnelligkeit der Antwort ist wichtig, sondern die Richtigkeit. Firmen, Behörden und Regierungen täten gut daran, einen Katalog der optimalen Formulierungen für Telefongespräche zu entwickeln. Die EBELING-SEMINARE haben hierfür einige firmeninterne Seminare durchgeführt.

Freundlichkeit
In unserer heutigen versachlichten Welt muß man leider immer häufiger feststellen, daß die Gabe, freundlich zu sein, immer mehr schwindet. Die kühle, sachliche Darstellung macht sich breit. Um so mehr ist es notwendig, Menschen einzustellen, die ein besonders zuvorkommendes und höfliches Wesen haben. Verbindlichkeit und Liebenswürdigkeit wird gerade am Telefon besonders spürbar. Manche Unstimmigkeit kann allein schon durch den Charme einer Telefonmitarbeiterin schnell aus der Welt geschafft werden.

Genauigkeit
Akustisch werden sehr viele Informationen übermittelt, die notiert werden müssen. Ein Telefonmitarbeiter muß Informationen empfangen und korrekt weitergeben. Die Übermittlung einer falschen oder entstellten Information kann teuer zu stehen kommen.

Hausinterne Kenntnisse
Viele neue Mitarbeiter einer Telefonzentrale

werden unzureichend ausgebildet. Über hausinterne Angelegenheiten werden sie kaum unterrichtet. Sie werden sofort an das Telefon gelassen und sind dann ihrer Hilflosigkeit ausgesetzt, geben demzufolge unkorrekte oder gar falsche Auskünfte. Daß das nicht die richtige Art ist, Telefondienst auszuüben, bedarf wohl keiner weiteren Erläuterung. Eine umfassende Firmenkenntnis ist eine unabdingbare Forderung und Voraussetzung für einen jeden Telefonmitarbeiter.

Hilfsbereitschaft

Diese Eigenschaft ist an der Strippe besonders wichtig. Der Anrufer muß spüren, daß der Partner am anderen Ende dazu bereit ist, sich für ihn und seine Belange einzusetzen. Allerdings muß diese Eigenschaft in einem Menschen vorhanden sein, denn man kann sie sich nur schwer durch Training angewöhnen.

Höflichkeit

Ein freundliches und höfliches Wort schadet nie, kostet nichts, hilft aber oft sehr. Eine zuvorkommende Antwort bringt wahrscheinlich mehr als eine brillant formulierte, aber unfreundlich klingende Auskunft. Eine liebenswürdige Entgegnung hat mitunter schon eine größere Rendite gebracht als das teuerste Werbeinserat in einer Illustrierten.

Kontaktfreudigkeit

Eine amerikanische Untersuchung zeigte, daß viele schüchterne Menschen gern in den Verkauf gehen, um diese Eigenschaft bewußt zu bekämpfen. Extrovertierte Menschen sind eher geneigt, die Telefonarbeit aufzunehmen, weil sie den Kontakt als Lebenselement benötigen.

Konzentrationsfähigkeit

Die zunehmende Flut von Fakten und Daten, die heutzutage auf den berufstätigen Menschen einströmt, verlangt eine erhöhte Konzentrationsfähigkeit, und in ganz besonderem Maße gilt dies natürlich für den Telefondienst. Schließlich ist es ungeheuer nervenaufreibend, sich den ganzen Tag über laufend von einem Anrufer auf den anderen einzustellen und sich, oft ohne eine kurze Pause, übergangslos vom Problem des einen in das Problem des nächsten Anrufers hineinzudenken. Viele Firmen stellen aus diesem Grunde für diese Positionen nur Halbtagskräfte ein, um die Konzentrationsfähigkeit nicht allzusehr zu überfordern.

Menschenkenntnis

Allzu junge Mitarbeiter sind für derlei Tätigkeiten am Telefon nur in Ausnahmefällen geeignet, weil sie meistens noch nicht über genügend Menschenkenntnis und Diplomatie verfügen, die zweifellos für diesen Platz erforderlich sind, will man ihn optimal ausfüllen. Eine gewisse Reife und Erfahrung aus dem Alltag und im Umgang mit den Mitmenschen sind hier notwendig.

Ordnungssinn

Am Arbeitsplatz läßt sich schnell erkennen, wer über Ordnungssinn verfügt. Für den Telefondienst trifft das in demselben Maße zu wie für jeden anderen Arbeitsplatz, nur mit dem Unterschied, daß hier die Folge der einzelnen Aktivitäten besonders rasch ist. Ordentliches Notieren der gehörten Informationen auf die richtigen Blätter, sorgfältiges Aufbewahren bis zur Weiterbearbeitung oder Weitergabe an die zuständigen Stellen, stets gespitzte Bleistifte, Kugelschreiber und all die Utensilien und Hilfsmittel sind, um den Streß des Telefondienstes überhaupt zu überstehen, besonders wichtig.

Redegewandtheit

Rhetorisches Geschick ist vielleicht die wichtigste Fähigkeit für diese Tätigkeit. Oder können Sie sich eine mühsam nach Worten ringende, stotternde, verlegene, nicht des deutschen Sprachschatzes mächtige Telefonistin vorstellen? Es bedarf wohl kaum einer besonderen Erwähnung, daß ein Telefonmitarbeiter weder Verlegenheitswörter wie „äh“ und „hm“ verwenden noch falsch ausgesprochene Fremdwörter benutzen sollte oder fachspezifische Ausdrücke, die ein firmenfremder Gesprächspartner nicht verstehen kann.

Ruhe, innere

Innere Unruhe, sprich Nervosität, ist natürlich keine wünschenswerte Eigenschaft eines Telefonmitarbeiters. Häufig ist der anrufende Partner unruhig, verärgert, unbeherrscht, hektisch, nervös. Je ruhiger die telefonische Beantwortung entgegengesetzt wird, desto eher wird das Telefongespräch erfolgreich sein und zur Zufriedenheit beider Parteien verlaufen.

Sachlichkeit

Wie leicht kann eine Angelegenheit zerredet oder zu emotionell behandelt werden. Telefoneinheiten sind teuer, und deswegen ist eine sachliche, schnelle Bearbeitung sehr wichtig.

Schlagfertigkeit und Humor

Trotz aller Sachlichkeit schadet aber auch am Telefon ein Quentchen Humor niemandem! Nur ist diese kostbare Eigenschaft längst nicht jedem gegeben. Manche neigen dazu, alles und jedes ins Lächerliche zu ziehen und Witzchen über Dinge zu treiben, die viel zu ernst dazu sind. Aber gerade diese Menschen nehmen häufig für sich in Anspruch, sehr humorvoll zu sein. Hier das richtige Maß zu finden ist sicherlich nicht immer ganz leicht, und es bedarf einer genauen Prüfung, ob und inwieweit ein besonders schlagfertiger und humorvoller Mensch für einen solchen Posten geeignet ist. Fest steht aber, daß schon manch verärgerter Anrufer mit einer schlagfertigen und humorvollen Antwort relativ schnell besänftigt wurde.

Schnelligkeit

Durch die schnelle Aufeinanderfolge der einzelnen Telefonate ist Schnelligkeit sowohl in der Auffassungsgabe als auch im aktiven Handeln eine Voraussetzung von größter Bedeutung. Langsame und träge Menschen, die nicht imstande sind, wirklich rationell zu arbeiten, dürften sich auf diesem Platz kaum halten können.

Stimme, angenehme

Eine angenehme, wohltemperierte Modulation in der Stimme mit einer gewissen Stimmbreite und Schwingungsresonanz ist ein großes Plus für jemanden, der Telefondienst machen muß. Was hier die Natur versagt hat, kann aber unter Umständen in Rhetorikseminaren gelernt werden.

Überzeugungskraft

Da die nonverbale Aussage am Telefon gänzlich fehlt, muß besonders darauf geachtet werden, in die verbale Aussage ein Höchstmaß an Überzeugungskraft zu legen.

Urteilsvermögen

Eine weitere wichtige Voraussetzung für den Telefondienst ist die, daß das Urteil über Berechtigung und Nichtberechtigung der Reklamation schnell gefällt werden muß. Es muß ebenfalls schnell beurteilt werden, wer für das angeschnittene Problem zuständig ist, an wen die Sache weiterzuleiten ist usw. Dabei ist der Mitarbeiter der Telefonzentrale völlig auf sich selbst gestellt. Er kann das Urteil nicht erst bei einer anderen Person oder Instanz einholen, denn der Anrufer will jetzt und gleich Anwort haben.

Verkaufsgeschick

Die Zielsetzungen sollten geschickt verpackt und verkauft werden, mitunter bereits am Telefon. Verkaufstechniken und -taktiken können entsprechend gelernt werden, wenn der Wille dafür vorhanden ist. Früher glaubte man, daß Verkaufsgeschick ein Naturtalent sei. Heute weiß man, daß man diese Fähigkeit durch Training erlangen und ausbauen kann.

Hier eine Checkliste mit den oben erwähnten Fähigkeiten und einer Beurteilungsskala von 1 bis 5 Punkten:

Fähigkeitsliste für Telefonmitarbeiter	**1**	**2**	**3**	**4**	**5**	**Bemerkungen**
Auffassungsgabe						
Ausdauer						
Ausgeglichenheit						
Aussprache, deutliche						
Beherrschung						
Belastbarkeit						
Denken, logisches						
Diplomatie						
Einfühlungsvermögen						
Fähigkeit zuzuhören						
Flexibilität						
Formulierkunst						

Fähigkeitsliste für Telefonmitarbeiter	1	2	3	4	5	Bemerkungen
Freundlichkeit						
Genauigkeit						
Hausinterne Kenntnisse						
Hilfsbereitschaft						
Höflichkeit						
Kontaktfreudigkeit						
Konzentrationsfähigkeit						
Menschenkenntnis						
Ordnungssinn						
Redegewandtheit						
Ruhe, innere						
Sachlichkeit						
Schlagfertigkeit						
Schnelligkeit						
Stimme, angenehme						
Überzeugungskraft						
Urteilsvermögen						
Verkaufsgeschick						

1 = sehr gut, 2 = gut, 3 = befriedigend, 4 = genügend, 5 = ungenügend

Rhetorische Formulierungen für die Reklamationsbehandlung

Solange es Menschen gibt, wird es immer wieder Fehler geben, die zu Reklamationen führen. Das Hauptziel jeder Firma, Verwaltung und jedes Dienstleistungsunternehmens sollte darin liegen, zufriedene Kunden zu haben.

Bitte bedenken Sie, daß Sie für den Kunden die Reklamationsabteilung darstellen. An Sie wird er sich zuerst mit seinen Beschwerden wenden, und er erwartet Verständnis für seine Schwierigkeiten. Durch Sie hofft er auf eine Lösung seiner Probleme. Um Ihnen hierbei behilflich zu sein, haben wir einige wichtige Kontaktsätze und Entschuldigungsformulierungen zusammengestellt.

Einige wichtige Kontaktsätze und Entschuldigungsformulierungen

Es tut mir leid ...
Bitte entschuldigen Sie ...
Es muß ein Mißverständnis vorliegen ...
Ich kann Sie gut verstehen ...
Es tut uns leid, daß Sie mit der Ware unzufrieden sind – daß die Ware nicht Ihren Erwartungen entspricht ...
Es tut uns leid, daß die Ware nicht Ihren Anforderungen (Ihrem Geschmack) entspricht ...
Es tut mir/uns leid, daß Sie Grund zu einer Beanstandung haben ...
Entschuldigen Sie bitte, ich habe Ihren Namen nicht verstanden ...
Sie haben recht, ich würde ähnlich wie Sie reagieren ...
Es ist gut, daß Sie anrufen, ich kann mich durchaus in Ihre Lage versetzen ...
Darüber würde ich mich auch ärgern ...
Wir bedauern es sehr, daß ...
Bitte entschuldigen Sie, da ist uns wirklich ein Fehler unterlaufen ...
Bitte entschuldigen Sie diese Verzögerung, aber ...

Kunden- und Anruferorientiertes Denken ist wichtig!

Es ist nicht immer leicht, die Beanstandung aus Sicht des Anrufers zu sehen. Jedoch ist es dennoch wichtig, wenn wir uns in die Lage des Anrufers versetzen können. Das Anruferorientierte Denken, das „In-seinen-Schuhen-Stehen" verhilft uns oft dazu, die Situation klarer zu sehen. Der Anrufer freut sich, wenn Sie Anruferorientiert denken und argumentieren.

Ihr Artikel ist momentan leider ...
Ich werde mich für Sie einsetzen ...
Ich werde sofort für Sie rückfragen ...
Ich kann Sie gut verstehen ...
Die Beanstandung ist – aus Ihrer Sicht – völlig berechtigt ...
Selbstverständlich haben Sie ein Recht darauf, ...
Mit Ihrem Hinweis haben Sie uns einen nützlichen Ratschlag gegeben.
Zufriedene Kunden, Bürger, Anrufer sind unser Ziel!

Bitte verwenden Sie das Wort „selbstverständlich", um dem Anrufer recht zu geben und ihm Entgegenkommen zu zeigen:
Wie Sie ja wissen, ist es für uns selbstverständlich, ...
Da Sie eine gute Kundin sind, können wir selbstverständlich in diesem Falle ...
Selbstverständlich sind wir kulanterweise bereit, ...
Sollten Sie eine Unstimmigkeit feststellen, benachrichtigen Sie uns sofort. Selbstverständlich werden wir dann umgehend ...

Positivformulierungen führen zum Erfolg!
Unbewußt formulieren wir oft negativ anstatt positiv. Sie kennen ja die Geschichte. Man kann sagen: Das Glas ist halb leer. Und man kann sagen: Das Glas ist halb voll!
Einige positive Sätze:
Ich bedauere sehr ...
Bitte entschuldigen Sie vielmals ...
Sie haben recht ...
Ich werde mich sofort darum bemühen ...
Ich werde sofort zurückrufen ...
Wenn Sie nur einen Augenblick warten wollen, ... – oder soll ich lieber zurückrufen?
Wir werden Sie voraussichtlich schon sehr bald ...
Wir legen Wert auf eine gute Qualität ...
Selbstverständlich!
Gern ...
Wir werden die Angelegenheit sofort überprüfen ...
Vielen Dank für Ihren Hinweis ...
Wir möchten, daß Sie von uns einen einwandfreien Artikel erhalten ...
Bitte haben Sie Verständnis ...

Zeitgewinn ist besonders wichtig!
Wenn ein Gespräch dem anderen folgt, muß man besonders konzentriert arbeiten. Die sofortige Umstellung ist nicht immer leicht, und manchmal braucht man eben einen Zeitgewinn.
Allerdings: Anrufer warten niemals gern, es kostet ja auch ihr Geld, und darum müssen wir diese Tatsache mit berücksichtigen; etwa durch folgende Formulierungen:
Um Ihnen eine längere Wartezeit zu ersparen ...
Moment bitte, ich schaue eben mal schnell nach ...
Einen kleinen Augenblick nur, bitte, ich werde rasch nachfragen ...
Wann haben Sie denn die Bestellung aufgegeben?
Um welchen Artikel handelte es sich, bitte?
Bitte gedulden Sie sich einen Moment ...
Wollen Sie warten, oder rufen Sie später noch einmal an? Oder sollen wir zurückrufen?
... dürfte in den nächsten Tagen wieder eintreffen!
Wir würden Sie wirklich gern zufriedenstellen ...
Bitte verstehen Sie, daß wir Ihnen nicht jetzt gleich Auskunft geben können, da uns momentan Ihre Unterlagen noch nicht vorliegen.

Was der Anrufer zuletzt hört, ist am wichtigsten!
Vielen Dank für Ihren Anruf!
Herzlichen Dank für Ihren Hinweis ...
Wir wünschen Ihnen alles Gute ...
Wir wünschen Ihnen einen schönen Urlaub!
Wir sind sicher, daß Sie mit dem Ergebnis zufrieden sein werden!
Falls Sie noch irgendwelche Schwierigkeiten haben sollten, wenden Sie sich bitte wieder an uns!
Zögern Sie nicht, uns ruhig noch einmal anzurufen.
Ich werde mich sofort persönlich um diese Angelegenheit kümmern!
Sie hören wieder von uns – in den allernächsten Tagen!
Wir hoffen, die Sache jetzt zu Ihrer vollsten Zufriedenheit klären zu können!
Es tut uns leid, daß wir Ihnen heute nicht mehr helfen können ...
Wenn Sie noch weitere Probleme haben sollten: wir sind immer für Sie da!
Vielen Dank! Und wenn Sie zufrieden waren, empfehlen Sie uns bitte weiter!

Appell an den Anrufer!
Oft ist es notwendig, den Anrufer zu veranlassen, eine bestimmte Tätigkeit selbst zu unter-

nehmen. Das muß dann besonders klug und geschickt angefaßt werden! Etwa so:
Bitte seien Sie so nett und ...
Wenn es Ihnen vielleicht möglich wäre, ...
Könnten Sie bitte ausnahmsweise ...
Sie würden uns wirklich sehr helfen, wenn Sie ...
Wir wären Ihnen ganz besonders dankbar, wenn Sie ...
Könnten Sie vielleicht veranlassen, daß ...
In beiderseitigem Interesse sollten Sie vielleicht ...
Wenn es Ihnen nicht allzu viele Umstände macht, dann ...
Noch schneller könnten wir Ihre Nachfrage beantworten, wenn es Ihnen möglich wäre, uns ...

Optimale Reklamations- und Beschwerdebehandlung
Eine gute Reklamations- oder Beschwerdebehandlung spricht sich rasch herum und gewinnt Kunden von morgen. Sagen Sie zum Beispiel:
Sie erhalten selbstverständlich umgehend schriftlichen Bescheid ...
Moment, bitte, ich werde sofort für Sie nachschauen ...
Wir melden uns umgehend wieder!
Ich veranlasse sofort alles Nötige ...
Entschuldigen Sie noch einmal unseren Irrtum!
Wir werden uns eingehend mit Ihrem Problem beschäftigen ...
Unser Außendienstberater sucht Sie in den allernächsten Tagen auf, um ...
Wir schicken Ihnen bestimmt schon morgen unseren technischen Kundendienst!

Manche Formulierungen sind mit Zündstoff geladen!
Ein abgeschossener Pfeil kann nicht mehr zurückgeholt werden! Deshalb ist es besser, den Anrufer in eine „Ja"-Stimmung zu versetzen, als ihn zu reizen. Viele Anrufer sind im Moment ohnehin erregt, und ein falsches Wort ist manchmal irreparabel.
Diese Sätze sollten n i e verwendet werden:
Das sehen Sie völlig falsch!
Nein, das stimmt nicht!
Da haben Sie eben einen Fehler gemacht!
Sie müssen ...
Nein, das kann nicht sein!
Ich kann Ihnen beweisen, daß Sie im Unrecht sind!
Dieser Fehler liegt nicht bei uns!
Sie denken völlig falsch!
Ihre Ansicht stimmt nicht!
Das kann ich viel besser beurteilen!
Ich weiß schon, was Sie sagen wollen, ...
Sie beschweren sich immer!
Sie machen immer den gleichen Fehler!
Schreien Sie nicht so, ich kann Sie gut hören.
Sie denken viel zu einseitig!
Sie müssen nicht immer die Schuld bei anderen suchen!

Wichtige Schritte beim Nichtverstehen des Namens
Das wichtigste ist natürlich, den Namen des Gesprächspartners richtig zu verstehen. Leider kennt jeder seinen eigenen Namen zu gut und spricht ihn deshalb oft schnell und nachlässig bzw. undeutlich aus. Wenn Sie den Namen nicht richtig verstanden haben, fragen Sie ruhig noch einmal nach! Zum Beispiel so:
Entschuldigen Sie bitte, wie war Ihr Name?
Würden Sie Ihren Namen bitte noch einmal wiederholen?
Könnten Sie bitte Ihren Namen einmal buchstabieren?
Habe ich Ihren Namen richtig verstanden: ...?
Schreibt sich Ihr Name mit „ei" oder „ey"?

Nennen Sie den Namen so oft wie möglich
Jeder Mensch hört seinen Namen gern.
Wenn Sie den Anrufer mit seinem Namen ansprechen, gewinnen Sie Aufmerksamkeit und Sympathie.
Gesprächspartner erwarten einfach, daß sie mit ihrem Namen angesprochen werden.
Bedenken Sie, daß – zumindest für viele – der Titel Bestandteil des Namens ist! Vernachlässigen Sie diesen nicht.
Ohne Kenntnis des Namens ist es schwierig, einen echten Kontakt herzustellen.
Der Name ist die erste Brücke zwischen zwei Gesprächspartnern, nicht nur beim Telefonieren!
Notieren Sie den Namen sofort!

Analyse der Hauptfehler der Telefonistinnen und Telefonisten

Das richtige rhetorische und psychologische Verhalten am Telefon ist eine wichtige Voraussetzung für die optimale Anruferbetreuung, Beschwerde- und Reklamationsbehandlung. Analysen aus Behörden, Industrie und Handel zeigen, daß folgende Hauptfehler sehr oft gemacht werden:

Nicht zuhören können

Der Anrufer wird ständig unterbrochen und kommt nur ungenügend zu Wort. Er ist verärgert und fühlt sich mißverstanden. Oft ist es dem Sprecher gar nicht bewußt, daß er nur mangelhaft zuhört.

Sich nicht in die Lage des Anrufers versetzen

Viel zu viele Telefonbetreuer haben nicht genügend Einfühlungsvermögen und verharren zu sehr auf ihrem eigenen Standpunkt. Der Anrufer fühlt sich dann unverstanden.

Rhetorisch unkluge Formulierungen

Viel zu viele negative Formulierungen, wie zum Beispiel: „Nein, das stimmt nicht . . .“ oder: „Das sehen Sie völlig falsch“ usw., werden verwendet.

Gleichgültiges Sprechen

Wer schon lange dabei ist, zeigt später mitunter – durch die Macht der Gewohnheit – zuviel Gleichgültigkeit. Die Stimme ist monoton, und man spürt die Langeweile und Routine.

Den Anrufer nicht mit Namen ansprechen

Es sind oft die einfachsten Regeln, die nicht beachtet werden. Wie schon bekannt, ist jedem Menschen sein Name sehr wichtig. Viele Telefonbetreuer bemühen sich überhaupt gar nicht erst, den Namen zu erkunden oder gar aufzuschreiben zwecks späterer Wiederholung. Dieses Fehlverhalten wird in Trainingsseminaren oft aufgedeckt.

Falsche Stimmlage

Es wird entweder zu leise, zu laut oder zu hektisch gesprochen.

Firmeninterne Betrachtung

Viele sprechen zu behörden- oder firmenintern und versuchen gar nicht, die Reklamation wirklich zu behandeln. Es werden viel zu viele „firmen- und behördenchinesische“ Ausdrücke und Abkürzungen verwendet.

Zu lange Sätze – keine Pausen

Es werden Schachtelsätze formuliert. Demzufolge kommen viele Anrufer, besonders ältere, in der Darlegung nicht mit.

Mangelnde Entschuldigungen

Jede Beschwerde- beziehungsweise Reklamationsbehandlung sollte mit einer entschuldigenden Formulierung wie zum Beispiel „Es tut uns leid . . .“ beginnen. Leider vermißt man dies des öfteren.

Mangelnde Fragetechnik

Die Technik der Fragenstellung wird nicht genügend angewendet. Es ist bekannt: Wer Fragen stellt, führt das Gespräch! Diese Zauberformel wird nicht genügend beachtet und eingesetzt.

Falsche Einstellung

Vielen fehlt es an Hilfsbereitschaft, sie sind zu kurz angebunden.

Falsche Auskunft geben

Wie leicht ist es, den Anrufer mit einer falschen Auskunft abzuspeisen! Anstatt sich im Hause erst einmal richtig zu informieren, wird schnell eine unrichtige oder völlig unzulängliche Auskunft erteilt. Die Chefs ahnen gar nicht, welche Unzufriedenheit und welche Verluste dadurch entstehen.

Zu persönlich

Viele werden am Telefon zu persönlich.

Rhetorisch-psychologische Hinweise

Für das Telefonieren sollte ein Stimm- und Ausspracheblatt angelegt werden:

Klar und deutlich	**1**	**2**	**3**	**4**	**5**
Stimme					
Lautstärke					
Melodie					
Tempo					
Klangfarbe					
Höhen und Tiefen					
Deutlichkeit					
Freundlichkeit					
Sympathieausstrahlung					
Pausentechnik					

Genau artikulieren

Die präzise Artikulation ist beim Telefonieren besonders wichtig, ebenso die Betonung der Endsilben.

Klang und Melodie

Viele Menschen kennen die Wirkung ihrer eigenen Stimme nicht. Deshalb sollten sie sie kennenlernen, indem sie mit einem Tonbandgerät arbeiten.

Mehr „nach vorn" sprechen

Viele sprechen zu weit nach hinten. Dadurch wirkt die Stimme leicht monoton und dumpf. Man hat es leichter, wenn man die Lippen mehr bewegt und versucht, die Betonung nach vorn zu bringen. (Eine wichtige Übung: Sagen Sie 20mal hintereinander: bpbpbpbp . . .)

Mundgymnastik durchführen

Ihr Mund, Ihre Lippen, Ihre Zunge, sie alle sind Sprechwerkzeuge, die durch Übung aktiviert werden müssen. Bewegen Sie diese Werkzeuge durch übertriebene Mundgymnastik, täglich etwa eine Minute lang – ohne auf das Aussehen zu achten. Diese Bewegungen lockern und strecken die Muskulatur und erleichtern das Sprechen. Sprechen Sie eine Minute lang laut und deutlich brrrrrrr (wie Motorradgeräusch).

Freundlichkeit ausstrahlen

Trainieren Sie Freundlichkeit am Telefon! Es wird oft behauptet, daß man ein Lächeln „hören" kann, – und das stimmt!

Nicht zu schnell sprechen

Einer der Hauptfehler ist immer wieder das zu schnelle Sprechen. Bei vielen Menschen ist es eine schlechte Angewohnheit, und wenn sie dann noch dazu undeutlich reden, kann man so gut wie gar nichts verstehen.

Nicht zu langsam sprechen

Eine genauso große Sünde ist dementgegen das zu langsame Sprechen. Warten Sie nicht, bis Ihr Gesprächspartner ungeduldig mit den Fingern zu klopfen beginnt – letztes Alarmzeichen, daß Sie „ein wenig mehr Tempo zulegen" sollten! Zeit ist Geld, und Telefonieren ist teuer.

Auf Höhen und Tiefen achten

Durch die Macht der Gewohnheit und auf Grund mangelnder Anstrengung neigt man leicht dazu, zu monoton zu sprechen. Gerade beim Telefonieren ist es sehr wichtig, entsprechende Höhen und Tiefen in der Stimmfrequenz zu haben. Um das zu schaffen, bedarf es natürlich einer gewissen inneren Begeisterung und Freude.

Zuhören – ruhig aussprechen lassen.

Eine häufig anzutreffende Unart ist, den anderen nicht aussprechen zu lassen. Temperamentvolle Menschen haben es da natürlich besonders schwer, sich zu zügeln. Tonbandgespräche lassen Sie schnell erkennen, ob Sie genügend zuhören können.

Nicht abrupt unterbrechen

Natürlich kommt es schon hin und wieder einmal vor – besonders bei den sogenannten Dauerrednern, also Leuten, die sich selbst am liebsten zuhören –, daß es notwendig wird, in die Ausführungen des Partners einzugreifen. Tun Sie dies aber nicht, indem Sie ihn mitten in einem Satz unterbrechen, sondern warten Sie das Ende eines Gedankenganges, eine Atempause ab.

Zwischendurch einmal melden

Es ist sehr wichtig, daß Sie – gerade beim Telefonieren – sich zwischendurch einmal melden und damit ein Zeichen geben, daß Sie zuhören. (Zum Beispiel: „ganz richtig", „verstehe vollkommen", „aber natürlich . . .," usw. eignen sich dazu.) Diese Dialogart nennt man übrigens aktives Zuhören.

Verständigungsbestätigung

Geben Sie eine kurze Bestätigung des Vernommenen, um Mißverständnisse zu vermeiden.

Arbeitshilfsmittel stets in Griffnähe haben!

Wie oft hört man am Telefon: „Bitte einen Moment, ich muß nur schnell etwas zum Schreiben holen . . ." Das kostet Geld und Zeit, und der Anrufer denkt sich vielleicht: „Na, so ein Laden . . ."

Notizblock, Kalender und Schreibutensilien

Ein fest gebundener Notizblock oder ein Notizbuch sind gut, denn die Zettelwirtschaft birgt einige Gefahren in sich. Bewährt haben sich auch Jahreskalender, die, an der Wand hängend und überdimensioniert, vom Arbeitsplatz aus zu sehen sind.

Wiederholung der Notizen

Wiederholen Sie am Ende des Gesprächs

kurz Ihre Aufzeichnungen, besonders gemachte Versprechungen, Termine und jegliche Zahlenangaben. Kaum zu erwähnen ist wohl, daß Zahlen, Daten und Namen besonders sorgfältig notiert werden müssen.

Telefonnummer zwecks Rückruf erfragen

Dies sollte eigentlich eine Selbstverständlichkeit sein, und doch wird es sehr häufig vergessen, danach zu fragen oder sie zu notieren. Eine unverzeihliche Unterlassungssünde.

Adresse ist wichtig!

Für die vollständige Adresse gilt das gleiche wie für die Telefonnummer. Auch gleich nach der Postleitzahl fragen!

Auftrag notieren

Bei den vielen Produkten heute ist es sehr wichtig, das entsprechende Auftragsformular stets griffbereit zu haben, um es weisungsgemäß ausfüllen zu können.

Sonstige Bedingungen notieren

Versprechungen müssen eingehalten werden und ausgehandelte Bedingungen ebenfalls. Also auch hier alles genauestens notieren!

Allgemeine Hinweise notieren

Oft entstehen Schwierigkeiten, wenn Anrufer einmal Sonderwünsche äußern. Je genauer Sie sich Ihre Notizen hierüber machen, desto weniger Schwierigkeiten wird es bei der Bearbeitung dieser Angelegenheit geben.

Telefongesprächsvorbereitung

Wen will ich anrufen?

Gedanklich sich seinen Gesprächspartner in Erinnerung rufen oder durchdenken, mit wem man sprechen muß.

Wie heißt mein Gesprächspartner, und wie sollen die ersten Kontaktsätze lauten?

Die ersten fünf Wörter sind wichtiger als die nächsten tausend.

Was will ich erreichen?

Schreiben Sie die Zielsetzung vorher kurz nieder, und behalten Sie während des Gesprächs dieses Ziel im Auge.

Listen Sie die Besprechungspunkte auf, die Sie behandeln wollen.

Welche Einwände habe ich zu erwarten?

Überlegen Sie kurz, welche Einwände vorgebracht werden könnten. Sehr oft kennen Sie diese schon aus Erfahrung und können sich somit darauf vorbereiten.

Wie kann ich diese Einwände widerlegen?

Überlegen Sie, wie Sie diese taktvoll, diplomatisch und effektiv beantworten können.

Welche Unterlagen benötige ich?

Holen Sie vor dem Gespräch bereits alle erforderlichen Unterlagen herbei. Nichts ist schlimmer, als wenn Sie das Gespräch mehrere Male unterbrechen müssen, um sich erst dann das Nötige zu beschaffen.

Welche Unterlagen benötigt eventuell mein Partner?

Aus Ihrer eigenen Erfahrung ist Ihnen wahrscheinlich auch bekannt, welche Unterlagen seitens des Gesprächspartners vorliegen müssen, denn Sie wissen ja, über was Sie mit ihm sprechen wollen. Geben Sie ihm deshalb Zeit, diese zu besorgen, und rufen Sie noch einmal an, nachdem er diese bereitgelegt hat.

Welche Argumente muß ich zur Hand haben?

Welche Zusatzargumente könnten während des beabsichtigten Gesprächs von Bedeutung sein und benötigt werden? Sorgen Sie dafür, daß Ihnen diese geläufig sind, möglichst belegbar mit Zahlen, Daten und überschaubaren und verständlichen Fakten.

Wann rufe ich am besten an?

Psychologisch und natürlich auch praktisch spielt die Zeit des Anrufs eine wichtige Rolle. Dies ist selbstverständlich von Branche zu Branche und von Behörden zu Industriefirmen usw. völlig unterschiedlich. Aber auch Sie werden die günstigsten Zeiten schon aus eigener Erfahrung kennen.

Kostensparend telefonieren

Optimale Vorbereitung

Wer sich richtig vorbereitet, wird zwangsläufig schneller zum Ziel kommen und damit die Redezeit verkürzen, also Gebühren sparen.

Kurze, sachliche Gesprächsführung

Weitschweifige Ausführungen, emotionelle Ergüsse und private Unterhaltungseinflechtungen dürften bei geschäftlichen Telefonaten kaum am Platze sein. Knappe und präzise Aussagen sparen eine Menge Gebühreneinheiten.

Privatthemen

Selbstverständlich benötigt man ab und zu zum Einstieg in ein Gespräch kurze Kontaktsätze, die durchaus in die Privatsphäre reichen können, um menschliche Brücken zu schlagen. Aber Vorsicht: Dehnen Sie dieses Privatthema nicht zu lange aus, sonst könnte Ihr Partner die Geduld verlieren!

Rückrufen lassen

Wenn Sie, während Sie selbst angerufen werden, nicht genügend auf das Gespräch vorbereitet oder gerade anderweitig beschäftigt sind, wenn Ihnen die nötigen Unterlagen fehlen oder Sie eine Erkundigung einziehen müssen, dann bitten Sie darum, zurückrufen zu dürfen. Bieten Sie es zumindest an.

Weiterverbinden

Das gleiche Anerbieten müssen Sie machen, wenn Sie bei einem erforderlich werdenden Weiterverbinden mit einem anderen Gesprächspartner diesen nicht gleich erreichen können. Lassen Sie dann den Anrufer nicht unnötig lange an der Strippe hängen. Sie strapazieren damit nämlich nicht nur dessen Geduld, sondern auch seinen Geldbeutel!

Korrespondenz gründlich studieren

Wie oft sind die entsprechenden Unterlagen zwar vorhanden, aber man hat sich nicht die Zeit genommen, die wichtigsten Punkte noch einmal schnell durchzulesen. Streichen Sie sich sofort nach Erhalt eines Korrespondenzvorganges die wichtigsten Aussagen darin an, und lesen Sie im Bedarfsfall nur diese angestrichenen Stellen noch einmal durch!

Unnötige Floskeln

Vermeiden Sie überschwengliche Redewendungen, Superlative, zuviel Schmalz und zu dick aufgetragene Komplimente. Das ist heute nicht mehr angebracht.

Üben, üben, üben!

Wie schon am Anfang dieses Kapitels gesagt, werden in Zukunft die Gespräche per Telefon noch zunehmen. Da dabei die nonverbale Ausdrucksweise, das heißt Mimik und Gestik sowie Verhalten des Partners, keine Anwendung findet, sind Sie in erhöhtem Maße gezwungen, Ihre rhetorischen und psychologischen Fähigkeiten in dieser Richtung zu analysieren und auszubauen.

Checkliste für eine gute Einwandbehandlung am Telefon

Hier folgt nun eine Kurzcheckliste über einige der wichtigsten Punkte bei der Einwandbehandlung am Telefon:

- Anerkennung zeigen
- Angst des Gesprächspartners erkennen
- Aufrichtig und ehrlich den Gesprächspartner loben
- Die mögliche Ausrede frühzeitig erkennen
- Persönliches Interesse und Hilfsbereitschaft zeigen
- Verständnis für die Probleme zeigen
- Die Vor- und Nachteile argumentativ nennen
- Wichtige Vorteile kennen und nennen
- Bereitschaft zeigen, schriftliche Bearbeitung vorzunehmen
- Positivformulierungen anwenden (Ja, Sie haben recht ...)
- Einsatz der bedingten Zustimmung
- Fragetechnik anwenden
- Entschuldigung nicht vergessen
- und den Dank für den Anruf ebenfalls nicht!

Allgemeine Checkliste für besseres Telefonieren:

Stimme

Klar und deutlich ☐
Genau artikulieren ☐
Auf Klang und Melodie achten ☐
Mehr nach vorne sprechen ☐
Mundgymnastik durchführen ☐
Freundlichkeit ausstrahlend ☐
Nicht zu schnell sprechen ☐
Nicht zu langsam sprechen ☐
Auf Höhen und Tiefen achten ☐
☐

Notieren

Block und Bleistift zur Hand haben ☐
Notizen kurz wiederholen ☐
Namen, Zahlen, Daten besonders sorgfältig notieren ☐
Telefonnummer zwecks Rückruf erfragen ☐
Adresse nicht vergessen zu notieren ☐
Ebenso natürlich den Auftrag! ☐
Sonstige Bedingungen notieren ☐
Hinweise notieren ☐
Ideen notieren (auch eigene!) ☐

Arbeitshilfsmittel

Schreibzeug stets in Griffnähe ☐
Notizblock und Kalender ☐
Kundenunterlagen ☐
Farbige Stifte ☐
Durchschreibblock ☐
Telefonnummernliste ☐
Namensliste ☐
Reklamationsblock ☐
Zielsetzungsblock ☐
– und alles natürlich übersichtlich auf dem Arbeitsplatz angeordnet!

Zuhören

Ruhig aussprechen lassen ☐
Nicht abrupt unterbrechen ☐
Jedoch: Zwischendurch kurz einmal melden (als Zeichen, daß man noch „da ist“) ☐
Kurze Bestätigungen des Vernommenen ☐
„Aktiv“ zuhören ☐

Gesprächsvorbereitung

Wen will ich anrufen? ☐
Was will ich erreichen? ☐
Welche Einwände habe ich zu erwarten? ☐
Wie kann ich diese widerlegen? ☐
Welche Unterlagen benötige ich? ☐
Welche Unterlagen benötigt eventuell mein Gesprächspartner? ☐
Welche Argumente muß ich zur Hand haben? ☐
Wann rufe ich am besten an? ☐

Kostensparend telefonieren

Optimale Vorbereitung ☐
Kurze und sachliche Gesprächsführung ☐
Private Themen vermeiden ☐
Rückrufen lassen (wenn vertretbar) ☐
Richtige Zeit wählen ☐
Nicht immer weiterverbinden lassen, dann lieber auch um Rückruf des Betreffenden bitten! ☐
Manche Mitteilung ist schriftlich billiger ☐
Dem Gespräch vorangegangene Korrespondenz gründlich lesen ☐
Unnötige, überschwengliche Floskeln vermeiden ☐

Allgemeine Tips

Hörer nicht zu weit entfernt halten! ☐
Fremdwörter vermeiden ☐
Anrufernamen richtig aussprechen ☐
Titel, insbesondere akademische, nicht „unterschlagen“ ☐
Eigenen Namen deutlich und langsam aussprechen ☐
Sich bedanken ☐
Telefonnummernverzeichnis anlegen und auf neuestem Stand halten ☐
Ständig üben, besonders deutlich zu sprechen! ☐

Konferenz- und Diskussionstechniken

Routinebesprechungen effizienter gestalten – Hauptfehler bei der Durchführung von Konferenzen – Die Vororganisation – Ratschläge für die Konferenzleitung – Wie sollten Sie sich als Konferenzteilnehmer verhalten? – Konferenzcheckliste für den Eigenbedarf – Kleine ABC-Checkliste zur Durchführung einer Konferenz

Werner Finck hat einmal gesagt: „Eine Konferenz ist eine Zusammenkunft, wo viele hineingehen und wenig dabei herauskommt."

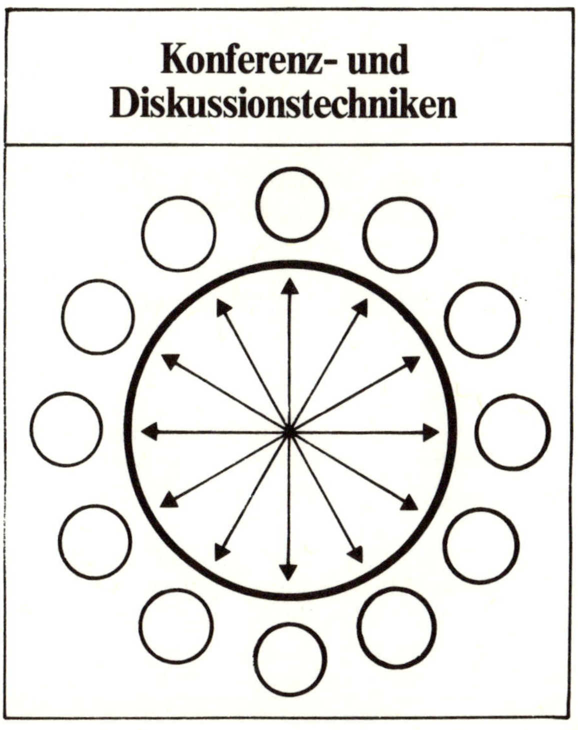

Jahr für Jahr werden Milliardenbeträge für unergiebige Konferenzen und Diskussionen aus dem Fenster geworfen, die ohne dringende Notwendigkeit kurzfristig einberufen werden. Die Teilnehmer kommen dann mitunter wenig informiert und unvorbereitet zur Konferenz. Durch die mangelnde Zielsetzung und eine schlechte Konferenzführung gehen wertvolle Stunden der Arbeitszeit verloren. Haben Sie schon einmal errechnet, wie teuer eine Tageskonferenz ist, bei der dann vielleicht gar nichts herauskommt?

Eine gute Konferenztechnik macht sich also bezahlt. Auf diesem Gebiet ist wirklich noch viel Trainingsarbeit notwendig. Zum Glück sind heute interessante Kurse und nützliche Programme zu diesem Thema auf dem Markt. Ich denke dabei zum Beispiel an ein interessantes Folienprogramm aus dem Jünger Verlag:

Routinebesprechungen effizienter gestalten

Zielgruppe dieses Programmes sind Führungskräfte und Mitarbeiter, die oft an Routinebesprechungen teilnehmen, die sich mit Themen wie, Organisation, Arbeitsverteilung, Kosten, Termine, Informationsaustausch usw. befassen.

Umfragen haben ergeben, daß Führungskräfte bis zu 80 Prozent ihrer Zeit mit Besprechungen verbringen. Kaum einer hat das Gefühl, daß er diese Zeit dabei sinnvoll nutzt. Woran liegt das?

Es gibt gewisse Grundregeln, die eingehalten werden müssen, wenn eine Besprechung wirkungsvoll sein und in kurzer Zeit durchgeführt werden soll.

Eine zielorientierte Vorbereitung und richtiges Verhalten bei Besprechungen fördern die Zusammenarbeit der Gruppen und führen somit in möglichst kurzer Zeit zu einem konkreten Besprechungsergebnis. Das erwähnte Farbfolienprogramm zeigt in praxisnaher Form, wie bei Einhaltung gewisser Grundregeln Besprechungen effizienter gestaltet werden können.

Das Folienprogramm enthält 30 Farbfolien, Format 22 × 26 cm, für den Tageslichtprojektor, ein ausführliches Begleitheft mit Diskussionsanleitungen für den Vortragenden sowie Checklisten für die Zielgruppe.

Zehn Punkte für effiziente Besprechungen: Besprechungsleiter

1. Besprechungspunkte festlegen
2. Teilnehmer einladen
3. Teilnehmer begrüßen
4. Besprechung mit Besprechungsziel eröffnen
5. Wortmeldungen notieren und in der Reihenfolge abrufen
6. Unparteiisches Verhalten
7. Auf die Zeit achten
8. Besprechungsrunde zielorientiert führen
9. Rhetorische Unredlichkeiten verhindern
10. Entschlüsse herbeiführen

Teilnehmer einer Konferenz sollten

Sich auf die Besprechung vorbereiten
Pünktlich sein
Positive Einstellung zur Besprechung mitbringen
Sachlich und zielorientiert beim Thema bleiben
Kurz und anschaulich sprechen
Zuhören können
Präzise fragen
Informationen geben, die dem Partner nutzen
Meinungen gelten lassen
„Killerphrasen" vermeiden

Ein Konferenzleiter sollte

Überzeugend wirken
Von der Mehrzahl des Auditoriums akzeptiert werden
Führungsqualitäten mitbringen
Rhetorische und psychologische Fähigkeiten besitzen
Immer sachlich und neutral bleiben
Ausgleichend und koordinierend tätig sein
Die Teilnehmer anspornen und aktivieren
Die Thematik verstehen!
Pünktlich die Zeiten einhalten
Ein guter Zuhörer sein
Auch ruhigere Teilnehmer ermuntern, aktiv zu werden
Fair und korrekt sein
Die Techniken der Konferenzleitung beherrschen
Bemerkungen nicht allzu persönlich nehmen
Ergebnisorientiert arbeiten

Hauptfehler bei der Durchführung von Konferenzen

Erst wenn Sie wissen, was Sie falsch machen, können Sie diese Fehler korrigieren und in positives Verhalten umsetzen. Schauen Sie sich deshalb einmal einige dieser Fehler an:

Es wird sehr leicht am Kern des Themas vorbeigeredet.

Das Thema und die Zielsetzung der Konferenz oder der Besprechung werden nicht klar und deutlich genug dargestellt oder definiert.

Der Konferenzleiter und die Diskussionsteilnehmer zerreden die Thematik.

Einwände werden nicht angehört und behandelt.

Manche Leiter führen nicht souverän durch die Konferenz und fühlen sich leicht persönlich angegriffen.

Es bilden sich mitunter Gruppen innerhalb der Gruppe, dadurch entstehen schnell Konflikte.

Eine offene Meinungsäußerung kommt gar nicht zustande; es werden nur Vorwürfe erhoben.

Dadurch, daß der Zeitplan nicht eingehalten wird, bleiben zu viele Punkte unbehandelt.

Die erarbeiteten Ergebnisse werden nicht festgehalten und dann natürlich auch nicht in die Praxis umgesetzt. Die Konferenz war also sinnlos.

Wer ist der Schuldige?

Teilnehmer, die hätten eingeladen werden müssen, wurden vergessen.
Einige Leithammel reißen die Führung an sich.
Es wird zuwenig mit visuellen Hilfsmitteln gearbeitet, wie zum Beispiel dem Flip-Chart oder dem Tageslichtprojektor.
Die Tagespunkte sollten eigentlich immer visuell dargestellt und im Laufe der Diskussion entsprechend abgehakt werden.

Es gäbe noch etliche Mängel aufzuzeigen, doch das würde den Rahmen dieses Kapitels sprengen. Lassen Sie solche Fehler doch einmal vor Beginn einer Konferenz von den Teilnehmern auflisten, damit die Konferenzteilnehmer selbst die Gefahren und Klippen erkennen lernen.

Die Vororganisation

Die Arbeit, die vor Beginn der Konferenz geleistet wird, ist sehr wichtig, um eine optimale Durchführung zu gewährleisten. Es lohnt sich deshalb, frühzeitig eine Checkliste zu erstellen, die im wesentlichen folgende Punkte berücksichtigen sollte:

Wahl der Thematik.
Ort der Durchführung und deren Räumlichkeiten.
Wahl der notwendigen technischen Hilfsmittel.
Verpflegung und Organisation am Ort der Durchführung regeln.
Wenn möglich dafür sorgen, daß genügend Parkplätze vorhanden sind. (Die modernen Seminarhotels schicken Ihnen gern entsprechende Reservierungschecklisten zu.)
Einladungen rechtzeitg bekanntgeben.
Zusendung des Programms oder der Tagesordnung. Die Teilnehmer benötigen Informationen über: Thema, Ort, Zeit und Dauer sowie eventuell mitzubringende Unterlagen, um sich entsprechend vorbereiten zu können.
Schriftliche Einladung möglichst etwa 14 Tage vorher versenden.
Eventuell drei Tage vor Beginn telefonisch nachfassen.
Neben der Adressenangabe des Tagungsortes auch die Telefonnummer und Anfahrtsbeschreibung bekanntgeben.
Besprechungsraum möglichst vorher besichtigen und überprüfen, ob er ruhig und störungsfrei ist, wie die Belüftung und Beleuchtung beschaffen ist usw.

Reservierungen schriftlich bestätigen und einen Tag vorher noch einmal kurz nachfassen.
Namensschilder anfertigen lassen.

Einige weitere wichtige Fragen zur Konferenzvorbereitung:
Welches sind die Hauptziele der Konferenz?
Ist die Konferenz wirklich erforderlich, oder gäbe es auch andere Wege, die Problematik zu lösen?
Wer soll an der Konferenz teilnehmen?
Sind bei der Terminierung Feiertage zu berücksichtigen?
Was muß noch gesondert organisiert werden?
Welche Unterlagen sind notwendig, und wer bringt sie mit?
Sind Abstimmungen mit anderen Abteilungen erforderlich?
Wer soll die Konferenz leiten – wie sieht es mit einem Ersatzkonferenzleiter aus?
Welche Stimmung ist bei den Konferenzteilnehmern zu erwarten?
Soll ein Besprechungsprotokoll geführt werden, und wenn ja, von wem?

Tag der Besprechung:
Mindestens zwei Stunden vor Beginn der Konferenz eintreffen.
Tische und Stühle, falls noch nicht geschehen, zurechtstellen.
Wegweiser beim Eingang anbringen.
Für gute Belüftung und Beheizung sowie Beleuchtung sorgen.
Absprache der Pausen zwecks Erfrischungen und Essen.
Schreibmaterial und Tagesordnung an die Plätze legen.
Teilnehmer beim Empfang begrüßen.
Eventuell schon einige Teilnehmer miteinander bekanntmachen.

Ratschläge für die Konferenzleitung

Ihre wichtigste Aufgabe liegt darin, die Konferenz ständig im Griff zu haben. Sie müssen über die zu behandelnden Themen genauestens Bescheid wissen. Sie dürfen nichts dem Zufall überlassen. Sie müssen sich gründlich vorbereitet haben!
Begrüßung aller Teilnehmer und Gäste.
Das Thema und das Konferenzziel aufzeigen.
Die Geschäftsordnung für die Konferenz bekanntgeben.
Alle Teilnehmer sollten in der Diskussion gleichberechtigt sein.
Zeitplan mit allen Pausen und dem allgemeinen Programmverlauf bekanntgeben.
Besondere Gäste, die anwesend sind, vorstellen.
Redner nach der RIR-Formel vorstellen (siehe Redeformeln).
Möglichst einige kürzere und eine längere Pause (Mittagessen) einplanen.
Dargebrachte Hauptpunkte nach jedem Sprecher kurz und übersichtlich zusammenfassen.
Konferenzverlauf durch Suggestivfragen beschleunigen.
Dafür sorgen, daß die Konferenz stets im Gang bleibt (bitten Sie rechtzeitig um Wortmeldungen).
Den Augenkontakt mit allen Teilnehmern nicht vernachlässigen.
Lassen Sie die Teilnehmer sich per Handzeichen melden, wenn sie sprechen wollen.
Sprechen Sie selbst nie belehrend.
Lassen Sie jeden zu Wort kommen, und bremsen Sie nur die Dauerredner etwas.
Versuchen Sie, eine positive und angenehme Atmosphäre zu schaffen. Etwas Humor sollte dabei nicht fehlen.
Wirken Sie ausgleichend.
Alle abschweifenden Beiträge geschickt zurückstellen – Wesentliches vom Unwesentlichen trennen!
Achten Sie darauf, daß die geplanten Pausen nicht überzogen werden.
Achten Sie darauf, daß bei Diskussionen nicht alle durcheinander reden, sonst verlieren Sie schnell die Kontrolle!
Ermuntern Sie auch schüchterne Teilnehmer, sich zu äußern.
Nicht genügend ausdiskutierte Punkte sollten Sie noch einmal ins Gespräch bringen.
Versuchen Sie, Beiträge zu Problemlösungsmöglichkeiten positiv anzuerkennen.
Ihre Aufgabe liegt darin, die Konferenz zu führen. Ihre Meinung darf daher nicht vorherrschend sein!

Konferenztechnik

Problemstellung
- Genau nennen und wiederholen
- Problem eingrenzen
- Begriffe erklären
- Bedeutung umreißen

Lösungen des Problems
- Verwenden Sie die Brainstormingtechnik.
- Jeder soll seine freie Meinung äußern dürfen.
- Nicht beurteilen
- Oft zusammenfassen
- Kurze und spezifische Formulierungen
- Beweismittel anführen

Die beste Lösung
- Wiederholen Sie kurz die vorgeschlagenen Lösungen.
- Führen Sie eine Abstimmung für die beste Lösung durch.

Wie wird der Entschluß in die Tat umgesetzt?
- Stellen Sie einen Durchführungsplan auf.
- Stellen Sie einen Zeitplan auf.

Abschluß
- Bedanken Sie sich bei allen Teilnehmern für ihr Erscheinen.
- Klären Sie, ob noch irgendwelche Fragen zu beantworten sind.
- Lassen Sie den Raum in einem ordentlichen Zustand zurück.
- Erinnern Sie die Teilnehmer daran, ihr Gepäck und ihre Garderobe nicht zu vergessen.
- Danken Sie den Teilnehmern für die gute und rege Mitarbeit.
- Beschließen Sie die Konferenz offiziell, und verabschieden Sie alle Teilnehmer persönlich.
- Klären Sie, ob alle entstandenen Kosten beglichen worden sind.

Die Teilnehmerzusammensetzung ist oft recht unterschiedlich!
Ein kleines Brevier für Diskussionsleiter von Herrn Georg Bauer, einem Rhetorikfachmann aus München:

Typ	Verhaltensweise
Streiter	Gruppe soll Behauptungen widerlegen
Positiver	Ergebnisse zusammenfassen lassen
Alleswisser	Gruppe soll Stellung nehmen
Redseliger	Taktvoll unterbrechen, Redezeit festlegen
Schüchterner	Leichte direkte Fragen stellen
Ablehnender	Seine Kenntnisse und Erfahrungen anerkennen
Nachredner	Direkte Fragen an ihn richten
Uninteressierter	Nach seiner Meinung und seiner Arbeit fragen
Überheblicher	Ja-aber-Technik anwenden
Ausfrager	Frage an ihn selbst zurückgeben
Taktierer	Gruppe soll antworten

Wie sollten Sie sich als Konferenzteilnehmer verhalten?

Hören Sie genau zu, und passen Sie auf, was andere sagen.
Sprechen Sie besonnen, natürlich und ruhig.
Nehmen Sie die Möglichkeit des Diskutierens nicht für sich allein in Anspruch – auch andere haben etwas zu sagen.
Schweifen Sie in Ihren Ausführungen nicht vom Thema ab.
Unterbrechen Sie den anderen nicht – auch Sie möchten zu Ende sprechen können.
Lassen Sie die Meinung anderer gelten.
Wollen Sie etwas sagen, dann geben Sie ein Handzeichen, und warten Sie, bis man Ihnen das Wort erteilt.
Vermeiden Sie gehässige, unkluge Bemerkungen und Formulierungen.
Ändern Sie Ihren eigenen Standpunkt nicht ständig.
Vor der Konferenz: Erarbeiten Sie einige wichtige Fragen.
Vermeiden Sie unnötige Polemik.
Formulieren Sie kurz und sachlich.
Behalten Sie die Diskussion stets im Ohr, und helfen Sie mit, ein gutes, gemeinsames Ergebnis zu erzielen – der Diskussionsleiter wird es Ihnen danken!

Konferenzcheckliste für den Eigenbedarf

Erledigung	Notizen
Vorbereitung	
Tagungsthemen	
Datum	

Konferenzcheckliste für den Eigenbedarf	
Erledigung	Notizen
Ort	
Zeit	
Anzahl der Teilnehmer	
Hotelreservierung	
Besprechungszimmer	
Ansichtskarte	
Einladungen	
Anreiseplan	
Karten/Reservierung	
Namensschilder	
Redner	
Konferenzmappen	
Schreibblock	
Bleistifte	
Tafel, Kreide	
Rednerpult	
Tonband	
Dekoration/Schautafeln	
Hotelzimmer/Schreiben	
Aufteilung der Zimmer	
Parkplätze	

Konferenzcheckliste für den Eigenbedarf	
Erledigung	Notizen
Konferenz	
Vorzeitige Ankunft	
Tische und Stühle	
Wegweiser	
Belüftung/Heizung	
Bedienung	
Essen	
Pausen	
Papier und Bleistifte	
Sitzordnung	
Namensschilder	
Vorstellung	
Anrede	
Eröffnung	
Begrüßung	
Ziel der Konferenz	
Durchführung	
Ernennungssekretär	
Beruhigung der Teilnehmer	
Augenkontakt	
Kurze Pausen	
Humorvoll	
Keine Abschweifung	

Konferenzcheckliste für den Eigenbedarf

Erledigung	Notizen
Suggestivfragen	
Langsam sprechen	
Zusammenfassen	
Schweigsame ermuntern	
Redselige beschwichtigen	
Weshalb – warum?	
Protokollformulierung	
Führen	
Mit der eigenen Meinung zurückhalten	
Aufgeschlossenheit	
Freundlichkeit	
Verständnisvoll sein	
Begeisterung	
Bremsen	
Alle zu Wort kommen lassen	
Ermuntern	
Pünktlichkeit	
Neue Ideen:	

Die unterschiedlichen Diskussions-Teilnehmer

Denken

A = Denken

B = Sprechen

1

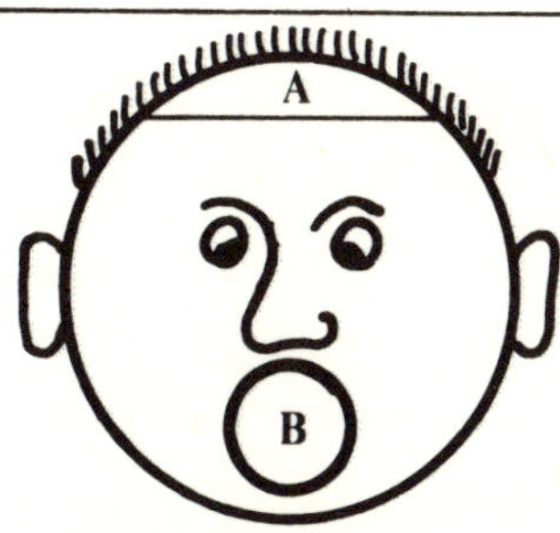

Dauer-Redner

2

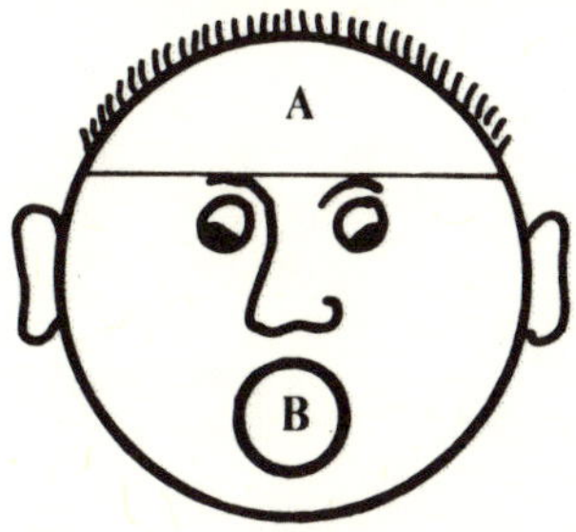

Viel-Redner

3

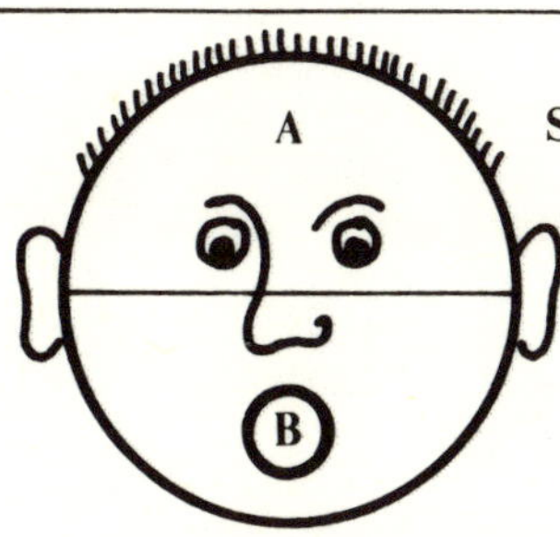

Sachlicher Redner

4

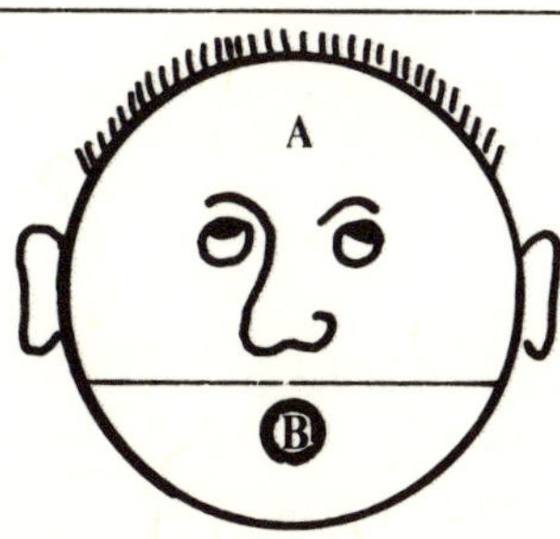

Der Denker

Wie beurteilen Sie Ihre Eigenschaften als Konferenzleiter?

- Habe ich das Themenziel der Konferenz klar dargestellt? □
- War ich aufgeschlossen und freundlich? □
- Habe ich als Pädagoge oder als Konferenzleiter gewirkt? □
- Habe ich mit meiner eigenen Meinung zurückgehalten? □
- War ich ein guter und verständnisvoller Zuhörer? □
- Wirkte ich schwungvoll und begeisternd? □
- Habe ich genügend Suggestivfragen gestellt? □
- Habe ich versucht, gehemmte Teilnehmer aufzulockern? □
- Habe ich die Dauerredner etwas gebremst? □
- Habe ich es den Zuhörern überlassen, die Fragen aus dem Kreis zu beantworten? □
- Habe ich versucht, exklusive Gesprächsthemen zu vermeiden? □
- Kamen alle zu Wort? □
- Stand ich allen neuen Ideen positiv gegenüber? □
- Bin ich allen Teilnehmern soweit wie möglich gerecht geworden? □
- Wurden die Schwerpunkte der Diskussion zusammengefaßt? □
- Habe ich für eine gute Stimmung gesorgt? □
- Habe ich für genügend Pausen gesorgt? □
- Was habe ich aus der Konferenz gelernt? □
- Habe ich beim Abschluß der Konferenz nichts Wesentliches vergessen zu erwähnen? □

Kleine ABC-Checkliste zur Durchführung einer Konferenz

Akustik: Wie sind die akustischen Verhältnisse im Raum?

Anfahrtswege: Wie sind die Anfahrtswege für die Teilnehmer?

Aufbauarbeiten: Wer steht für die Auf- und Abbauarbeiten zur Verfügung?

Bedienung: Sind mit der Bedienung die Essenszeiten und das Bereitstellen von Getränken und Tabakwaren abgesprochen?

Begrüßungsbriefe: Sind diese an das Hotel abgeschickt zwecks Verteilung in den Zimmern? Ebenso die Begrüßungsgeschenke?

Beleuchtung: Wie sind die Beleuchtungsverhältnisse?

Bezahlung: Ist die Spesen- und Bezahlungsfrage geklärt?

Entlüftung: Wie sind die Belüftungsverhältnisse? Bei Klimaanlage: Läuft sie geräuschlos?

Freizeitprogramm: Ist es durchdacht und organisiert?

Garderobe: Ist genügend Ablegemöglichkeit für die Garderobe vorhanden?

Generalprobe: Muß eine solche vor Beginn der Konferenz durchgeführt werden?
Was muß alles an Ort und Stelle vor Konferenzbeginn geprüft werden?

Hilfskräfte: Werden Hilfskräfte zur Assistenz benötigt?
Wenn ja: Wurden diese rechtzeitig benachrichtigt?

Hotel: Ist die Hotelleitung über alles Notwendige informiert?

Küche: Hat sie einen guten Ruf? Ist ein Abschiedsessen geplant?

Lautsprecheranlage: Ist diese einwandfrei installiert?

Mahlzeiten: Werden diese außerhalb oder im Tagungslokal eingenommen?

Namensschilder: Sind diese ordnungsgemäß angefertigt?

Parkmöglichkeiten: Sind Plätze in ausreichender Zahl vorhanden? Sind die Garagen abschließbar?

Raum: Ist der Raum groß genug (pro Person ein bis zwei Quadratmeter)? Sind Nebenräume für Gruppendiskussionen vorhanden? Ist der Raum ruhig, oder ist mit Störungen von außen zu rechnen?

Rednerpult: Ist ein solches verfügbar?

Sicherungen: Wo ist der Sicherungskasten?

Sitzordnung: Sollte eine solche vorher festgelegt werden?

Steckdosen: Sind solche in genügender Anzahl im Tagungsraum vorhanden?

Stühle: Sind genügend Sitzplätze vorhanden?

Technische Apparaturen: Wer prüft diese vor Beginn der Konferenz noch einmal auf ihre Funktionsfähigkeit?

Verkehrsverbindungen: Sind sie günstig?

Zimmer: Sind alle Reservierungen bestätigt? Sind Reservezimmer nötig?

Tips und Hinweise für Rhetoriktrainer

Wichtige Voraussetzungen für Dozenten und Rhetoriktrainer – Tips und Hinweise für die Durchführung – Was Rhetoriktrainer besonders beachten sollten – Einiges zur Vorbereitung und Organisation – Checkliste zur Optimierung der Eingangsphase von Seminaren und Tagungen – Wichtige Phasen im Rhetoriktraining – Wichtige Themen, die Rhetoriktrainer beherrschen sollten – Arbeitsbogen für Rhetoriktraining – Welche Themen können in einem Verkaufsrhetorikseminar behandelt werden? – Tips und Hinweise für das Videotraining – Einsatz verschiedener Trainingsmethoden und -hilfen – Stegreiftraining – Einige Redetrainingsprogramme – ABC-Auflistung verschiedener Redetrainingsthemen für Anfänger – ABC-Auflistung verschiedener Redetrainingsthemen für Fortgeschrittene – ABC-Auflistung verschiedener Themen für die Aus- und Weiterbildung

„Es gibt kein kräftiger noch edler Werk am Menschen denn Reden."

(Martin Luther)

Auf die Menschen der heutigen Gesellschaft kommt eine immer größere Informationsflut zu. Diese muß bewältigt werden. Die Frage ist nur: wie? Die beste Möglichkeit sehe ich darin, daß die Menschen lernen, sich besser, klarer und präziser auszudrücken. Um Irrtümer, Mißverständnisse und zeitraubende Rückfragen zu vermeiden, wird eine gute Kommunikation immer wichtiger werden. Rhetorik- und Kommunikationstraining werden deshalb ständig an Bedeutung gewinnen.

In den letzten Jahren sind viele Seminare der verschiedensten Kategorien angeboten worden. Leider kamen die Rhetorik- und Kommunikationsseminare etwas zu kurz dabei. Inzwischen wird Rhetorik mehr und mehr zu einem Zauberwort. Immer größer wird die Zahl derer, die sich für diese Disziplin interessieren. Die stattfindenden Rhetorikseminare sind stets schnell ausgebucht. Es fehlt an genügend geeigneten Dozenten und Rhetoriktrainern, um dieser steigenden Nachfrage gerecht zu werden.

Tausende von Menschen fühlen sich gehemmt, sind unsicher, leiden unter Sprech- und Auftrittsangst. Die Führungskräfte vieler Firmen halten Rhetorikseminare aber immer noch für eine unnötige Geld- und Zeitverschwendung. Sie wollen den sofortigen Umsatzerfolg, übersehen dabei jedoch, daß ein sich frei und sicher fühlender Mitarbeiter, der in der Lage ist, das zu sagen, was er sagen will, viel eher die Voraussetzung erfüllt, die eine Umsatzsteigerung ermöglicht.

Die praktische Erfahrung zeigt, daß diejenigen, die Rhetorikseminare besuchen, die Sprechangsthürde oft schon überwunden haben. Aber sie haben auch die Notwendigkeit der gekonnten Rhetorik erkannt und wollen noch mehr dazulernen. Die gehemmten Menschen, die eine derartige Schulung wesentlich dringender nötig hätten, kommen dagegen sehr selten zu diesen Seminaren.

Gerade diese Menschen sollten wir für Rhetoriklehrgänge gewinnen. Firmenchefs und Vorgesetzte täten gut daran, gehemmte Mitarbeiter zu Rhetorikseminaren zu entsenden. Hier würden diese Mitarbeiter aufgebaut, ihnen würde Mut gemacht werden, sie könnten sicherer werden. Natürlich wären sie dann Arbeitskräfte, die erfolgreicher arbeiteten und die die täglichen Anforderungen und Auseinandersetzungen besser bewältigen könnten.

Wichtige Voraussetzungen für Dozenten und Rhetoriktrainer

Sie sollten den brennenden Wunsch besitzen, Ihren „Schülern" wirklich helfen zu wollen. Diese Arbeit ist kein Job. Wer sie als diesen ansieht, ist deshalb für diese Tätigkeit nicht geeignet. Wer früher selbst gehemmt und schüchtern war, wird wahrscheinlich eher in der Lage sein, anderen Menschen auf dem Gebiet der Rhetorik zu helfen.

Als guter Seminarleiter müssen Sie Verständnis für die Gefühle und Ängste Ihrer Seminarteilnehmer haben. Viel Einfühlungsvermögen und psychologisches Geschick sind erforderlich.

Ein Rhetoriktrainer muß sehr viel Engagement und Durchstehvermögen mitbringen. Diese Seminarart nimmt den ganzen Menschen in Anspruch. Sie müssen im Seminar hochaktiv und konzentriert arbeiten.

Ein Seminarleiter darf keine Angst haben, auch selbst einmal vor der Gruppe Fehler zu machen. Irren ist menschlich, jeder macht mal einen Fehler. Sie müssen über den Dingen stehen.

Wenn Sie anderen Menschen wirklich in Ihren Lehrgängen helfen wollen, dann müssen Sie Menschen lieben und mögen.

Die Aufgabe, die Ihnen als Rhetoriktrainer obliegt, ist eine äußerst verantwortliche Tätigkeit. Schnell können Sie Menschen durch eine eventuell falsche oder nur teilweise richtige Einschätzung und Beurteilung Schaden zufügen.

Welche Fehler werden gemacht?

Manche Rhetoriktrainer erbauen sich daran, daß sie die Teilnehmer am Anfang erst einmal richtig abbauen. Später wollen sie sie dann entsprechend aufbauen. Nur manche vergessen dann den Wiederaufbau. Ich meine, andere fertigmachen ist leicht und schnell getan. Sie dagegen aufzubauen ist sehr viel schwieriger.

Ein Trainer, der häufig im Einsatz ist, sollte sich der Gefahr der Routine stets bewußt sein. Schnell kann er die Befürchtungen, die Scheu und Redeängste der Seminarteilnehmer übersehen oder vergessen. Aber Ihre ständige persönliche Hilfestellung ist erforderlich.

Persönliche Fehler der Rhetoriktrainer

Es fehlt an Begeisterung und Ausstrahlung.
Ihre eigene Unsicherheit ist spürbar.
Ihr Auftreten ist zu autoritär.
Sie wirken überheblich.
Sie besitzen zuwenig Humor und Schlagfertigkeit.
Ihre Lehrart ist zu ernst und langweilig.
Es mangelt Ihnen an Überzeugungskraft.
Ihre Einstellung den Zuhörern gegenüber ist negativ.
Ihre Lehrmethode ist allzu belehrend.
Sie halten zuwenig Augenkontakt.
Sie haben keinen eigenen Stil.
Sie behandeln Fragen und Einwände nicht optimal.
Sie achten nicht darauf, daß alle zu Wort kommen.
Sie bereiten sich nicht genügend vor.
Sie beherrschen nicht die Techniken der Mimik und Gestik.
Sie haben keine dynamische Stimmführung.
Ihr äußeres Erscheinungsbild ist mangelhaft.

Fehler in der Trainingspraxis

Sie üben ungerechte Kritik.
Sie kritisieren einzelne Teilnehmer vor der Gruppe.
Sie bevorzugen offensichtlich einzelne Teilnehmer.
Sie spenden zuwenig Lob und Anerkennung.
Ihnen fehlt die menschliche Wärme für diese Arbeit.

Sie bringen kaum Höhepunkte.
Sie überfordern die Teilnehmer.
Sie bringen zuviel Stoff.
Sie verwenden zuwenig die Visualisierung.
Ihr Unterricht ist zu theoretisch.
Sie motivieren die Teilnehmer zuwenig.
Sie bringen zuwenig aktives Lernen.
Sie machen kaum Problemlösungsangebote.
Ihre Zielsetzung ist unklar.
Sie vertiefen und wiederholen den Stoff nicht, dadurch ist die Haftwirkung gering.

Organisationsfehler der Trainerpraxis

Die Gesamtorganisation und die Vorbereitung sind mangelhaft.
Sie bauen zu wenig Pausen in den Seminarablauf ein.
Die Teilnehmerzusammensetzung ist nicht vorteilhaft.
Die technische Ausrüstung ist unvollkommen.
Es unterlaufen zu viele technische Pannen.
Die Belüftung und Beleuchtung des Seminarraumes ist schlecht.
Sie führen keine genügende Lernkontrolle durch.

Faktoren, die Beachtung finden sollten

Verhindern Sie nach Möglichkeit die Anwesenheit von höhergestellten Persönlichkeiten oder von Vorgesetzten der Teilnehmer.
Eine der wichtigsten Trainingsstufen ist die Überwindung der Hemmungen und der Spannungen. Versuchen Sie deshalb von Anfang an den Teilnehmern mehr Selbstvertrauen und Sicherheit zu vermitteln.
Begrüßen Sie möglichst alle Teilnehmer mit Handschlag und einigen freundlichen Bemerkungen.
Vergessen Sie nicht, eine Stoppuhr und eine Glocke bereitzulegen.
Teilen Sie für sich die Teilnehmer in drei Fähigkeitsgruppen ein:
a) Anfänger,
b) Fortgeschrittene und
c) Könner.
So können Sie den Anfängern bei Bedarf schneller behilflich sein.
Beobachten und versuchen Sie zu analysieren, welche Tendenzen der Rückkopplung Sie bei Ihren Zuhörern wahrnehmen. Ein Könner beobachtet ständig die Stimmung der Gruppe und jedes einzelnen Teilnehmers. Dadurch ist er in der Lage, bei Bedarf mehr Dynamik zu zeigen, wenn sich Langeweile bemerkbar macht, zum Beispiel einen Gag zu bringen.
Lassen Sie den Teilnehmer in der Analysen- und Kontrollphase sich zuerst selbst analysieren. Verfahren Sie dabei etwa so:
„Herr Müller, was, glauben Sie, haben Sie gut, was haben Sie schlecht gemacht? Was hätten Sie besser machen können?“ Auf diese Weise kann der Teilnehmer etwaige Kritik selbst vorwegnehmen.
Bei einer notwendigen Kritik sollten Sie die positiven Punkte zuerst nennen. Verwenden Sie die sogenannte Sandwichmethode (Lob – Kritik – Lob).
Achten Sie beim Arbeiten am Flip-Chart darauf, nicht dorthin, sondern in die Richtung der Teilnehmer zu blicken.
Bei Playbacks sollten Sie darauf achten, daß die Zeit des Rückspiels nicht allzu lange dauert. Für die meisten Teilnehmer ist dies ohnehin eine langweilige Prozedur, da sie das Dargebotene ja zum zweitenmal anhören und -sehen müssen. Vermeiden Sie deshalb allzu lange Tonband- und Videoaufzeichnungen.

Tips und Hinweise für die Durchführung

Gruppenübungen in Zweier- oder Dreierkombinationen helfen bei den ersten Schritten, das Lampenfieber etwas zu überwinden.
Vermeiden Sie im Training eine Zeitüberziehung. Dreiminütige Reden haben sich in der Praxis für Gruppen von acht bis zwölf Teilnehmern gut bewährt. In Seminaren für Fortgeschrittene können dann Reden von fünf bis zehn Minuten Länge gehalten werden, vorausgesetzt natürlich, die Teilnehmerzahl ist nicht so groß.
Zu Beginn des Seminars ist eine Vorstellung der Teilnehmer sehr wichtig, da sich daraus für alle interessante Anknüpfungspunkte und -möglichkeiten sowie aufschlußreiche Informationen – besonders aber für Sie als Trainer – ergeben. Außerdem lockert dieser Vorgang die Teilnehmer auf und verhilft ihnen so zu einem besseren Einstieg in das Training. Die Vorstellung sollte folgende Angaben enthalten:

Vor- und Nachname, Wohnort, Familienstand
Hobbys und Interessen

Ausbildung, Werdegang, Firma, Tätigkeitsbereich
Nennung von zwei bis drei Hauptproblemen und selbstverständlich: die Seminarerwartungen

Ein gutes Rhetorikseminar wird in methodische und psychologisch fundierte Phasen aufgebaut. Jedoch ist darauf zu achten, daß der Übergang von der einen zur anderen Phase nicht zu schnell vorgenommen wird. Wer hier zu rasch vorgeht, kann den Teilnehmern sehr schaden.
Vergessen Sie nie, zwischendurch Lob und Anerkennung zu spenden, um damit dem einzelnen Teilnehmer durch das kleine Erfolgserlebnis neuen Mut und Ansporn zu geben. Besonders bei etwas schüchternen Teilnehmern ist das wichtig.
Seien Sie Ihren Schülern auch ruhig bei der Themenwahl für selbst zu verfassende Kurzreden und Minivorträge behilflich, zumindest am Anfang.
Wenn Sie körperliche Konstitutionsschwächen bei einem Teilnehmer bemerken, so ist es wohl selbstverständlich, daß Sie diesem besonders hilfreich – in jeder Hinsicht – zur Seite stehen.
Lassen Sie möglichst den jeweiligen Teilnehmer freiwillig nach vorn zum Reden kommen. Ein Zwang, und sei er noch so gering, könnte hier mehr schaden als nützen.
Teilen Sie Ihre Übungen in vier Phasen auf:
- sitzend in der Gruppe,
- sitzend vor der Gruppe,
- stehend in der Gruppe,
- stehend vor der Gruppe.

Lassen Sie die Teilnehmer alle im Seminar gemachten Erfahrungen und Erkenntnisse, Kommentare und Beurteilungen notieren.
Versuchen Sie, die Teilnehmer sofort zu Beginn des Seminars durch kurze, sportliche, gymnastische Übungen oder auch mit visualisierten Gags, Kurzgeschichten und Episoden zu entspannen.

Was Rhetoriktrainer besonders beachten sollten

Die Eröffnung ist eine sehr wichtige Phase. Viele Teilnehmer sind zu Beginn des Seminars nervös. Diese Nervosität kann sich auch auf den Trainer übertragen. Lockern Sie deshalb die Atmosphäre gleich am Anfang etwas auf. Die ersten Seminarminuten sind die schwierigsten für die Teilnehmer – und den Trainer!
Es ist vorteilhaft, wenn Sie die Sitzordnung selbst bestimmen. Dadurch vermeiden Sie Gruppenbildungen – die dem Training nicht zweckdienlich sind. Teilnehmer, die sich gut kennen, setzen sich nämlich stets zusammen. Dadurch entsteht eine gewisse Störgefahr für den Unterricht durch Unterhaltungen dieser Teilnehmer.
Nehmen Sie nervös wirkende und offensichtlich unerfahrene Teilnehmer so früh wie möglich dran, damit ihnen das nervenaufreibende Warten erspart bleibt.
Sehr viele Teilnehmer wollen nach Beendigung eines Seminars Arbeitsgruppen organisieren. Helfen Sie ihnen bei diesem lobenswerten Unterfangen, so daß Ihre Teilnehmer ihre von Ihnen erworbenen Fähigkeiten weiter ausbauen können.

Einiges zur Vorbereitung und Organisation

Legen Sie neben Ihrer Ideenkartei mit den gesammelten Gags, lustigen Episoden, Zitaten usw. auch einen Ordner mit guten Visualisierungsideen an.
Seien Sie immer mindestens zwei Stunden vor Beginn im Vortragsraum, um alles genau zu überprüfen und zu koordinieren. Sie müssen wissen, wo alles liegt, um auch die optimale Handhabung Ihrer Hilfsmittel zu gewährleisten.
Arbeiten Sie immer mit Namensschildern, damit Sie alle Teilnehmer namentlich ansprechen können.
Der Einsatz von „Erfolgs-" und „Siegerpreisen" hat sich als Motivationshilfe bestens bewährt.
Sehr wichtig: Legen Sie genügend Arbeitsbögen, Checklisten usw. für die praktische Ausarbeitung der Reden, Vorträge und Präsentationen bereit.

Checkliste zur Optimierung der Eingangsphase von Seminaren und Tagungen

1. In der Einladung auf Art und Kleidung hinweisen (Straßenanzug, Freizeitkleidung).
2. Ankommende Teilnehmer sofort begrüßen und miteinander bekannt machen.

3. Bei individueller Begrüßung W-Fragen stellen. (Wie sind Sie hergekommen? Wie war die Fahrt? Wie gefällt Ihnen das Hotel, das Tagungshaus, die Umgebung?)
4. Namensschildchen (Badges) größer als mit normaler Schreibmaschinentype beschriften; nicht in Versalien.
5. Pünktlich beginnen; wenn das akademische Viertel berücksichtigt werden soll, dann dies allen Teilnehmern mitteilen.
6. Wenn Arbeit ohne Tische möglich, Stuhlkreis bilden. Motivierende Gegenstände (Kunstpostkarten, Kitsch, Spielzeug usw.).
7. Für jeden Teilnehmer ein gut lesbares Namensschild aufstellen.
8. Wenn Tische, dann Tischrunde; möglichst keine lange, rechteckige Tafel.
9. Anredeform klären („du" oder „Sie", mit oder ohne Verwendung des Titels).
10. Intensive Vorstellungsrunde. Am besten für neue Gruppen: Nachbar-(Partner-)Interview.
11. Teilnehmerliste für jeden Seminaristen erstellen oder von den Teilnehmern erstellen lassen.
12. Vorstellungsrunde protokollieren.
13. Informationen zum Tagesablauf geben (Anfangs-, Essenszeiten, Pausen usw.).
14. Raucherproblem klären. Raucherpausen zu Beginn festlegen.
15. Sicherstellen, daß alle Teilnehmer mit den notwendigen Materialien und Unterlagen ausgestattet sind. Ersatz bereithalten.
16. Teilnehmer zu einer Stellungnahme zum Seminarthema motivieren.
17. Teilnehmererwartungen abfragen (eventuell schon im Partnerinterview).
18. Teilnehmererwartungen schriftlich festhalten auf Overheadfolie oder Flip-Chart.
19. Teilnehmer, deren Erwartungen sich von denen der Mehrheit völlig unterscheiden, im privaten Gespräch zu integrieren versuchen.
20. Teilnehmer bei offener Seminarkonzeption Themenschwerpunkte selbst festlegen lassen durch:
    a) Erstellen einer Kartenwand (jeder Teilnehmer schreibt seine Wünsche auf Karteikarten),
    b) Klebepunktbewertung (jeder Teilnehmer vergibt eine begrenzte Anzahl von Punkten; Themenschwerpunkte werden so visualisiert).
21. Bildung von Arbeitsgruppen mit konkret gefaßtem Auftrag. Optimale Gruppengröße: fünf bis acht Personen.

(Burkhard Treude in CONGRESS 1/78)

Wichtige Phasen im Rhetoriktraining

Grundseminar Teil 1

1. Die Bedeutung der praktischen Rhetorik und der besseren Kommunikation
2. Warum Redetraining? Weshalb ist eine positive Einstellung wichtig?
3. Persönliche Ängste und deren Überwindung
4. Die schöpferische Ausarbeitung
5. Die allgemeine Planung, Organisation und Vorbereitung
6. Der Auftritt und die gute Haltung
7. Die Stimme und die Sprechtechnik
8. Die Körpersprache, Mimik und Gestik
9. Die Zuhörer und das Zuhören
10. Die psychologische Beeinflussung
11. Wichtige Arbeitstechniken
12. Die Analyse, Kritik und Kontrolle

Aus verschiedenen Rhetoriklehrgängen haben wir eine Übersicht der Hauptthemen der Rhetorik zusammengestellt. Sie sind nach Grundseminaren und Aufbauseminaren gegliedert. Diese Checkliste dient dazu, Ihnen Anregungen für mögliche Themen zu geben. Sie können danach Ihre eigenen Seminarstufen, Programme und Phasen zusammenstellen.

Wichtige Themen, die Rhetoriktrainer beherrschen sollten

Bedeutung der praktischen Rhetorik
Grundregeln der Kommunikation
Technik und Taktik der Einübung der freien Rede (Grundstufe, Aufbaustufe und Fortsetzungstufe)
Grundregeln der Körpersprache
Die Hauptredeformeln für die rhetorische Praxis
Redeformeln für die wichtigsten Gesellschaftsreden
Redeformeln für die wichtigsten beruflichen Reden
Visualisierungstechniken

Einsatzgebiete der Rhetorik
Grundregeln der Sprechtechnik
Wie man Teilnehmer rhetorisch analysiert und aufbaut
Techniken der Ideensammlung, Quellen und Fundgruben
Wie man Vorträge optimal ausarbeitet

Wenn Sie sich diesen Themenkatalog ansehen, können Sie ermessen, was ein Rhetoriktrainer alles wissen, können und beherrschen muß. Dieses breitgefächerte Wissen und vor allem die Fähigkeit, es auch noch vermitteln zu können, wird ein einzelner in Zukunft kaum noch allein beherrschen.

Es wird deshalb Teams von Rhetoriktrainingsspezialisten geben müssen, die diese breite Palette abdecken können.

Wie heißt es doch? „Man lernt nie aus." Dieser Spruch gilt ganz besonders für den Beruf des Rhetoriktrainers, das wichtigste Training wird für ihn deshalb das „Selbsttraining" sein.

Arbeitsbogen für Rhetoriktraining

Um Ihnen die Arbeit des Rhetoriktrainings genauer zu erläutern, stellen wir Ihnen einige Arbeitsbögen für die Seminartätigkeit vor. Wie schon erwähnt, ist es wichtig, daß sich die Seminarteilnehmer frühzeitig kennenlernen.
Dazu ist der folgende Bogen hilfreich:

VORSTELLUNGSBOGEN FÜR RHETORIKSEMINARE
1. **Vorname** ● Rufname
2. **Nachname** ● Familienname
3. **Wohnort** ● Gebiet
4. **Familienstand** ● Verheiratet ● Kinder
5. **Ausbildung** ● Lehre ● Fortbildung

VORSTELLUNGSBOGEN FÜR RHETORIKSEMINARE
6. **Tätigkeit** ● Firma ● Produkte ● Position
7. **Hobbys** ● Freizeitbeschäftigung ● Interessen
8. **Hauptprobleme** ● Persönlich ● Beruflich
9. **Seminarwünsche** ● Erwartungen
10. **Besuchte Seminare** ● Welche Seminare wurden bereits besucht?
11. **Allgemeines** ● Was möchten Sie aus dem Seminar mit nach Hause nehmen?

Sehr oft verlangen Unternehmen, die ihre Mitarbeiter zu Seminaren schicken, Beurteilungen der Mitarbeiter nach dem Seminar. Solche Beurteilungen abzugeben ist aber nicht unbedingt empfehlenswert, schon gar nicht dann, wenn die Teilnehmer schon vorher wissen, daß sie nach dem Seminar auf Wunsch der Firma von Ihnen beurteilt werden. Es steigert die Angst und die Hemmungen der Teilnehmer, viele verhalten sich dann nicht natürlich, und so besteht die Gefahr, daß sie falsch beurteilt werden. Es ist auch nicht die Aufgabe eines Trainers, die Seminarteilnehmer zu beurteilen, vielmehr soll er die Talente und die Fähigkeit des einzelnen wecken, sie trainieren, fördern und bestmöglich steigern.

Wenn trotz aller vorgetragenen Bedenken auf einer Beurteilung bestanden wird, dann empfiehlt sich das folgende Formular, das sich hauptsächlich auf die Mitarbeit im Seminar bezieht, somit also eine faire und legitime Möglichkeit der Beurteilung darstellt.

BEURTEILUNGSBOGEN DER TEILNEHMER Industrie, Handel, Behörden usw.					
Name: ______					
Seminar: ______					
vom: ______ bis: ______					
BEURTEILUNG (allgemeine)	4	3	2	1	
Pünktlichkeit					
Aufmerksamkeit					
Mitarbeit					
Ideenreichtum					
Teamgeist					
Formulierungsfähigkeit					
Kritikfähigkeit					
Lernbereitschaft					
Allgemeiner Eindruck					
Förderungswürdig					

Datum: ______ ______
(Unterschrift)

Natürlich kommen die Rhetoriktrainer selbst auch nicht ungeschoren davon. An Hand des folgenden Bogens können sich Trainer einer Selbstbeurteilung unterziehen und so hoffentlich die Gefahr bannen, daß sie unbemerkt in Routine verfallen.

BEURTEILUNGSBOGEN FÜR DEN TRAINER					
BEURTEILUNG (allgemeine)	4	3	2	1	
Äußere Erscheinung					
Auftreten					
Initiative					
Selbstvertrauen					
Einstellung zur Arbeit					
Verhalten gegenüber Vorgesetzten					
Zuverlässigkeit					
Arbeitsintensität					
Kreativität					
Vorbereitung					
Vortragsweise					
Gruppenlenkung					
Motivation allgemein					
Autorität					
Bereitschaft zu Überstunden					
Teamarbeit					
Flexibilität					
Neue Ideen					
Organisationstalent					
Eigene Weiterbildung					

Welche Themen können in einem Verkaufsrhetorikseminar behandelt werden?

Was der Verkäufer sprachlich können muß:

Er muß akustisch hörbar sprechen.

Er muß die richtige Aussprache und Artikulation beherrschen.

Er muß einen zweckbezogenen Tonfall haben und eine stimmliche Beeinflussung ausüben können.

Er muß in der psychologischen Gesprächsführung firm sein.

Er muß Mimik und Gestik richtig anwenden und beherrschen können.

Er muß verständlich und deutlich sprechen.

Er muß frei reden und verhandeln können.

Er muß mit Gesprächs-„Aufhängern" arbeiten können.

Er muß auch – notfalls – einmal im Telegrammstil reden können.

Er muß synchron zum Gesprochenen mit visuellen Hilfsmitteln arbeiten können.

Er muß die Schritte der sachlichen Gesprächs- und Redevorbereitung kennen.

Er muß sein Lampenfieber und seine Nervosität in den Griff bekommen.

Was der Verkäufer ganz allgemein beherrschen muß:

Er muß selbstbewußt auftreten können.

Er muß erklären und informieren können.

Er muß optimal beraten können.

Er muß zuhören können.

Er muß Verständnis zeigen können.

Er muß Zuhörer gewinnen und überzeugen können.

Er muß Fakten und Daten optimal präsentieren können.

Er muß seine Meinung sagen und auch überzeugend verteidigen können.

Er muß richtig argumentieren und diskutieren können.

Er muß Vertrauen und Glaubwürdigkeit für sich und die Firma gewinnen können.

In einem Seminar läßt sich diese Liste durch ein Brainstorming fortsetzen.

Tips und Hinweise für das Videotraining

Hier haben wir einige Punkte aufgeführt, die Seminarleiter bei dem AV-Training beachten sollten.

Viele Menschen haben Angst, sich „live" zu sehen. Die erste Begegnung bleibt zumeist unvergeßlich.

Das Training sollte immer schrittweise aufgebaut werden, so daß sich die Teilnehmer langsam an diese Technik gewöhnen.

Lassen Sie sich die Seminaristen zu Beginn kurz vorstellen, mit Namen, Wohnort, um das Eis zu brechen.

Leiten Sie dann zu einer allgemeinen Diskussion über ein aktuelles Thema über. Erfahrungsgemäß bemerken die Teilnehmer schon nach kurzer Zeit die Kamera nicht mehr.

Beim Rückspielen schauen die Teilnehmer oft ängstlich zu. Seien Sie mit Lob und Anerkennung nicht zu sparsam. Gerade in der Anfangsphase benötigen die Teilnehmer viel Ermutigung.

Bleiben Sie immer gerecht, und versuchen Sie immer, Ihre Teilnehmer positiv aufzubauen.

Gravierende Fehler eines Teilnehmers möglichst mit ihm allein, nicht vor der Gruppe, besprechen.

Bewährt hat sich zum Beispiel das Nachrichtensprechen. Teilnehmer schneiden aus einer Zeitung Pressemeldungen aus. Diese werden dann kurz geübt und später in sitzender Position vor der Kamera vorgelesen.

Unterbrechen Sie das Teletraining dann und wann, denn das ständige Zusehen ist sehr ermüdend.

Arbeiten Sie mit Schwung und Begeisterung, so daß nie Langeweile aufkommen kann.

Der Teilnehmerkreis sollte nie zu groß sein, maximal 15 Personen, weil sonst beim Rückspielen und Kommentieren eine gewisse Ungeduld oder Langeweile einsetzen kann.

Bedenken Sie, die Teilnehmer werden leicht ungeduldig, nachdem ihr Part besprochen worden ist.

Teletraining ist ein sehr nützliches, hilfreiches Training – aber nur in der Hand des geübten Trainers. Ist der Seminarleiter für das Teletraining nicht gebührend ausgebildet, richtet er bei den Teilnehmern leicht Schaden an.

Acht einfache und dennoch wichtige Regeln für die Lernmotivation

1. Das Training muß Spaß machen
2. Probleme erkennen und Lösungen anbieten und erarbeiten
3. Immer praxisnah bleiben
4. Viele Beispiele bringen

5. Wettbewerb herausfordern
6. Teilnehmer ermuntern und bestätigen
7. Einfach halten
8. Stoffvertiefung

Diese Regeln sollte sich ein guter Trainer bei der Ausarbeitung von Programmen und deren Durchführung vor Augen halten.

Weitere Tips und Hinweise für das Rhetoriktraining

Folgende Themen können im Rahmen eines Rhetorikseminars behandelt werden:

Arbeitstechnik

Wie man seine Mitarbeiter beurteilt.
Was muß eine Führungskraft bei der Durchführung von Konferenzen berücksichtigen?
Wie führt man erfolgreich eine Konferenz?
Wie man eine Brainstormingkonferenz abhält.
Terminplanung, eine wichtige Voraussetzung.
Wie delegiert man Aufgaben an seine Mitarbeiter?
Technik der Informationsbeschaffung.
Mehr Erfolg durch Zeitanalyse.
Soll = Ist: Planungslisten führen zum Erfolg.

Führungsthemen

Welche modernen Führungsmethoden gibt es?
Nicht nur der Umsatz ist wichtig, sondern auch der Gewinn.
Führen durch Vorbild.
Warum die Stellenbeschreibung so wichtig ist.
Die Hauptfehler der Führungskräfte.
Warum eine Führungskraft die Kunst des guten Sprechens beherrschen muß?
Führung durch Zielsetzungen gewinnt an Bedeutung.
Was versteht man unter „Management by Grid“?
Weshalb Führungskräfte die Kunst des Delegierens beherrschen sollten.

Führungseigenschaften

Eigenschaften, die man von einer Führungskraft erwartet.
Worin liegen die Fähigkeiten einer Führungskraft?
Was versteht man heute unter modernem Führungsstil?
Warum eine Führungskraft die Kunst der Redetechnik beherrschen soll.
Keine Angst vor Führungsproblemen.
Schlagfertigkeit, ein wichtiges Hilfsmittel.
Gute Budgetplanung führt zum Erfolg.

Führungstechniken

Die Bedeutung der persönlichen Aussprache.
Die „Sandwichmethode“:
Lob – Kritik – Lob.
Wie delegiere ich Arbeit am zweckmäßigsten?
Bücher, die ich zum Lesen empfehle, und warum.
Wie man Mitarbeiter lenkt und leitet.
Denke und plane mit Papier und Bleistift.
Gleichgültigkeit gegenüber den Mitarbeitern schadet.
Wie kann man sein Team positiv beeinflussen?
Positionsbeschreibung, eine wichtige Voraussetzung für gutes Führen.
So erarbeitet man eine gute Präsentation.

Ideengewinnung

Technik der Ideengewinnung oder „Brainstorming“ für die Alltagspraxis.
Warum es so wichtig ist, neue Ideen und Anregungen zu archivieren.
Wie man Mitarbeiter anregt, neue Ideen und Anregungen zu produzieren.
Systeme und Methoden, um die Kreativität zu steigern.
Warum man mit Block und Bleistift denken sollte.
Sollten Führungskräfte mehr Zeit zum Denken haben?
Welche Ideenkiller sind Ihnen am geläufigsten – Aufzählung verschiedener Phrasen.
Warum die Innovationswelle für Deutschland so bedeutend ist.
Welche Methoden und Techniken gibt es, um gute Ideen in die Praxis umzusetzen?

Motivationsmethoden

Wie kann man Mitarbeiter besser motivieren?
Ist die Aus- und Weiterbildung eine Mitarbeitermotivation?
Kann man die Ziele des Unternehmens durch Mitarbeitermotivation schneller erreichen?
Motivationsreisen und was man davon halten soll.
Maslow hat die Bedürfnispyramide entwickelt. Wie ist diese aufgebaut?
Warum sind Lob und Anerkennung so wichtig für die Motivierung der Mitarbeiter?
Die Menschen reden immer weniger miteinander – ist es nur durch Zeitmangel bedingt?

Welche weiteren Motivationsmittel außer Geld gibt es?
Gibt es auch eine negative Motivation?

Planungstechniken sind wichtig

Wie kann ich die Faktoren Zeit und Geld besser nutzen?
Planung ist das gedankliche Vorauserleben.
„Tue es gleich" – nur ein Schlagwort?
Arbeitsplanung und Arbeit nach Plan.
Zeitplanung gleich Zeitgewinn.
Der Tagesplan ist der wichtigste Plan!
Kann man heute noch langfristig in die Zukunft planen?
Welche Hauptplanungsmethoden gibt es heute?
Das Zeitplanbuch für die tägliche Praxis.
Die Großmann-Methode für Planungstechniken hat sich bewährt.

Verschiedenes – Allgemeine Redethemen

Familie

- Ein Erlebnis, das mir bewies, wie sehr meine Eltern mich lieben
- Warum ich mich mit meinem Bruder oft stritt
- Ich war stolz auf meinen Vater
- Als mir mein Kind zum erstenmal in den Arm gelegt wurde
- Wie ich meinen Ehepartner kennenlernte
- Was ich meinen Kindern am liebsten mit auf den Weg geben möchte
- Was mich meine Kinder lehrten
- Wie stolz war ich, als unser Haus stand!
- Als ich vor Heimweh fast krank war
- Der erste Schultag unserer Tochter/unseres Sohnes

Beruf

- Wie ich mein erstes Gehalt erhielt
- Wer nicht mit der Zeit geht, geht mit der Zeit!
- Warum ich mir meinen Beruf ausgewählt habe
- Was ich an meinem Chef besonders schätze
- Man kann nur das, was man sich selbst zutraut
- Der größte berufliche Fehler, den ich machte
- Wodurch ich viel Geld verlor
- Wer Menschen führen will, muß sich selbst führen können
- Mein größter Erfolg
- Wichtige Voraussetzungen für den Erfolg im Beruf
- Gibt es in der Weiterbildung einen Sättigkeitsgrad?
- Berufsentwicklung – heute und morgen
- Verdrängt der Computer den Menschen?
- Macht sich Weiterbildung überhaupt bezahlt?

Erholung

- Mein schönster Ausflug
- Mein schönstes Hobby
- Meine herrlichste Reise
- Wie ich zu meinem Steckenpferd kam
- Eine unvergeßliche Feier

Persönliches

- Der größte Streich, den ich je ausführte
- Mein peinlichstes Erlebnis
- Der beste Rat, den ich je in meinem Leben bekam
- Mein schönstes Weihnachtsfest
- Wie mir einmal geholfen wurde
- Meine erste Liebe
- Als ich einen mir nahestehenden Menschen verlor
- Mein schlechtestes Zeugnis
- Das größte Lob, das ich je bekam
- Mein erster Schultag
- Wie ich meinen ersten Freund kennenlernte
- Wie weh mir Kritik tat
- Mein Lieblingstheaterstück
- Meine Lieblingsstadt in Deutschland
- Der fürchterlichste Tag meines Lebens
- Woran ich glaube
- Der größte Sieg über mich selbst
- Liebe auf den ersten Blick
- Ein unvergeßliches musikalisches Erlebnis
- Die größte Angst, die ich je spürte
- Wodurch ich erkannte, daß die Gesundheit unser größtes Gut ist
- Was mir Freunde bedeuten
- Wie ich große Schmerzen ertrug
- Wodurch ich beten lernte
- Mein Lieblingstier
- Der Schauspieler, den ich am meisten bewundere
- Der aufregendste Film, den ich je sah
- Will ich den Jahren Leben geben oder meinem Leben Jahre?

Verschiedenes

- Der größte Fehler, den ich je machte
- Die beste Predigt, die ich jemals hörte
- Das schönste Buch, das ich je las, und weshalb es mich so ansprach
- Mein bestes Kochrezept
- Ein Unwetter, das ich nie vergessen werde
- Was nicht wächst, verkümmert

Einige Redetrainingsübungen

Abgabe eines Statements für das Fernsehen
Podiumsgespräche
Pro-und-Kontra-Diskussionen
Ideengewinnungskonferenzen
Wir halten eine Begrüßungsrede
Die Kettenmethode als Verankerung für Vorträge
Phonetische Übungen – Schnellsprechsätze
Wir analysieren die Hauptfehler der Redner
Übungen zwecks Förderung der Fragetechnik
Kunstgriffe für die Einwandbehandlung
Vorlesen und Darstellung von Gedichten
Stegreifreden mit Zeitkontrolle
Die Agitationsrede mit drei Teilnehmern
Die Überzeugungsrede
Anzeigenkommentare aus Illustrierten

Einsatz verschiedener Trainingsmethoden und -hilfen

A Abdeckhaube für Recorder
Abstimmanlage
Adapter für Telefonanlage
Ampelanlage
B Beurteilungsbogen
Bleistiftspitzer
Blitzlicht
Brainstorming
Bücher
D Diaprojektor
Dias
Diktiergerät
Diskussion
Drahtlose Mikrofonanlage
E Erfahrungsaustausch
F Fallstudie
Fernbedienungsanlage
Fernlehrgang
Fernsehantenne
Fernsehkamera
Flip-Chart-Ständer und Zubehör
Flip-Flap-Tafel
G Große Tonbänder und große Spulen
Gruppenarbeit
K Kabel
Kabelrollen
Kamera
Kameraadapter
Kamerakabel
Kassettenrecorder
Kleine Tonbänder und kleine Spulen
Klemmhalter und Birnen
Konzept
Kreide
Kundenbefragung
L Lautsprecherbox
Leinwand
Lehrgespräch
Lichtzeiger
Locher
M Manuskript (fertiges)
Mikrofon mit Stativ und Verlängerungskabel
Monitor
N Namensschilder
P Personal: Dolmetscher – Fotograf – Handwerker – Hostessen – Filmvorführer – Friseur – Stenotypistin
Planspiel
Präsidentenschild, Glocke, Uhr
Programmierte Unterweisung
Projektionsapparat
Projektionstisch
Q Quiz
R Radiergummi
Referat
Reinigungsset und Klebepresse
Reißnägel
Rollenspiel
S Schallplatten
Schreibmaterial
Schriftliche Arbeiten
Schriftliche Unterlagen
Schriftliches Anschauungsmaterial
Schriftverkehr (Auftraggeber)
Seminarmappen
Sensitivity Training
Staubtuch
Stoppuhr
T Tageslichtprojektor
Taschenlampe
Tesafilm
Testkäufe
Tonbandgerät
Tonbildaufzeichnung
Tonbildfilm
Tonbildschau
Tragbare Fernsehantenne
Trainingsbriefe/Mappen
U Urkunden
V Video/Kabel
Vorbereitete Folien für Tageslichtprojektor

Vorbereitung der Trainingshilfen zum Programm
W Wandtafel
Z Zertifikate

Stegreiftraining

Beim Sprechen ist das „Sprechdenken" sehr wichtig. Man muß sich die Fähigkeit aneignen, spontan Themen aufzugreifen und darüber zu sprechen. Bewährt hat sich die kurze Stegreifrede, bei der aus drei vorgegebenen Wörtern, die man in die Rede einbaut, ein Kurzvortrag von ein bis drei Minuten Dauer entwickelt wird. Eine nützliche Formel, die man gedanklich auch für Stegreifreden verwenden kann, ist die:

1. **Gestern**
2. **Heute**
3. **Morgen.**

Vorgehensweise
Bitten Sie die Teilnehmer, drei vorgegebene Wörter auf ein Blatt Papier zu schreiben.
Die Teilnehmer haben 30 Sekunden Bedenkzeit und müssen danach unter Verwendung dieser drei Begriffe einen Minivortrag halten.
Bestimmen Sie die Rededauer und stoppen Sie diese ab.
Bitten Sie die Teilnehmer, die Thematik wenn möglich auch humoristisch zu behandeln.

Wortgruppenvorschläge für Stegreifreden
Praxis – Realität – Abtei
Habgier – Konjunktur – Aperitif
Geschick – Kompromiß – Verschwörer
Diplom – Verkauf – Behauptung
Blutkonserve – Erlaß – Dauerauftrag
Tatsachenbericht – Morsezeichen – Wirtschaft
Aufmarsch – Gefühllosigkeit – Verbrauch
Blasrohr – Radikale – Dialog
Randerscheinung – Rabatt – Regierung
Pazifik – Gedränge – Biograph
Spekulation – Tonaufnahme – Heiligtum
Luftsprung – Freundeskreis – Häftling
Fernverkehr – Leiste – Parlament
Vision – Atom – Vokabel
Konflikt – Erwachsenenbildung – Radioaktivität
Geschmack – Thema – Schlauch
Mamsell – Konsulat – Funktion
Kleingläubigkeit – Terror – Natur
Schlauheit – Frieden – Zeit
Reproduktion – Blitzangriff – Telegraf
Leibeserziehung – Moritat – Erklimmung
Sperrbalken – Feier – Praxis
Volksabstimmung – Fallensteller – Termin
Prokura – Übermacht – Ruhestand
Gewinnspanne – Schmalfilm – Festnahme
Diffamierung – Imagination – Theorie
Gegnerschaft – Zusammenarbeit – Durchsuchung
Zusage – Angehöriger – Klotz
Verdienst – Zurückberufung – Disziplin
Monument – Anleihe – Diplom
Disziplin – Biskuit – Visier
Rachsucht – Karosse – Telekolleg
Anwesenheitsliste – Karriere – Patent
Ausländer – Camping – Krise
Gegenteil – Tatzeit – Kupplung
Schicksal – Spekulation – Meinung
Manifest – Übersicht – Hausdurchsuchung
Sperrmauer – Maniküre – Gegner
Hartnäckigkeit – Praktiker – Sportereignis
Nuance – Wahrnehmung – Milieu
Sozialisierung – Dialekt – Praxis
Respekt – Spionage – Aufbauschule
Attitüde – Novität – Staubecken
Zentrale – Gegenwart – Linie
Motiv – Volkswirtschaftslehre – Heimwerker
Natur – Diagnose – Resozialisierung
Klassik – Kompression – Team
Entartungserscheinung – Turban – Spießrutenlauf
Nautik – Etage – Nachfrage
Produktion – Dirigent – Dienstbereitschaft
Ausblick – Vergeltung – Rücktritt
Turnkunst – Überspitzung – Federschmuck
Integrität – Rechtsanwalt – Dienstabteil
Angebot – Rechtsgültigkeit – Differential
Leitartikel – Couch – Intuition
Quotient – Sporen – Wimbledon
Resümee – Eigentum – Regen
Vogel – Schiff – Kasten
Baum – Rasierwasser – Teppich
Krise – Sand – Herstellungskosten
Radio – Stern – Dimension
Uhr – Herzog – Polyester
Digitaluhr – Busfahrer – Meer
Boutique – Kaiser – Belt
Calvados – Gewissen – Bürgschaft
Spezialität – Fährmann – Impuls
Mannschaft – Informatiker – Zukunft
Tatbericht – Vermögen – Heiligtum
Dialekt – Navigation – Erholung
Astrologie – Gegenstimme – Lektion

Redakteur – Gewalt – Habgier
Kluft – Neuregelung – Vakuum
Übermacht – Verhandlung – Dichter
Klima – Erscheinung – Kreativitätstraining
Preisstabilität – Apartheid – Sakko
Luftlandetruppe – Stadion – Gegensprechanlage
Sachbearbeiter – Lizenz – Konkurseröffnung
Lenkachse – Verhalten – Dichtkunst
Annonce – Aufnahme – Faschismus
Tandem – Klangeffekt – Kloster
Kartell – Station – Exposé
Verjährung – Ausweis – Diner
Funk – Relais – Verwaltung
Etappe – Farbabstimmung – Blouson

Aus dieser großen Auswahl können Sie sich entsprechende Wortgruppen aussuchen oder, falls Sie Seminare durchführen, an Ihre Seminarteilnehmer weitergeben.

Einige Redetrainingsprogramme

Im folgenden finden Sie einige Redetrainingsprogramme, die Sie vielleicht auch für Ihre Rhetorikseminare verwenden können. Gerade bei diesen Seminaren ist ein guter Aufbau wichtig, da der Seminarist ja zunächst sein Lampenfieber reduzieren und die Schwelle der Erwartungsangst überwinden soll. Danach sollen dann seine rednerischen Fähigkeiten ausgebildet und erweitert werden. Die Seminare müssen deshalb mit viel psychologischem Geschick und mit großer Diplomatie durchgeführt werden.

Wichtig ist auch die Unterscheidung zwischen Anfängern und Fortgeschrittenen und die entsprechende Behandlung und Förderung der einzelnen Teilnehmer. Es mag Sie erstaunen, aber auch routinierte Redner besuchen noch ab und zu Rhetorikseminare, um sich weiterzubilden und zu vervollkommnen. In einem solchen Kreis hat es der Anfänger natürlich sehr schwer. Er ist deshalb besonders auf die Hilfe und Unterstützung des Rhetoriktrainers angewiesen.

Rhetorikseminare müssen in Aufbaustufen durchgeführt werden. Im folgenden sehen Sie Programmvorschläge für Trainingsseminare der Grund- und Aufbaustufe:

Programmvorschlag I

Vorabend	
Eintreffen	19.00 Uhr
Abendessen	19.30 Uhr
Trainingsraum	20.30 Uhr
Programm	Zielsetzung des Seminars Bekanntgabe des Programms Organisation
Hausaufgabe	Erarbeitung eines 5-Minuten-Vorstellungsreferates für den nächsten Tag, etwa: „Sie müssen eine Gruppe übernehmen, die Sie nicht kennen. Wie stellen Sie sich dieser Gruppe vor?“

1. Tag

8.30 Uhr	**Praktische Übungen** (Teilnehmer) Vorstellungsreferat der einzelnen Teilnehmer, anschließend Beurteilung
10.00 Uhr	Kaffeepause
10.30 Uhr	**Lerngespräch** (Trainer) Tips und Hinweise für die Vortragskunst
12.30 Uhr	Mittagessen
15.00 Uhr	**Kommunikationsübungen** Erklärung einer Skizze
15.30 Uhr	**Schlagfertigkeitsübungen** Übungen zur Förderung des Sprechdenkens
16.00 Uhr	Kaffeepause
16.30 Uhr	**Rhetorische Werkzeuge** (Übungen) Artikulation Mimik und Gestik Haltung Stabreim- und Schnellsprechübungen
19.30 Uhr	**Hausaufgabe** Sprechtechnische Übungen mit einem Spiegel Erarbeitung eines 10-Minuten-Referates nach Themenliste

2. Tag

8.30 Uhr	**Sprechtechnische Übungen** (der einzelnen Teilnehmer)
9.30 Uhr	**Stegreifreden** (Themen werden spontan verteilt)
10.00 Uhr	Kaffeepause
10.30 Uhr	**Praktische Übungen** 10-Minuten-Referat mit Videoaufzeichnungen und Gruppenanalyse

12.30 Uhr	Mittagessen
15.00 Uhr	**Überzeugungsrede** 7-Minuten-Rede laut Themenliste (10 Minuten Vorbereitungszeit)
16.00 Uhr	Kaffeepause
16.30 Uhr	**Fortsetzung Überzeugungsrede**
17.45 Uhr	Pause **Hausaufgabe** Ausarbeitung eines 5-Minuten-Referates (Themen werden einzeln bekanntgegeben)
19.45 Uhr	— Cocktailempfang — Essen — Kurzreferate
23.30 Uhr	**Ende**

Programmvorschlag II

Eintreffen: in ____________ am ________
bis spätestens 20.00 Uhr
Gegenseitiges Kennenlernen
Gemütliches Beisammensein
Gedankenaustausch

1. Tag

8.45 Uhr	Begrüßung
8.50 Uhr	**Programmvorschau**
9.00 Uhr	**Kommunikationsbeispiele** Übermittlung einer Botschaft Beispiele aus der Praxis Was können wir daraus lernen? Informationstransfer
9.30 Uhr	**Persönliche Vorstellung** Vor- und Nachname, Wohnort Tätigkeit Interessen Seminarerwartungen
9.45 Uhr	**Persönlichkeitsanalyse** Arbeitsbogen Selbstbeurteilung Gruppengespräch Trainergespräch Konsequenzen
10.15 Uhr	Kaffeepause
10.30 Uhr	**Redetraining — Teil 1** Warum soll man Redetechnik beherrschen? Hauptgründe für Lampenfieber Aktivierung der Ausdrucksmittel Haltung und Blickkontakt Übungen der Mimik und Gestik
12.30 Uhr	Mittagessen
14.00 Uhr	**Redetraining — Teil 2** Humor und Schlagfertigkeit Enthemmungsübungen Geistestraining Lesetraining
15.30 Uhr	Kaffeepause
15.45 Uhr	**Hauptfehler der Redner** Arbeitsbogen Individuelle Ausarbeitung Gruppenarbeit A und B Bericht der Sprecher
16.15 Uhr	**Vortragstechnik** Redevorbereitung Quellen und Fundgruben Nützliche Formeln Themenbearbeitung
18.15 Uhr	Schwimmen oder Sauna
19.15 Uhr	Abendessen
20.00 Uhr	Gemütliches Beisammensein

2. Tag

7.45 Uhr	Frühsport
8.45 Uhr	**Redetraining — Teil 3** Minivorträge Selbstanalyse Beratung und Hinweise Aufnahme mit Videofernsehkamera
10.15 Uhr	Kaffeepause
10.30 Uhr	**Redetraining — Teil 4** Das Verhandlungsgespräch Nützliches Einwandtraining Konferenztechnik Aktives Zuhören
12.30 Uhr	Mittagessen
13.30 Uhr	**Rhetorik und Dialektik** Schlagfertigkeitsübungen Abfangformulierungen Fragetechnik Stegreifreden
14.30 Uhr	**Tonbildschau** Rhetorische Tips und Hinweise Ideen für die Praxis Diskussion
15.30 Uhr	**Abschluß** Seminarbeurteilung Teilnehmerzertifikate Ideen für den Heimweg
16.00 Uhr	Kaffee und Kuchen Heimreise

PROGRAMMAUSZUG
EBELING-RHETORIKSEMINARE

Einleitung
- Wir lernen uns alle kennen
- Persönliche Wünsche und Erwartungen
- Interessante Kommunikationsübungen

Phase 1 — Lampenfieber
- Tips und Hinweise
- Der Weg zum Redeerfolg
- Hauptgründe für Lampenfieber

Phase 2 — Die Körpersprache
- Praktische Übungen der Mimik
- Praktische Übungen der Gestik
- Praktische Übungen des Sprechens
- Spiel und Spaß zum froh und frei Werden

Phase 3 — Technik der Vorbereitung
- Wichtiges für die Themenbearbeitung
- Tips und Hinweise für die Vortragstechnik
- Neu: 20-Stufen-Programm für Redevorbereitung

Phase 4 — Auftritt und Abgang
- Nützliche Checklisten
- Wichtige Beurteilungskriterien
- Bewährte und praktische Ratschläge

Phase 5 — Die Überzeugungsreden
- Die freie Rede
- Die Schaustückrede
- Beurteilung und Korrektur
- Nützliche Stichwortkonzepte

Phase 6 — Allgemeines
- Quellen und Fundgruben
- Korrektur und Beratung
- Schlagfertigkeitsübungen
- Selbstsicherheitstraining

Wo kann man sich in Rhetorik weiterbilden?
Falls Sie Interesse haben, sich auf diesem Gebiet weiterzubilden, können wir Ihnen behilflich sein. Wir haben die Namen und Anschriften verschiedener Rhetorikinstitute im deutschen Raum. Bitte schreiben Sie an:

Ebeling Seminare für Rhetorik
Im Hippel 57
6535 Gau-Algesheim

ABC-Auflistung verschiedener Redetrainingsthemen für Anfänger

Aktivierung der Ausdrucksmittel

Emotionelles Sprechen □
Negative und positive Seiten des Dialektes □

Allgemeines

Praktische Übungen der Körpersprache im Sitzen und Stehen □

Ausarbeitung

Grundregeln des Satzbaus und der richtigen Wortwahl □
Technik der Ausarbeitung einer Rede oder eines Vortrags □
Grundregeln für die Ausarbeitung von Vorträgen □

Blickkontakt

Einübung des Blickkontaktes in Zweiergruppen □
Einübung des Blickkontaktes vor der gesamten Gruppe □

Fehleranalyse

Analyse der Hauptfehler beim Reden, Vortragen und Präsentieren □

Fragetechnik

Reaktionstraining durch Frage-und-Antwort-Spiele □
Methoden und Techniken wie man Zuhörerfragen optimal behandelt □

Freie Rede

Trainieren des Sprechdenkens □
Einübung der freien Rede mit Hilfe von Stichwortkarten □
Freie Redeübungen ohne Aufzeichnungen □

Kommunikation

Eine wirkungsvollere Kommunikation □
Die Haupttechniken einer besseren Kommunikation □
Tips und Hinweise, wie man die Anonymität gegenüber einer Gruppe wahrt □
Die Durchführung einiger Kommunikationsbeispiele aus der Praxis für die Praxis □

Lampenfieber

Die freie Eigenvorstellung vor einer Gruppe ☐
Einübung der freien Rede in kleinen Schritten ☐
Minieinführungsvortrag aus dem persönlichen oder dem Hobbybereich ☐
Einübung der Nachbarvorstellung – Interview und Vorstellung vor der Gruppe ☐
Grundregeln, die das Lampenfieber, die Spannungen und die Erwartungsangst abbauen helfen ☐

Manuskriptvortrag

Einübung der Rede mit Hilfe eines Manuskripts ☐
Die Ausarbeitung eines dreiminütigen Vortrags mit Manuskript ☐
Die Durchführung eines dreiminütigen Vortrags mit Manuskript ☐

Mimik und Gestik

Die Steigerung des Ausdruckspotentials ☐
Wichtige Grundregeln der Körpersprache beim Auftreten ☐
Die Einübung der wirkungsvollsten Gestik ☐
Die Einübung der Körpersprache beim Sprechen ☐

Pannen und Schwierigkeiten

Methoden und Techniken, um Redepannen zu meistern ☐

Praktische Rhetorik

Die Bedeutung der praktischen Rhetorik ☐
Einübung wichtiger Gesellschaftsreden ☐
Analyse der Einsatzgebiete der Rhetorik ☐
Die Ausarbeitung eines dreiminütigen Vortrags mit Stichpunktkarten ☐
Die Durchführung eines dreiminütigen Vortrags mit Stichpunktkarten ☐
Einübung der Reden der jeweiligen Berufsgruppen ☐

Quellen und Fundgruben

Techniken der Ideensammlung, Quellen und Fundgruben ☐

Redeanfang und -schluß

Die Einübung guter Formulierungen für den Redebeginn – Methoden und Ideen ☐
Die Einübung guter Formulierungen für den Redeschluß – Methoden und Ideen ☐

Redeformen

Eine Aufzeichnung der Hauptredeformen für die rhetorische Praxis ☐
Die Ausarbeitung und Durchführung von Vorträgen mit Grundredeformeln ☐
Eine Analyse und ein Überblick über die Vielfalt der Redearten und -anlässe ☐

Rednerbeurteilung

Eine Analyse der rhetorischen Schwachstellen ☐
Die persönliche Selbstanalyse der eigenen Vorträge ☐
Eine Vortragsanalyse durch die Teilnehmer der Gruppe ☐
Die Plus-/Minus-Kritik durch den Rhetoriktrainer ☐
Wichtige Erkenntnisse über die negative und die positive Kritik der Teilnehmer ☐

Rhetorische Mittel

Die Einübung treffender und zugkräftiger Formulierungen ☐

Schlagfertigkeit

Einübung und Training der Schlagfertigkeit ☐
Spontansprechübungen aus dem Stegreif ☐
Übungen zum Training von Humor und Schlagfertigkeit ☐

Sprechtechniken

Einübung der Sprechtechniken: Stimmvolumen, Tempo usw. ☐
Die wirkungsvolle Beherrschung der Pausentechnik ☐
Die Stimmodulation ☐
Die Klangmelodie ☐
Die gute Stimmführung ☐
Einige Betonungsübungen ☐

Störlaute

Lästige Störlaute – bewußt oder unbewußt ☐

Technische Mittel

Die Einübung der Visualisierungstechniken für den Vortragenden ☐

Die Einübung der Visualisierungstechniken mit Folien/Transparenten ☐
Die Einübung der Visualisierungstechniken mit einem Flip-Chart ☐
Die Einübung der Technik des Vortrags und der Visualisierung im Kombinationsverfahren ☐
Einige Grundübungen mittels Tonbandaufzeichnungen ☐
Einige Übungen durch audiovisuelle Aufzeichnungen ☐

Vorlesetechnik

Die Einübung der Vorlesetechnik vom Manuskript ☐

Wichtige Checklisten

Einige wichtige Grundregeln der Körpersprache der Zuhörer, Rückkopplung ☐
Wichtige Checklisten für die Rednerpraxis ☐

Zuhörer

Wie man Sprache und Inhalt des Vortrags dem Zuhörerkreis anpaßt ☐

ABC-Auflistung verschiedener Redetrainingsthemen für Fortgeschrittene

Abfangformulierungen

Wichtige Abfangformulierungen ☐

Abschluß

Der gute Abschluß muß nachwirken ☐

Akustik

Arbeiten mit akustischen und optischen Reizen ☐

Anonymität

Wie überwinden Sie die Anonymität gegenüber der Gruppe? ☐

Anschaulichkeit

Anschaulich und bildhaft durch Beispiele und Vergleiche sprechen ☐

Argumentation

Richtig argumentieren an Hand von Fallbeispielen ☐

Argumente

Wiederholungsbesprechung – wie man Argumente speichert ☐

Artikulationsübungen

Allgemeine Artikulationsübungen ☐

Atemübungen

Allgemeine Atemübungen ☐

Auftreten

Auftritt und Ausstrahlung des Redners ☐

Ausarbeitung

Von der Ausarbeitung bis zur visuellen Optimierung ☐

Ausdrucksmittel

Aktivierung der Ausdrucksmittel ☐

Ausdruckspotential

Bessere Beherrschung unseres Ausdruckspotentials ☐

Ausdrucksweise

Bessere Ausdrucksweise ☐

Aussprache

Bereinigung der Ausssprachefehler ☐

Begrüßung

Begrüßungsreden ☐
Begrüßung von Gästen ☐

Beratung

Persönliche Beratung des Teilnehmers – Enthemmungsmethoden ☐

Beweisführung

Beweisführung und Argumentation ☐

Bildhafte Darstellung

Eine bessere bildhafte Darstellung ☐

Blickkontakt

Blickkontakt, Haltung, Mimik und Gestik ☐

Checkliste

Checkliste zur Verbesserung der rhetorischen Wirkung ☐

Debatte

Die strittige Debatte ☐

Dialektik

Wesen der Dialektik; faire und unfaire Methoden ☐

Durchsetzungsvermögen

An Hand eines Streitgespräches das Durchsetzungsvermögen des Einzelnen prüfen und entwickeln ☐

Ehrungen

Ehrungen aus besonderen Anlässen ☐

Einstellung

Die Einstellung auf den Teilnehmerkreis ☐

Fallstudien

Rhetorische Fallstudien ☐

Formulierungen

Treffende und zugkräftige Formulierungen ☐

Fragetechnik

Frage-Antwort-Spiele ☐

Gedanken

Gedanken durch Worte ausdrücken ☐

Kommunikation

Der Weg zur wirkungsvollen Kommunikation ☐
Die nonverbale Kommunikation ☐

Konferenz

Aufgaben eines Konferenzleiters ☐

Konferenztisch

Rhetorik am Konferenztisch ☐
Rhetorisches Handwerkszeug am Konferenztisch ☐

Kontakttraining

Test und Steigerung der Kontaktfähigkeit ☐

Körperhaltung

Körperhaltung muß kontrolliert werden ☐

Körpersprache

Körpersprache in der nonverbalen Kommunikation ☐
Training der Körpersprache ☐

Kurzreferat

Ausarbeitung eines Kurzreferats ☐
Kurzreferate mit AV-Aufzeichnung ☐

Lampenfieber

Hauptgründe für Lampenfieber ☐
Reduzierung von Hemmungen und Lampenfieber ☐

Lehrgespräch

Der Aufbau eines Lehrgesprächs ☐

Manuskript

Rede nach dem Manuskript ☐

Mitarbeiterbesprechungen

Optimale Mitarbeiterbesprechungen ☐

Mitteilungen und Anweisungen

Korrekte Formulierungen von diversen Mitteilungen und Anweisungen ☐

Monolog

Vom Monolog zum Dialog ☐

Motivation

Motivation und Überzeugung ☐

Nonverbale Kommunikation

Übungen der nonverbalen Kommunikation □

Overheadfolien

Visualisierte Overheadfolien mit Präsentation □

Pausentechnik

Übungen der Pausentechnik □

Persönlichkeitskraft

Förderung der Suggestions- und Persönlichkeitskraft □

Präsentation

Verbesserung der Präsentationstechnik □

Probleme

Probleme und Fehler beim Reden □

Reden

Die Übung einiger Tischreden □
Die Übung von Stegreifreden □
Die Kunst der freien Rede □
Einige Redearten und -anlässe □
Die Informationsrede □
Die Gelegenheitsrede □
Die Trauerrede □
Die Überzeugungsrede und die Zweckrede □
Die Motivationsrede □
Die Vorbereitung der Rede □
Unvorbereitete Schlußreden üben □
Aufbau einer Rede □
Geistige Voraussetzungen für die freie Rede □
Der Aufbau der Gesellschaftsrede □

Referat

Referat des Seminarleiters □

Rhetorik

Bedeutung der modernen Rhetorik □
Die Rhetorik als die Kunst der freien Rede □

Rhetorische Hilfsmittel

Einführung in die Rhetorik □
Darstellung der rhetorischen Hilfsmittel □

Rhetorische Tips und Hinweise

Rhetorische und dialektische Übungen □

Satzbau

Satzbau und Wortwahl □

Schwachstellenanalyse

Rhetorische Schwachstellenanalyse □

Selbstanalyse

Wichtige Selbstanalysen □

Selbstsicherheit

Wie gewinne ich Selbstsicherheit und Selbstbewußtsein? □

Spannungen

Abbau von persönlichen Spannungen □

Spontan sprechen

Spontan sprechen als Übungstraining □

Sprechtechnik

Übungen der Sprechtechnik □

Stichwortzettel

Stichpunktkarten und Anwendung von Formeln □
Stichwortzettel unter Anwendung von Formeln □

Stimmführung

Kurzübungen in Stimmführung □

Übungen

Redeübungen nach Manuskript □

Verhandlung

Vor Beginn einer Verhandlung □
Verhandlungsgespräche □
Verhandlungsrunden □

Visualisierung

Anwendung neuer Visualisierungstechniken – Auswertungsverfahren zur Erfolgskontrolle und Verhaltensoptimierung □

Schneller überzeugen durch Visualisierung ☐
Bausteine der Visualisierung ☐
Wirkungen der Visualisierung ☐
Worauf Sie bei der Visualisierung achten sollten ☐

Vorbereitung

Die Technik der Vorbereitung über die systematische Ausarbeitung bis zur visuellen Optimierung ☐
Die Vorbereitung und der äußere Rahmen ☐

Vorstandssitzung

Die Vorstandssitzung richtig führen ☐

Vorstellung

Teilnehmer stellen sich zur Einübung im freien Sprechen und Denken vor ☐

Wechselbeziehung

Wechselbeziehung zwischen Redner und Zuhörer ☐

Widerspruch

Das diplomatische Prinzip bei Widerspruch ☐

Wortschatzerweiterung

Aktive und passive Wortschatzübungen ☐

Zuhören

Zuhören können – Wiedergabe des Wesentlichen ☐
Zuhörer – ihr Denken und ihre Erwartungen ☐

Zwischenrufe

Behandlung von Zwischenrufen ☐

ABC-Auflistung verschiedener Themen für die Aus- und Weiterbildung

Aktivierung der Ausdrucksmittel

Steigerung des Ausdruckspotentials ☐

Audiovisuelle Aufzeichnung

Förderung der Suggestionskraft ☐
Ausbau der persönlichen Ausstrahlung ☐
Einübung von Ehrenreden bei besonderen Anlässen ☐
Intensivübungen durch Aufzeichnungen mit der Videoanlage ☐

Besprechungen

Durchführung optimaler Mitarbeiterbesprechungen ☐

Checklisten

Checkliste für die Vorbereitung des äußeren Rahmens ☐
Checkliste zur Verbesserung der rhetorischen Wirkung ☐

Fallstudien

Durchführung rhetorischer Fallstudien ☐
Richtig argumentieren an Hand von Fallbeispielen ☐

Formulierungen

Wichtige Abfangformulierungen für die Gesprächsführung ☐
Die Verwendung treffender und zugkräftiger Formulierungen ☐

Fragetechnik

Zuhörer durch geschickte Fragen motivieren ☐
Grundregeln der Fragetechnik ☐
Einübung der Fragetechnik ☐

Gelegenheitsreden

Grundregeln für Gelegenheitsreden und deren Einübung ☐
Durchführung von Jubiläumsreden ☐
Durchführung von Einweihungsreden ☐
Durchführung von Trauerreden ☐
Aufbau der Gesellschaftsreden ☐

Kommunikation

Grundregeln für Kontakt und Kommunikation; Förderung der Kontaktfähigkeit ☐
Steigerung der wirkungsvollen Kommunikation ☐

Konferenztechnik

Grundregeln der Konferenztechnik ☐

Hauptaufgaben des Konferenzleiters und die praktische Durchführung ☐
Rhetorik am Konferenztisch ☐
Handwerkszeug des Rhetorikers am Konferenztisch ☐

Kritik und Analyse

Eine kritische Analyse der rhetorischen Schwachstellen ☐

Motivieren

Kenntnisse der wichtigsten psychologischen Regeln ☐
Entspannungsmethoden ☐
Wichtige Regeln der Sympathiegewinnung ☐

Nonverbale Sprache

Erkennen und einüben der nonverbalen Sprache ☐

Pannen und Schwierigkeiten

Wie man Schwierigkeiten am besten überwindet ☐

Quellen und Fundgruben

Technik der Materialsammlung und -auswahl ☐

Rahmenreden

Durchführung von Informationsreden ☐
Durchführung von Geschäftsberichten ☐
Projekte und Aufgabenstellungen darlegen ☐
Wie man Mitteilungen und Anweisungen besser weitergibt ☐
Wichtige Rahmenreden bei Veranstaltungen ☐
Einführung neuer Mitarbeiter ☐
Wie man Gäste begrüßt ☐

Redeformeln

Wichtige Redeformeln für die Führungspraxis ☐

Rhetorische Mittel

Grundregeln der Dialektik ☐
Das diplomatische Prinzip bei Widerspruch ☐
Reden, die motivieren und aktivieren ☐

Schlagfertigkeitsreden

Durch Geistesgegenwart Fragen beantworten ☐

Sprechdenken und Sprechtechnik

Praktische Übungen des Sprechdenkens ☐
Vortragsdurchführung mit Stichpunktkarten ☐
Erweiterung des Wortschatzes ☐
Steigerung des aktiven und passiven Wortschatzes ☐

Stegreifreden

Spontane Sprechübungen aus dem Stegreif ☐

Überzeugungstechnik

Training des Durchsetzungsvermögens beim Reden und im Gespräch ☐

Verhandlungsgespräche

Die richtige Gesprächsführung ☐
Strategie und Technik der Verhandlungskunst ☐
Einübung von Verhandlungsgesprächen ☐
Einübung der Zweierverhandlung ☐
Einübung der Gruppenverhandlungen ☐
Argumentation und Beweisführung ☐

Verkaufen

Strategie und Technik der Verkaufskunst ☐

Vorlesetraining

Vorlesetraining mit einem Manuskript ☐

Vorstandssitzung

Vorstandssitzung richtig führen ☐

Wettbewerb

Durchführung von Redewettbewerben ☐

Die Kunst, besser zuzuhören, verbessert die Kommunikation

Wer sich gut mit dem anderen versteht, hört weniger zu – Zuhören, eine Waffe gegen den Streit – Zuhören allein genügt nicht – Richtig zuhören heißt richtig verstehen – Der Sprecher sollte seinem Zuhörer das Zuhören erleichtern – Gute Zuhörer sind Katalysatoren im Denkprozeß – Zuhören im geschäftlichen Bereich – Zuhören beim Vortrag und bei Konferenzen – Pausen erleichtern das Zuhören

„Nicht wer wenig sagt, sondern wer wenig zuhört ist arm!"
(Anonym)

Zuhören können setzt einen langen Lernprozeß voraus. Aktives Zuhören erfordert viel Geduld und Zeit, ein Interesse am Mitmenschen, eine positive Einstellung und eine totale Hinwendung zum Gesprächspartner. Die Wichtigkeit des Zuhörens wird leider unterschätzt und oft grob vernachlässigt.

Ehen scheitern, Familien zerbrechen, Menschen verzweifeln, Geschäfte kommen nicht zustande, Milliarden gehen in der Wirtschaft verloren, nur weil viele Menschen schlechte Zuhörer sind. Zuhören ist ein wichtiges Kriterium, für den persönlichen Erfolg ebenso wie für den beruflichen.

Zuhören ist allerdings mehr als nur hören. Der gute Zuhörer deutet, bewertet, verarbeitet das Gehörte und kann so auf seinen Gesprächspartner eingehen.

Das Leben zwingt uns zu einem ständigen Geben und Nehmen. Auch das Gespräch miteinander sollte daraus bestehen. Wer dieses Gebot nicht beachtet und entweder zuviel redet oder auch nur zuhört, stört das kommunikative Gleichgewicht.

Wer sich gut mit dem anderen versteht, hört weniger zu

Gerade Leute, die behaupten, sich gut mit anderen zu verstehen, sind leider oft keine guten Zuhörer. Formulierungen wie zum Beispiel:

Was hast du eben gesagt?
Das habe ich nicht behauptet!
Neulich schon habe ich dir doch gesagt, ...
Das hast du schon hundertmal erklärt ...
Davon erzählte ich dir doch neulich beim Fernsehen!
Hast du mir das wirklich schon erzählt?

machen das dann deutlich.

Unbewußt haben wir alle in unserem Rederepertoire Wörter und Formulierungen, die wir immer wieder verwenden. Diese werden für unsere Zuhörer zu Phrasen, bei denen sie automatisch abschalten, weil sie sie im Grunde nicht mehr hören und ertragen können.

Achten Sie deshalb nach Möglichkeit darauf, den Gesprächspartner nicht zu langweilen und ihm auf die Nerven zu fallen. Fragen Sie doch einmal in aller Offenheit Ihre Nächststehenden, welche Wörter und Redewendungen Sie zu häufig verwenden! Gerade im Familienkreis und bei Bekannten entstehen viele Mißverständnisse durch schlechtes Zuhören.

Eine bessere Kommunikation und die Kunst, besser zuzuhören

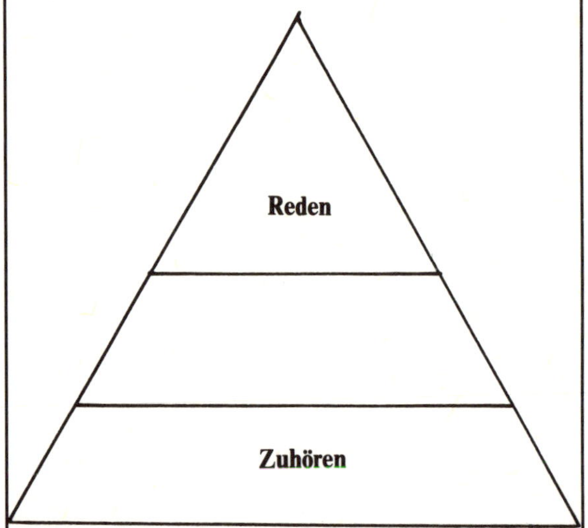

Teil A **Zuhören im Gespräch**

Teil B **Zuhören im geschäftlichen Bereich**

Teil C **Zuhören beim Vortrag und bei Konferenzen**

Zuerst zuhören, später „bellen"

„Das habe ich nie gesagt!"

So manches Streitgespräch wird mit diesem Satz eingeleitet. Man hat sich gegenseitig falsch verstanden, oder ein Gesprächspartner hat nicht konzentriert und genau zugehört. Kein Wunder, wenn Mißverständnisse, Ärger, Wut zustande kommen. Es spielen dann auch Faktoren wie falsche Vermutungen, Gerüchte, Vorstellungen und irrige Annahmen eine Rolle. Vieles Negative resultiert einfach aus mangelndem Interesse, zu starker Inanspruchnahme durch eigene Aufgaben oder Desinteresse am Gesagten.

Die Formulierung: „Ich habe nicht richtig verstanden", ist eine Möglichkeit, in einem Zweifelsfall Klarheit zu schaffen. Denken wir daran, wenn sich ein Streit zu entzünden droht. Immer erst zuhören und dann „bellen".

Wie schnell können Sie jemanden durch falsche Behauptungen, Vermutungen und Annahmen beleidigen, nur weil Sie nicht richtig zugehört haben. Haben Sie einmal etwas nicht verstanden, dann sagen Sie es ruhig, denn erst müssen die richtigen Fakten und Tatsachen auf den Tisch, dann kann man diskutieren.

Zuhören, eine Waffe gegen den Streit

Ein Meister dieser Kunst war „Onkel George", ein Engländer. Innerlich gefestigt, konnte ihn wenig aus der Ruhe bringen, er ging seinen Weg. In seiner einfachen Art besaß er doch eine erdverbundene Klugheit und eine wahre Begabung, mit anderen Menschen umzugehen. Seine innere Ausgeglichenheit war vorbildlich. Es war einfach unmöglich, mit diesem Mann Streit zu bekommen. Während man sich ereiferte, schaute er einen geduldig an und erwiderte meistens mit einem verständnisvollen Lächeln. Auf Streitargumente ging er gar nicht ein ... er schwieg dazu! Eine einfache, aber wirkungsvolle Waffe gegenüber einem wutentbrannten Gegner. Mit Recht sagt man: „Zum Streiten gehören zwei!" Richtiges Zuhören- und Schweigenkönnen im Streitfall erleichtert den Umgang mit unseren Mitmenschen ganz erheblich. Sie sparen Kraft, schonen Ihre Nerven und meiden unnötigen Streß.

Zuhören allein genügt nicht

Impulsiv sagte der Gesprächspartner: „Aber ich höre doch zu!" Das stimmte, aber es genügte nicht. Man möchte ab und zu auch einmal einen Einwurf, eine Antwort, eine Frage hören. Verständnis ist eine wichtige Voraussetzung für eine optimale Kommunikation. Durch die Hektik unserer Zeit wird dieser Notwendigkeit nicht immer genügend Rechnung getragen.

Belauschen Sie ausnahmsweise einmal bewußt die Gespräche von anderen Menschen. Achten Sie dabei darauf, ob Monologe oder Dialoge geführt werden, ob beide Partner konzentriert zuhören, ob bei dem Gespräch ein „Geben und Nehmen“ zustande kommt oder ob einer der beiden seinem Gesprächsdrang zu sehr nachgibt und den anderen an die Wand redet.

Eine bewußte Analyse der Gespräche anderer Menschen vermittelt uns interessante Erkenntnisse. Lassen Sie selbst Ihren Gesprächspartner immer Ihre Reaktion und Meinung sozusagen als Rückkopplung spüren. Gehen Sie auf das Gesagte ein. Sie signalisieren damit Ihrem Gesprächspartner Ihr Entgegenkommen.

Richtig zuhören heißt richtig verstehen

Viele Menschen haben Hemmungen, einen Gesprächspartner zu unterbrechen, wenn sie seine Botschaft, Nachricht oder Information nicht richtig verstanden haben. Sie tun, als ob, und das kann mitunter ausgesprochen peinlich werden, wenn der Sprecher später auf seine eigenen Ausführungen zurückkommt. Irgendwann aber sieht man ein, daß es völlig falsch ist, „verstanden haben“ vorzutäuschen. Fragen Sie, wenn Sie etwas nicht verstanden haben. Bei einer Versammlung, Tagung oder bei Seminaren sind Ihnen vielleicht andere Zuhörer sogar dankbar dafür.

Sorgen Sie für ein Gleichgewicht zwischen Reden und Zuhören

Manche Gesprächspartner geben Gas und sind in ihrem Redeschwall überhaupt nicht mehr zu bremsen. Drei, zehn, fünfzehn Minuten lang können sie ununterbrochen reden. Sie selbst warten geduldig. Kaum hat der andere aber Luft geholt, redet er auch schon weiter, auch wenn er merkt, Sie wollen auch mal zu Wort kommen. Er redet dann sogar vielleicht noch ein wenig lauter oder winkt mit der Hand ab. Das Verhältnis zwischen Reden und Zuhören ist dann nicht im Gleichgewicht. Der Zuhörer soll an dem Gespräch als Partner teilnehmen können. Sollten Sie auch zum Redeschwall neigen, dann achten Sie von nun an auf eine Bestätigung, ob Sie weiterreden dürfen. Beobachten Sie Ihren Gesprächspartner, ob er auch etwas sagen möchte. Wer dazu neigt, selbst zuviel zu reden, sollte einige „Zuhörstarter“ lernen und sich einprägen. Denn nur wer dies übt, wird die Waage „Sprechen = Zuhören“ richtig einpendeln und dadurch mehr Sympathie, Wohlwollen und Verständnis erlangen. Dieser kleinen Mühe sollten sich Dauersprecher schon unterziehen. Einige „Zuhörstarter“ sind zum Beispiel:

Sie sind so schön braun, hatten Sie einen schönen Urlaub?
Was gibt es bei einem solchen Lebenskünstler Neues?
Was machen denn Ihre Hobbys?
Wie geht das Geschäft?
Wie geht es der Familie?
Haben Sie ein geruhsames Wochenende verlebt?
Überlegen Sie sich weitere „Zuhörstarter“, denn mit solchen Formulierungen ermuntern Sie Ihren Partner, aktiv am Gespräch teilzunehmen.

Doch nicht nur der Sprecher, auch der Zuhörer sollte dem Sprecher Ermunterungssignale geben, als Bestätigung dafür, daß er den Sprecher versteht. Hier einige Formulierungen:

Interessant, was Sie da sagen!
Das hätte ich nicht gedacht!
Haben Sie das persönlich erlebt?
Was Sie nicht sagen!
Wann; wo; wie; warum?
Donnerwetter!
Kaum zu glauben!
Sicherlich!
Erstaunlich!
Sagenhaft!
Ausgezeichnet!
Erzählen Sie weiter!
Überlegen Sie sich als Zuhörer weitere Ermunterungssignale.

Wer gar nichts sagt, hört noch lange nicht aufmerksam zu

Auch wer Sie ansieht, während Sie zu ihm sprechen, braucht deshalb noch kein aufmerksamer Zuhörer zu sein. Durch Gedankenassoziationen, persönliche Ideen, andere Prioritäten und Vorstellungen arbeitet das Gehirn des Zuhörers oft selbständig weiter, ohne das Vorgetragene seines Visavis wirklich aufzunehmen. Dies müssen wir wissen, erkennen und im Alltag berücksichtigen. Mangelndes Zuhören oder unkonzentriertes Zuhören können wir erkennen an Formulierungen wie zum Beispiel: „Moment mal, wie sagten Sie eben?" Oder: „Was haben Sie gerade gesagt?" Der Empfänger war zwar auf „Empfang" eingestellt, hat aber dennoch die Sendung nur unvollständig erhalten.

Es ist also immer gut, seinen eigenen Redefluß von Zeit zu Zeit zu unterbrechen. Eine wichtige Regel: Man sollte lieber schweigen, wenn der andere nicht wirklich zuhört. Um die Aufmerksamkeit Ihres Zuhörers zu gewinnen, sollten Sie starke Kontraste in Ihren Tonfall oder in Ihre Gestik einfließen lassen.

Der Sprecher sollte seinem Zuhörer das Zuhören erleichtern

Viele Menschen erschweren ihren Zuhörern systematisch das Anhören ihrer Ausführungen. Und zwar unter anderem aus folgenden Gründen:
Sie sprechen zu laut – auch in Lokalen, bei Busreisen, bei öffentlichen Veranstaltungen.
Sie sprechen mit vollem Munde.
Sie besprühen den Zuhörer mit einem „Regenschauer" während des Sprechens, der Volksmund sagt dazu: eine feuchte Aussprache haben.
Sie mißachten die Intimzone des Zuhörers durch Anfassen oder zu geringen Körperabstand.
Sie sind ungepflegt, was Aufmachung, Kleidung und Körperpflege angeht, respektieren das ästhetische Empfinden der Gesprächspartner nicht, haben Mundgeruch und ähnliche Übel.

Vermeiden Sie „Fleischwolf"-Gerede

Es gibt Menschen, die das einmal Gesagte in mehreren aufeinanderfolgenden Sätzen immer wieder wiederholen. Diese ständigen Wiederholungen erschweren das Zuhören – für jeden Partner, besonders aber für die Familienmitglieder. Leider wissen viele gar nichts von ihrer Untugend. Besonders häufig trifft man diese Eigenschaft bei unruhigen, hastigen und nervösen Menschen an. Beobachten Sie sich selbst einmal!

Die Zeit ist viel zu kostbar, um nicht zuzuhören

Die Zeit ist eines unserer kostbarsten Güter. Manche haben wenig Zeit, andere noch weniger, als Sie vielleicht annehmen. Unsere Zeit ist ein Geschenk, mit dem wir viel bewußter und dankbarer umgehen sollten. Sicherlich haben wir uns alle so manche Lebensweisheit, interessante Fakten und Daten sowie die Gelegenheiten, Sympathien zu gewinnen, entgehen lassen. Mitunter ganz bewußt, jedoch ebensooft unbewußt. Heute können wir einigen nicht mehr zuhören, getrennt durch Zeit oder Entfernung. Wie viel würden wir manchmal darum geben, einen bestimmten Menschen nochmals reden zu hören und ihm nur zuhören zu dürfen! Hören wir deshalb ganz bewußt anderen zu, es kann sonst einmal zu spät dazu sein. Denken Sie daran, daß das wichtigste Verbindungsglied zwischen den Menschen das gesprochene Wort ist. Der Weg zu sich selbst führt über andere. Besonders ältere Menschen benötigen das verständnisvolle Gespräch oft mehr als so manches, vielleicht sogar sehr teure Geschenk.

Die Menschen haben keine Zeit, einander zuzuhören

Im privaten wie im geschäftlichen Bereich haben die meisten Menschen heute so viel um die Ohren, daß sie oft zuwenig Zeit haben, um noch neue Informationen oder Kenntnisse durch konzentriertes Zuhören und erhöhte Aufmerksamkeit aufzunehmen. So mancher Unterbrechung begegnen sie mit einem Stöhnen oder mit negativen Blicken:
„Ja, was ist denn . . .?"
„Muß das jetzt sein . . .?"
„Jetzt geht das unmöglich!"
„Ich habe wirklich keine Zeit!"
„Können Sie nicht noch einmal wiederkommen?"
„Schicken Sie mir ein schriftliches Angebot . . ."
„Sprechen Sie mal mit meinem Vertreter . . ."
„Reden Sie mit meiner Sekretärin . . ."
„Was wollen Sie denn nun schon wieder?"
„Wir kommen gerade aus dem Urlaub . . ."
„Mein Mann ist heute nicht da . . ."
„Besprich das lieber mit Papa (oder Mama)!"
„Frag lieber deinen Lehrer!"
„Paß in der Schule besser auf!"
Dies sind nur einige Formulierungen, die aufzeigen, daß die Bereitschaft zum Zuhören oft nicht gegeben ist. Achten Sie deshalb besonders darauf, die günstigen oder ungünstigen Momente herauszufinden, bevor Sie Ihren „Zuhörerbedarf" anmelden. Respektieren Sie die Zeit

Ihres Gesprächspartners, und unterbrechen Sie ihn niemals ohne vorherige Terminabsprache bei einer wichtigen Tätigkeit.

Gute Zuhörer sind Katalysatoren im Denkprozeß

Wir möchten oft unsere Ideen und Vorstellungen mit jemandem besprechen, um die Akzeptanz, Realisierbarkeit oder die Möglichkeiten zu überprüfen. Meistens sind diese Rohgedanken und Inspirationen noch im Werden. Menschen mit Begabung zur Spontaneität und Begeisterung können wertvolle Stützen im geistigen Prozeß der Ideenentwicklung sein. Sie wirken wie Katalysatoren im Denkprozeß. Solche Zuhörer sollten Sie versuchen zu gewinnen und selbst auch ein solcher Katalysator sein.

Eine positive Einschätzung und Beurteilung ist oft der Ansporn und der Nährboden für neue gute Ideen. In der Bejahung liegt der Schlüssel zum Erfolg. Lassen Sie Ihre tägliche Devise sein: Zuhören, Zusprechen und Zureden, um damit den kreativen Prozeß zu fördern.

Auch zuhören muß geübt werden

Erstaunlich viele Menschen können nur schlecht oder überhaupt nicht zuhören. Jedoch ist diese Fähigkeit manchmal noch wichtiger, als eine lange Rede halten zu können. Schließlich ist die Zahl der Zuhörer wesentlich größer als die der Redner. Menschen, die richtig zuhören können, gewinnen schneller Freunde, erhalten eher wichtige Informationen usw.

Von Dale Carnegie, Autor der Bücher „Wie man Freunde gewinnt“ und „Sorge Dich nicht, lebe“, wird folgende Geschichte erzählt: Er wurde zu einem großen Bankett in New York eingeladen. Die Männer erschienen im Frack, die Damen in großer Robe mit funkelndem Schmuck. Alle Damen und Herren bekamen einen Platz zugewiesen, und es oblag den Tischherren, ihre Damen zu unterhalten. Neben Dale Carnegie saß eine Dame, die viele Jahre in Birma gelebt hatte. Die Dame sprach ihn sofort an und sagte: „Das ist nett, daß ich neben Ihnen sitze, ich wollte Sie schon immer einmal kennenlernen. Ich habe mit Interesse Ihre Bücher gelesen und möchte mich gern mit Ihnen über die Regeln der Menschenführung unterhalten.“ Darauf sagte er: „Gnädige Frau, ich habe gehört, daß Sie viele Jahre in Birma lebten. Es würde mich sehr freuen, wenn Sie mir etwas mehr über das Leben dort erzählen könnten!“ Daraufhin begann die Dame sofort ausführlich über ihr Leben in Birma zu sprechen. Dale Carnegie hörte kopfnickend und interessiert zu und stellte ab und zu eine themenbezogene Frage. Nach knapp einer Stunde entschuldigte sich Carnegie und verließ das Bankett, weil er noch einen anderen Termin wahrnehmen mußte. Daraufhin sagte die Dame zu den Umsitzenden, daß sie heute abend einen der interessantesten Menschen ihres Lebens kennengelernt hätte. Obwohl Carnegie kaum etwas gesagt, sondern nur zugehört hatte! – Denn sie selbst hatte fast ausschließlich gesprochen. Die Geschichte spricht für sich.

Einige weitere Tips und Hinweise

Besser einmal zu oft zugehört als einmal zuwenig.
Unser heute vielzitiertes Generationsproblem ist mitunter nur ein mangelndes Verständnis, bedingt durch zuwenig Zuhörbereitschaft.
Mit Berufen, bei denen man besonders gut zuhören muß, verdient man das meiste Geld.
Gutes Zuhören erspart Ihnen mitunter, das zu sagen, was Sie sagen wollten.
Zuhören ist oft das wertvollste Geschenk.
Wer redet, sagt viel, wer zuhört, gewinnt viel.
Manches Argument kann man durch gutes Zuhören gewinnen.
„Ich hätte gern Ihren Rat ...“, ist einer der schnellsten und zuverlässigsten Türöffner.
Man sollte alles wissen, aber es ist nicht immer klug, alles zu sagen, was man weiß.
Wer zuhört, kann sich nicht so schnell verplappern.
Redner rutschen leichter aus als Zuhörer.
Wer gut zuhört, bevor er redet, erreicht mehr.
Durch Zuhören verschaffen Sie sich ein besseres Bild über Ihren Gesprächspartner.
Durch Zuhören lernen Sie die Bedürfnisse des Gesprächspartners kennen.
Durch Zuhören erhalten Sie wertvolle Informationen.
Durch Zuhören gewinnen Sie Zeit für eigene Überlegungen.
Durch Zuhören gewinnen Sie an Sympathie.
Wer zuhört, kann neue, bessere Argumente entwickeln.
Wer zuhört, erhält neue Ideenimpulse.
Wer zuhört, gilt als höflich und interessiert.

Zuhörertraining

Wie bereits mehrfach betont, haben viele von uns das Zuhören verlernt, oder sie vernachlässigten es. Besseres Zuhören kann und sollte man durch Anwendung folgender Methode trainieren:
Schließen Sie Ihre Augen.
Konzentrieren Sie sich auf die Geräusche, die Sie um sich herum wahrnehmen.
Versuchen Sie, diese Geräusche klar zu identifizieren.
Sie werden merken, daß sich Ihnen eine neue Welt eröffnet.
Setzen Sie sich in einem Lokal in die Nähe der Theke, und Sie werden überrascht sein, welche interessanten Klänge und Geräusche Sie hören.
Die Bewußtmachung der Umweltlaute ist wichtig als Vorstufe zum besseren Zuhören.

Zuhören im geschäftlichen Bereich

Der richtige Ort und die richtige Zeit beeinflussen die Zuhörfähigkeit positiv. Wenn Sie diese wichtige Regel beachten, werden die Chancen gehört, verstanden und akzeptiert zu werden, erheblich steigen. Lernen Sie am besten die Arbeitsmethoden Ihrer Gesprächspartner kennen, und teilen Sie diese in aktive und passive Perioden ein. Prüfen Sie, wann diese Menschen hauptsächlich aktiv und wann sie weniger aktiv sind. Unterbrechen Sie Ihren Partner niemals während seiner Hauptarbeitsphase. Wie Sie wissen, gefährdet ein „Nein" die Verhandlung von vornherein. Sie sollten auch immer zuhörerbezogen denken. Überprüfen Sie, ob der andere überhaupt momentan gewillt ist, zuzuhören – sonst fallen Sie vielleicht nur schnell in Mißkredit.

Am falschen Ort läßt es sich ebenfalls schlecht zuhören. Lassen Sie sich nicht abwimmeln, nur weil Sie den falschen Ort wählten, zum Beispiel einen vollen Geschäftsraum, einen Korridor, einen stark besuchten Ladenraum usw. Deshalb vereinbaren Sie einen Gesprächstermin mit Zeit- und Raumangabe. Diese kleine Mühe wirkt sich immer positiv aus. Verhandeln Sie niemals zwischen Tür und Angel, und denken Sie bitte immer daran, daß Sie, bevor Sie jemanden ansprechen, prüfen sollten, ob die Zuhörbereitschaft überhaupt vorhanden ist.

Wer nicht zuhört, muß festgenagelt werden

Sie haben ein wichtiges Anliegen, das Sie mit einem Gesprächspartner besprechen möchten. Dieser ist meistens sehr beschäftigt und verfügt über wenig Zeit. Aber endlich ist es Ihnen gelungen, ihn zu schnappen. Sie haben ihn gerade eben zum Zuhören gebracht, da beginnt er, im Raum herumzulaufen, oder er verläßt gar das Zimmer. Sie können ihm nur ständig hinterherreden oder müssen ihm sogar noch nachlaufen. Diese hektischen Menschen haben selten oder nie Zeit zum Zuhören. Vielleicht ist ihnen selbst diese schlechte Angewohnheit gar nicht bewußt, vielleicht wollen sie sich aber auch nur das Image bewahren, ein immer Beschäftigter zu sein?

Dann gibt es auch noch Menschen, die zwar anfangs noch einigermaßen konzentriert zuhören, aber dann im entscheidenden Moment der Unterhaltung, beispielsweise wenn es um Preisentscheidungen, eine persönliche Stellungnahme oder ähnliches geht, die Flucht ergreifen, indem sie den Vielbeschäftigten markieren und davonlaufen. Diese Unruhegeister muß man geschickt festnageln:
Sprechen Sie unruhige Zuhörer auf diese Unsitte an.
Verfolgen Sie diese Zuhörer konsequent, und lassen Sie nicht locker.
Eventuell können Sie sie mit optischen Hilfsmitteln fesseln.
Versuchen Sie, durch Alternativvorschläge eine Entscheidung zu erzwingen.
Überlegen Sie sich schon heute ein paar Taktiken dazu, und denken Sie daran, daß ein laufender Zuhörer nicht unbedingt laufend zuhört.

Bei Tischgesprächen in der Mitte zu sitzen erschwert das Zuhören

Beobachtungen über viele Jahre hinweg haben mir gezeigt, daß die Sitzposition bei Konferenzen, Besprechungen, Seminaren usw. wichtiger ist, als gemeinhin angenommen wird. Bei einem größeren, länglichen Tisch ist es meines Erachtens nach ungünstig, in der Mitte zu sitzen. In dieser Position werden Sie nämlich oft nicht in das Gespräch einbezogen. Die beiden an den Kopfenden des Tisches Sitzenden haben die günstigste Position. Die neben diesen Teilnehmern sitzenden Personen schließen sich im Gespräch zu zwei Gruppen zusammen, doch die in der Mitte Sitzenden gehören dann oftmals weder zu der oberen noch zu der unteren Gesprächsgruppe. Sie schauen mal nach links, mal nach rechts, hören mal hier, mal dort einen Gesprächsfetzen, ohne sich wirklich selbst an den Gesprächen beteiligen zu können. Bevor Sie das nächste Mal Platz nehmen, überlegen Sie „strategisch“ und meiden Sie die Plätze, auf denen Ihnen das Zuhören erschwert wird.

Zuhören beim Vortrag und bei Konferenzen

Es ist unmöglich, Menschen zum Zuhören zu zwingen – sie müssen dazu gebracht werden, es selbst zu wollen. Gerade heute ist es wirklich ein Geschenk, wenn Menschen uns zuhören, weil das Zuhören bekanntlich Zeit kostet, und Zeit ist Geld! Nicht umsonst hört man im Fernsehen oder im Rundfunk: „Danke für das Zuschauen – oder Zuhören!“

Deshalb sollten wir uns unserer Einstellung zum Zuhören bewußter werden. Daß das Zuhören keine Selbstverständlichkeit ist, muß uns ständig gegenwärtig sein. Tun Sie alles, um die Aufmerksamkeit, die man Ihnen entgegenbringt, auch für den anderen lohnend zu machen. Vergessen Sie bitte nicht, sich bei Ihrem Publikum am Schluß Ihrer Darbietung für das Zuhören zu bedanken.

Reden Sie über alles – aber nicht über 55 Minuten

Das Zuhören ist oft genauso anstrengend wie das Vortragen, besonders bei dynamischen und energiegeladenen Rednern! Das Stillsitzen ermüdet die Glieder, und bald ist man als Zuhörer durch die angespannte Aufmerksamkeit und damit geistige Anspannung ebenso erschöpft, wie man physisch durch das ruhige Sitzen erschöpft ist. Deshalb sollten die Konferenz-, Seminar- und Vortragsveranstalter diesen Umstand beachten und entsprechend handeln.

Reden Sie über alles, aber niemals über 55 Minuten! Nach einer kurzen Pause sind die Gedanken, die bei einem längeren, manchmal vielleicht sogar nicht ganz leicht zu verstehenden Vortrag recht strapaziert wurden, wieder erneut aufnahmefähig. Schon Martin Luther sagte: „Maul auf, halt auf.“

Nach einer gewissen Zeit setzt selbst bei einem noch so interessanten Vortrag bei jedem Zuhörer eine gewisse Müdigkeit ein. Sie sollten auch daran denken, daß viele Reden an einem Wochentag in den Abendstunden gehalten werden. Dies bedeutet, daß Ihre Zuhörer oft direkt von der Arbeit zu Ihrem Vortrag kommen. Eine begrenzte Redezeit hat übrigens noch den Vorteil, daß im Anschluß an Ihre Ausführungen noch Zeit zum Diskutieren ist, falls das gewünscht wird. Oft bekommt ein Vortrag erst durch eine solche Ergänzung das I-Tüpfelchen. Außerdem sichern Sie sich mehr Zuhöreraufmerksamkeit, denn durch die bereits angekündigte Diskussion fordern Sie Ihre Zuhörer zum aktiven Zuhören auf. Nach dem Motto: Zuhören – Denken – Sprechen.

Die folgende Erzählung spricht für sich selbst:

„An jenem Morgen predigte statt eines Pfarrers ein Missionar, der eine prachtvolle Stimme hatte. In ergreifender Schlichtheit erzählte er von den Leiden der Neger und wie dringend sie Hilfe benötigten. Ich war so gerührt, daß ich statt der fünfzig Cents, die ich zu opfern gedachte, die Spende verdoppeln wollte. Die Schilderungen des Missionars wurden immer eindringlicher, und ich nahm mir vor, meine Gabe weiter zu steigern: auf zwei, drei Dollar, vier, fünf Dollar. Schließlich war ich fast dem Weinen nahe und fand, alles Geld, das ich bei mir hatte, reichte nicht aus, und ich müsse dem Redner einen ansehnlichen Scheck aushändigen.
Der Missionar aber redete und redete, so daß mir die Sache dann doch zu langweilig wurde. Immer mehr ließ ich die Idee mit dem Scheck fallen. Kleiner und kleiner wurde meine Spende. Der Missionar aber redete immer noch und erreichte damit bei mir, daß ich bei der Sammlung schließlich ganze zehn Cents auf den Teller legte.“
(Mark Twain)

Nutzen Sie Ihr Sprechinstrumentarium optimal aus

Wie schon mehrfach betont, hören die Menschen heute weniger und unkonzentrierter zu. Deshalb sollten Sie nie zu sprechen beginnen, ehe Ihre Zuhörer auch konzentriert das Gesagte aufnehmen können. Dieses ist eine ganz wichtige Zuhörerformel, die leider tagtäglich tausendfach unberücksichtigt bleibt, obwohl gerade von ihr der optimale Erfolg einer Darbietung abhängt.

Sprechen allein genügt nicht, um die Zuhörer zu fesseln! Sie müssen alle rhetorischen Instrumente gekonnt zum Einsatz bringen. Denken Sie an Mimik, Gestik, Stimme, Augenkontakt usw.

Pausen erleichtern das Zuhören

Viele Redner, Gesprächs- und Verhandlungspartner haben Angst vor einer Pause, sie sprechen wie ein Wasserfall weiter und weiter und ermüden ihre Zuhörer meistens dadurch sehr schnell. Eine kurze Pause nach einigen Sätzen, je nach Inhalt wohldosiert, erleichtert das Zuhören ungemein. Außerdem erhöhen die Pausen die Haftwirkung des Vernommenen.

Lernen Sie, kleine Pausen in Ihre Reden einzubauen, und Sie gewinnen Zeit, selbst kurz über Ihre Darbietung nachzudenken. Ferner können Sie die Zuhörerakzeptanz durch einen kurzen Blick in die Runde überprüfen. Es kommt nicht darauf an, schneller zum Ende zu kommen, sondern darauf, von Ihrem Publikum akzeptiert zu werden und ihm das Zuhören zu erleichtern.

Fast 80 Prozent aller Redner machen zuwenig Pausen und sprechen daher zu schnell. Gehören Sie auch dazu? Um das Zuhören zu erleichtern, schreiben Sie auf Ihr Manuskript oder auf die Stichpunktkarten mehrmals das Wort „Pause“. Die richtige Pausentechnik schützt auch Sie selbst vor frühzeitiger Ermüdung und sprachlicher Erschöpfung.

Woran der Sprecher interessierte Zuhörer erkennt

Sie wollen wissen, ob Sie auch ankommen. Die Reaktion der anderen beeinflußt uns spürbar. Die Signale der Zuhörer sollten Sie deuten und lesen können. Zuhörer können antworten und mitreden, ohne auch nur ein Wort zu sagen. Hierfür einige Beispiele (positiv):

Bewußtes Ansehen mit einem freundlichen Blick
Augenzwinkern
Kopfnicken
Oberkörper vorbeugen
Notizen machen
Eintreten eines anderen unbeachtet lassen
Fast unbeweglich dasitzen

Beispiele (negativ):

Hochheben der Augenbrauen
Kopfschütteln
Achselzucken
Aus dem Fenster schauen
Mit dem Nachbarn reden
Auf die Uhr blicken
Sehr leger sitzen
Auf die eigenen Füße schauen
Mit Gegenständen spielen (Männchen malen)

Diese Signale sind sehr wichtig für den Sprecher, sie sind die Resonanz und Rückkopplung für ihn.

Persönlicher Zuhörerfragebogen
Wie beurteilen Sie sich selbst als Zuhörer?

Situationen	1	2	3	4	5	6
Zu Hause						
Ehepartner gegenüber						
Tochter gegenüber						
Sohn gegenüber						
Eltern gegenüber						
Geschwistern gegenüber						
Verwandten gegenüber						
Im Beruf						
Mitarbeitern gegenüber						
Vorgesetzten gegenüber						
Kunden gegenüber						
Am Telefon						
Bei Konferenzen						
Bei Referaten und Vorträgen						
Bei Diskussionen						
Bei Interviews						
Im Verkaufsgespräch						
Bei Reklamationen						
In Gesellschaft						
Damen gegenüber						
Herren gegenüber						
Guten Bekannten gegenüber						
Intimen Freunden gegenüber						
Fremden gegenüber						
Allgemeine Zuhörfähigkeit:						
Bemerkungen:						

Reden aus der Alltagspraxis

Eine Büttenrede – Eine Geburtstagsrede – Die Abschiedsrede eines Schülers bei der Entlassungsfeier – Eine Verkaufsrede – Eine Schaustückrede – Eine Rede, die unterrichtet – Handwerks- und Kunstschmiedearbeiten an öffentlichen Gebäuden – Eine Stegreifrede – Eine Standpunktrede – Teilnehmervorstellung (A) – Teilnehmervorstellung (B) – Eine beschreibende Rede – Mein erster Schultag – So halte ich mich fit – Kindererziehung – Eine Botschaft an Garcia – Kleiner Zitatenschatz – Stichwort: Gedanken zum Thema „Reden"

Eine Büttenrede

Von Adolf Gottron, Chef des Protokolls beim Einzug des Komitees

MAINZER CARNEVAL

Ich weiß nicht, geht's den Jungen wie den Alten,
Man soll es einfach nicht für möglich halten,
Wie schnell die Zeit vergeht in uns'rer Zeit!
Freut man sich eines Tages über
Etwas Geplantes, ist es schon vorüber,
Da ist die Zukunft schon Vergangenheit!

Aus allem ist ganz klar doch zu ersehen,
Wie rasch die Jahre alle uns vergehen,
Wie schnell sich unsre Erde dreht.
Die Zukunft steht noch in den Sternen,
Und aus dem Leben soll man doch erlernen,
Ein Fest zu feiern, wenn's zu feiern geht!

So seid ihr alle heute hier erschienen,
Gott Jokus gern und unbeschwert zu dienen,
Zu huldigen der echten Freude Macht.
Um zu genießen, frei und ungebunden,
Im Kreis von Freunden ein paar frohe Stunden,
Beim MCC zur Määnzer Fassenacht!

Erlauben Sie, daß unsre starken Männer,
Der tiefgeschürften Rede Weisheit Kenner,
Und wer uns unser Leben so versüßt,
In erster Linie unsre lieben Damen,
Der Chef des Protokolls in aller Namen
Hier auf das allerherzlichste begrüßt!

Wenn ihr heut' abend hier bei uns gesessen,
Dann habt ihr sicher schon ganz schnell vergessen,
Was gestern war und morgen wieder ist.
Ein frohes Lachen gilt als gutes Zeichen!
Wir wollen eines immer nur erreichen:
Kommt her als Freund und geht als Optimist!

Da man so als narrentoller,
Würdevoller Protokoller,
Protokolle machen soll,
Bring' ich jetzt mein Protokoll!

Thema Zigarettensteuer:
Ja, e' Päckche is jetzt teuer,
Un in ausgleichendem Sinn
Sin jetzt weniger da drin!

Hier en Vorschlag, sehr vernünftig,
Mer werd in so'm Päckche künftig,
Auch schon aus Gesundheitsgründen,
Gar kään Tabak mehr drin finden.

Aach Wein zu trinke is e Kunst
(aus einem Vortrag des Chefprotokollers Adolf Gottron im Mainzer Carneval-Club)

En Weinberg pflege is schon schwer,
En Wein zu pflege noch viel mehr,
Un schließlich sagt mer nit umsunst:
„Aach Wein zu trinke is e Kunst!"

Des erste Gläsje schmeckt noch sauer,
Un erst nach ziemlich langer Dauer
Getraust de dich, de letzte Troppe
Zu trinke von dei'm erste Schoppe!

Un dann bestellst de der de zweite,
Den kannst de dann schon besser leide,
Duhst dich mit dem Geschmack versöhne
Un duhst dich langsam dran gewöhne!

Beim dritte werst de awwer munter,
Dei Backe und dei Nos' wer'n bunter,
Bei jedem Schluck, des merkste ständig,
Allmählich werd de Geist lebendig!

Ein Wink voll Würde nach dem Wirte,
Un stillvergnügt bringt der de vierte.
Bei dem – des hätt' ich bald vergesse –
Do mußt de unbedingt was esse.

Dann duht der fünfte vor dir stehen,
Du kimmst uf glänzende Ideen,
Host Einfäll', wie noch nie im Lewe,
Un host noch nie gered't wie ewe!

Un darnach sitzt de vor dem sechste,
Jetzt liebst de rückhaltslos dei'n Nächste,
Dei'n Todfeind in normale Zeite,
Du redst per „du" un kannst'n leide.

De siebte Halwe, der is kritisch,
Er macht die Mensche leicht politisch,
Loß en eweck, ganz still und sachte,
Ihn iwwerhipp, nehm gleich de achte.

Ein jeder wääß, zum achte Gläßje
Gehört dem Mensch e Spundekäsje,
Des reizt de Gaume, stärkt de Mage –
Korz, mer kann widder ään vertrage!

Das wär jetzt also schon de neunte,
Um dich erum sin nur noch Freunde;
Die Gläser und des Hirn wer'n leerer,
Die Bää, die Köpp un Zunge schwerer.

Un von dem zehnte un vom elfte,
Trinke zwä Schutzleit noch die Hälfte,
Die wolle Feierabend biete
Un dich vor einem Rausch behüte.

Wer Wein trinkt, muß vor allem wisse,
Dort, wo die Grenz halt is, do is se;
Mer derf en Karr'n nit iwwerlade –
Ää Tröppche mehr, des kann schon schade!

En Weinberg pflege is schon schwer,
En Wein zu pflege noch viel mehr,
Un schließlich sagt mer nit umsunst:
„Aach Wein zu trinke is e Kunst!"

Eine Geburtstagsrede

Meine lieben Gäste,
ich danke euch herzlichst, daß ihr unserer Einladung anläßlich des Geburtstages meiner Frau so zahlreich gefolgt seid und durch euer Erscheinen dem Tag ein besonderes Gepräge gebt.

Mit besonderer Freude stelle ich fest, daß unsere liebe Tante Anna den weiten Weg von Konstanz nicht gescheut hat, um unsere Familienfeier durch ihre Anwesenheit zu verschönern.

Ich heiße dich, liebe Tante, und alle Anwesenden herzlichst willkommen!

Liebes Geburtstagskind! Dieser Tag, der dich in strahlender Gesundheit und blühender Frische sieht, soll für dich ein Fest- und Freudentag sein. Gesundheit und Freude sollen dich im kommenden Lebensjahr immer begleiten.

Wenn ich euch nun bitte, meine lieben Gäste, den heutigen Tag recht fröhlich mit uns zu feiern, so spielt hierbei der Aberglaube etwas mit. Ich habe nämlich einmal gehört, daß ein Mensch, an dessen Geburtstag es recht lustig hergegangen ist, das ganze Jahr lustig und vergnügt sein soll. Deshalb, verehrte Gäste, bitte ich euch, den heutigen Tag der Freude zu widmen. Ich bitte euch nun, euch von euren Plätzen zu erheben, die Gläser zu ergreifen und mit mir in den Ruf einzustimmen: „Unser liebes Geburtstagskind lebe hoch, hoch, hoch!"

Die Abschiedsrede eines Schülers bei der Entlassungsfeier

Verehrte Gäste, geehrter Herr Direktor, liebe Lehrer und Eltern, liebe Freundinnen und Schulkameraden!

Viele Jahre haben wir gemeinsam in Arbeit und Spiel verbracht. Heute ist nun der Tag des Abschieds voneinander für uns Schüler und die Lehrer gekommen.

Unsere Wege werden sich mit dem heutigen

Tage trennen, denn heute erhalten wir unser Abschlußzeugnis. Zwar werden nicht alle von uns gleich in die Berufswelt eintreten, denn einige werden noch weiterhin Schulen besuchen.

Für die Schulabgänger jedoch beginnt jetzt der Ernst des Lebens. Natürlich wünschen wir diesen Kameraden, daß sie Freude und Erfüllung in dem von ihnen gewählten Beruf finden mögen.

Was die Zukunft ihnen und auch uns, die wir noch weiter die Schulbank drücken müssen, bringt, kann natürlich niemand von uns sagen. Aber wir sind gewiß, daß die uns gebrachte Mühe und Aufopferung unserer Lehrer in unserer weiteren Zukunft hilfreich sein wird.

Namentlich möchten wir uns bei Frau Kruse, unserer langjährigen Klassenlehrerin, bedanken sowie auch bei Frau Redlich, die uns leider nicht bis zum Schluß begleiten konnte.

Ihr gelten ganz besonders unsere guten Wünsche. Sie beide, liebe Frau Kruse und liebe Frau Redlich, hatten für unsere Freuden, Sorgen und kleinen Nöte immer ein offenes Ohr.

Auch Herrn Schmitt, der uns die letzten Monate mit viel Verständnis und großer Menschlichkeit führte, sowie den zahlreichen Fachlehrern unserer Klasse gebührt unser Dank. Doch auch unseren Eltern möchten wir heute einmal danke sagen. Wenn wir auch vielleicht nicht immer Verständnis für ihre Bemühungen uns gegenüber zeigten, so wissen wir im Grunde doch ganz genau, daß sie immer nur unser Bestes im Auge haben und wollen.

Allen jüngeren Schülern, die noch in dieser Schule bleiben, möchten wir folgendes ans Herz legen: Nehmt die Arbeit in der Schule ernst. Nutzt alle Möglichkeiten, die euch hier an dieser Schule geboten werden! Seid mit ganzem Herzen auch bei Spiel und Feier, die unseren Gemeinschaftssinn entfalten helfen. Denkt immer daran: ihr lernt nicht für den Lehrer, sondern für euch und für eure Zukunft.

Eines aber sollten wir uns alle ganz besonders merken: Wissen ist Macht! Neben vielerlei Fähigkeiten und Fertigkeiten gilt es immer, den Kreis unseres Wissens zu vergrößern und zu erweitern. Wissen ist eine Macht, die uns befähigt, unser Leben in Familie, Beruf und Gemeinschaften zu meistern.

Dann erst werden wir in rechter Weise fähig, das Gute zu wollen und allen Menschen nach besten Kräften zu dienen. Ich danke Ihnen – ich danke euch!

Eine Verkaufsrede

Meine Herren!

Ich habe Ihnen hier etwas mitgebracht, was Sie sicherlich alle sehr ansprechen wird. Es handelt sich um Meisterleistungen der Reiseindustrie, nämlich um Reiseprospekte.

Wer möchte sich beim Anblick dieser Blätter nicht gleich aufmachen? Diese Prospekte wekken Träume in uns Menschen des zwanzigsten Jahrhunderts, Träume von ideellen Werten.

Das ist die Freiheit. Sie bedeutet: keine Kernarbeitszeit, keine Sirenen, die uns pünktlich zum Schreibtisch rufen und vom Schreibtisch wieder wegjagen. Sie verheißen uns Ungezwungenheit. Statt Krawatten trägt man offene Sporthemden, statt mit Socken geht man barfuß zum Strand oder wohin sonst man noch gehen möchte. Man darf sich ungeniert und frei bewegen.

Urlaub, das bedeutet aufstehen, wenn sich die Hühner wieder zur Ruhe begeben, das bedeutet ins Bett gehen, wenn der Hahn kräht. Es sind Bedarfswecker, wie es die Titelbilder zeigen. Sie suggerieren uns sympathische Situationen, einen Spaziergang am Strand, Badefreuden; sie sprechen unsere Abenteuerlust an (einen Blick in den Grand Canyon, feurige Augen einer Raubkatze im nächtlichen afrikanischen Busch). Sie erinnern uns an unser Erholungsbedürfnis und zeigen uns einen Blick in die liebliche, reizvolle Landschaft des Allgäus. Oder sie reizen unseren Gaumen und gewähren einen Blick auf ein reichhaltiges Barbecue-Buffet oder die appetitlich gemischten und garnierten Getränke aus der Karibik!

Trotz ihrer unterschiedlichen Aufmachung und Aussagewirkung haben alle Prospekte doch die gleiche Aufgabe: sie sollen uns das Reisen schmackhaft machen! Bedingt durch eine harte Konkurrenz, versuchen die Reisegesellschaften einander zu überbieten. Oft bieten sie wahre „Träume“ an. Wer läßt sich nicht zu Träumen hinreißen? Wehren Sie sich nicht dagegen: träumen Sie ruhig mit, aber bleiben Sie trotzdem kritisch! – Danke schön!

Eine Schaustückrede

Guten Morgen, meine Herren!

Da wir hier versuchen, die harte Nuß der Redekunst zu knacken, habe ich Ihnen bezie-

hungsreich diesen Nußknacker mitgebracht. Er besteht aus zwei Teilen, einem zylindrischen, zirka fünf Zentimeter hohen und im Durchmesser etwa dreieinhalb Zentimeter breiten Holzköpfchen, in das seitlich ein etwa anderthalb Zentimeter großes Loch mit Gewinde eingearbeitet ist. In dieses Gewinde paßt haargenau ein rund acht Zentimeter langer Gewindestift. Allerdings reicht hier das Gewinde nur bis zur Hälfte dieses Stiftes. Am Ende dieses Stiftes wurde ein Knauf mit drei Wölbungen angebracht. Drehen Sie den Stift ein wenig aus dem Köpfchen heraus, legen Sie eine Nuß hinein, und drehen sie das Gewinde wieder zu, dann wird die Schale der Nuß geknackt. Sie sehen: gewußt, wie!
Danke!

Eine Rede, die unterrichtet

Guten Tag, meine Herren!

Ich habe Ihnen hier einen Tennisschläger mitgebracht und werde kurz über mein Hobby sprechen beziehungsweise über diesen Schläger hier.

Zuerst einmal das Allgemeine: Tennis ist eine Sportart, die früher im allgemeinen nur von reichen Leuten betrieben wurde. Heute wird Tennis etwas mehr zum Volkssport. Ich selbst spiele es. Obwohl hohe Platzgebühren keine Seltenheit sind, ist der Andrang doch sehr groß. Der Grund für diesen Andrang ist meiner Meinung nach, daß man im Tennis nicht so altersabhängig ist, es also von frühester Jugend viele Jahre spielen kann. Zum andern scheint es mir eine Prestigefrage zu sein.

Nun zum Schläger: So ein Schläger, der heute schon relativ günstig zu kaufen ist, ist natürlich in verschiedenen Ausführungen erhältlich, wodurch auch die verschieden hohen Preise gerechtfertigt sind. Dieser hier hat alles, was sich ein Amateurspieler wünscht. Es ist ein mittelgroßer, halbschwerer Schläger, der einen handlichen, gut belüfteten, mit Leder überzogenen Griff besitzt. Der Griff muß so gearbeitet sein, daß er bei einer Ballgeschwindigkeit von zirka einhundert Stundenkilometer fest in der Hand liegt und damit einen korrekten harten Aufschlag ermöglicht. Über den Rahmen gibt es eigentlich wenig zu sagen, er ist aus einem weichen, geschmeidigen Holz gefertigt, das in mehreren Schichten aufeinandergeleimt wurde. So hält den genannten Belastungen ohne weiteres stand, ohne zu reißen. Es gibt unter anderem Schläger aus Metall und aus Fiberglas. Die Bespannung ist heute hauptsächlich aus Kunstdarm oder aus Nylon. Diese Bespannung hier ist aus Perlon, mit einer eingeschweißten Flüssigkeit, die wiederum die Perlonschnur recht geschmeidig halten soll. Diese Bespannung ist im Gegensatz zu Darm relativ wartungsfrei.

Zum Schluß empfehle ich meinen Zuhörern, daß sie sich auch dem „weißen Sport“ widmen sollten! – Danke!

Handwerks- und Kunstschmiedearbeiten an öffentlichen Gebäuden

Guten Morgen, meine Herren!

Was Sie vor sich sehen, ist ein Amboß, genauer gesagt: ein Modellamboß aus unserer Werkstatt.

Wie Sie selber vielleicht auch schon bemerkt haben, ist an unseren modernen Gebäuden kaum noch Schmiede- bzw. Kunstschmiedearbeit zu sehen. Der beste Beweis ist dieses Seminargebäude. Früher wurden öffentliche Gebäude und Privatvillen mit schmiedeeisernen Gittern und Toren verziert. Auch Fenstervergitterungen waren manchmal die reinsten Kunstwerke dieses Handwerks.

Als Beispiel möchte ich Städte anführen wie München, Augsburg, Nürnberg, Würzburg. Sie sehen da die herrlichsten Arbeiten des Kunstschmiedehandwerks alter Zeiten vor den Fenstern, Sie sehen Tore zu Parkanlagen usw., während an diesen modernen Gebäuden kaum noch etwas Derartiges zu finden ist, was sie schmückt und ziert.

Da diese Entwicklung wahrscheinlich anhalten wird, kann ich mir vorstellen, daß später so ein Amboß nur noch im Museum zu sehen sein dürfte. Es ist sehr schade, und ich sehe da eine Verarmung. Beton und Glas allein machen für mich eigentlich ein Gebäude ärmer als die mit Schmiedearbeiten verzierten. Danke!

Eine Stegreifrede

Meine Herren!

Wir haben gehört, daß die Vorbereitung das A und O eines jeden Vortrags ist. Bei einer

Stegreifrede ist dagegen ein anderer Maßstab anzusetzen. Denn wir alle haben gerade zehn Minuten Vorbereitungszeit für unser Thema. Ich habe gerade erst begonnen, mir Gedanken darüber zu machen, bin aber, ehrlich gesagt, noch nicht weit damit gekommen. Trotzdem will ich versuchen, Sie mit meinem Kurzreferat von den Vorteilen dieses Taschenrechners zu überzeugen!

Würde Adam Riese in der heutigen Zeit leben, würde er aus dem Staunen nicht herauskommen. Wenn wir uns vergegenwärtigen, daß wir mit diesem kleinen, handlichen Gerät, das praktisch in jede Jackentasche paßt, sämtliche Rechenarten und selbst die schwierigsten mathematischen und wissenschaftlichen Rechnungen und Gleichungen in Sekundenschnelle durchführen können, so kann man in diesem Falle mit Recht von einem Wunder der Technik unseres Jahrhunderts sprechen. Und wenn wir uns dann noch vergegenwärtigen, daß die Konstruktion eigentlich nur ein Abfallprodukt unserer Raumfahrtforschung ist, dann ist es für uns alle noch erstaunlicher.

Wenn ich daran denke, daß ich noch vor einigen Jahren einen elektronischen Tischrechner gekauft habe, der ungefähr die halbe Fläche eines kleinen Schreibtisches eingenommen hat, und man doch mit dem damaligen Gerät weniger machen konnte als mit diesem kleinen Taschenrechner hier, dann ist der Fortschritt in diesem Falle wirklich offensichtlich.

Und, meine Herren, ich darf Ihnen versichern, daß ich, seit ich dieses Gerät besitze, meine Hirnzellen in **dieser** Richtung überhaupt nicht mehr beansprucht habe. Dafür hatte ich Freiraum für andere Überlegungen, Gedanken und Ideen, die man zwar nicht mit einem Taschenrechner ausrechnen kann, die aber der Mensch von heute schon in seinem Kopf speichern und bewegen muß – von denen freilich der gute Adam Riese damals noch nichts ahnte. Ich danke Ihnen!

Eine Standpunktrede

Sehr geehrte Damen und Herren!

Ich bin ein großer Anhänger der öffentlichen Verkehrsmittel! Es ist auch mir klar, daß es bequemer ist, im Auto an sein Ziel zu kommen, jedoch bedenken Sie einmal die Folgen: mehr und mehr Parkplätze werden benötigt und gebaut. Parkplätze beanspruchen eine große Grundfläche. Woher nimmt man diese? Eine seit Jahrhunderten von Kultur geprägte Stadt verliert ihre Idylle. Die Gemeinschaftserholungsgebiete werden ständig dezimiert und zerstört. Vielen ist das Auto wichtiger als der Mensch. Grünanlagen, die der Erholung des strapazierten und von Streß geplagten Großstadtmenschen dienen sollen, müssen weichen; der Platz wird für das Lieblingskind der Deutschen benötigt. Diese Folgeanlagen erfordern riesige Summen an Geld. Geld aus öffentlichen Mitteln, aus Steuergeldern usw. Straßen müssen neu gebaut, erweitert und verbreitert, verbessert und modernisiert werden. Die Landschaft leidet natürlich sehr unter dieser Prägung. Schöne Wälder und erholsame Gebiete fallen dem Straßenbau zum Opfer. Aber der bequeme und vom Wohlstand verwöhnte Mensch nimmt das ja alles gerne in Kauf! An seine Gesundheit denkt er kaum, wozu denn auch? Stellen wir uns einmal einen berufstätigen Autofahrer vor, der im dicksten Berufsverkehr zur Arbeit und abends wieder nach Hause fährt. Er verbringt fast täglich einige Zeit im Stau, er wird nervös und gereizt. Nach einer gewissen Zeit hat er endlich seinen Arbeitsplatz erreicht. Seine Leistung ist dort schon durch den allmorgendlichen Ärger im Straßenverkehr herabgesetzt, er läßt seine schlechte Laune und die aufgestauten Aggressionen an den Kollegen aus. Das Betriebsklima ist dadurch getrübt. Gar nicht zu reden von den gesundheitlichen Schäden, die durch die Auspuffgase an den Fußgängern als auch an den Autofahrern verursacht werden. Auch die mangelnde Bewegung ist ein großer Nachteil. – Könnte man die Bevölkerung mehr von den Vorteilen der öffentlichen Verkehrsmittel überzeugen, bedeutete dies: der öffentliche Verkehr würde ausgebaut, es würden mehr Züge, auch in abgelegenere Gegenden, fahren. Der Benutzer der öffentlichen Verkehrsmittel würde ausgeruhter an seinem Arbeitsplatz erscheinen, die Leistungskapazität wäre größer; außerdem schadet es keinem Menschen, einen morgendlichen Gang zum Bahnhof oder zur Bushaltestelle zu machen. Vielen Dank fürs Zuhören!

Teilnehmervorstellung (A)

Mein Name ist . . . , und ich wohne jetzt in Offenbach, obwohl ich eigentlich Frankfurter bin und auch bis voriges Jahr in Frankfurt lebte.

Ich habe Chemie studiert, einige Semester auch Kernphysik und bin jetzt in einer chemisch-technischen Fabrik beschäftigt.

Meine Hobbys? – Nun ja, früher einmal, als ich noch etwas mehr Zeit hatte, waren das Astronomie, Wandern und Fotografieren. Aber dafür braucht man eben viel Zeit . . . und deshalb ist eigentlich nur noch ein Hobby, nämlich das Wandern, übriggeblieben. Das aber tue ich noch immer besonders gern und versäume keine Gelegenheit dazu.

Zu der Frage, was ich mir von dem Seminar erhoffe, muß ich sagen, daß ich immer wieder in Diskussionen und Debatten verwickelt werde und mich dabei immer etwas unsicher fühle, weil ich nicht schnell genug reagiere. Kurz: Ich wünsche mir mehr persönliche Reaktionssicherheit! Manchmal, nein, eigentlich immer habe ich auch so etwas wie Lampenfieber. Das würde ich gern verlieren. Wenn sich eine Gesprächssituation rasch verändert, habe ich das Problem, nicht schnell genug zu schalten, und wenn ich gar einmal einen etwas schwierigeren Sachverhalt schildern muß, finde ich oft nicht schnell genug die passenden Worte und die richtige Form, um den anderen alles verständlich zu machen. In diesen Richtungen etwa liegen meine Schwierigkeiten, und ich hoffe, nach Beendigung dieses Seminars ein bißchen gewandter auftreten zu können!

Teilnehmervorstellung (B)

Ich heiße . . . und wohne in Bensheim an der Bergstraße. Von Haus aus bin ich Auslandskorrespondentin, inzwischen arbeite ich aber als Redakteurin bei einem Fachzeitschriftenverlag.

Meine Hobbys sind Reiten, Skilaufen, Musizieren und im Sommer Tennisspielen. Meine Interessen gelten der Sozialarbeit und der Mitwirkung in Vereinen: im Musikverein und im Sportverein, dessen erste Vorsitzende ich übrigens seit kurzem bin.

Vom Seminar erwarte oder erhoffe ich, daß ich so viel profitiere, daß ich mich in Zukunft besser verständlich machen kann, daß heißt, fähig bin, mich einfach und verständlich auszudrücken. Außerdem möchte ich in Diskussionen schlagfertiger werden. Ich möchte auch disziplinierter reden lernen und nicht so aufbrausend sein. Das ist für mich wichtig, da ich als erste Vorsitzende des Sportvereins häufig Besprechungen habe.

Eine beschreibende Rede

Meine sehr geehrten Herren!

Unsere für heute gestellte Aufgabe bestand darin, daß wir einen Gegenstand von zu Hause mitbringen sollten und diesen hier beschreiben. Da wir gestern bei unserem Flüstertest gesehen haben, wie schnell eine Information über mehrere Stationen verstümmelt wird oder teilweise sogar verlorengeht, habe ich mir gedacht, ich bringe ein ganz normales Blatt Papier mit. Das Papier ist auch heute noch einer der wichtigsten Informationsträger. Da wir alle, jeden Tag, mit Papier in Berührung kommen und damit zu tun haben, dachte ich mir, es wäre sicher für Sie einmal interessant, wenn Sie etwas über die Herstellung erfahren würden.

Das Grundprinzip der Papierherstellung hat sich seit 105 n. Chr. nicht sehr verändert, als damals der chinesische Minister Zei Lun durch die Verfilzung von Seidenabfällen und Chinagras das erste handgeschöpfte Papier hergestellt hat. Von da an dauerte es rund 1000 Jahre, bis das Geheimnis der Papierherstellung über Kleinasien, Ägypten und Nordafrika im Jahre 1144 zu uns nach Europa kam. Die heute üblichen Rohstoffe der Papierherstellung sind Holz, vor allem Kiefer, Fichte und Birke, Stroh, dazu gehören Halfagras und Esparto, Lumpen, Farben und Altpapier. Dieses Blatt hier, das ich in der Hand halte, ist zu 90 Prozent aus Kiefern- beziehungsweise Fichtenholzstämmen hergestellt. Diese Holzstämme werden zunächst zu etwa zwei Meter langen Holzknüppeln zersägt und anschließend in ganz kleine Stückchen zerhackt. Danach werden diese winzigen Holzpartikeln zu großen Platten gepreßt. In einem sogenannten Holländer werden dann die vorher gepreßten Platten in Wasser aufgelöst und gemahlen. Während dieses Mahlvorganges wird Zellstoff, Altpapier, Kaolin und Leim hinzugegeben. Dieser wäßrige Stoffbrei, der 98 Prozent Wasser enthält, wird von dem Holländer auf ein sehr schnell laufendes Endlossieb gepumpt. Dort läuft ein Großteil des Wassers durch die Maschen des Siebes ab, die zurückbleibende naß-lockere Stoffmasse ist die fast fertige Papierbahn. Diese wird nun durch riesige Stahlzylinder geführt, wo die Papierbahn getrocknet und geglättet wird. Am Ende des Zylindersystems wird die Papierbahn zu großen Rollen aufgerollt, wo sie einmal für die Zeitungsherstellung verwendet wird oder je nach Kundenwunsch zu einem anderen Zweck.

Es würde mich freuen, wenn ich Ihnen mit diesem kleinen Vortrag einen kurzen Einblick in die Papierherstellung geben konnte.
Ich danke Ihnen für Ihre Aufmerksamkeit!

Mein erster Schultag

Können Sie sich noch daran erinnern, meine Herren? Ich erinnere mich noch, als wenn es erst gestern gewesen wäre! Ein herrlicher Septembertag des Jahres 1950. Die besten Klamotten wurden angezogen. Die Schultüte, fast größer als das ganze Kerlchen, fest im Arm, ging ich an der Hand meiner Mutter meinem neuen Leben entgegen – in Richtung Schule!

Etwas mulmig war mir schon zumute, etwas Fremdes, Unbekanntes – das spürte ich genau – kam auf mich zu. War es etwas Schönes, war es etwas Unangenehmes? Aber es gehen ja so viele, ja alle Kinder in die Schule, warum nicht auch ich? Ich weiß noch ganz genau, daß ich kurz vor dem großen alten schmiedeeisernen Tor zum Schulhof den dringenden Wunsch verspürte, mich von Mutters Hand, die mich plötzlich etwas fester umklammerte, loszureißen und in heimatliche Gefilde zu flüchten. Ich hatte ein merkwürdiges Gefühl im Hals, so, als wenn mir aus Versehen ein Bonbon zu schnell in den Hals gerutscht wäre. Ich schluckte und schluckte, aber der Druck wollte nicht verschwinden. Dann, mitten auf dem Schulhof gar, umtost von dem unbeschreiblichen und nirgendwo sonst zu findenden Lärm, Gegröle und Schreien einiger hundert Kinder aller Altersklassen, da also plötzlich kullerten doch tatsächlich – oh, wie schämte ich mich – einige Tränchen über die Wangen! Aber die wischte ich natürlich ganz schnell und heimlich mit dem Handrücken fort!

Und dabei hatte ich mich doch eigentlich die ganzen letzten Wochen unheimlich auf diesen ersten Schultag und auf die Schule überhaupt gefreut! Ich war ganz durcheinander!

Schließlich landeten wir in einem Klassenzimmer, ich wurde von einem älteren Schüler angewiesen, mich in der zweiten Reihe hinzusetzen, während sich all die Muttis und Vatis weiter nach hinten setzen mußten. Nun war ich allein! Neben mir und vor mir andere Kinder, Mädchen und Jungen, einige immer noch recht laut und vorwitzig, sie turnten auf den Stühlen herum, andere freilich saßen, gleich mir, wie ein Häufchen Unglück da und wußten nicht recht, ob sie lachen oder weinen sollten.

Aber dann: die Tür öffnete sich, und ein netter, weißhaariger Herr betrat den Raum und hinter ihm eine hübsche, junge Frau. Der alte Herr hob die Hand, und nach einigen Minuten wurde es wirklich still im Klassenzimmer. Ich weiß nicht mehr, was er sagte, aber ich weiß noch ganz genau, daß mir die Lehrerin – denn das war die junge Frau, die mit ihm hereinkam – unwahrscheinlich gut gefiel. Sie lächelte so lieb und nett, und sie hatte so eine richtig beruhigende Stimme. Sie erzählte uns dann einiges aus dem Schulleben, erklärte uns den Stundenplan und meinte: „Das ist sicherlich für euch noch alles neu, aber ihr werdet schon sehen, in zwei bis drei Tagen sieht die ganze Sache schon anders aus. Laßt mich nur machen!"

Und der alte, weißhaarige Herr, es war natürlich der Rektor, empfahl uns zum Schluß: „Folgt nur immer brav eurer Klassenlehrerin, und tut, was sie von euch verlangt, und ich wette, in einigen Tagen werdet ihr hier in diesem Hause zu Hause sein. Ich wünsche euch allen recht viel Glück, Spaß und Freude!"

Wie recht er hatte, erwies sich im Laufe der Zeit. Unsere Schule war wirklich irgendwie ein zweites Zuhause. Verbrachten wir doch immerhin den halben Tag in diesen „heiligen Hallen". Unsere reizende Klassenlehrerin hat wohl einiges dazu beigetragen – damals –, daß ich es wirklich am zweiten Tag kaum erwarten konnte, in die Schule zu kommen. Jedenfalls, um auf den ersten Schultag zurückzukommen: auf dem ersten Klassenfoto, das ein herbeigeorderter Fotograf von dieser Klasse schoß, sah man fast ausschließlich strahlende Kindergesichter, – auch meines strahlte.
Ich danke Ihnen, meine Herren, fürs Zuhören!

So halte ich mich fit!

Gerade in unserer heutigen Zeit ist es notwendig, sich an einem Abend der Woche oder am Wochenende ein Fitneßprogramm vorzunehmen. Es ist dabei nicht unbedingt erforderlich, daß man harten Leistungssport treibt. Schwimmen und Wandern und Radfahren sind die gesündesten Sportarten. Es ist doch herrlich, mit der Familie am Wochenende eine Wanderung oder wenigstens einen Spaziergang zu machen. Aber wie gesagt: auch eine ausgedehnte Fahrradtour ist eine empfehlenswerte Angelegenheit, und ein Nachmittag im Freibad (oder im Winter im Hallenbad) bringt Entspannung und die so wichtige Regenerierung unseres meistens verkrampften Muskelsystems!

Für mich persönlich ist allerdings der „weiße Sport" der schönste. Wann immer ich eine Stunde Zeit habe, melde ich mich in unserem Tennisclub für eine Runde an. Natürlich bin ich dabei auch auf einen einigermaßen ebenbürtigen Partner angewiesen, den ich aber – Gott sei Dank – in meiner Frau gefunden habe. Und hat sie keine Zeit, dann muß ein Freund herbei! Schließlich ist dieser herrliche, ausgleichende und elegante Sport jedem zu empfehlen, warum nicht auch ihm?

Mein Rat also an Sie alle, meine lieben Zuhörer: Nehmen Sie es sich nicht nur vor, pro Woche einen Fitneßabend einzuschalten, sondern führen Sie ein entsprechendes Programm, je nach Lust, Neigung und Veranlagung auch durch! Sie werden es bestimmt nicht bereuen.

Kindererziehung

Erwachsen werden ist schwer! Helfen Sie Ihren Kindern dabei! Wie oft messen wir mit zweierlei Maß. Macht ein Kind etwas entzwei, gibt es eine große Aufregung. Geht aber uns Eltern etwas zu Bruch, dann kehren wir die Scherben stillschweigend zusammen.

Achten Sie auf diese unterschiedliche Beurteilung, und arbeiten Sie daran, daß sie das Leben Ihres Kindes nicht, und sei es unbewußt, kaputtmachen.

Ich stelle Ihnen jetzt einmal einige Fragen: Ist es besser, wenn ein Kind immer gehorcht oder wenn es auch seine eigene Meinung hat und diese äußert? Ist es besser, wenn ein Kind zwar einwandfrei, aber lustlos allein am Tisch sitzt oder wenn es das Essen gemeinsam mit den Eltern in nicht ganz so einwandfreier Haltung genießt? Ist es besser, wenn Sie als Eltern immer aufpassen, daß das Kind in keine Gefahr gerät, oder ist es besser, wenn das Kind die Gefahren selbst erkennen lernt? Ist es besser, wenn das Kind zu allen Menschen höflich ist, oder ist es besser, wenn es auch hier offen eine Zu- oder Abneigung erkennen läßt? Ist es besser, wenn ein Kind immer kuscht, oder ist es besser, wenn Sie Ihr Kind als gleichwertigen Partner sehen und anerkennen?

Lernen Sie, Ihr Kind zu akzeptieren mit seinen Schwächen und seinen Stärken. Beschäftigen Sie sich mit den Wachstumsproblemen Ihres Kindes. Unsere Kinder leben heute auch im Streß. Durch falschen Ehrgeiz mancher Eltern werden später vielleicht einige den Weg zum Psychiater finden müssen. Gönnen Sie Ihrem Kind die Freude am Leben. Lassen Sie es sich ausspielen, aber lassen Sie es auch die Gefahren erkennen.

Sehen wir nicht viel zu oft alles nur mit den Augen von uns Erwachsenen? Ist uns nicht – leider – viel von der Natürlichkeit und Ursprünglichkeit eines Kindes verlorengegangen? Bereiten Sie Ihr Kind auf sein späteres Leben vor. Helfen Sie ihm dabei, das Lebensschiff zu führen. Aber erhalten Sie ihm immer dabei seine Lebensfreude. Erwachsen werden ist schwer. Aber ich weiß: Sie werden es Ihrem Kind erleichtern!

Eine Botschaft an Garcia

Dies ist eigentlich keine Rede, vielmehr handelt es sich um einen Artikel, der in der Märzausgabe des „Philistine Magazine" im Jahre 1899 erschien. Wir drucken ihn hier ab, weil die Botschaft des Artikels uns sehr wertvoll erscheint. Ungefähr eineinhalb Millionen Exemplare dieses Artikels wurden von der New Yorker Eisenbahngesellschaft verteilt, später wurde er in viele Sprachen übersetzt. Während des Russisch-Japanischen Krieges bekam jeder russische Soldat auf dem Wege zur Front ein Exemplar der „Botschaft an Garcia". Als die Japaner die Büchlein im Besitz der russischen Kriegsgefangenen entdeckten, vermuteten sie darin etwas sehr Wertvolles und übersetzten es ins Japanische. Auf Befehl des Mikado wurde dann jedem Angestellten der japanischen Regierung ein Exemplar ausgehändigt. Über 40 Millionen Exemplare der „Botschaft an Garcia" sind gedruckt worden. Man sagt, dies sei bisher die größte Auflage, die ein literarisches Erzeugnis zu Lebzeiten seines Verfassers erreichte.

In der ganzen kubanischen Geschichte gibt es einen Mann, der in meinem Gedächtnis alles überragt, wie der Mars am Perihelium.

Als der Krieg zwischen Spanien und den

Vereinigten Staaten ausbrach, war es unbedingt notwendig, sofort mit dem Führer der Aufständischen in Verbindung zu treten. Sein Name war Garcia, und er befand sich irgendwo in der Bergwildnis der Insel Kuba, aber kein Mensch kannte seinen genauen Aufenthaltsort. Weder Briefe noch Telegramme konnten ihn erreichen. Aber der Präsident der Vereinigten Staaten mußte seine Mitarbeit gewinnen, und zwar schnell!

Jemand berichtete dem Präsidenten: „Es gibt da einen Mann mit Namen Rowan. Der wird Garcia für Sie ausfindig machen – wenn es überhaupt jemand vermag, dann er!"

Rowan wurde zum Präsidenten gebeten, und man übergab ihm den Brief an Garcia. Wie jener Bursche den Brief an sich nahm, ihn in einen wasserdichten Beutel verpackte und an seiner Brust verwahrte, wie er in vier Tagen Kuba in einem offenen Boot bei Nacht erreichte, im Dschungel verschwand und in drei Wochen schließlich auf der anderen Seite der Insel auftauchte, nachdem er die ganze Zeit zu Fuß durch feindliches Gebiet gestreift war, und wie er schließlich den Brief Garcia überreichte – alles das sind Einzelheiten, die hier nicht besonders interessieren.

Was ich wirklich sagen will, ist dies: Präsident McKinley übergab Rowan einen Brief, Rowan nahm ihn und fragte nicht: „Wo ist Garcia?"

Meine Herren! Hier ist ein Mann, dessen Bild man in Bronze verewigen und in allen Schulen des Landes aufstellen sollte! Unsere jungen Leute brauchen nicht noch mehr Bücherwissen oder Belehrungen über dieses oder jenes – sie brauchen eine Stärkung ihres Rückgrates, die sie dazu fähig macht, das in sie gesetzte Vertrauen mit Treue zu rechtfertigen, prompt zu handeln und ihre Energie darauf zu konzentrieren, das Aufgetragene auszuführen – eben „eine Botschaft an Garcia" zu überbringen!

General Garcia ist heute tot, aber es gibt andere Garcias! Jeder, der ein größeres Unternehmen leitet, ist immer wieder entsetzt über die mangelnde Initiative des Durchschnittsmenschen, über die Unfähigkeit oder Unwilligkeit, sich auf eine gestellte Aufgabe zu konzentrieren und sie zu bewältigen. Schlampige Mitarbeit, gedankenlose Unaufmerksamkeit, nachlässige Gleichgültigkeit und interessenlose Arbeit sind die Regel. Und keiner hat Erfolg, der sich nicht durch Schlauheit, Betrug oder Drohung bei anderen durchsetzt und sie dazu zwingt oder besticht, ihm bei seiner Arbeit zu helfen.

Sie, verehrter Leser, können das nachprüfen. Sie sitzen in Ihrem Büro, sechs Mitarbeiter um Sie herum. Rufen Sie einen zu sich und geben Sie ihm den Auftrag: „Bitte schlagen Sie im Lexikon nach und machen Sie mir einen kurzen Auszug über das Leben von Coreggio."

Wird Ihr Angestellter einfach sagen: „Jawohl", und an seine Arbeit gehen? Sie können Ihren Kopf verwetten, daß er es nicht tut. Er wird Sie mit Fischaugen anstarren und eine oder mehrere der folgenden Fragen stellen: „Wer war Coreggio?" oder: „Wo steht das Lexikon?" oder: „Welches Lexikon meinen Sie?" oder: „Ist das meine Aufgabe?" oder: „Lebt Coreggio noch?" oder: „Ist die Sache eilig?" oder: „Soll ich Ihnen nicht das Buch bringen, damit Sie es selbst nachlesen können?" oder: „Warum wollen Sie das eigentlich wissen?"

Ich wette zehn zu eins: nachdem Sie alle diese Fragen beantwortet haben und ihm erklärten, wo die Information zu finden sei und warum Sie sie benötigen, wird jener Angestellte weggehen und seinen Kollegen einspannen, damit er ihm hilft, Coreggio zu finden. Dann wird er wiederkommen und Ihnen erklären: es gäbe keinen Menschen dieses Namens! Natürlich kann ich meine Wette auch verlieren, aber nach dem Gesetz der Wahrscheinlichkeit doch wohl kaum. Wenn Sie also weise sind, werden Sie sich nicht die Mühe machen, Ihrem Mitarbeiter zu erklären, daß Corregio unter C zu finden ist (nicht unter K), sondern Sie werden freundlich lächeln und liebevoll sagen: „Ach, es ist nicht so wichtig", und hingehen, um selbst nachzusehen. Und diese Unfähigkeit zu selbständigem Tun, dieser sittliche Stumpfsinn, diese Willensträgheit, diese mangelnde Bereitschaft, fröhlich zuzupacken und etwas zu leisten – dies sind die Wegbereiter des Wohlfahrtsstaates!

Wenn Leute nicht mehr für sich selbst arbeiten wollen – was werden sie erst tun, wenn sie zum Nutzen anderer wirken sollen?

Ein kräftiger Rippenstoß wäre vielleicht nützlicher als alles andere. Manchen treibt nur die Furcht vor der Entlassung an die Arbeit. Wenn Sie eine Stenotypistin suchen, werden neun von den zehn Bewerberinnen weder korrekt schreiben noch die Regeln der Interpunktion beherrschen können, denn sie halten das nicht für so wichtig. Kann solch ein Mensch überhaupt einen Brief an Garcia schreiben?

„Sehen Sie dort jenen Buchhalter?“ fragt ein Abteilungsleiter in einer Fabrik. „Ja, was ist mit ihm los?“ – „Wissen Sie, er ist ein tüchtiger Buchhalter. Aber wenn ich ihn mit einem Auftrag in die Stadt schicke, weiß ich nicht, ob er ihn zufriedenstellend ausrichten würde oder ob er vielleicht auf dem Weg in einer Kneipe Station machen würde oder ob er – wenn er wirklich an sein Ziel käme – nicht vergessen hätte, wozu ich ihn hingeschickt habe!“

Kann man einem derartigen Menschen eine Botschaft an Garcia anvertrauen? Wir haben vor kurzem viel rührselige Sympathie für die „unterdrückten Opfer der Knochenmühle“ und die „heimatlosen Wanderer auf der Suche nach ehrlicher Arbeit“ ausgedrückt. Bei solcher Gelegenheit fallen dann immer wieder viele harte Worte gegen die Unternehmer. Aber wer denkt an die Arbeitgeber, die vorzeitig alt werden, weil sie sich jahrzehntelang vergeblich damit abmühen, muffige Nichtskönner zu intelligenter Arbeit anzuleiten? Ganz zu schweigen von dem Kampf um „Hilfskräfte“, die ihre Arbeitszeit vertrödeln, sobald der Chef seinen Rücken wendet. In jedem Betrieb ist ein beständiger Ausleseprozeß im Gange. Der Arbeitgeber muß solche „Arbeiter“ entlassen, die ihre Nutzlosigkeit bewiesen haben, und er muß andere dafür einstellen.

Wenn die Entwicklung auch noch so gute Tendenzen hat, dieser Auslesevorgang hält an. Und je schlechter die Zeiten werden, desto sorgfältiger wird gesiebt. Die Unfähigen werden hinausgeschickt, wenn sie träge und unwillig sind. Die Besten bleiben, denn jeder Unternehmer ist dazu gezwungen, diese Besten zu halten; nämlich jene Leute, die eine Botschaft an Garcia übermitteln können!

Ich kenne einen hochbegabten Mann, der nicht fähig ist, sich selbständig zu machen. Aber auch als Angestellter ist er wertlos, weil er sich einbildet, er werde ausgenutzt und unterdrückt. Er kann weder Befehle erteilen noch ausführen. Würde man ihm eine Botschaft an Garcia auftragen, bekäme man sicherlich zur Antwort: „Bringe sie doch selber hin!“ Heute ist er arbeitslos, und der Wind pfeift durch seinen zerschlissenen Rock. Kein Bekannter wagt, ihn einzustellen, weil er ein ausgesprochener Unruhestifter ist. Vernunftsgründen ist er unzugänglich. Das einzige, was ihn beeindruckt, ist die Spitze eines derben Stiefels Größe 45.

Natürlich weiß ich, daß solch ein verbogener Mann nicht weniger Mitleid verdient als ein körperlicher Krüppel. Aber in unserem Mitleid sollte auch eine Träne enthalten sein für solche Männer, die große Unternehmen leiten, deren Arbeitsstunden nicht nach der Stechuhr bemessen werden, deren Haar sich schnell weiß färbt durch den ewigen Kampf gegen schlampige Gleichgültigkeit, jämmerliches Versagen und herzlose Undankbarkeit jener, die doch ohne ihr Unternehmen stellungslos und hungrig wären.

Habe ich mich zu hart ausgedrückt? Vielleicht. Aber wenn alle den Weg des geringsten Widerstandes gehen, möchte ich für den Mann plädieren, der Erfolg hat, und zwar deshalb, weil er gegen unsägliche Widerstände die Arbeit anderer leitet, und der nicht mehr davon hat als sein gutes Auskommen.

Ich habe auch als Tagelöhner meinen Tender getragen, ich habe auch andere unter mir gehabt. Ich kenne also beide Seiten und weiß, daß man für beide eintreten muß. Aber es liegt kein Vorzug in der Armut, Lumpen sind keine Empfehlungen. So wenig alle Arbeitgeber Erpresser sind, so wenig sind auch alle armen Leute tugendhaft. Mein Herz schlägt für solche Leute, die ihre Arbeit auch dann ordentlich tun, wenn der Chef nicht da ist. Es schlägt für die, welche eine Botschaft an Garcia annehmen, ohne idiotische Fragen zu stellen oder die versteckte Absicht hegen, sie bei nächster Gelegenheit in den Papierkorb zu werfen – solche Leute, die nichts anderes im Sinn haben, als diese Botschaft wirklich auszurichten! Die werden nie auf die Straße fliegen, sie brauchen auch nicht zu streiken, damit sie höhere Löhne bekommen. Die werden immer gesucht sein! Ihre Forderungen werden befriedigt werden. Sie werden gesucht in jeder Stadt, in jedem Dorf, in jedem Büro und Geschäft, in jeder Fabrik! Die Welt ruft nach solchen Menschen, denn sie werden nötig gebraucht:

LEUTE, DIE EINE BOTSCHAFT AN GARCIA AUSRICHTEN KÖNNEN!

(Anonymer Autor)

Kleiner Zitatenschatz

1. Einleitung
2. Gesammelte Aphorismen und Zitate
3. Stichwort: Gedanken zum Thema „Reden“

Zitate sind eine Art geistiger Schnellschrift; weitverzweigte Gedankengänge finden im Zitat einen treffenden Sinn und Ausdruck.

Oft sagt ein Zitat mehr aus als ein dickes Buch. Viele gute Redner verwenden daher Zitate in ihren Vorträgen. Sie würzen ihre Rede und lockern gewissermaßen den Stoff mit ihnen auf. Zitate begegnen uns jeden Tag, sei es in der Literatur, in der Zeitung, im Rundfunk, im Fernsehen oder im Berufsleben. Entwickeln Sie ein Gespür für sie, und legen Sie sich einen Zitatenschatz an, es wird immer eine Zeit und einen Ort für ihre Verwendung geben.

Aphorismen und Zitate

Es ist ein Beweis hoher Bildung, die größten Dinge auf einfachste Art zu sagen. (Emerson)

Ich habe mich in meinem Leben vor nichts so sehr als vor unnützen, leeren Worten gehütet. (Goethe)

Im allgemeinen mitzudenken ist nicht immer nötig, mitzuschwatzen aber nie! (Keller)

Das Wort verwundet leichter, als es heilt. Jede scharfsinnige Unterscheidung läßt sich von einem, der seiner Sprache nur ein wenig mächtig ist, in eine Antithese kleiden. (Lessing)

Tritt fest auf, mach's Maul auf, hör bald auf! (Luther)

Bei gleicher Umgebung lebt doch jeder in einer anderen Welt. (Schopenhauer)

Ein Gedanke kann nicht erwachen, ohne andere zu wecken. (Ebner-Eschenbach)

Man sollte die Menschen so belehren, als ob man sie nicht belehrte, und bekannte Dinge vortragen, als seien sie nur vergessen. (Pope)

Wenn es einen Glauben gibt, der Berge versetzen kann, so ist es der Glaube an die eigene Kraft. (Ebner-Eschenbach)

Wer in die Öffentlichkeit tritt, hat keine Nachsicht zu erwarten und keine zu fordern. (Ebner-Eschenbach)

Der Spott endet, wo das Verständnis beginnt. (Ebner-Eschenbach)

Eine stolz getragene Niederlage ist auch ein Sieg. (Ebner-Eschenbach)

Ein Aphorismus ist der letzte Ring einer langen Gedankenkette. (Ebner-Eschenbach)

Der Aphorismus will nicht Dumme gescheit, sondern Gescheite nachdenklich machen. (Sigmund Graff)

Wer mir schmeichelt, ist mein Feind, wer mich tadelt, ist mein Lehrer. (Chinesisches Sprichwort)

Ehe man den Kopf schüttelt, sollte man sich vergewissern, daß man einen hat. (Hans Kasper)

Verurteile niemand, bevor du in seiner Lage warst. (Talmud)

Manche Hähne glauben, daß die Sonne ihretwegen aufgeht. (Fontane)

Lautsprecher verstärken die Stimme, nicht die Argumente. (Hans Kasper)

Die Gelehrten sind die, welche in den Büchern gelesen haben. Die Denker, die Genies, die Welterleuchter und Förderer des Menschengeschlechts sind aber die, welche unmittelbar in dem Buch der Welt gelesen haben. (Schopenhauer)

Es gibt Dinge, bei denen die Mittelmäßigkeit unerträglich ist: Dichtkunst, Tonkunst, Malerei und öffentliche Rede. (La Bruyère)

Erschrecken wir nicht, anders zu denken, anders zu sein, die Dinge einmal anders anzupakken, anders zu reden, anders zu schreiben, einen neuen Ton in den Umgang mit anderen zu bringen, kurz Neues zu tun. (Emil Oesch)

Es genügt nicht, gute geistige Anlagen zu besitzen. Die Hauptsache ist, sie gut anzuwenden. (Descartes)

Ein weises Wort ist jenes, das die Menschen lehrt, die Reden anzuhören auch des andern Teils. (Euripides)

Es hört doch jeder nur, was er versteht. (Goethe)

Man hört nur die Fragen, auf welche man imstande ist, eine Antwort zu finden. (Nitzsche)

Hundert Menschen schärfen ihren Säbel, Tausende ihre Messer, aber Zehntausende lassen ihren Verstand ungeschärft, weil sie ihn nicht üben. (Pestalozzi)

Der Geist ist demselben Gesetz unterworfen wie der Körper: Beide können sich nur durch beständige Nahrung erhalten. (Vauvenargues)

Nicht wir geben den Gedanken Audienz, sondern die Gedanken geben uns Audienz. (Nietzsche)

Das Schlimme ist, daß die Unfähigkeit zu denken so oft mit der Unfähigkeit zu schweigen Hand in Hand geht. (Hans Krailsheimer)

Es gibt nichts Wichtigeres auf der Welt, als die Menschen zum Nachdenken zu bringen. (Graff)

Ei, bin ich darum achtzig Jahre alt geworden, daß ich immer dasselbe denken soll? Ich strebe vielmehr, täglich etwas anderes, Neues zu denken, um nicht langweilig zu werden. Man muß sich immerfort verändern, erneuern, verjüngen, um nicht zu verstocken. (Goethe)

Der Frosch, der im Brunnen lebt, beurteilt das Ausmaß des Himmels nach dem Brunnenrand. (Sprichwort aus der Mongolei)

Du kannst von dem, was du nicht fühlst, nicht reden. (Shakespeare)

Es ist nicht genug zu wissen, man muß es auch anwenden. (Goethe)

Der Mensch hat drei Wege, klug zu handeln. Erstens durch Nachdenken, das ist der edelste. Zweitens durch Nachahmen: das ist der leichteste. Drittens durch Erfahrung: das ist der bitterste. (Konfuzius)

Sei klüger als andere, wenn du kannst, aber sage es ihnen nicht. (Chesterton)

Ob ein Mensch klug ist, erkennt man viel besser an seinen Fragen als an seinen Antworten. (De Levis)

Ein Mensch ohne Plan ist ein Schiff ohne Steuer. (Emil Oesch)

Selbstvertrauen ist die Quelle des Vertrauens zu anderen. (La Rochefoucauld)

Wer wagt, gewinnt. (Sprichwort)

Der Aufschub ist der Dieb der Zeit. (Edward Young)

Du wirst aufhören zu fürchten, wenn du aufhörst zu hoffen. (Seneca)

Begeisterungsfähigkeit ist die bestbezahlte Eigenschaft der Welt. (Frank Bettger)

Handle, und das Geschick selbst beugt sich. (Emerson)

Der Grund, weshalb sehr viele Leute Gelegenheiten nicht wahrnehmen, ist der: Die Gelegenheiten sehen so aus, als ob sie harte Arbeit und vollen Einsatz forderten. (Emil Oesch)

Der Anfang ist die Hälfte des Ganzen. (Aristoteles)

Zum Erfolg gibt es keinen Lift. Man muß die Treppe benützen. (Emil Oesch)

Wenn du einmal Erfolg hast, kann es Zufall sein. Wenn du zweimal Erfolg hast, kann es Glück sein. Wenn du dreimal Erfolg hast, so ist es Fleiß und Tüchtigkeit. (Sprichwort aus der Normandie)

Ich halte das Lachen für eine der ernsthaftesten Angelegenheiten. (Raabe)

Je mehr der Mensch des ganzen Ernstes fähig ist, desto herzlicher kann er lachen. (Schopenhauer)

Lächeln ist die eleganteste Art, dem Gegner die Zähne zu zeigen. (Quelle unbekannt)

Ohne daß ihm mal was schiefging, ist nie einer Meister geworden. (Russisches Sprichwort)

Ein Mißerfolg ist nie eine Schande, wohl aber die Angst vor dem Mißerfolg. (Emil Oesch)

Hinfallen ist keine Schande. Nur Liegenbleiben ist verachtenswert. (Chinesisches Sprichwort)

Das Glück ist unsere Mutter, das Mißgeschick unser Erzieher. (Montesquieu)

Nichts schmerzt so sehr wie fehlgeschlagene Erwartungen, aber gewiß wird auch durch nichts ein zum Nachdenken fähiger Geist so lebhaft wie durch sie erweckt. (Benjamin Franklin)

Wer aufgibt, wird aufgegeben. (Emil Oesch)

Viele Möglichkeiten und Ziele, die einer nicht zu erreichen glaubt, hat er meist noch nie richtig zu erreichen versucht. (Emil Oesch)

Höflichkeit ist wie ein Luftkissen: es mag wohl nichts drin sein, aber sie mildert die Stöße des Lebens. (Schopenhauer)

Takt ist eine Fähigkeit, andere so darzustellen, wie sie sich selbst gern sehen. (Lincoln)

Takt ist die Fähigkeit, einem anderen auf die Beine zu helfen, ohne ihm auf die Zehen zu treten. (Curt Goetz)

Toleranz heißt: die Fehler der anderen entschuldigen. Takt heißt: sie nicht bemerken. (Schnitzer)

Ein freundliches Wort findet einen guten Boden. (Gotthelf)

Wer seinen Willen durchsetzen will, muß leise sprechen. (Giraudoux)

Der beste Weg, andere an uns zu interessieren, ist der, an ihnen interessiert zu sein. (Emil Oesch)

Was geflüstert wird, das wird am leichtesten geglaubt. (Simone de Beauvoir)

Es gibt nur ein Ding auf der Welt, das schlimmer ist, als daß die Leute über einen reden, und das ist, daß die Leute nicht über einen reden. (Oscar Wilde)

Ein Kompromiß, das ist die Kunst, einen Kuchen so zu verteilen, daß jeder meint, er habe das größte Stück bekommen. (Ludwig Ehrhard)

Wer vor anderen lange allein spricht, ohne den Zuhörern zu schmeicheln, erregt Widerwillen. (Goethe)

Wer so spricht, daß er verstanden wird, spricht gut. (Molière)

Nichts ist schwerer, als bedeutende Gedanken so auszudrücken, daß jeder sie verstehen muß. (Schopenhauer)

Geistreich sein heißt, sich leicht verständlich zu machen, ohne deutlich zu werden. (Anouilh)

Eine unklare Rede ist ein blinder Spiegel. (Chinesisches Sprichwort)

Des trefflichen Wortes trefflichste Würze lieget in Wahrheit, Klarheit und Kürze. (Sprichwort)

Höre zu, als brenntest du vor Begierde, selbst das Wort zu nehmen! Sprich, als wenn du jeden Augenblick erwartetest, unterbrochen zu werden! (Franz von Schönthan)

Eines guten Redners Amt oder Zeichen ist, daß er aufhöre, wenn man ihn am liebsten höret. (Luther)

Die wahre Beredsamkeit besteht darin, das zu sagen, was zur Sache gehört, und eben nur das. (La Rochefoucauld)

Jedes überflüssige Wort wirkt seinem Zweck entgegen. (Schopenhauer)

Es gibt Festredner, Anklageredner, Entschuldigungsredner, Hetzredner und Besänftigungsredner. Am häufigsten sind die Drumherumredner. (Graff)

Beredsam ist, wer selbst, ohne es zu wollen, mit seiner Überzeugung oder Leidenschaft Geist und Herz anderer erfüllt. (Vauvenargues)

Eine Konferenz ist eine Sitzung, bei der viele hineingehen und wenig herauskommt. (Werner Finck)

Nicht Sieg sollte der Zweck der Diskussion sein, sondern Gewinn. (Joubert)

Viel leichter ist widerlegen als beweisen, umwerfen als aufstellen. (Schopenhauer)

Das Falsche, kunstvoll dargestellt, überrascht und verblüfft, aber das Wahre überzeugt und herrscht. (Vauvenargues)

Der eine spricht gern über das, was er weiß, der andere lieber über das, was er denkt. (Joubert)

Wenn die Menschen nur von dem sprächen, was sie verstehen, dann würde gar bald ein großes Schweigen auf der Erde herrschen. (Chinesisches Sprichwort)

Der Geist ist es, der den Redner macht. (Quintilian)

In der Musik des Gesprächs dient die Aufmerksamkeit des Hörers als Begleitung. (Joubert)

Es gibt Leute, die gut reden und nicht gut schreiben. Sie brauchen Zuhörer, die sie anfeuern und dadurch veranlassen, daß ihr Geist hergibt, was er ohne die Anregung nicht herzugeben vermag. (Pascal)

Es genügt nicht, zur Sache zu reden. Man muß zu den Menschen reden. (Stanislaw Jerzey Lec)

Die Leute wünschen nicht, daß man zu ihnen redet. Sie wünschen, daß man mit ihnen redet. (Emil Oesch)

Sage nicht immer, was du weißt, aber wisse immer, was du sagst. (Claudius)

Wir hätten mehr Gewinn, wenn wir uns so zeigten, wie wir sind, als wenn wir versuchen zu scheinen, was wir nicht sind. (La Rochefoucauld)

Sprichwörter sind der Schmuck der Rede. (Persisches Sprichwort)

Was wär' ich ohne dich, Freund Publikum? All mein Empfinden Selbstgespräch, all meine Freude stumm. (Goethe)

Witz ist glitzernder Schaum der Oberfläche. Humor ist die Perle aus der Tiefe. (Peter Sirius)

Humor ist der Schwimmgürtel auf dem Strome des Lebens. (Raabe)

Der Humor ist keine Gabe des Geistes. Er ist eine Gabe des Herzens. (Böhme)

Wenn ein Mann mit einem Fuß auf einem heißen Ofen und mit dem anderen in einer Kühltruhe steht, würde ein Statistiker sagen, daß der Mann sich durchschnittlich in angenehmer Temperatur befindet. (Walter Heller)

Stichwort: Gedanken zum Thema „Reden"

Applaus
Viele Zuhörer applaudieren nur deshalb so laut, weil sie sich freuen, daß sie nicht selbst zu reden brauchen.
Wer applaudiert, schenkt mit beiden Händen.

Auftreten
Bewege dich wie auf einer Bühne, und du bist überall parkettsicher.

Ausbilder
Ein Ausbilder oder Redner sollte mit dem geringsten Stimmaufwand dennoch verständlich sprechen.

Beeinflussung
Wer in kurzen Sätzen spricht, braucht keine Bände zu sprechen.

Bejahung
Nicht in der Verneinung, sondern in der Bejahung aller Dinge liegt der Erfolg.

Bildhaftes Sprechen
Wer mit der Sprache Bilder malt, läßt den Zuhörer mit den Ohren sehen.

Denken
Denksport ist die schwierigste, aber auch erfolgversprechendste Sportart.

Durchschauen
Der Hauptgrund einer Antwort hat manchmal einen ganz anderen Hintergrund.

Fragen
Wer eine Frage mit einer Frage beantwortet, legt sich nicht fest.

Gruppe
Es gibt wenig Erlebnisse, die so angenehm und erquickend sind wie die, eine Gruppe zu überzeugen.

Hast
Vor lauter Sprechen kommen manche gar nicht zum Kauen und sprechen dann später mit Magenschmerzen.

Humor
Es gibt Redner, die können sich selbst stundenlang zuhören.

Ideen
Viele Ideen kommen erst beim Reden.

Komplimente
Ein ehrliches Kompliment gibt Kraft zu neuen Taten.
Die indirekten Komplimente wirken am besten.

Konferenz
Viele Teilnehmer denken während der Konferenz an das Schwimmen und beim Schwimmen an die Konferenz.

Kunst des Fragens
Kluge lassen den anderen sprechen.

Leitsatz
Rede nicht viel, aber das Gesagte mache auch wahr.

Menschen
Wer Menschen persönlich anspricht, wird deshalb noch nicht persönlich.

Menschenbehandlung
Wenn Sie jemand fragt, wie es Ihnen geht, will er meistens nur von sich selbst sprechen.

Public Relations
Tue nur ein wenig Gutes, aber mache es bekannt.

Publikum
Ein gutes Publikum kann mit dem Redner sprechen, ohne ein Wort zu sagen.

Reden
Manche Reden werden erst hinter dem Rednerpult geboren.

Wenn einige Menschen weniger reden würden, hätten sie mehr Zeit zum Denken.

Das Schönste an einer Rede ist oft ihr Ende.

Eine Rede muß nicht einem Wasserfall gleichen.

Gute Redner beherrschen das Wort, und das Publikum folgt ihnen.

Die Vorbereitung einer Rede ist schwierig, denn das Publikum ist immer anders.

Es ist mitunter leichter, eine halbe Stunde als fünf Minuten zu sprechen.

Wer seine Zuhörer fesseln will, muß hin und wieder eine Überraschung parat haben.

Die besten Referenten sitzen mitunter vor dem Rednerpult.

Vergiß nie: Zuhörer lachen gern einmal!

Die Wirkung einer Rede kann ein Redner am Applaus seiner Zuhörer erkennen.

Wer das erste Wort hat, bekommt auch bald den ganzen Satz.

Wenn jeder aufschreiben müßte, was er sagt, würden viele weniger reden.

Wenn Zuhörer auf die Uhr schauen, ist es schlimm genug, aber wenn sie auf ihre Uhr klopfen, ist es zu spät.

Redner

Viele Redner haben mehr Schwierigkeiten beim Ausstieg als beim Einstieg in ein Thema.

Kluge Redner formulieren die Worte im Kopf, ehe sie sprechen.

Ein Redner ist so gut wie sein Publikum – und das Publikum ist ausgezeichnet!

Wer Beispiele bringt, braucht weniger zu reden.

Gute Redner haben ihr Manuskript im Kopf.

Ein guter Redner akzeptiert den Applaus; ein schlechter hofft auf Applaus.

Wer es allen recht machen will, ist ein Narr.

Redetechnik

Eine gute Rede bereitet man schon Wochen vorher im Geiste vor.

Rednerkunst

Die Gabe, reden zu können, gibt einem ein unvergleichliches Gefühl der Stärke.

Referieren

Nur wer in Ruhe referiert, strahlt Ruhe aus.

Die Resonanz seiner Zuhörer findet der Sprecher meistens in den Augen der Zuhörer.

Ruhe

Wer äußerlich ruhig sein will, muß innen beginnen.

Sätze

Ein kurzer Kernsatz kann mehr sagen als ein ganzes Referat oder Buch.

Schlagfertigkeit

Konzentration und Beobachtungsgabe sind Vorbedingungen zur Schlagfertigkeit.

Schmerzen

Die Zunge ist der Körperteil, der die meisten Schmerzen verursachen kann.

Sprache

Man spricht dieselbe Sprache, und man spricht doch nicht dieselbe Sprache.

Sprechen

Die, die viel sprechen, haben oft nicht viel zu sagen.

Wer erst hinterher weiß, was er hätte sagen sollen, sollte vorher überlegen!

Sage es, aber dann nicht nichtssagend.

Die Folge schnellen Sprechens ist, daß viele Zuhörer nicht folgen können.

Sprich nicht schneller, als man dir zuhören kann.

Verhandlungen

In Zukunft werden wir alle im Telegrammstil verhandeln und reden.

Verkaufsgespräch

Es ist klüger, weniger zu sagen als zuviel.

Versammlungen

„Bitte stellen Sie Fragen“ bedeutet: „Fragen Sie!“ „Hat noch jemand eine Frage?“ bedeutet: „Fragen Sie lieber nicht.“

Visualisierung

Wer sein Referat bildhaft untermalt, erleichtert das Zuhören.

Vortragsvorbereitung

Viele Redner verwenden viel Zeit für die Vorbereitung eines Vortrages, und dann sagen sie doch nichts.

Vorträge

In Afrika müssen die Referenten auf einem Bein stehen – die Vorträge sind deshalb meistens recht kurz.

Warum

Wer eine Frage mit „Warum“ beantwortet, gibt ungern eine Antwort.

Wissen

Wer viel weiß, braucht nicht viel zu reden.

Wörter

Wörter sind Bausteine für Sätze, Sätze für Seiten, Seiten für Bücher und Bücher für Bibliotheken.

Zitate

Es gibt Zitate, die sagen mehr aus als ein ganzes Buch.

Zuhören

Wenn jemand nicht zuhören will, reden Sie besser nicht.

Bei manchem Redner würde mehr applaudiert, wenn er eher aufhören würde.

Schlußwort

Reden lernt man durch Reden! Die Aus- und Weiterbildung der rhetorischen Instrumente ist sehr wichtig, wenn Sie im Privat- und Berufsleben effektvoll und professionell auftreten wollen.

Auch alte Hasen sollten ab und zu wieder einmal ein Rhetorikseminar besuchen, um ihr Können erneut zu überprüfen oder aufzupolieren. Wie Sie inzwischen ja wissen, schleichen sich sehr leicht kleine Redeunarten und negative Verhaltensweisen ein, die einem optimalen Gelingen abträglich sind.

Jeder hat einen blinden Fleck, der eventuell nur durch den Ehepartner, die Familie, einen guten Freund, Kollegen oder einen Trainer entdeckt wird. Sehen Sie deshalb Kritik und Berichtigung als eine positive und nützliche Hilfe an. Obwohl das Ausarbeiten von Reden, Vorträgen oder Präsentationen geistige Schwerstarbeit bedeutet, die mit Lampenfieber und Erwartungsängsten gekoppelt ist, empfindet doch jeder nach dem gehabten Erfolg, daß sich die Arbeit gelohnt hat.

Es gibt nur wenige Arbeitsbereiche, die das persönliche Erfolgserlebnis so unmittelbar werden lassen, wie das Sprechen vor Menschen. Der Arbeitseinsatz und die Mühe lohnen sich immer!

Unser Appell geht dahin, anzuregen, daß ein gewisses Rhetoriktraining bereits in der Schule durchgeführt werden sollte. Wie viele Menschen plagen sich ihr ganzes Leben mit Minderwertigkeitskomplexen, Sprechangst und der Unfähigkeit herum, nur ein paar Worte sagen zu können.

Schade, denn diese Menschen leben in der ständigen Furcht, reden zu müssen. Dabei kann man das Reden und Sprechen lernen!

Lehrer und alle in der Bildungsarbeit Tätigen sollten Arbeitsgruppen und Debattierklubs einrichten oder organisieren, damit die Schüler schon frühzeitig lernen, miteinander zu reden. Wie viele Schwierigkeiten entstehen durch die Unfähigkeit, richtig kommunizieren zu können.

Dieses Buch entstand unter dem Arbeitstitel: „Reden lernen leichtgemacht!“ Wir haben bewußt Themen wie „Fragetechnik“ oder „Körpersprache“, die bereits in etlichen, zum Teil sehr guten Redetrainingsfachbüchern behandelt wurden, unberücksichtigt gelassen oder nur kurz gestreift. Dafür haben wir andere Themen für die praktische Rhetorik, die Verkaufsrhetorik und die bessere Kommunikation in den Vordergrund gestellt. Wir wünschen Ihnen beim Redenlernen viel Erfolg und alles Gute!

Inge und Peter Ebeling

Checklisten

Persönlichkeits-Intensivanalyse	minus weniger				plus stärker		
	1	2	3	4	5	6	7
1. Abschalten können (privat)							
2. Abschlußsicherheit (Verkauf)							
3. Allgemeinwissen (Aktualität)							
4. Anpassungsfähigkeit (allgemein)							
5. Ansprechbarkeit (Gesprächs-Bereitschaft)							
6. Arbeitstempo (Schnelligkeit)							
7. Aufgeschlossenheit (allgemein)							
8. Aufrichtigkeit (Ehrlichkeit)							
9. Ausdrucksfähigkeit (Rhetorik)							
10. Ausgeglichenheit (Temperament)							
11. Ausstrahlung (Persönlichkeit)							
12. Begeisterungsfähigkeit (Mitreißen)							
13. Beherrschung (schwieriger Situationen)							
14. Belastbarkeit (Arbeit)							
15. Beobachtungsgabe (Umwelt)							
16. Bescheidenheit (Schüchternheit)							
17. Betonung – sprachlich (Deutlichkeit)							
18. Beweglichkeit (im Denken)							
19. Blickkontakt (Menschen anschauen)							
20. Diskussionsfähigkeit (Bereitschaft)							
21. Dominanz (im Mittelpunkt stehen wollen)							
22. Durchsetzungsvermögen (Ausdauer)							
23. Dynamik (Mitreißen können)							
24. Ehrgeiz (Ziele erreichen)							
25. Ehrlichkeit (anderen gegenüber)							
26. Einfühlungsvermögen (Fähigkeit)							
27. Entschlossenheit (Stehvermögen)							
28. Entschlußkraft (Entscheidungsfähigkeit)							
29. Erfolgswille (Ziele erreichen)							
30. Fachwissen (Spezialkenntnisse)							
31. Fantasie (Vorstellungskraft)							
32. Fleiß (Arbeitseinstellung)							
33. Flexibilität (Beweglichkeit)							
34. Fragetechnik (Anwendung)							
35. Gedächtnis (Fakten, Daten, Zahlen)							

	minus weniger				plus stärker		
	1	2	3	4	5	6	7
36. Geduld (Warten können)							
37. Gefühl (gefühlsorientiert)							
38. Gerechtigkeitssinn (Lebenseinstellung)							
39. Gesprächsführung (logisches Vorgehen)							
40. Gestik (Aussage unterstreichen)							
41. Gesundheit (allgemeiner Zustand)							
42. Gewandtheit (im Auftreten)							
43. Glaubwürdigkeit („Ankommen")							
44. Initiative (Aktivität, Unternehmungsgeist)							
45. Innere Ruhe (Ausgeglichenheit)							
46. Körpersprache (Übereinstimmung)							
47. Kontaktfähigkeit (andere ansprechen können)							
48. Konzentrationsfähigkeit (Arbeitsmethodik)							
49. Kreativität (neue Ideen entwickeln)							
50. Lebensnähe (Aktualität)							
51. Lernwille (neues Wissen erwerben)							
52. Loyalität (dem Auftraggeber gegenüber)							
53. Mäßigkeit (Essen)							
54. Menschenführung (als Vorgesetzter)							
55. Mimik (Aussagen unterstreichen)							
56. Mitreißen (andere Menschen)							
57. Mut (zur Wahrheit)							
58. Namensgedächtnis (einzelner und in Gruppen)							
59. Offenheit (Ehrlichkeit)							
60. Optimismus (Grundeinstellung zum Leben)							
61. Ordnungssinn (Arbeitstechnik)							
62. Organisationstalent (Planung und Durchführung)							
63. Pausentechnik (im Gespräch)							
64. Planungstechnik (Ziele setzen)							
65. Rationelles Arbeiten (Prioritäten setzen)							
66. Realitätssinn (Situation erfassen)							
67. Sachlichkeit (Fakten und Daten)							
68. Schöpferische Fähigkeit (Ideenentwicklung)							
69. Selbstbehauptung (Durchsetzungskraft)							
70. Selbstsicherheit (im Auftreten)							
71. Selbstvertrauen (an sich glauben)							
72. Sparsamkeit (nicht verschwenderisch)							
73. Sprachtempo (nicht zu schnell)							
74. Stehvermögen (Durchsetzungskraft)							
75. Streß-Fähigkeit (Belastbarkeit)							
76. Tatkraft (Handlungsbereitschaft)							
77. Teamgeist (Zusammenarbeit)							
78. Toleranz (andere akzeptieren)							
79. Überzeugungskraft (Darstellungskunst)							
80. Unternehmungsgeist (Ideenumsetzung)							

	minus weniger			plus stärker			
	1	2	3	4	5	6	7
81. Urteilsvermögen (Objektivität)							
82. Verhandlungsgeschick (Ideen durchsetzen)							
83. Verständnis (anderen gegenüber)							
84. Vertrauenswürdigkeit (Glaubwürdigkeit)							
85. Vielseitigkeit (Flexibilität)							
86. Willensstärke (Durchsetzungskraft)							
87. Wortschatz (täglicher Einsatz)							
88. Zeitbewußtsein (realistisch; minutenbewußt)							
89. Zeiteinteilung (Prioritäten; Zeitplanbuch)							
90. Zeitgefühl (Aufgaben richtig einteilen)							
91. Zielstrebigkeit (Ziele setzen und erreichen)							
92. Zuhörfähigkeit (aufmerksam schweigen können)							
93. Zurückhaltung (Schüchternheit)							
94. Zuverlässigkeit (Versprechungen einhalten)							

Redevorbereitungs-Checkliste

Konzept

- Art des Konzepts klären . . . . ☐
- Stimmeinsatz farblich untermalen . . . . . ☐
- Groß schreiben . . . . ☐
- Zeiteinteilung . . . . ☐
- Sprecherhinweise . . . . ☐

Vorbereitung

- Kreis . . . . ☐
- Durchschnittsalter . . . . ☐
- Erwartungen . . . . ☐
- Vorbelastung . . . . ☐
- Leithammel . . . . ☐
- Antipathie . . . . ☐
- Sympathie . . . . ☐
- Art der Ankündigung . . . . ☐
- Kleidung . . . . ☐
- Art . . . . ☐
- Zeit – Dauer . . . . ☐
- Hilfsmittel . . . . ☐
- Bestuhlung . . . . ☐
- Beleuchtung . . . . ☐
- Gesamtprogramm . . . . ☐
- Vor und nach welchem Redner . . . . ☐
- Redestil – sachlich, humorvoll . . . . . . ☐
- Negative und positive Störungen . . . . . ☐

Redezielsetzung

- Informieren . . . . ☐
- Beraten . . . . ☐
- Überzeugen . . . . ☐
- Verkaufen . . . . ☐
- Beeinflussen . . . . ☐
- Übungen . . . . ☐
- Werben . . . . ☐

- Thema festlegen . . . . ☐
- Stoffsammlung . . . . ☐
- Ruhepause . . . . ☐
- Grobklassifizierung . . . . ☐
- Einleitungsplan . . . . ☐
- Eröffnungssatz . . . . ☐
- Redeziel . . . . ☐
- Motivationstechniken . . . . ☐
- Roter Faden . . . . ☐
- Einblendungen . . . . ☐
- Humor . . . . ☐
- Stories . . . . ☐
- Gags . . . . ☐
- Rhetorische Fragen . . . . ☐
- Erlebnisse . . . . ☐
- Anekdoten . . . . ☐
- Denksportaufgaben . . . . ☐
- Vorzeigemuster . . . . ☐

Checkliste einiger Hauptfehler beim Vortragen und Präsentieren sowie Redevorbereitungen.

	Ja	Nein	Evtl.
1. zu kurze Vorbereitungszeit	☐	☐	☐
2. mangelnde Vorbereitung	☐	☐	☐
3. mangelnde Beherrschung der Thematik	☐	☐	☐
4. mangelnde Information	☐	☐	☐
5. über die Köpfe der Zuschauer hinwegsprechen	☐	☐	☐
6. es wird nicht den Teilnehmererwartungen genügend entsprochen	☐	☐	☐
7. ein Vortrag sollte vorher mit Bekannten, Freunden, Familie besprochen werden	☐	☐	☐
8. zu viele Störfaktoren bei der Ausarbeitung	☐	☐	☐
9. die verschiedenen Redeformen werden nicht beachtet	☐	☐	☐
10. zu viel Stoff wird geboten	☐	☐	☐
11. die Thematik wird nicht eingehalten	☐	☐	☐
12. zu viele Fremdideen	☐	☐	☐
13. zu lange und komplizierte Sätze	☐	☐	☐
14. zu viel „Schmalz“ in der Rede	☐	☐	☐
15. zu technisch und theoretisch	☐	☐	☐
16. mangelnde Skizzen und Diagramme	☐	☐	☐
17. fehlende Visualisierung – (Bilder)	☐	☐	☐
18. es fehlt an Auflockerung und Humor	☐	☐	☐
19. es fehlen Höhepunkte	☐	☐	☐
20. es fehlt an kurzen, prägnanten, aussagekräftigen Sätzen	☐	☐	☐
21. der Vortrag ist zu kurz/lang	☐	☐	☐
22. es fehlt ein Schlußappell	☐	☐	☐
23. Manuskript zu eng beschrieben	☐	☐	☐
24. es fehlt ein Reservemanuskript	☐	☐	☐
25. wichtige Sätze (Wörter) sind nicht unterstrichen	☐	☐	☐
26. es wird nicht genügend mit wichtigen Stichpunkten gearbeitet	☐	☐	☐
27. das Karten-Vortragssystem wird nicht angewandt	☐	☐	☐
28. fehlende Arbeitsunterlagen für die Zuhörer	☐	☐	☐
29. unnötiges Lampenfieber	☐	☐	☐
30. haben wegen ihres Dialektes Hemmungen beim Sprechen	☐	☐	☐
31. Redner sollen sich durch Gespräche mit den Zuhörern vor dem Vortrag „aufwärmen“	☐	☐	☐
32. einige Teilnehmernamen nicht merken	☐	☐	☐
33. schlechter Einstieg	☐	☐	☐
34. der erste Satz geht unter	☐	☐	☐
35. zu wenig persönliche Ausstrahlung	☐	☐	☐
36. zu steife Körperhaltung	☐	☐	☐
37. wissen nicht, wie sie ihre Hände halten sollen	☐	☐	☐
38. halten sich am Pult fest	☐	☐	☐
39. unnötiges Schaukeln mit dem Körper	☐	☐	☐

	Ja	Nein	Evtl.
40. schlechte Angewohnheiten (Allgemein)	☐	☐	☐
41. schlechte Mimik und Gestik	☐	☐	☐
42. zu monotone Ausdrucksweise	☐	☐	☐
43. Stimme macht nicht Stimmung	☐	☐	☐
44. falsches Redetempo	☐	☐	☐
45. mangelhafte Pausentechnik	☐	☐	☐
46. Umblättern der Seiten, statt sie zur Seite zu legen (Publikum zählt mit!)	☐	☐	☐
47. Vortrag wirkt auswendig gelernt	☐	☐	☐
48. allzu perfekte (technische) Darbietung	☐	☐	☐
49. nur eine Dame ansprechen	☐	☐	☐
50. Blickkontakt nicht vorhanden	☐	☐	☐
51. das Publikum nicht genügend mitgerissen	☐	☐	☐
52. langweilig und uninteressant	☐	☐	☐
53. erkennen nicht die Müdigkeit der Zuhörer (Rückkopplung)	☐	☐	☐
54. fehlende Technik, die Zuhörer zu entspannen (Am Anfang)	☐	☐	☐
55. Einwände werden nicht beantwortet	☐	☐	☐
56. unklare Zielvorstellungen	☐	☐	☐
57. zu wenig Informationen über den Kunden eingeholt	☐	☐	☐
58. mangelndes Fachwissen, unsicheres Auftreten	☐	☐	☐
59. falsche Terminwahl	☐	☐	☐
60. ungepflegtes Äußeres	☐	☐	☐
61. fehlende Ausdauer, mangelnde Geduld	☐	☐	☐
62. mangelhaftes Demonstrationsmaterial	☐	☐	☐
63. mangelnde Argumentationstechnik	☐	☐	☐
64. mit falschen Fragen das Gespräch eröffnen	☐	☐	☐
65. den Gesprächspartner mit einem Redeschwall überschütten	☐	☐	☐
66. den Partner nicht aussprechen lassen	☐	☐	☐
67. falsche/ungeschickte Fragentechnik	☐	☐	☐
68. plumpe Vertraulichkeit/Indiskretion	☐	☐	☐
69. andere Gesprächsteilnehmer nicht berücksichtigen	☐	☐	☐
70. kein Interesse wecken	☐	☐	☐
71. keine Problemlösung anbieten	☐	☐	☐
72. zu viele Probleme auf einmal ansprechen	☐	☐	☐
73. zu häufiges Widersprechen	☐	☐	☐
74. Fehler oder Schwächen des Zuhörers aufdecken	☐	☐	☐
75. Überhebliches Besserwissen	☐	☐	☐
76. Gespräch nicht im logisch-sachlichen Stil geführt	☐	☐	☐
77. Dank nach Abschluß vergessen	☐	☐	☐

Literaturhinweise

Gerd Ammelburg: **Sprechen, reden, überzeugen,** 1976.

Georg Bauer: **Reden, verhandeln, diskutieren,** 1970.

Horst Coblenzer/Franz Muhar: **Atem und Stimme,** [5] 1978.

Dale Carnegie: **Die Macht der Rede,** [5] 1978.

Peter Ebeling: **100 Tips für Verkäufer,** 1974.

Peter Ebeling: **500 Verkäufersünden, wie man sie am besten unterläßt,** 1975.

Peter Ebeling: **Reden ohne Lampenfieber,** 1975.

Peter Ebeling: **20 Stufen zum Verkaufserfolg,** 1976.

Peter Ebeling: **250 Verkäufer-Leitsätze,** 1976.

Peter Ebeling: **Mehr verkaufen durch bessere Planung im Außendienst,** 1978.

Heinz Elertsen: **Rhetorik für die Truppe,** 1972.

Heinz Elertsen/Wilfried Hartig: **Moderne Rhetorik,** [8] 1979.

Der Kleine Hey – Die Kunst des Sprechens, Neufassung von Fritz Reusch, 1971.

Baldur Kirchner: **Dialektische Rhetorik,** 1974.

Ernst Korff: **Kleine Rhetorikschule,** 1973.

Kurt Krüger-Lorenzen: **Deutsche Redensarten – und was dahintersteckt,** 1960 u. ö.

Heinz Küppers: **Handliches Wörterbuch der deutschen Alltagssprache,** 1968.

Rupert Lay: **Dialektik für Manager – Methoden des erfolgreichen Angriffs und der Abwehr,** 1975.

Rupert Lay: **Führen durch das Wort,** 1978.

Alfred Mohler: **Überzeugend reden – erfolgreich verhandeln,** 1977.

Ulrich Müller/Horst Schuh: **Denken, reden, überzeugen,** 1977.

Bruno Neckermann: **Redekunst in der Praxis,** 1974.

Bruno Neckermann: **Die gute Aussprache,** 1975.

Gert Otto: **Von geistlicher Rede,** 1979.

Eberhard Puntsch: **Zitaten-Handbuch,** 1965.

Eberhard Puntsch: **Witze, Fabeln, Anekdoten,** [5] 1976.

Harald Raschke: **Mit Menschen richtig reden,** [2] 1972.

Ludwig Reines: **Stilfibel,** 1963.

Klaus Richar: **Rhetorik und Kinesik,** 1977.

Manfred Rüdenauer: **Die Kunst der freien Rede – Führungskräfte sprechen sicher und überzeugend,** [3] 1980.

Rolf Ruhleder: **Rhetorik, Kinesik, Dialektik,** 1980.

Harald Scheerer: **Verkaufsrhetorik – Rede- und Verhandlungstechniken für Verkäufer,** 1980.

A.M. Textor: **Sag es treffender,** [9] 1974.

A.M. Textor: **Auf deutsch,** [2] 1970.

Maximilian Weller: **Das Buch der Redekunst,** [15] 1978.

Maximilian Weller: **Die schlagfertige Antwort,** 1976.

Kurt Wolter: **Die Redekunst, Redetechnik, Rednererfolg,** 1971.

Wolfgang Zielke: **Rhetorik programmiert lernen,** [3] 1971.

Stichwortverzeichnis

AIDA-Formel 98
Antrittsrede 98
Atemtechnik 59, 123–124, 136
Atemübungen 125–127
Auflockerungen, Einblendungen (Beispiele) 60, 185–197
Auftritt 122
Auftritts-Spannung 48
Ausbildung und Training 163, 244–246 ff.

Beispielreden aus der Alltagspraxis 273–282
Besuchsvorbereitung 221
Betriebsfestrede 98
Blitzideen 69–70
Blickkontakt 43, 59, 164
Bücher, nützliche und empfehlenswerte 74–75

Checklisten 77, 120–121, 151, 174–175, 199–205, 220, 233–234, 239–243

Damenrede 98
Dankrede 98
Diaschauen, interessante 76

Einstellung, richtige, psychologische 57, 59, 183
Einstimmung 52
Einwandbehandlung am Telefon 233
Einwände 208–209
Einweihungen 99
Eröffnungsformel 99

Fähigkeitsanalyse (Telefonmitarbeiter) 223–227
Festrede 99
Folientransparente 76
„Freie“ Rede 104

Gags 185–186
Geburtstagsrede 274
Gedächtnistraining 153–157
Geistige Visualisierung 158
Gelegenheitsrede 99
G-H-M-Formel 100
Gesprächsführung 210, 213
Gruppentrainings-Übungen 163–173

Handzettelformel 100
Hauptfehler (Checkliste) 203
Hauptfehler der rhetorischen Praxis 55
Hauptfehler der Telefonisten 229
Hauptfehler der Verkäufer 220
Hauptteil der Rede 181–182
Helga-Formel 100
Hilfsmittel, Auswahl und Einsatz 78–79
Hilfsmittel, technische 86–87
Historische Entwicklung der Rhetorik 12–16
Hochzeitsrede 100
Humor und Schlagfertigkeit 185–186, 195

Ideenarchivierung 66
Ideenentwicklung 66
Ideenfindung und -gewinnung 66–68, 72, 77
Ideenquellen und -fundgruben, ABC der ... 77
Ideensammlung 69
Ideenverkauf 215, 219
Informationsrede 100
Intensivbeurteilung 200–201

Ja-Formulierungen 214–215
Juristenformel 100

Kampf- oder Verteidigungsrede 100
Körperhaltung 148–149
Kommunikation 17–24, 265–266
Kommunikationsmittel 20
Kommunikationsübungen 24
Konferenzen, Durchführung und Techniken 235–243
Konzept 83–84, 101
Kunde 207–209

Lampenfieber, ABC der Hauptgründe dafür 34
Lampenfieber, allgemein 32–34, 36
Lehrtechniken durchdenken 121

Manuskript, allgemein 42, 78, 86
Manuskript-Erstellung 112
Mimik und Gestik 43, 112, 147–151, 171–172
Mnemo-Technik 160–162
Mundgymnastik 136

Namengedächtnis 153–155 ff.

Organisation 59, 65, 120, 237, 347

Pannen 112, 116–118
Pausentechnik 132, 144, 175
Plädoyer 103
Präsentation 174
Predigt 103
Psychologische Einstellung und Einstimmung 49, 57
Psycho-Tips, für die Praxis 51

Quellen und Fundgruben 72–74

Rahmenrede 25, 101
Redeanlässe, verschiedene 25–30
Redearten 25–30
Redeaufbau 57, 85, 105–107
Redebedarfsanalyse 26–27
Rededurchführung 107–109, 174, 179
Redeeinstieg 179–180
Redeformeln 97–104
Redeformen 103–104
Redefurcht und Erwartungsangst 32, 47–48
Redeplanung 84, 105–106
Redethemen, verschiedene 258, 266
Rednerfehler 178
Rednerprobleme und -schwierigkeiten 37
Redner-Vorstellung 101
Rede-Vortrag-Kombimethode 83–85
Rhetorik-Seminar-Programme, Vor Vorschläge 256–258
Rhetoriktrainer-Themen 248
Rhetoriktrainer-Voraussetzungen 244–145
Rhetorik-Training, Tips 246–247, 251
Rhetorische Formulierungen (Reklamation) 227
Roter Faden 55, 117

Schaustückrede 275
Schluß 106, 108, 114
Schlußformel 101
Schnellsprech-Übungen und Zungenbrecher 137–139, 144
Schüler-Abschiedsrede 274
Schulungsprogramme 256–258
Selbstkontrolle und -analyse 198–199, 204–205
Selbstmotivation 47
Seminarorganisation, ABC der ... 120–121
Sprechtechniken 129–136
Sprechtechnische Übungen 136–142, 146
Sprechweise, Stimmlage 134, 181, 202–203
Standpunktformel 101
Standpunktrede 277
Stegreifrede 276
Stegreiftraining 255
Stichpunktkarten 81–82
Stimmtest 230–231
Streß und Spannungen 32, 47–48

Teilnehmervorstellung 277–278
Telefon-Einsatzmöglichkeiten 223
Telefon-Rhetorik 223, 229–234
Tischrede 102
Training, Selbst- und Gruppentraining (Übungen) 127, 163–173
Trauerrede 102

Übermittlungsbeispiele 23–24
Übermittlungsfehler 59
Übermittlungsinstrumente 128

Verhandeln und Verkaufen, besseres 215
Verkaufserfolg, Ideen zum ... 181–215
Verkaufsformeln 221
Verkaufsgespräch 213–220
Verkaufsrede 275
Verkaufsrhetorik 206–207, 251
Video-Training 251
Visualisierungsideen 92–96
Visualisierungstechniken 87
Visuelle Geräte 90
Vorbereitung, gründliche 50
Vorlesetechnik 143
Vorstellung eines neuen Mitarbeiters 102
Vortragsgestaltung der Antike 102
Vortragsgliederung 97
Vortragstechnik 141, 174

Zielsetzung 61
Zitate 282–286
Zuhören 265–272
Zuhöreranalyse 61
Zuhörerbezogenheit 64
Zuhörer-Erwartungen 64
Zustimmungsformulierungen 212
Zuhörer-Orientiertheit 51, 57, 61, 64